KB065773

# 나는 어떻게
# 지금의 내가 되었는가

# 나는 어떻게 지금의 내가 되었는가

—

2023년 4월 26일 초판 1쇄 발행

—

**지은이** 제이 벨스키, 에브샬롬 카스피, 테리 E. 모피트, 리치 폴턴
**옮긴이** 박선령
**펴낸이** 강준규
**책임편집** 유형일
**마케팅지원** 배진경, 임혜솔, 송지유, 이원선

—

**펴낸곳** (주)로크미디어
**출판등록** 2003년 3월 24일
**주소** 서울시 마포구 마포대로 45 일진빌딩 6층
**전화 번호** 02-3273-5135
**팩스 번호** 02-3273-5134
**편집** 02-6356-5188
**홈페이지** http://rokmedia.com
**이메일** rokmedia@empas.com

—

ISBN 979-11-408-0973-8 (03180)
책값은 표지 뒷면에 적혀 있습니다.

—

비잉은 로크미디어의 인문 도서 브랜드입니다.
잘못 만들어진 책은 구입하신 서점에서 교환해 드립니다.

# 나는 어떻게
# 지금의 내가 되었는가

## 어린 시절 경험, 환경, 유전자, 생물학을 통해 본
## 인간발달에 관한 경이로운 탐험

·············· × THE ORIGINS OF YOU × ··············

제이 벨스키 · 에브샬롬 카스피 · 테리 E. 모피트, 리치 풀턴 지음 | 박선령 옮김

*Being*

저자
—

**제이 벨스키**Jay Belsky

캘리포니아 대학교 데이비스의 인간발달학 명예 교수이자 아동 발달과 가족 연구 분야에서 국제적으로 인정받는 전문가이다. 1978년 코넬 대학교에서 박사학위를 받았으며, 1999년부터 10년간 버벡 대학교에서 심리학 교수로 재직했다. 미국 국립보건원NIH 조기 보육 및 청소년 발달 연구와 영국 슈어 스타트 평가 연구의 창립 연구원이기도 하다. 보육이 아동의 심리적 행동적 문제에 미치는 영향을 비롯해 300편 이상의 연구 논문을 발표했다. 발달심리학에 관한 과학적, 사회적 평생 기여와 헌신을 인정받아 미국 심리학회로부터 유리 브론펜브레너상을 받았다.

# 애브샬롬 카스피Avshalom Caspi

듀크 대학교 심리학 및 신경과학 교수이자 킹스칼리지 런던의 성격 발달학 교수다. 1981년 캘리포니아 대학교 산타크루즈에서 심리학 학사학위를 받고 1986년 코넬 대학교에서 박사학위를 취득했다. 정신 건강 및 인간발달에 대한 연구로 유명하며, 특히 5-HTTLPR 다형성과 임상 우울증 사이의 연관성을 발견해 학계의 주목을 받았다. 테리 모피트와 함께 제이콥스 재단이 수여하는 클라우스 제이콥스 연구상, 심리학에 뛰어난 공헌을 한 이에게 수여하는 APA상, 미국심리학회가 수여하는 최우수과학공로상을 받았고, 2022년 런던 왕립학회 테 아파랑기 럼퍼드 메달을 받았다.

# 테리 E. 모피트Terrie E. Moffitt

듀크 대학교 심리학 및 신경과학 교수이자 킹스칼리지 런던의 사회행동발달학 교수다. 노스캐롤라이나 대학교에서 학사학위를, 서던 캘리포니아 대학교에서 박사학위를 받았다. 뉴질랜드 더니든 다학제 건강 발달 연구의 부국장으로 환경 위험 종단 쌍둥이 연구를 이끌고 있다. 유전자-환경 상호 작용GXE 연구로 유명하며, 인간의 행동과 정신장애에 미치는 영향 등을 주로 연구한다. 애브샬롬 카스피와 함께 클라우스 제이콥스 연구상, APA상, 런던 왕립학회 테 아파랑기 러더퍼드 메달을 받았고, 개인적으로는 그라베마이어상 심리학 부문, 스톡홀름 범죄학상 등 다수의 상을 받았다. 미국 국립의학 아카데미 회원이기도 하다.

## 리치 풀턴Richie Poulton

뉴질랜드 오타고 대학교 심리학 교수이며 더니든 다학제 건강 발달 연구를 운영하는 국립생애연구센터의 공동 책임자로 일하고 있다. 오타고 대학교에서 심리학 석사학위를, 호주 뉴사우스웨일스 대학교에서 박사학위를 받았다. 2010년 뉴질랜드 왕립학회 회원으로 선출되었으며, 더니든 다학제 건강 발달 연구의 공로를 인정받아 뉴질랜드 공로훈장을 받았다.

### 역자
## 박선령

출판기획 및 전문 번역가. 주요 역서로는 《최고의 팀은 무엇이 다른가》, 《더 해머: 초격차를 만드는 니체의 52가지 통찰》, 《타이탄의 도구들》, 《디지털 실크로드》, 《거대한 가속》, 《파이낸셜 프리덤》 등이 있다.

테리 모피트를 처음 만난 건 1980년대 후반에 핀란드 북부의 한 도시에서 열린 인간발달에 관한 국제 컨퍼런스에 참석했을 때였다. '테미'라고 불리는 걸 좋아하는 그녀는 호텔 바에 앉아서 애브샬롬 카스피와 얘기를 나누고 있었다. 애브샬롬 카스피와는 전부터 알고 지낸 사이였지만 친구라기보다는 동료에 가까웠고, 그와 테미의 관계도 마찬가지였다. 테미와의 대화에 푹 빠져 있는 애브샬롬에게 다가가자, 그들이 사춘기 발달에 대해 토론하는 게 들렸다. 나는 충동적인 뉴요커다운 태도로 불쑥 끼어들어 이렇게 말했다. "안녕하세요, 나도 사춘기에 대한 가설을 하나 세워둔 게 있어요."

　당시에 나는 삶의 목적이 다음 세대와 미래의 후손(손자, 증손자 등)에게 유전자를 물려주는 것이라는 진화생물학의 주장에 매료되어 있었다. 이 개념은 인간 이외의 생명체를 연구하는 생물학자들에게는 사고의 중심이었지만, 인간발달을 연구하는 이들, 특히 가족 내에서의 경험이 발달 중인 아이에게 영향을 미치는지 여부와 그 방법을 조사하는 이들에게는 여전히 낯선 개념이었다. 인간발달의 전통적인 준거틀은 건강, 행복, 웰빙을 강조하기 때문에 대부분의 발달학자들은 인생을 생식 성공보다는 '건강함 대 건강하지 못함', '"최적의" 발달 대 위태로운 발달'의 측면에서 바라본다.

나는 진화론적 사고에 흥미를 느꼈기에, 확증된다면 진화적 관점이 인간발달을 연구하는 이들에게 훨씬 많은 걸 제공해줄 수 있다는 확신을 주는 가설을 세우려고 노력했다. 그 결과 테미와 애브샬롬에게 얘기한 가설이 나왔는데, 이 가설이 사실이라면 전통적인 발달 관점으로는 활성화하거나 해명할 수 없다. 가설은 다음과 같다. 불리한 조건에서 성장하면 번식하기 전에 죽거나 발달이 손상될 위험이 커지기 때문에, 아동기에 부정적인 경험을 한 사람은 사춘기 발달이 가속화되어 남들보다 빨리 성적으로 성숙하여 생식력이 생긴다. 다시 말해, 가족의 경제적 사회적 조건은 전통적인 발달 이론에서 오랫동안 인정한 것처럼 심리 발달과 행동 발달만 규정하는 게 아니라, 사춘기가 시작되는 시기에 영향을 미쳐 신체 발달까지 조절한다는 것이다.

내 가설을 애브샬롬과 테미에게 말한 직후, 나는 이들 두 사람, 특히 테미와 금세 친해지리란 걸 알았다. 애브샬롬의 약혼녀로 밝혀진 그녀가 가족 과정family process이 사춘기 발달에 영향을 미친다는 내 터무니없는 제안에 긍정적인 반응을 보였기 때문이다. 테미는 '우리 대화를 방해하는 이 무례한 남자는 누구지?'라는 표정을 짓지 않았다(내 뉴요커 스타일은 종종 이런 반응을 유발하곤 했다). 또한 다른 이들과 달리, 누가 건강한 사람이며 최적의 발달은 무엇인가 하는 인간발달의 근본적 본질과 관련된 신성한 이론에 도전하는 내 아이디어를 묵살하지도 않았다(슬프게도 학계는 많은 이가 생각하는 것보다 훨씬 개방적이지 않다). 오히려 테미는 "우리가 그 가설을 테스트해 볼 수 있어요!"라면서 열정적이고 개방적인 반응을 보였다. 그리고 7장에서 자세히 설명하겠지만, 이 책 전체의 핵심인 더니든 다학제 건강 발달 연구Dunedin Multidisciplinary Health and Development Study 데이터를 이용해 실제로 테스트를 진행했다.

테미와 애브샬롬 둘 다 내 진화적 관점이나 거기서 나온 사춘기 가설을 받아들이지 않았다는 걸 알아야 한다. 다만 그들은 "잠재적으로 흥미롭고 확실히 도발적인 생각이며 실증적으로 평가해볼 만하다"고 인정하는 과학적 사고방식을 보여줬다. 실은 나도 그 가설을 시험해보고 싶은 마음 반, 내가 틀렸다는 사실이 증명될까 봐 걱정되는 마음 반이었다. 하지만 나도 새로 사귄 이 친구들처럼 과학의 세계에서 사는 사람이다. 그러니 실증적 실험의 결과가 어떻게 나오든 받아들여야 한다. 결국 일어날 수 있는 최악의 상황이 무엇이겠는가? 내가 틀릴 수도 있다는 것이다!

어쨌든 그것이 오래도록 지속되고 있는 멋진 우정의 시작이었다. 그런데 친구와 동료들의 연구를 따라가면서 권위 있는 학술지의 관심을 아무리 많이 받고 저널리스트들이 신문과 잡지, 소셜 미디어에 관련 글을 아무리 많이 써도, 그들의 연구가 인간발달 방식을 이해하는 데 얼마나 많은 공헌을 했는지 제대로 이해하고 인정하는 사람은 거의 없다는 기분을 계속 느끼곤 했다. 퓰리처상을 받은 과학 작가가 이런 연구에 대한 인기 있는 책을 써주기를 늘 바랐다. 그런 책이 나오면 당연히 잘 팔릴 거라고 믿어 의심치 않았지만, 몇 년이 지나도 애브샬롬과 테미(그리고 그들의 공동 연구자)의 노력의 결실을 수확할 수 있는 전문 작가가 나타나지 않았다. 그래서 결국 내가 직접 해보기로 했다. 나는 내가 바라던 그런 작가는 아니지만, 친구들에게 일반 독자를 위해 그들이 공헌한 내용(물론 전부 다는 아니지만)을 요약한 흥미로운 책을 써보고 싶다고 제안했다. 인간이 발달하는 방식을 조사하며 얻은 통찰과 흥분을 함께 나누고 연구가 어떻게 수행되었는지 알려주고 싶었다. 그래서 처음에는 책 제목을 '인간발달 모험: 우리는 어떻게 지금의 우리가 되었는가'로 지으려고 했다. 독자가 책을 순서대로 읽을 필요가 없게 하는 것이 이런 목표를 이루는 가장 좋은 방법일 수 있겠다고 판단했다. 작가로서도 충분히 해볼 만한 일이었다. 더 중요한 건 주의 지속 시간이 점점 짧아지고 관심사도 저마다 다른 요즘 독자들에게 이 방법이 매력적으로 보일 수 있다는 것이다.

내 원래 의도는 모피트와 카스피 그리고 그들의 친구이자 공동 연구자인 리치 풀턴의 "목소리"가 되는 것이었지만, 책을 쓰자는 제안이 점점 발전함에 따라 원래의 계획에서 두 가지를 살짝 수정하는 게 좋을 듯했다. 첫째, 내가 제한적으로 참여한 뉴질랜드의 더니든 다학제 건강 발달 연구(5장과 7장에서 다룬다)만 공유하는 게 아니라, 모피트와 카스피가 영국의 환경 위험 연구(9, 10, 17장)를 바탕으로 진행한 또 다른 획기적인 연구까지 포함하는 게 적절할 듯했다. 둘째, 내가 거의 20년 동안 다른 이들과 함께 작업한 프로젝트도 다룰 가치가 있다는 생각이 들었다. 그래서 8장에서는 내 공동 저자들이 연구하지 않은, 보육이 아동과 청소년 발달에 미치는 영향에 대해 다루고, 여성의 사춘기 발달에 미치는 가족의 영향에 초점을 맞춘 7장에도 이 연구 프로젝트에서 나온 증거를 포함했다.

내가 이 책의 주 저자이긴 하지만 대부분 다른 사람이 수행한 연구에 대해 쓰는 것이니 1인칭 복수형으로 글을 진행하는 게 가장 알맞다는 데 다들 동의했다. 우리 모두 밤늦게까지 서로 아이디어를 주고받으며 이 책에서 소개하는 연구 아이디어 탄생에 기여했고, 나는 더니든 연구와 환경 위험 연구에서 나온 인간발달과 관련된 수많은 연구 보고서 가운데 어떤 걸 다룰지 결정했다.

이런 모습을 모두 지켜본 아내는 왜 시간을 들여서 다른 사람(물론 좋은 친구들이긴 하지만)의 연구에 관한 책을 쓰느냐고 물은 적이 있다. 내가 할 수 있는 최선의 대답은 이 노력이 "사랑의 노동"이었다는 것이다. 나는 동료들에 대한 애정과 과학에 대한 그들의 헌신에 대한 감탄과 그들의 연구를 통해서 얻은 인간발달에 대한 통찰을, 그리고 다른 사람도 그들의 수많은 뛰어난 성취에 대해 알고 인정해줘야 한다는 강력한 기분을 전하고 싶었다. 전자의 목표는 달성했고, 이 책이 부디 후자의 목적에도 부합하기를 바랄 뿐이다.

제이 벨스키
2019년 12월

# 차례

## PART 1 서론

## PART 2 어른의 아버지로서의 어린이

PART **4** **가족 외부의 문제**

## PART **7** 결론

# 1

# 서론

# 시간을 관통한 삶

3세 때 드러난 아이의 기질로 청년기의 성격을 예측할 수 있을까? 훗날 인생에서 성공하려면 어려서부터 자제력을 키우는 게 중요할까? 주의력결핍 과잉행동장애ADHD는 아이들에게만 나타날까? 사춘기 비행 청소년들도 나이가 들면 반사회적 행동을 그만둘까? 왜 부모들은 그런 식으로 부모 노릇을 하는 걸까? 가족 간의 갈등이 성적 성숙을 가속화해서 여성의 성행위를 촉진할까? 대마초를 자주 피우면 수십 년 뒤 육체적·정신적 건강에 영향이 미칠까? 흡연 습관이나 인생 성공이 유전자에 새겨져 있는 걸까? 누가 스트레스를 받아도 잘 이겨내고 누가 어린 시절의 역경에 굴복하는지는 유전자 구성에 따라 결정되는 걸까? 왜 중년기에 접어든 사람들 가운데 누구는 실제보다 훨씬 나이 들어 보이는 외모와 기분과 행동을 보이는 반면, 누구는 눈에 띄게 젊어 보이는 외모와 기분과 행동을 뽐내는 걸까?

어린 시절과 청소년기에 받은 스트레스가 어떻게 생물학적으로 깊게 내포되어 중년기의 건강을 해치는 걸까?

이는 이 책에서 묻고 답하게 될 질문들 가운데 일부다. 사실 우리는 이 책을 쓰면서 독자들도 우리가 수십 년 동안 걸어온 것과 같은 여정을 거칠 수 있기를 바랐다. 우리의 지적 여행을 인도한 것은 인간발달과 관련해 오랫동안 궁금해했던 핵심 질문인 "우리는 왜 지금과 같은 모습이고, 왜 다른 사람들과 다를까?"이다. 이 문제에 대한 호기심 때문에 4천 명이 넘는 개인의 삶을 유아기부터 청소년기를 거쳐 때로는 성인기에 이르기까지 오랫동안 추적했다. 연구 자료와 관련해서는 연구 과정에서 유아기와 청소년기, 성인기의 여러 시점에서 정보를 모아 앞 단락과 같은 질문이나 답변에 활용해야 하는데, 이때 수집한 정보를 큰 비용과 시간, 노력을 들여서 조사만 하는 게 아니라 이를 통해 우리가 얻은 답변에 의문을 제기하기도 해야 한다. 그래야 '우리는 왜 지금과 같은 모습이 되었는가'와 관련해서 알아낸 사실이 정확하고 진실하며 신뢰할 수 있다는 확신이 커진다. 결국 우리가 알아낸 많은 사실이 인간발달의 본질이나 우리가 어떻게 지금과 같은 존재가 될 수 있었는지와 관련해 널리 퍼져 있는 아이디어에 이의를 제기하거나 그게 사실임을 확인시켜줄 수 있다면 좋겠다.

심리나 행동, 건강에 관한 많은 논픽션 서적은 한 가지 주제에 집중해서 그걸 심도 있게 다룬다. 괴롭힘이나 성적인 행동, 부부관계 등에 초점을 맞춘 책을 생각해보라. 하지만 이 책은 그런 식으로 진행되지 않을 것이다. 여러 해 동안 많은 개인을 추적 연구한 내용을 바탕으로 하기 때문에 우리는 한두 가지 주제가 아니라 우리를 매료시킨 다양한 주제에 초점을 맞췄다. 발달 단계의 한 시점(예: 유아기)에서 매우 중요한 것이 나중에(유년기 중반이나 청소년기) 중요한 것들과 완전히 다른 경우가 많다. 그래서 유아기에는 기질과 보육, 유년기 중반에는 괴롭힘과 ADHD, 청소년기에는 대마초 사용과 흡연, 중년에는 건강 등의 주제를 다뤘다. 이 책을 어니스트 헤밍웨이Ernest Hemingway의 《노인과 바다The Old Man and the Sea》보다는 쥘 베른Jules Verne의 고전인 《지구 속 여행Journey to the Center of the Earth》에 가깝다고 생각하면 도움이 될 것이다. 《지구 속 여행》은 화산에 들어가 용암 동굴을 따라 지구 중심부까지 도달한 탐험가들의 도전적이고 다양한 경험에 관한 책인 반면, 《노인과 바다》는 가난한 어부가 아주 커다란 물고기를 잡아서 집으로 가져오려고 했던 하루 동안의 경험에 관한 책이다.

다양한 주제에 초점을 맞추기 때문에 책을 순서대로 읽을 필요가 없다는 걸 분명히 밝히는 바다. 애피타이저부터 디저트까지 차례대로 진행되는 전통적인 레스토랑에서의 저녁 식사라기보다 자기가 먹고 싶은 걸 선택할 수 있는 스모가스보드smorgasbord(다양한 음식을 즐기는 뷔페식 식사—옮긴이)라고 생각하는 게 좋겠다. 이 책 앞부분에서 다루는 주제들은 어린 시절하고만 관련된 게 아니고, 뒷부분에서 다루는 주제들도 성인기에만 국한된 게 아니다. 또 논의된 연구 내용이 수십 년의 연구 기간 중 언제 수행되었는지를 기준으로 장의 순서를 정하지도 않았다. 앞쪽에 나오는 장 가운데 일부는 우리가 꽤 오래전에 연구한 주제를 다루지만, 어떤 내용은 훨씬 최근에 조사한 것이다. 그건 뒤쪽에 나오는 장도 마찬가지다. 우리는 어떤 주제는 특정 독자층에게 더 흥미로울 것이라는 점을 고려해 목적의식을 갖고 책을 구성했다. 따라서 순서대로 읽는 것도 당연히 괜찮지만, 이 장에서 저 장으로 건너뛰며 읽어도 별 무리가 없을 것이다. 사실 이 책은 발달의 개인차(사람들이 저마다 어떻게 다르고, 무엇이 그들을 그렇게 만들었는지)에 관한 것이기 때문에, 이런 식으로 읽어도 무방하다. 그러니 여러분이 읽고 싶은 대로 읽기 바란다! 이런 유연한 읽기 방식에 따라 특정 장에서 종종 이전 장이나 다음 장을 언급하기도 하므로, 관심 있는 독자들은 책의 여러 부분에서 관심을 사로잡는 단서를 따라갈 수 있다.

인간발달에 대한 우리의 관심과 그걸 연구하는 모험심을 독자들과 공유하는 것 외에, 이 책의 두 번째 목표는 많은 이가 발달에 대해 생각하는 방식에 이의를 제기하는 것이다. 관련된 얘기가 언론과 소셜 미디어에 자주 등장하는데도, 인간이 태어나면서부터 성인이 될 때까지의 발전 과정에 대한 대중의 이해는 여전히 상투적인 틀에 박혀 있고, 단순히 자기가 믿고 싶은 걸 확인시켜준다는 이유로 이를 받아들이는 경우도 많다. 여기에는 "우리의 모든 건 유전자에 새겨져 있다", "어린 시절 가족 안에서 한 경험이 우리를 지금과 같은 존재로 만들었다", "탁아 시설은 아이들에게 나쁘다(혹은 좋다)", "청소년기의 말썽은 그냥 일시적인 현상일 뿐이다" 같은 주장이 포함된다. 이 책은 몇 가지 근본적인 주제에 대해 힘들게 얻은 통찰을 자세히 설명하면서, 그런 단순한 생각을 바로잡고자 한다. 관련 내용을 이 책 2부에서 6부에 걸쳐 다루었다.

- 아이들이 생후 5년, 10년, 15년 동안 생각하고, 느끼고, 행동하는 방식을 통해 훗날 그들이 어떤 사람이 될지를 예측할 수 있는지 여부와 그 방법
- 성장하면서 가족 내에서 경험한 일들이 훗날 어떤 사람이 될지를 결정하는지 여부와 그 방법
- 성장하면서 가족 외부에서 경험한 일들이 훗날 어떤 사람이 될지를 결정하는지 여부와 그 방법
- 유전자가 인간발달에 영향을 미치는지 여부와 그 방법
- 성인의 건강이 아동기에 뿌리를 두고 있는지 여부와 그 방법

우리가 제시한 연구 내용 가운데 중재 치료나 임상, 지역사회 서비스 제공과 직접적으로 연관된 건 없다. 하지만 사실상 모든 장이 방금 강조한 문제를 해결하면서 얻은 통찰이 그런 노력에 어떤 영향을 미치는지를 명확하게 설명한다. 실제로 책 전반에 걸쳐 인간발달과 관련한 기초과학이 신체적·정신적 건강을 증진하고, 문제 발생을 예방하며, 이미 발생한 문제의 해결을 위한 노력에 정보를 제공할 수 있는 지식을 생성하고 있음을 보여주려고 노력했다. 인간발달과 관련한 과학은 많은 다른 과학 분야의 기초가 되는 것과 동일한 논리를 바탕으로 한다. 어떤 것이 어떻게 작동하는지 안다면, 그걸 정상적인 작동 상태로 유지하면서 발생 가능한 모든 문제를 해결할 수 있는 유리한 위치에 서게 될 것이다.

# 인간발달이란 무엇인가?

★

　　　이쯤 되면 독자들은 인간발달이란 게 실제로 무엇인지 궁금할 것이다. 우선 그건 앞서 첫 번째 단락에서 제시한 것만큼 다양한 질문을 다루는 연구 분야다. 따라서 여러 전문 분야에 걸친 과학이라고 할 수 있다. 감정, 인지, 행동에 대한 관심을 감안하면 심리학이다. 정신과 뇌에 초점을 맞춘 걸 보면 신경과학이다. 가족, 이웃, 직장, 범죄에 대한 관심을 보면 사회과학이다. 그리고 마지막으로, 유전학, 생리학, 건강, 심지어 진화가 지금도 우리의 성장 발달 과정에서 하는 역할에 초점을 맞춘 것을 감안하면 생물학과 공중보건 과학이기도 하다.

　인간발달은 시간과 공간을 통해 복잡한 방식으로 상호 작용하는 수많은 요소와 힘이 존재한다는 점에서 날씨와 기후를 연구하는 기상학과 가장 유사할 것이다. 인간에게는 태풍이 치고 비가 오는 날과 밝게 햇빛이 비치는 날이 있는데 발달 과학은 이런 모든 것, 특히 그 원인과 영향을 밝히려고 한다. 그래서 천성과 양육의 영향을 고려하면서 태어날 때부터 중년에 이르기까지 건강을 비롯한 인지적, 사회적, 정서적, 행동적, 생물학적, 신체적 발달에 초점을 맞춘다. 아이들이 수십 년 뒤에 어떤 모습으로 어떤 행동을 할 것인지 예측하는 우리의 역량은 기상학자들의 기상 예측 능력과 동등한 수준에 아직 이르지 못했지만, 인간발달을 연구하는 과학자들과 학자들이 발전하고 있다는 건 부인할 수 없는 사실이며 우리가 그걸 증명할 수 있길 바란다.

또한 기상학은 인간발달과 마찬가지로 결정론적이지 않고 확률론적인 과학이기 때문에 좋은 비교 대상이 된다. 아원자 수준에서 현상을 다루는 양자역학을 제외하면, 물리학은 전형적인 결정론적 과학이다. 예를 들어, 온도가 $H_2O$ 상태(얼음, 액체 또는 기체)에 미치는 영향, 용기 크기가 기체의 압력에 미치는 영향(보일의 법칙), 중력이 낙하하는 물체의 가속도에 미치는 영향(아이작 뉴턴Isaac Newton의 공이다) 등을 설명하는 정확한 공식을 비롯해 엄격한 법칙이 존재한다. 그러나 인간발달에 대한 연구가 현실적으로 그렇게 확실한 결과를 내놓는 경우는 드물다. 그렇기 때문에 우리는 엔지니어들이 누구나 기꺼이 건널 수 있는 다리와 살 수 있는 고층 건물을 설계하고 지을 수 있다고 확신하지만, 특정한 자녀 양육이나 교육 지도, 임상 치료 방식이 모든 아이에게 동일한 발달 효과를 발휘할 것이라고는 확신할 수 없다.

따라서 혹독한 체벌이 아동의 공격성을 조장하는 경우가 많지만, 특정 아동의 공격성 여부는 다른 요인에 좌우될 수도 있다. 아이의 신경계가 매우 민감한지, 아이가 겪은 가혹한 대우를 사랑과 애정으로 보상할 수 있는 다른 부모가 있는지 등이 그 예가 될 수 있다. 날씨도 동일한 확률론적 방식으로 작용한다. 폭풍이 허리케인으로 바뀔지 여부는 해당 폭풍의 특성뿐만 아니라 다른 지역의 기압이 허리케인이 육지에 상륙하기 전에 바다에서 습기를 흡수하는 시간을 늘리는지 여부에 따라서도 달라진다. 다시 말해, 인간발달 같은 확률 과학의 경우에는 예상되는 원인(예: 가혹한 육아 방식)과 예상되는 결과(예: 아동의 공격성) 사이에 온도가 $H_2O$ 상태에 미치는 영향이나 용기 크기가 압력에 미치는 영향과 같은 일대일 대응을 기대해서는 안 된다.

　근본적으로 생명과학에는 가변적인 부분이 너무 많다. 그리고 우리는 인간발달을 '단순한' 사회과학이 아닌 생명과학으로 간주한다. 영향의 원천 대부분이 인정이나 측정 여부와 관계없이 다른 사람들에게 달려 있기 때문이다. 이는 확실성을 추구하는 이들에게는 매우 불만스러울 수 있지만, 우리가 이 책을 통해 명확하게 밝히고자 하는 것처럼 다소 희망적인 사실이 될 수도 있다. 사실 이것은 우리가 반복적으로 다시 살펴볼 이 책의 주제 중 하나인 회복력의 핵심이다. 괴롭힘이 비만을 야기한다(10장), 아동 학대가 남성 폭력을 조장한다(14장), 다양한 생활 속 스트레스 요인이 우울증을 유발한다(15장)고는 하지만, 이런 영향이 불가피한 건 아니다. 이런 조건에 직면하면 좋지 않은 결과가 발생할 확률이 증가하므로, 특정 조건에서는 확실히 위험도가 높아진다. 그러나 확률을 낮추거나 때로는 완전히 제거할 수 있는 힘을 찾아내는 것도 가능하다. 그리고 이러한 힘은 위험이 현실화될 가능성을 줄이기 위한 개입의 길을 열어줄 수도 있다. 여기서 공유하는 연구 내용은 이런 상쇄력을 찾아내는 데도 적합하다. 이런 통찰력은 인간발달이 기초과학이자 응용과학이라는 사실을 분명히 할 것이다. 인간발달이 기초과학인 이유는 우리가 지금과 같은 모습이 된 이유에 대한 호기심을 해결해주기 때문이고, 응용과학인 이유는 문제가 생기는 걸 막고 발생한 문제에 대처하며 전반적인 행복도를 높이는 데 이용할 수 있는 통찰력을 제시하기 때문이다.

# 시대별로 유년기를 살펴보는
# 세 가지 연구 프로젝트

★

　　　세 개 대륙에서 세 가지 연구 프로젝트를 진행하면서 수십 년간 4천 명이 넘는 개인을 연구하여 얻은 확률론적 통찰을 이 책에 공유한다.

### 더니든 다학제 건강 발달 연구

　　더니든 다학제 건강 발달 연구는 1970년대 초반 12개월 동안 더니든 마을에서 태어난 뉴질랜드인 1천여 명 모두를 대상으로 진행한 연구다. 출생 당시와 아동기, 청소년기, 성인기의 발달 경험을 평가하기 위해 이들이 3세, 5세, 7세, 9세, 11세, 13세, 15세, 18세, 21세, 26세, 32세, 38세 때 조사를 실시했다. 최종 평가 단계에는 생존해 있는 연구 대상의 95퍼센트가 참여했다. 이 글을 쓰는 시점에 이 연구의 마지막 단계가 막 마무리되었는데, 45세가 된 더니든 피험자들을 다시 만나 연구를 진행했다. 하지만 이번 연구는 너무 최근에 이루어졌기 때문에 아직 이 책에서 공유할 만한 결과는 나오지 않았다.

　　더니든 연구 데이터 수집은, 피험자들이 더니든의 오타고 대학에 있는 연구 프로젝트 사무실을 방문하는 걸 중심으로 오랫동안 다양한 방법으로 이뤄졌다. 다만 5장에서 다루는 연구는 예외로, 이때는 피험자의 집으로 직접 찾아갔다. 피험자가 어릴 때는 부모와의 인터뷰를 통해 데이터를 얻었고, 아이들이 어느 정도 자란 뒤부터는 직접 인터뷰를 했다. 아이들의 행동을 관찰하고 건강 진단과 생물학적 측정을 비롯해 여러 능력에 대한 공식적인 평가도 진행했다. 피험자의 청소년기 후반과 성인기에는 그들을 잘 아는 사람들도 관련 정보를 제공해줬다. 경찰은 범죄 행위에 대한 정보를 공유해줬고, 뉴질랜드 정부는 전자 의료 기록과 사회 복지 기록 같은 행정 데이터를 지원해줬다. 이 책의 공동 저자인 모피트와 폴턴, 카스피가 이 연구를 지휘했고, 벨스키는 제한적으로 관여했다(5장과 7장). 더니든 연구는 8, 9, 10, 17장을 제외한 이 책의 모든 장에서 주요 주제 혹은 유일한 관심사로 다뤄진다. 연구의 장기적 범위를 생각하면 당연한 일이지만, 이 연구는 앞서 강조한 세 가지 핵심 쟁점인 아동의 기능과 후기 발달 사이의 연관성, 유년기와 청소년기의 경험이 미래 발달에 미치는 영향, 유년기가 중년기의 건강에 미치는 영향 등을 모두 다룬다.

독자들은 더니든 연구의 뒷이야기와 우리가 연구에 참여하게 된 경위에 관심이 있을 것이다. 이 연구는 1970년대에 한 병원에서 1년 사이에 태어난 모든 아기를 대상으로 실시한 설문조사에서 시작되었는데, 이 설문은 출산으로 인한 합병증을 겪는 산모와 아기가 몇 명이나 되는지 알아보기 위한 것이었다. 출생 시 합병증을 겪은 아기들이 발달 이정표를 잘 달성하는지 확인하기 위해 3세 때 후속 조사를 실시했다. 이 일은 오늘날 종단 연구의 선구자로 존경받는 필실바Phil Silva가 주도했다. 실바는 처음부터 연구원을 모집해서 교육적 성취, 부상, 치아, 호흡기, 성, 정신 건강 같은 다양한 과학적 주제와 관련된 아이들의 상황을 추적하면서 데이터 수집 범위를 확대했다. 뉴질랜드에서 흔히 쓰는 표현으로 '기름때 묻은 걸레 냄새만 맡아도' 달리는 자동차란 말이 있는데, 데이터 수집도 그렇게 저렴한 비용을 들여 효율적으로 진행되었다. 실험 대상인 아이들에 대한 검사는 교회 강당에서 진행되었는데, 연구팀은 주일학교를 위해 주말마다 강당을 비워줘야 했다.

실바는 1980년대에 이 연구를 진행할 새로운 인재를 찾기 위해 세계 일주를 하던 중에 모피트를 만났다. 실바는 피험자들이 청소년기에 접어들면 비행과 약물 사용 같은 새로운 주제로 데이터 수집을 확대하려는 목표를 가지고 있었기 때문에, 모피트에게 연구팀에 합류해 달라고 설득했다. 모피트는 1985년에 더니든으로 이주해서 이 과학 프로젝트에 깊이 헌신하게 되었고, 결국 미국 국립보건원NIH의 보조금을 확보해서 프로젝트의 재정적 미래까지 안정시켰다. 1천 명의 청소년들을 인터뷰하기 위해 도움이 필요했던 모피트는 더니든의 오타고 대학에 다니고 있던 리치 풀턴을 고용했다. 애브샬롬 카스피가 이 프로젝트에 참여하게 된 계기는 좀 색다르다. 그는 모피트가 컨퍼런스에서 더니든 데이터를 발표하는 모습을 보고는 "정말 근사한 데이터를 갖고 있군요"라는 역대 최악의 작업 멘트를 읊으며 그녀에게 접근했다. 모피트는 1990년대에 카스피를 더니든으로 초대했고, 실바는 이 연구의 데이터 찬장에 성격과 사회적 관계에 대한 전문 지식을 추가할 수 있는 기회가 생겼음을 직감했다. 그 직후에 결혼해서 더니든 프로젝트의 공동 연구자가 된 모피트와 카스피는 실바에게 제이 벨스키를 소개했다. 벨스키는 1993년에 10세인 아들 다니엘을 데리고 더니든을 방문했는데, 현재 30대가 된 다니엘도 이 연구에 참여하게 되었다(12장, 13장, 19장 참조). 피험자들이 이제 자기 아이를 갖기 시작할 나이가 되었다. 벨스키의 지도 아래 더니든 연구 피험자들이 자신의 3세 아이를 양육하는 방식에 대한 연구가 시작되었다(5장 참조). 이 무렵에 리치 풀턴이 호주에서 박사 학위를 마치자, 모피트는 그에게 고향인 더니든으로 돌아오라고 유혹했다. 그리고 실바는 박사가 된 그를 반갑게 맞아주면서, 자기가 은퇴하자마자 연구 감독 역할을 할 수 있도록 훈련시켰다. 우리 네 사람이 이 연구를 위해 지금까지 협력한 시간을 전부 합치면 100인년person-year에 가깝다.

## 환경 위험 연구

환경 위험 연구The Environmental-Risk Study, E-Risk에서는 영국에서 태어난 쌍둥이 1천여 쌍을 인생 초반 20년 동안 추적하면서 그들이 5세, 7세, 10세, 12세, 18세가 되었을 때의 모습과 성장 경험을 평가했다. 최종 평가 때는 생존해 있는 연구 대상자의 93퍼센트가 참여했다. 환경 위험 연구는 쌍둥이들에게 초점을 맞췄다는 사실 외에도 다른 여러 가지 면에서 더니든 연구와 대조된다. 더니든 연구 피험자들은 모두 12개월 사이에 더니든에서 태어났기 때문에 인구 집단을 대표하는 반면, 환경 위험 연구의 경우 잉글랜드와 웨일스 각지에 사는 경제적으로 취약한 가족을 모집했기 때문에 연구 표본이 불균형적이다. 또 환경 위험 연구 데이터는 대부분 연구원이 가족들이 사는 집을 방문해서 엄마와 쌍둥이들을 각각 따로 인터뷰하고, 설문조사를 실시하고, 행동을 관찰하고, 표준화된 검사를 진행해서 수집한 것이다. 쌍둥이 가족이 사는 지역을 파악하기 위해 이웃 사람을 상대로 설문조사도 실시했다. 환경 위험 연구 내용은 9장, 10장, 17장에서 중점적으로 다룬다. 모피트와 카스피는 1990년대에 이 연구를 시작했다. 이 책의 주요 목표와 관련해서는, 환경 위험 연구 덕분에 어린 시절의 기능과 경험이 인생 후반의 발달에 어떤 영향을 미치는지 이해할 수 있게 되었다.

환경 위험 연구를 계획할 때, 연구진인 모피트와 카스피는 기본적으로 더니든 연구를 재현하려고 했는데 이번에는 그 대상이 쌍둥이였다. 모피트와 카스피는 인과관계 경쟁에서 환경이 유전과 대결할 수 있는 기회를 주기 위해 두 가지 새로운 디자인 특징을 집어넣었다. 첫째, 모피트와 카스피는 쌍둥이들의 집을 방문해서 환경 위험 데이터를 수집하고, 동영상을 찍어 관찰하고, 인터뷰 담당자가 가정과 지역 환경을 평가해야 한다고 주장했다. 대부분의 대규모 쌍둥이 연구는 우편, 전화, 인터넷을 통해 데이터를 수집하기 때문에 중요한 환경 측정값이 누락되곤 했다. 둘째, 모피트와 카스피는 환경 위험 연구 대상인 가족들이 고소득 계층부터 극빈 계층까지 모든 사회 경제적 지위를 대표할 수 있게 했다. 연구진은 연구 대상을 모집할 때 보조적인 생식 기술을 이용하는 고학력 여성일 가능성이 높은 나이 든 산모가 낳은 쌍둥이는 적게 모집하고, 빈곤층일 확률이 높은 10대 산모가 자연 출산한 쌍둥이는 많이 모집하는 방법을 통해 이 조건을 달성했다. 그때까지는 쌍둥이 표본이 대부분 중산층에 치우쳐 있었는데, 이는 중산층 가정이 자원해서 장기적인 연구에 계속 참여할 가능성이 높았기 때문이다. 이런 모집 전략 덕분에 오늘날 인구통계학적인 다중 결핍 지수에 드러난 영국 가족의 분포를 거의 완벽하게 보여주는 표본을 얻게 되었다.

## NICHD 조기 보육 및 청소년 발달 연구

국립아동건강발달연구소NICHD와 공동으로 실시한 NICHD 조기 보육 및 청소년 발달 연구에서는 미국 내 10개 지역에서 성장한 약 1,300명의 아이를 출생부터 15세까지 추적 연구했다. 아동과 그 가족 그리고 아동의 보육이나 또는 학교에서의 경험을 생후 1개월, 6개월, 15개월, 24개월, 36개월, 54개월 때, 초등학교 재학 기간 그리고 15세 때 평가했다. 이 프로젝트는 아이들을 정기적으로 대학 실험실로 데려오기도 하고(더니든 연구에서처럼) 그들의 집을 방문하기도 하는(환경 위험 연구에서처럼) 과학적 절차를 포함한다는 점에서 더니든 연구와 환경 위험 연구의 두 가지 조사 방법을 통합했고, 아동이 다닌 보육시설과 초등학교 교실에 대한 평가를 통해 이런 노력을 보완했다. 하지만 해당 가족을 모집한 지역 병원에서 태어난 사람들 외에는 그 어떤 인구 집단도 대표한다고 주장할 수 없다. 이 연구는 7장과 8장의 중심 주제이며, 벨스키는 이 연구의 시작 단계부터 관여했다. 환경 위험 연구와 마찬가지로, 이 프로젝트도 이 책의 처음 두 가지 목표는 다루지만 세 번째 목표(어린 시절이 중년의 건강에 미치는 영향)는 다루지 않는다.

NICHD 연구는 보육이 아동 발달에 미치는 영향이라는 한 가지 특정 문제를 다루기 위해 고안된 것이기 때문에, 더니든 연구나 환경 위험 연구와는 그 배경이 다르다. 7장에서 얘기하겠지만, 이 연구를 위해서는 일차적인 초점을 훨씬 넘어서는 목적으로 사용할 수 있는 다양한 데이터를 수집해야 했다. 8장에서 이 공동 연구의 배경과 이를 통해 밝혀낸 보육의 효과에 대해 설명하므로, 여기서는 더 이상의 자세한 내용은 생략한다.

이 책에서 소개하는 연구가 지리적으로 다양한 지역(뉴질랜드, 영국, 미국)에서 진행되긴 했지만, 세계 다른 지역에서의 발달은 다루지 않는다는 점을 알아야 한다. 발달 심리는 백인 위주white의 교육받고 educated 산업화된industrialized 부유하고rich 민주적인democratic WEIRD 사회에서 자라는 아동들에게 거의 전적으로 초점을 맞추고 있다는 점에서 비판받아 마땅하다. 이 책에서도 분명히 드러나겠지만, 우리 연구 역시 이런 죄를 범하고 있다. 이는 두 가지 중요한 사실을 의미한다. 첫째, 주로 과학 연구를 위한 자금이 넉넉하게 지원되는 곳에서 연구가 진행되었다는 건 그리 놀라운 일이 아니다. 둘째, 이런 WEIRD 사회에서 진행된 연구가 지금처럼 세상의 다양한 장소로 이어진다면, 새로운 지식을 배우게 될 뿐만 아니라 WEIRD 세상을 연구하면서 힘들게 얻은 지식을 다른 지역에도 일반화할 수 있는지 판단하게 되므로 반드시 죄라고만은 할 수 없을 것이다. 그러나 우리가 아는 건 뉴질랜드, 영국, 미국에서 인간발달을 연구해서 알게 된 사실 대부분이 WEIRD 세상 전반에 해당된다는 것이다. 비록 WEIRD가 아닌 사회로 일반화할 수 없고 그렇게 해서도 안 된다 하더라도, 그 발견을 무시해서는 안 된다. 우리가 연구를 통해 알아내서 이 책을 통해 공유하는 내용이 케냐나 중국, 뉴기니 같은 지역의 발달상까지 정확히 묘사하는지 판단하려면 향후 연구를 더 해봐야 한다. 어떤 경우에는 타 지역 상황에도 들어맞을 테지만 그렇지 않은 경우도 있을 것이다. 이 책을 통해 개인이 성장할 때의 환경 조건이 훗날 그가 어떤 사람이 될지 결정하는 데 얼마나 중요한 역할을 하는지 밝혀진 것을 보면, 독자들도 그 점을 인정해줄 거라고 믿는다.

## 종적 연구의 힘

★

우리가 왜 심리학, 신경과학, 사회학, 생물학, 통계학 등 다양한 학문 분야를 통달해 가면서, 오랜 세월에 걸쳐 4천 명이나 되는 사람을 추적하여 인간발달을 연구하는 일에 일생을 바치고 있는지 궁금할 것이다. 어떻게 보면 이는 대답하기 쉬운 질문이다. 우리 모두 인간발달 현상이 매력적이라고 생각한다. 왜 우리는 지금과 같은 모습이 되었을까? 어떻게 지금의 우리가 되었을까? 이 과정에서 천성과 양육이 어떤 역할을 했을까? 반면 왜 이 일을 하느냐는 질문에 대한 대답이 더 복잡해질 수도 있는데, 여기서 이 책의 중심이 되는 연구가 유혹적일 만큼 강력한 힘을 발휘하는 이유를 설명해보겠다.

### 관찰 연구 대 실험 연구

왜 장기간에 걸쳐 사람들의 인생을 추적하는가 하는 질문에 대한 대답은 저자들이 참여한 연구 외에도 이 책의 중심 주제인 세 가지 연구 프로젝트가 모두 공유하는 중요한 과학적 특성 두 가지와 관련이 있다. 첫 번째는 연구의 성격이 실험이 아닌 관찰 중심적이라는 것이다. 이는 우리가 어린이와 청소년, 성인의 발달을 증진시키거나 수정하기 위해 그 어떤 노력도 기울이지 않았다는 뜻이다. 즉 우리 연구에는 인간발달의 본질과 과정을 수정하기 위한 개입이 포함되지 않는다. 우리는 '관찰자'이지 간섭자가 아니다. 정책 입안자가 아니라 역사학자에 가깝다. 따라서 세 가지 연구 프로젝트의 중심은 연구 피험자의 생활에서 어떤 일이 벌어지고 시간이 지남에 따라 어떻게 피험자가 발전하고 변화하는지 모니터링하면서 기록하는(즉, 관찰하는) 것이다. 더니든 연구에 참여한 어떤 사람은 자신의 오랜 연구 참여에 대해 이렇게 말했다. "더니든 연구의 피험자가 되는 건, 사자가 몰래 가젤의 뒤를 밟는 자연 다큐멘터리에 출연하는 것과 비슷하다. 과학자들은 가젤을 구하거나 사자를 막으려고 하지 않는다. 그냥 관찰할 뿐이다." 우리는 이런 설명이 아주 마음에 들지만, 완전히 정확한 얘기는 아니다. 연구 대상이 자신이나 다른 사람에게 즉각적인 위협을 가하고 있는 게 명확해지면, 우리는 관련된 개인과 가족, 또는 그중 하나를 위한 지원책을 마련하기 위해 법적, 윤리적 책임을 다한다. 그 외의 상황에서는 그냥 가만히 앉아서 지켜보기만 한다.

아무튼 우리가 이런 관찰 방식을 이용하는 주된 이유는, 세 가지 프로젝트에서 다루고 이 책의 모든 장에서 제시한 질문 대부분이 실험 조작이나 조사의 대상이 될 수 없기 때문이다. 우리가 학대의 영향을 연구할 수 있도록 자기 아이를 학대하는 데 동의할 사람이 어디 있겠으며, 보육이 아동에게 미치는 영향을 평가하기 위해 아이를 수준이 높거나 낮은 보육시설에 무작위로 배치하는 데 동의할 사람은 또 어디 있겠는가? 성조숙증과 성만숙증의 영향을 연구할 수 있도록 신체 발육 속도를 늦추거나 빠르게 하는 약을 자기 딸에게 투여할 수 있게 할 사람은 어디 있으며, 따돌림 같은 가혹한 대우의 영향을 평가할 수 있도록 자기 아이가 무작위로 따돌림 당할 위험에 처하도록 할 사람이 어디 있겠는가?

일부 과학자, 학자, 시민, 정책 입안자들은 우리 같은 관찰 연구를 무시하는 경향이 있다. 이는 그들이 종종 무작위대조시험RCT의 형태로 진행되는 실험 연구를 과학적 탐구의 '황금 기준'으로 여기기 때문이다. 전문 용어로 규정되어 있는 것처럼, 이런 연구에는 이런저런 치료 조건에 무작위로 배정된 연구 프로젝트 실험군과 치료를 받지 못하는 대조군이 있어서 이 두 그룹을 비교할 수 있다. 무작위로 배정하는 이유는 서로 다른 치료를 받는 그룹의 상태가 처음부터 다르지 않도록 보장하거나 최소한 그럴 가능성을 높이기 위해서다. 그래야만 치료 후에 그룹 사이에서 나타나는 차이가 연구 중인 치료의 결과라는 '강력한 추론'을 도출할 수 있다. 치료 방법에는 약물 또는 위약 투여(예: 식욕을 감소시키기 위한), 어떤 형태의 훈련 참여(예: 덜 가혹한 육아 방식을 쓰도록 하기 위한), 특정한 경험에 대한 노출(예: 자연을 배우기 위한 공원 나들이) 등이 포함될 수 있다. 이런 연구 설계는 일반적으로 관찰 연구보다 확실한 인과적 효과를 입증할 수 있다는 확신을 안겨주지만, 사실 앞에서 얘기한 것처럼 인간발달을 공부하는 학생들이 관심을 가지는 것은 모두 실험적 조작에 적합하지 않다. 기상학, 천문학, 지질학이 주로 관찰 과학인 것도 그런 이유이다. 결과가 어떻게 될지 알아보기 위해 날씨나 행성, 지구를 바꿀 수는 없지 않은가. 다시 말해 관찰 과학은 그냥 과학일 뿐, 실험에 많이 혹은 전적으로 의존하는 과학에 비해 덜 과학적인 건 아니다.

이 주장을 할 때 우리가 강조해야 하는 마지막 요점은 관찰 연구와 반대되는 경우가 많은 황금기준 방식에 관한 것이다. 유용한 치료군이나 대조군에 개인을 무작위로 배정하는 게 RCT 효용성의 핵심이지만, 경험적 탐구에서 이 방법을 사용하는 것과 관련해 널리 알려지지 않은 사실이 하나 있다. 본인이 대조군에 무작위로 배정될 가능성이 있는 상황에 처하는 걸 누구나 반기는 건 아니라는 것이다. 특히 실험적 치료 방법이 유익한 경우에는 더 그러한데, 대부분의 치료는 유익하기 마련이다. 누군가는 "나도 대조군이 아닌 치료군에 무작위로 배정되기만 한다면 기꺼이 참가할 거야"라고 말할지도 모른다. 그러나 이런 주장을 하는 사람은 RCT에 참가할 수 없다. 참가자들은 자기가 실험군과 대조군 중 어디에 배정되든 상관없이 기꺼이 따라야 하기 때문이다.

이는 임상 시험 결과의 일반화 가능성이 흔히 가정하는 것만큼 광범위하지 않다는 뜻이다. 무작위로 대조군에 배정될 위험을 감수할 준비가 되어 있지 않은 사람은 RCT 참여에 동의하지 않으니 말이다. 게다가 RCT를 중단하는 사람도 놀랄 만큼 많다. 물론 어떤 치료법이 특정 결과를 낳았다고 해서 많은 사람이 그 치료법을 이용할 수 있게 되었을 때도 똑같은 결과가 나올 거라는 보장은 없다. 결국 그 사람들 중에도 해당 치료법을 처음 실험할 때 기꺼이 참여하려고 하지 않았을 이도 많았을 것이다. 따라서 실험에서 무작위로 배정되는 걸 기꺼이 받아들였던 사람에게 효과적이었던 방법이 그렇게 하는 걸 원치 않았던 사람에게도 효과가 있을 거라고 확신할 수는 없다. 때로는 그런 일반화가 문제되지 않을 수도 있지만, 어떤 경우에는 확실히 문제가 된다. 이런 관점에서 보면 '황금'은 실험 연구를 특징짓기에는 좋지 않은 방법이며, '은'이 더 정확할 수도 있다. 하지만 여기서 우리의 목적은 RCT를 실험과 함께 내다버리는 게 아니라, 관찰 과학을 비웃으려는 사람들이 이 문제를 좀 더 생각해보도록 하려는 것이다.

물론 관찰 과학자는 경험적 결과를 바탕으로 결론을 도출할 때 조사 전략의 한계를 잘 알고 있어야 한다. 우리처럼 인간발달을 연구하는 사람의 경우에는 발달 경험과 환경 노출, 어린 시절의 기능과 향후 발달 상태 등을 연결하는 통계적 연관성을 기록하면서 인과관계를 추론할 때 매우 신중해야 한다는 뜻이다. 둘 사이에 상관관계(통계적 연관성)가 있다고 해서 반드시 어느 한쪽이 다른 쪽에 인과적 영향을 미치는 건 아니라는 걸 다들 알아야 한다. 청소년기의 대마초 흡연과 성인기의 인지 기능처럼 말이다. 이 책의 중심인 관찰 연구를 바탕으로 강력한 인과적 추론을 도출하는 건 사실상 불가능하다는 걸 알고 있지만, 우리가 이 책 전체에서 보여주고자 하는 건 인간발달과 관련된 인과적 영향의 추론에 현혹될 가능성을 줄이기 위한 노력은 기울일 수 있다는 것이다. 실제로 독자들은 우리가 연구 결과에 대한 대안적 설명을 고려하고 경험적으로 평가하면서, 초반의 연구 결과와 그걸 통해 얻은 결론에 계속 이의를 제기하는 모습을 보게 될 것이다. 그렇게 해서 최종적인 평가에서 원하는 걸 찾아내야만 우리가 제시한 증거를 받아들일 수 있다. 사실 이 책을 쓴 이유 중 하나도 이 사실을 뼈저리게 느끼면서 인간발달을 이해하기 위한 관찰 과학의 유용성을 문서화하는 동시에, 이런 식으로 생성된 지식이 발달 문제를 예방 또는 치료하고 웰빙을 촉진하기 위한 해결책과 서비스 개발에 어떻게 사용될 수 있는지 보여주려는 것이다.

### 전향적 연구 대 후향적 연구

관찰적 성격 이외에, 이 책의 기초를 이루는 세 가지 연구 프로젝트의 또 다른 공통점은 시간의 흐름에 따라 사람들의 삶을 전향적으로 추적한다는 것이다. 그게 정확히 무슨 뜻일까? 여기서 핵심 용어는 '전향적prospective'이고, 그 반대말은 '후향적retrospective'이다. 인간발달에 관한 후향적 연구에서는, 어떤 시점에 개인의 기능을 연구한 다음 유년기, 청소년기 혹은 성인기에 관찰된 내용을 기억나는 예전의 경험이나 노출, 기능 방식과 연결시키려고 노력한다. 이와 관련해 아동 학대를 당하거나 부모가 약물 중독자인 경우 등 부정적인 아동기 경험adverse childhood experiences, ACE에 관한 최근의 연구들을 떠올려보자. 성인기에 생긴 건강 문제와 질병의 발달 기원을 이해하려는 의사들이 수행한 이런 연구는 대부분 성인에게 10년, 20년 혹은 30년 전의 어린 시절에 경험한 일을 질문하는 방식으로 진행된다. 이런 후향적 연구를 할 때는 나중에 생긴 사회적·감정적·인지적 기능이나 심지어 신체 건강의 잠재적 원인도 발생 즉시 측정하지 않는다. (아마) 살면서 예전에 겪은 일들에 대한 '회상' 보고서를 기반으로 하는 모양이다. 이와 대조적으로, 이 책에 제시된 모든 연구의 특징인 전향적 연구에서는 경험, 노출, 유아기 기능을 그것이 실제로 발생한 시기(또는 그와 가까운 시기)에 측정하며, 그 후 개인이 성장하고 발전하는 과정을 시간 순서대로 계속 따라간다. 이를 통해 우리 같은 연구자들은 선행 사건과 잠재적인 인과 요인 및 프로세스를 미래의 '결과'와 연결시킬 수 있다. 사실 연구가 종적으로 진행되는 건 이렇게 시간의 흐름에 따라 연구 대상들을 추적하기 때문이다.

우리처럼 인간발달을 전향적으로 연구할 것인지, 아니면 많은 이가 과거에 그랬고 지금도 그런 것처럼 후향적으로 연구할 것인지가 실제로 중요한 문제인지 궁금할 수 있다. 두 가지 예를 들어서 이 두 가지 접근 방식의 기능적 차이를 설명할 텐데, 이는 우리가 전향적 연구를 수행한 핵심 이유이기도 하다. 첫 번째 예는 유년기 문제 행동의 초기 기원에 관한 것인데, 이는 아이들이 학업에 실패하고 또래들과 어울리는 데 어려움을 겪게 만드는 그런 문제다. 어떤 후향적 연구에서 초등학교 시절에 공격적이고 비협조적인 아이들은 그보다 훨씬 어릴 때 기능했던 방식이 이후 행동에도 계속 반영되는 것이라는 가설을 지침으로 삼는다고 가정해보자. 다시 말해, 유아기에 많이 울고 수면과 식사, 새로운 상황에 적응하는 데 어려움을 겪는 기질이 까다로웠던 아이들은 자라서 초등학교에 들어간 뒤에도 앞서 설명한 것 같은 문제적인 태도를 보인다는 것이다. 이런 인생 초기와 후기의 기능 사이의 관계가 이 책 2부의 중심 주제다. 2부에서는 우리의 첫 번째 핵심 목표와 주제를 다루면서 아이들이 인생 초반의 5년, 10년, 15년 동안 생각하고 느끼고 행동한 방식을 통해 그들이 훗날 어떤 사람이 될지 예측할 수 있는지 알아보고, 만약 예측이 가능하다면 그 방법도 살펴본다.

후향적 방법을 이용해 앞에서 얘기한 가설을 평가하기 시작한다면, 공격적이고 비협조적이며 반사회적인 아동을 치료하는 클리닉에서 일하는 서비스 제공자들과 협력할 수 있다. 초기 기질에 대한 가설을 고려했을 때, 클리닉에 다니는 아동의 부모에게 물어봐야 하는 기본적인 질문은 "아이가 언제부터 그런 문제 행동을 시작했는 가?"일 것이다. 지금까지의 증거를 보면, 부모들이 "아, 얘는 항상 그랬어요. 태어날 때부터 이런 식으로 울고 몸부림치고 해서 다루기가 정말 힘들었고, 때로는 불가능한 수준이었어요"라고 대답할 가능성이 높다. 아이의 문제 행동이 그렇게 일찍부터 시작되었다고 기억하는 부모들이 많다면, 아동기의 문제는 유아기의 까다로운 기질에서 비롯된 것이라는 가설을 뒷받침하는 증거가 있다고 결론을 내릴 수 있다.

현재 문제 행동을 하는 아이가 아기일 때 어떻게 행동했는가에 대한 회고적인 정보를 바탕으로 이 결론을 자신 있게 받아들이기 전에, 우리가 방금 설명한 조사에서 누구를 연구하지 않았는지 잠시 생각해보자. 아기 때는 훗날 심리 클리닉 치료가 필요하게 된 아이들만큼이나 까다로운 기질을 드러냈지만, 결국 치료가 필요한 문제를 일으킨 적이 없는 아이들이 빠졌다! 그런 아이들을 연구에 포함하면, 유아기의 까다롭고 힘든 행동과 유년기에 나타나는 문제 행동 사이에서 발견된 연관성의 강도가 후향적 방식이 나타내는 것보다 훨씬 약할 것이다. 일찍부터 기질을 측정하고 아이들의 상태를 시간 순으로 따라가는 전향적 연구를 실시해야만, 아기 때는 까다로웠지만 학교생활에 잘 적응하는 학생으로 성장한 아이들까지 빠뜨리지 않고 고려했다는 확신을 가질 수 있다. 따라서 전향적 연구를 통해 유아기의 까다로운 기질과 나중에 발생한 문제 행동 사이에 연관성이 있다고 판단했다면, 이는 백미러를 통해 발달 상황을 바라보면서 내린 결론보다 정확하고 의미 있는 결론일 가능성이 훨씬 높다.

이는 단순히 이론적이거나 학문적인 상아탑의 문제가 아니다. 앞서 얘기한 바와 같이, 지난 몇 년 동안 ACE(아동기 경험)에 관한 연구와 발견이 급증했다. 이것이 후향적 연구의 잠재적 한계와 전향적 연구의 과학적 이점을 탐구할 수 있는 우리의 두 번째 사례다. 흥미로운 연구 내용 가운데 상당수는, 특정 질병을 앓거나 남들보다 앓는 병이 많거나 질병을 일으키는 특정한 건강 상태를 지닌 환자는 성장기에 학대 또는 모진 취급을 받거나 가정 폭력을 비롯한 위험한 환경에 노출된 경우가 많다는 사실을 알게 된 의사들이 보고한 것이다. 실제로 이 연구 결과가 널리 받아들여져서, 오늘날에는 많은 의사가 성인 환자에게 병력뿐만 아니라 성장하면서 겪은 일들을 얘기하도록 요구하는 게 일반화되어, 환자가 노출되었을 수도 있는 역경을 나열한 짧은 설문지를 주기도 한다. 이를 통해 의사는 환자를 잘 이해할 수 있고, 환자의 나쁜 건강 상태에 영향을 미친 초기 결정 요인에 대한 통찰까지 얻게 된다.

심리학자들은 수십 년 동안 어른의 어린 시절에 대한 기억의 정확성을 궁금해하고 걱정했기 때문에(자기는 어린 시절을 아주 정확하게 기억한다고 여기는 사람이 너무나 많으므로) 이 주제에 대한 연구를 진행했다. 흥미롭게도 자라면서 경험한 일에 대한 우리의 기억, 특히 부모님이 자기를 어떻게 대했는지에 대한 기억은 어린 시절 얘기를 할 때의 기분과 정신 건강에 좌우될 수 있다고 한다. 따라서 우울증을 앓는 사람은 우울하지 않은 사람보다 어린 시절의 경험을 나쁘게 보고하는 경향이 있다. 하지만 그건 우울증을 앓는 사람들이 실제로 더 좋지 못한 어린 시절을 보냈기 때문이 아닐까? 물론 그럴 수도 있지만, 후향적 조사는 감정적 편견이 섞일 위험이 있기 때문에 이 문제를 조명하기에 적절하지 않다.

그래서 더니든 다학제 건강 발달 연구에서는 (a) 피험자가 아동일 때 한 경험의 측정치와 수십 년 뒤에 보고한 내용의 유사성, (b) 유년기에 대한 묘사와 객관적 신체 건강 측정치(예: 혈압)나 주관적 건강 평가(예: 오늘의 전반적인 건강 상태는 아주 좋음, 좋음, 괜찮음, 나쁨, 최악 중 어디쯤 해당하는가?)와의 연관성을 평가했다. 이런 평가들 간에 일치하는 부분이 많은가? 전부 같은 이야기를 하고 있는가? 성인기의 건강을 예측할 때, 후향적 보고서도 아동기의 경험에 대한 전향적 측정만큼 도움이 되는가? 방금 제기한 질문에 대한 답을 찾으려면 16장을 읽어야 한다! 이렇게 미리 보는 매력적인 사실을 바탕으로 여기서 다룰 내용을 살펴보자.

# 개요

★

이 책은 5개의 주요 부분(2~6부)으로 구성되어 있고, 이 내용은 전부 서론과 실질적인 본문에서 다룬 연구에 기초해 결론을 도출하는 최종 장 사이에 정리되어 있다. 책에서 다룰 주제를 요약하기 전에, 이 책에서 기술하고 논의하는 모든 연구는 저자들이 직접 수행한 것이고 많은 동료와 항상 협력했으므로 이 책은 오늘날 인간발달 분야의 지식을 검토, 조사, 요약을 한 것이 아니라는 점을 명확히 밝힌다. 이 책은 우리가 인간발달을 연구하면서 겪은 과학적 모험에 관한 것이다. 그렇기는 해도 독자들은 우리의 연구가 다른 모든 학자의 경우와 마찬가지로 우리보다 앞서 노력한 이들이 얻은 통찰과 이해에 바탕을 두고 있다는 걸 알아야 한다. 각 장의 기초가 되는 구체적인 연구는 책 마지막 부분의 참고문헌 목록에서 전체 학술 인용과 함께 확인할 수 있다.

이와 관련된 요점은 이 책을 구상할 때 내린 중요한 초기 결정에 관한 것이다. 즉, 우리와 똑같은 연구 분야에서 고생하고 우리의 생각과 연구 방식에 영향을 미친 많은 동료를 비롯해 다른 연구진들의 작업을 검토하고 참조할 것인가, 아니면 우리가 수행한 작업에만 오롯이 집중할 것인가? 과학적 관점에서 보면 "우리 연구 결과를 제시하기 전에 기존 학술 문헌에 대한 검토를 얼마나 고려해야 하는가?" 하는 문제다. 우리 인생에서처럼 과학 분야에서도 열린 생각을 가진 사람과 작가들은 이 문제에 대해 솔직한 의견 차이가 있을 수 있다. 우리는 이 책에서 다루는 수많은 주제에 관한 학문적 '문헌 검토'를 위해 시간과 공간을 허비하기보다는, 어떤 개념적 문제와 과학적 의문이 우리의 연구(와 다른 사람들의 연구)에 영향을 미쳤는지 분명히 밝히면서 우리가 진행한 연구의 세부 사항만 제시하기로 정했다.

그렇다고 우리보다 앞서 진행된 연구가 중요하지 않다는 뜻으로 해석해서는 안 된다. 아인슈타인의 상대성 이론처럼 아주 드문 경우를 제외하면, 사실상 모든 과학자가 자기보다 앞서 노력한 이들의 '어깨를 밟고 올라서서' 더 멀리 내다보려 한다. 우리도 다르지 않다(우리는 아인슈타인이 아니니까). 이 책에서 얘기하는 모든 내용이 다른 이들의 연구를 발판 삼아 더 확장되는 동시에 훗날의 조사 노력에 도움이 되기를 바란다. 17세기 영국의 시인 존 던John Donne은 "그어떤 이도 섬이 아니며, 혼자서는 온전할 수 없다. 모든 이는 대륙의한 조각이며, 본토의 일부다"라는 유명한 글을 남겼다(《뜻밖의 사태에 대한 기도Devotions Upon Emergent Occasions》 중 〈명상meditation XVII〉). 이 말은 현대과학에도 분명히 적용되며, 우리는 본토의 일부가 된 것을 영광으로 생각한다.

종적 관찰 연구를 진행하다 보면 때로 과수원을 가꾸는 과수 재배 전문가나 음식을 만드는 요리사, 수수께끼 같은 사건을 해결하려고 하는 탐정, 사람들이 거의 혹은 전혀 가보지 않은 곳으로 향하는 탐험가, 뭔가를 찾아내기를 기대하지만 실제로 찾을 수 있을지 확신하지 못하는 보물 사냥꾼이 된 듯한 기분이 든다. 과수 재배 전문가가 그렇듯이, 인생의 매우 이른 시기부터 인간발달을 연구하기 시작하는 우리 같은 사람들은 '나무'가 자라서 '과일'을 수확할 수 있게 되기까지 몇 년을 기다려야 한다. 발달과 관련된 많은 질문(어릴 때 성격이 나이 든 뒤에는 변하는지 아니면 계속 똑같은지, 인생 초반에 겪은 긍정적인 경험이나 부정적인 경험이 훗날 어떤 사람이 되느냐에 영향을 미치는지 등)을 던지고 답을 얻으려면, 어린아이가 청소년 또는 성인이 될 때까지 기다려야만 한다. 종적 연구원들은 요리사처럼 다양한 정보를 수집해서 데이터 보관소(식료품 저장실 같은)에 저장해뒀다가, 발달과 관련된 문제를 조사하고 싶으면 해당 저장실에 가서 필요한 '재료'를 선택해(측정한 변수 확인) '요리'를 만들 수 있다(즉, 고려 중인 문제를 경험적으로 설명하기 위한 데이터 분석 실시).

연구 계획을 세울 때는 탐정이나 보물 사냥꾼처럼 행동하지만, 때로는 탐험가처럼 행동하기도 한다. 그리고 보통은 어디를 살펴보면서 뭘 기대해야 하는지 단서를 제공해주는 선행 연구에 의지한다. 과학에서는 이를 연구의 '전제'라고 한다. 물론 단서가 아주 간단해서 우리가 원하는 걸 찾아내게 될 거라고 확신할 수 있는 경우는 드물다. 그래서 이런 경우에는 탐정이나 보물 사냥꾼처럼 행동하거나 다른 사람이 제공해준 정보를 이용해 점을 쳐보기도 하고 배운 걸 바탕으로 추측도 한다. 이것이 우리가 발견하기를 기대하는 것에 대한 예측이다. 하지만 때로는 단서를 손에 넣어도 너무 혼란스러워서 가설을 발전시키는 것조차 힘들기 때문에, 그냥 질문을 던지고 답을 얻을 수 있기만을 바란다. 그런 면에서 보면 우리는 미지의 것을 파고드는 탐험가와도 같다.

오늘날에는 과학에 대한 회의적인 시각이 많은데, 그중 일부는 확실히 타당한 의심(실험 결과의 재현 가능성 등)이라서 중요한 문제가 되었다. 슬프게도 많은 사람이 과학자는 찾고자 하는 것만 찾기 때문에 이데올로기와 옹호가 과학적 탐구를 오염시킨다고 생각한다. 이는 어느 정도는 사실이지만, 이런 생각을 과학계 전반에 적용하면 이해 과정에서 심각한 실수가 발생한다. 우리가 이 책에서 반복해서 밝힌 것처럼, 올바른 과학은 객관적인 지식을 냉정하게 추구한다. 물론 무의식적 편견이 그런 객관성을 훼손하지 않는다고 100퍼센트 확신할 수 있는 과학자는 없고, 특히 여기서 다루는 주제의 경우에는 더 심하지만, 신중한 과학자들은 그렇게 되지 않도록 열심히 노력한다.

이 책 2부는 '어린이는 어른의 아버지'라는 주장을 다룬다. 이 오래된 격언(낭만파 시인 윌리엄 워즈워스William Wordsworth가 1802년에 쓴 〈무지개 My Heart Leaps Up〉라는 시에 나온 표현)은 어린 시절의 심리적, 행동적 성향이 성인이 된 뒤에 그가 어떤 사람이 될지 알려준다는 주장을 가리킨다. 이는 아이들이 생각하고 느끼고 행동하는 방식을 통해 훗날 어떤 사람이 될지 예측할 수 있다는 오래된 가설을 간단명료하게 발전시킨 것이다. 그래서 2부의 첫 번째 장인 2장에서는 3세 때 드러나는 기질을 청년기의 발달을 예측하는 변수로 여겨 집중적으로 살펴본다. 그 결과 우리가 연구한 어떤 아이들은 인생 초기와 후기에 '세상을 거스르며' 사는 듯했고, 어떤 아이들은 '세상을 멀리하며', 또 어떤 아이들은 당당하고 친근하고 개방적인 태도로 세상을 살아갈 가능성이 높다는 걸 알았다. 3장에서는 중년기까지 살펴보면서 인생 초반의 10년 동안 드러난(혹은 드러나지 않은) 자기 통제력의 장기적인 영향을 알아본다. 그래서 이 장의 제목을 '자제할 것인가 말 것인가'로 정했다. 2부의 마지막 장인 4장은 어릴 때 ADHD 진단을 받은 것과 중년기에 동일한 장애를 겪는 것 사이의 연결고리나 연관성을 다룬다. 여기에서는 발달과 관련해 성인기의 ADHD는 인생 초기에 발생한 ADHD가 지속적으로 이어진 것인지를 물어본다.

이 책 2부는 '어린이는 어른의 아버지'라는 격언을 뒷받침하면서 그 뒤에 이어지는 3~6부를 위한 발판을 마련하는데, 3~6부는 모두 어린이와 청소년이 왜 그런 식으로 발달하는가 하는 의문을 다룬다. 그리고 1부를 바탕으로, 이 책의 두 번째 주요 주제와 목표인 가족 내에서의 경험이 어린이와 청소년의 미래 발달에 영향을 미치는지 여부를 판단하고 그 방법을 알아본다. 육아 방식이 아동과 청소년 발달에 상당한 영향을 미친다는 보편화된 견해를 감안해, 5장에서는 부모는 왜 그런 식으로 아이들을 대하는지 물어보면서 가족의 영향에 관한 3부의 문을 연다. 학대하고 방치하는 육아 방식이 반드시 한 세대에서 다음 세대로 이어지는 건 아니지만 그런 경우가 종종 있다는 걸 보여주는 광범위한 연구를 바탕으로, 많은 연구를 통해 아동기와 청소년기의 행복을 촉진하는 것으로 확인된 따뜻하게 아이를 격려하고 지지하는 양육 방식도 이와 동일한 결과를 낳는지를 더니든 연구를 통해 평가한다. 6장에서는 더니든에서 자란 소년들의 비행을 조장하는 가정환경을 조사해서, 어릴 때부터 꾸준히 규칙을 위반한 소년들과 청소년기부터 규칙 위반 경력이 시작된 소년들을 구분한다. 두 그룹이 10대 때 하는 행동은 서로 비슷하더라도 성장기에 가족 안에서 겪은 경험은 사뭇 달라서 이들의 미래 발전에 영향을 미치기 때문이다. 가족과 관련된 세 번째 장인 7장은 소녀들에게 관심을 돌려 사춘기 발달의 원인과 결과를 조사한다. 더니든 연구와 NICHD 조기 보육 및 청소년 발달 연구에서 얻은 결과를 모두 고려한다. 놀랍게도 문제가 있는 가족의 역학 관계가 여성의 사춘기 발달을 가속화해서 청소년기의 성적 행동이 빨라진다는 사실이 드러났다. 그 뒤에 이어지는 몇몇 장들처럼, 7장에서도 회복력을 촉진하는 요인과 힘, 즉 부정적인 영향에 굴복하지 않고 역경을 겪어내는 능력에 대해 설명한다. 회복력 문제를 고려하면, 아이들이 역경 속에서 자랄 때 문제가 생기는 걸 막을 수 있는 조건에 대한 통찰력이 생긴다. 이것이 이 책의 또 다른 주제 혹은 목표다. 즉, 다른 방법으로 감지된 환경적 영향(예: 일찍부터 성행동을 하게 만드는 어린 시절의 역경)이 구체화되지 않았을 때, 그러한 통찰이 개입과 서비스 제공에 미치는 영향을 밝히는 것이다.

이 책 4부에서는 독자들을 가족 이외의 문제로 이끌어, 우리 책의 세 번째 주제이자 목표인 가족 외부에서의 발달 경험과 노출이 미래의 기능에 영향을 미치는지 여부와 그 방법을 자세히 살펴본다. 보육(8장)과 이웃(9장)이 어린이와 청소년 발달에 미치는 영향뿐만 아니라 동년배의 영향과 관련된 두 가지 주제인 어린 시절의 괴롭힘(10장)과 청소년기에 시작한 대마초 흡연(11장)에 대해 다룬다. 10장에서는 NICHD 연구를 바탕으로 보육이 어린이와 청소년 발달에 미치는 영향과 관련해 좋은 소식과 나쁜 소식을 모두 전한다. 환경 위험 연구의 일환으로 영국 아동들의 성장기를 10대 시절까지 추적한 우리 연구에 기초한 괴롭힘에 관한 장에서는 괴롭힘이 정신과 육체 건강에 미치는 장·단기적 영향을 강조한다. 그리고 이 영국 연구를 기반으로 하는 11장은 경제적으로 낙후된 지역사회에서 성장하는 것이 아이들의 발달에 어떤 영향을 미치는지에 초점을 맞춘다. 흥미롭게도 우리는 부유한 가정에 대한 물리적 근접성이 중요하다는 사실을 발견했다. 많은 정책 입안자와 사회 운동가들이 추정한 것처럼, 영국의 빈곤 가정에서 자란 아이에게도 물리적 근접성이 도움이 될까, 아니면 상대적 박탈감 때문에 오히려 행복이 저해될까? 4부의 마지막 장인 11장은 일반적으로 청소년기에 또래의 영향을 받아서 하게 되는 대마초 흡연이 인지 기능과 정신 건강을 저해할 수 있다는 걸 보여주는데, 특히 40대까지 계속 대마초를 사용할 경우 악영향이 더 심해진다. 4부의 모든 장은 모든 어린이가 위험한 상황의 부작용에 굴복하는 건 아니라는 점에서 발달의 확률적 특성(이 책의 또 다른 주제)을 강조한다. 이때 회복력을 높여주는 요인을 관찰하면, 문제를 유발하는 발달 경험과 환경 노출에 직면했을 때 문제 기능이 발생하는 걸 막을 수 있는 방법에 대한 통찰을 얻을 수 있다.

오늘날에는 개인이 저마다 다른 방식으로 발달하는 이유를 이해하고 싶으면 유전적 특성을 고려해야 한다는 게 주지의 사실이다. 결국 천성 없이는 교육도 없다(그 반대도 마찬가지다). 그래서 5부의 12장과 13장에서는 이 책의 네 번째 주제와 목표(개인의 유전적 구성이 발달에 영향을 미치는지 여부와 그 방법)를 다루면서, 담배를 피우기 시작해도 특정 유전자 때문에 누구는 니코틴에 중독되고 누구는 중독되지 않는 것인지, 다양한 유전자 조합을 이용해서 인생의 성공(예를 들어, 사회적 지위가 높은 직업, 사회적 신분 상승, 부의 축적 등을 통해 드러나는)을 예측할 수 있는지 등을 평가한다. 그 결과는 유전자 결정론의 망령을 불러일으키겠지만, 우리가 분명히 밝히는 것처럼 발달의 확률적 성격을 고려하면 유전적인 영향을 피할 수 없는 건 아니다. 그렇다고 유전이 중요하지 않다는 얘기는 아니다. 그렇지 않다고 주장하는 건 너무나도 시대에 뒤떨어진 바보 같은 짓이다. 유전성을 다루는 14장과 15장에서는 유전자형-표현형의 직접적인 상관관계를 넘어서 유전자의 환경별 상호 작용에 대해 조사한다. 여기서는 천성과 교육이 상호 작용해서 남성의 폭력(14장)과 우울증(15장)을 조장해 인간발달을 저해하기 위한 음모를 꾸미는 방법도 고려한다. 스트레스에 직면했을 때 나타나는 회복력에 관심을 기울여서, 유전적 구성 때문에 역경에 취약한 사람과 그렇지 않은 사람을 식별한다. 방금 설명한 유전성 관련 연구는 전부 더니든 연구에 기반을 두고 있다.

하지만 유전성을 다루는 마지막 장은 '새로운 유전학'이라고 하는 후성유전학에 초점을 맞추기 때문에 환경 위험 연구에 의지한다. 16장에서는 이론과 일부 증거가 시사하는 것처럼, 청소년기에 피해를 입으면 정말 후성적인 메틸화 과정을 통해 일부 유전자(유전자 발현)의 영향이 '차단되는지' 평가한다. 만약 그렇다면 이는 결국 유전자가 인간의 특정 기능에 영향을 미치는 '첫 번째 원인'일 뿐만 아니라, 특정 유전자가 발달에 영향을 미칠지 여부에 발달 경험과 환경 노출도 영향을 준다는 얘기다. 그렇다면 사실상 유전자를 다른 요인의 영향을 받는 종속변수로 생각할 수 있다.

이전 장에서 인간발달을 형성하는 다양한 영향의 원천과 '어린이가 어른의 아버지'인지에 초점을 맞췄다면, 이 책의 마지막 주요 부분인 6부에서는 노화 과정으로 관심을 돌려 중년기의 건강이 어린 시절에 뿌리를 두고 있는지 여부와 그 방법을 알아본다. 17장에서는 더니든 연구를 통해 중년기의 건강이 유년기에 뿌리를 두고 있다는 증거를 제시하면서, 전향적 및 후향적 방법으로 측정한 ACE 문제를 다룬다. 환경 위험 연구를 기반으로 하는 18장에서는 면역체계, 스트레스 생리학, 유전학 등을 고려하면서 역경이 어떻게 '몸속으로 스며들어' '생물학적으로 내재되는지' 그 과정을 살펴본다. 마지막으로 19장에서는 중년기의 노화에 초점을 맞추면서 생물학적 노화의 변화를 조사하고, 더니든 연구에 참가한 피험자들이 실제 나이는 같은데도 생물학적으로 나이 드는 속도가 다른 이유에 대해 살펴본다.

이 책의 결론인 7부의 20장에서는 앞서 얘기한 모든 내용을 다시 돌아본다. 이 책의 기초를 이루는 세 가지 전향적이고 종적인 연구를 수행하는 과정에서 드러난 주제를 강조한다. 이런 주제에는 아동기의 기능이 미래 발달에 대한 꽤 괜찮은 예측자이며, 단일한 영향의 원천이 모든 걸 결정하지는 않는다는 사실도 포함된다. 발달은 유전뿐만 아니라 가족 안팎의 경험을 비롯한 다양한 상호 작용 요인과 힘의 영향을 받아 진행되기 때문이다. 어떤 아이는 다양한 이유(예: 아이에게 힘을 주는 육아 방식, 이웃의 집단 효능, 개인의 유전자 구성 등)로 다른 아이들보다 역경에 대한 회복력이 강하다는 게 증명되었다. 그리고 이 모든 결론은 문제를 예방하거나 심지어 개선할 수 있고, 널리 인정받는 행복을 추구할 수 있다는 희망을 안겨준다. 하지만 인간발달 분야는 아직 유아기, 잘해봐야 초기 아동기 수준에 있는 학문이라서 '아직 갈 길이 멀다'는 점을 분명히 하고 싶다. 배워야 할 게 너무나 많으니 이 책에서 공유하는 내용은 진행 상황 보고서 정도로 간주하는 게 좋겠다. 그래도 독자들은 우리 연구처럼 사람이 태어난 순간부터 그 삶을 계속 추적하는 규모가 크고 유용하고 전향적인 연구를 통해 인간발달에 대한 이해가 진전되고 있다는 걸 알아주리라 믿는다.

# 어른의
# 아버지로서의
# 어린이

Moving Against the World, Moving Away from the World

# 세상을 거스르고,
# 세상을 멀리하다

하늘의 무지개를 볼 때마다 내 가슴은 뛰노나니
내 인생이 시작됐을 때도 그러했고 어른이 된 지금도 그러하며
나이 들어 늙은 뒤에도 그러할 것이다.
그렇지 않다면 차라리 죽음을 택하리라! 어린이는 어른의 아버지.
바라건대 나의 하루하루가 자연의 경건함과 함께하기를.

— 윌리엄 워즈워스, 〈무지개〉

"어린이는 어른의 아버지"라는 시인의 주장은 어른이 된 우리의 모습이 어릴 때의 모습을 어느 정도 반영하고 있음을 암시한다. 이런 관점에서 보면, 어린아이의 행동과 기능이 어른의 행동과 기능을 암시하고 예측한다고 할 수 있다. 어떤 의미에서 이는 인간발달에 대한 비발달적 견해다. 결국 이 말은 우리는 시간이 흘러도 별로 변하지 않고 거의 비슷한 상태로 남아, 그냥 어릴 때의 자신보다 덩치가 크고 복잡한 모습이 될 뿐이라는 걸 암시한다. 이는 미국의 45대 대

통령인 도널드 트럼프Donald Trump가 갖고 있는 생각이기도 하다. 그는 2016년 대선에 출마하면서, 자기가 지금 70세지만 학교에 들어가기 전과 똑같은 사람이라고 주장했다. 선거 운동 기간과 심지어 세상에서 가장 강력한 지위를 갖게 된 뒤에 보여준 그의 감정적 반응과 충동적 행동을 생각하면 그리 믿기 어려운 말도 아니다. 하지만 다른 사람들은 어떤가? 우리가 어른으로서 행동하고 기능하는 방식에 어릴 때의 모습이 어느 정도나 반영되어 있을까? 반대로, 어릴 때 모습을 보고 어떤 어른이 될지 예측할 수 있을까?

'발달의 연속성 대 단절(즉, 동일함 대 변화)'에 관한 문제는 오래전부터 존재했지만 항상 이런 시각에서 바라본 건 아니다. 50여 년 전에 뉴욕에서 일하던 소아 정신과 의사 스텔라 체스Stella Chess와 알렉산더 토머스Alexander Thomas가 이 문제를 해결하기 위해 초기 기질에 대한 연구를 시작했다. 그들은 연속성 관점을 옹호했고, 하버드 대학의 발달심리학자인 제롬 케이건Jerome Kagan도 이 견해를 받아들인 뒤 오랜 기간 공들여 더 발전시켰다. 케이건은 현재 은퇴했지만 80대의 나이에도 여전히 기질 관련 주제를 비롯해 다양한 학술 논문을 쓰고 있다. 케이건 같은 발달학자는 아이들이 청소년기나 심지어 성인기에 접어든 뒤에도 오래도록 똑같은 모습을 유지하는 경우처럼 발달 과정에서 눈에 띄는 연속성을 강조하지만, 다른 학자들은 한 사람의 인생이 시작되고 수십 년 사이에 일어나는 놀라운 도약과 반전을 통해 인간이 변해가는 주목할 만한 모습에 집중한다.

거의 모든 사람이 동의하는 한 가지 사실은 아이들은 아주 어릴 때부터 심리적·행동적 성향, 즉 기질이 서로 현저하게 다르다는 것이다. 어떤 유아는 역경이 닥쳐도 잘 이겨내고 그 나이 또래에 고통이 되는 것에 동요하지 않는 것처럼 보이는 반면, 어떤 아이는 역경에 취약하고 금세 화를 낸다. 호기심이 많아서 새롭고 낯선 사람이나 장소, 사물에 과감하게 접근하는 아이가 있는가 하면, 그렇게 행동하기 전에 주저하면서 지켜보고 기다리는 아이도 있다. 그리고 어떤 사람은 금세 미소를 짓거나 웃을 자세가 되어 있는 반면, 어떤 사람은 그런 긍정적인 감정을 공공연하게 드러내는 걸 힘들어한다. 이런 기질 차이는 태어난 첫해를 포함해 아주 이른 나이부터 관찰될 수 있다. 토머스와 체스는 유아기의 기질을 쉬운 기질, 까다로운 기질, 느린 기질의 세 가지로 분류했다. 이 장 내용을 진행하는 동안 다양한 기질을 가진 아이들의 행동 차이가 분명해질 것이다.

오늘날 아동 발달을 공부하는 많은 학생에게 선천적 또는 초기의 기질적 특성은 공격성이나 불안처럼 나중에 관찰되는 발달 현상의 첫 번째 힌트 역할을 한다. 그러나 부모들이 기질 차이를 믿으려면 둘째 아이가 필요한 경우가 많은데, 특히 첫째가 돌보기 "어렵지" 않고 "쉬운" 아이였던 경우에 더 그렇다. 돌보기 "쉬운" 자녀를 둔 초보 부모들은 자녀의 느긋한 스타일이 자신의 양육 기술 덕분이라고 여기는 일이 많다. 실제로 이런 부모들이 재우기 힘들거나 새로운 상황에 적응하는 데 어려움을 겪는 아기 때문에 힘들어하는 동료 부모를 보고 그들의 육아 방식에 문제가 있다고 추측하는 건 드문 일이 아니다. 그들은 "우리가 저 아이를 키웠다면 저렇게 힘들지 않았을 거야. 애가 문제가 아니라 육아 방식이 문제라니까"라고 생각한다. 하지만 첫째 아이와 기질이 확연히 다른 둘째가 태어나면, 갑자기 선천적 기질 차이를 인식하게 된다. 이런 상황에 처한 부모는 육아 방식의 영향을 강조하는 후천성 이론에서 타고난 기질을 강조하는 선천성 이론으로 전환하는 경우가 많다. "중요한 건 아이가 어떤 보살핌을 받느냐가 아니라 어떤 기질을 타고나느냐. 적어도 어느 정도 선까지는 그렇다"라는 보다 미묘한 관점도 있다.

이런 관찰 결과는 두 아들을 둔 이 책의 저자 한 명에게 꽤 큰 충격을 안겨주었다. 다만 이 집은 첫째가 돌보기 쉽고 둘째가 힘들었던 게 아니라 그 반대였다. 첫째 아이가 너무 까다롭고 달래기도 힘들고 재우기도 어려워서 "어떻게 아동 학대가 더 많이 발생하지 않을 수 있지?"라고 궁금해할 정도였다. 그만큼 그 아이를 키우는 게 힘들었고 좌절감을 느꼈던 것이다. 동시에 그들은 인내심을 바닥내는 이 아이를 키운 게 자기들이어서 다행이라고 생각했다. 심리적, 경제적, 교육적 자원이 부족한 다른 부모였다면 아이의 행동에 자극을 받아 가혹하고 몰이해한 태도로 아이를 대하거나 심지어 학대를 했을 수도 있기 때문이다. 실제로 그런 일들이 있는 것으로 알려져 있다.

이 저자의 둘째 아이가 첫째보다 훨씬 키우기 쉽다는 사실이 증명되자, 부모는 이제 새로운 궁금증이 생겼다. 첫애가 믿을 수 없을 정도로 키우기 쉬운 아이라서 자기는 아주 유능한 부모고 육아쯤은 얼마든지 자신 있다고 생각했던 부모에게 말도 안 되게 힘들고 제멋대로 구는 둘째가 생기면 어떤 충격을 받을까? 만약 선택이 가능하다면 여러분은 키우기 쉬운 아이를 첫째로 고르고 힘든 아이를 둘째로 고르겠는가, 아니면 그 반대로 하겠는가? 물론 정답은 없다.

아동 발달을 공부하는 학생들은 어린이가 어른의 아버지인지, 그래서 인생 초반의 기질을 통해 훗날의 발달 기능을 예측할 수 있는지와 같은 질문을 철학적 문제가 아니라 경험적 문제로 간주한다. 아이들이 어릴 때 드러내는 기질 같은 행동적 특성을 보고 그들이 나중에 어떻게 행동할지 예측할 수 있는가(즉, 통계적으로 예측이 가능한가)? 아니면 약간 다르게 접근해서, 성인의 성격은 어릴 때의 기질에 발달상의 뿌리를 두고 있는가? 더니든 다학제 건강 발달 연구는 장기간에 걸쳐 집중적으로 진행되었기 때문에, 이 의문을 완벽하게 해결할 수 있는 위치에 있다. 본 장에서는 3세 때 측정한 기질이 그로부터 15년 뒤인 18세 때 측정한 성격과 관련이 있는지, 있다면 어떤 식으로 관련되는지 검토하는 것부터 시작한다. 그리고 이런 초기 기질을 통해 피험자가 21세가 되었을 때 친구, 가족, 파트너와의 실제 대인 관계를 예측할 수 있는지 여부와 그 방법을 조사한다. 그리고 마지막으로 3세 때의 기질이 30년 뒤인 32세 때 생긴 도박 관련 문제와 관련이 있는지도 고려한다.

## 초기 기질과 청소년기의 성격

★

초기 기질에 대해 생각할 때, 발달학자가 연구를 진척시킬 수 있는 방법이 최소 두 가지가 있다. "어떤 사람은 다른 사람보다 더 활동적이다"와 "어떤 사람은 활동적이고 어떤 사람은 움직이지 않는 걸 좋아한다"라는 두 가지 관찰 내용을 대비시켜서 기질을 이해하고 구분할 수 있다. 첫 번째 관찰에서는 활동성을 높은 수준부터 낮은 수준까지 범위가 다양한 특성으로 취급하는 반면, 두 번째 관찰에서는 체스와 토머스의 쉬운 기질, 까다로운 기질, 느린 기질처럼 사람들을 별개의 카테고리로 분류해서 각각의 유형을 강조한다. 사람들이 서로 어떻게 다른지에 대해 생각하는 이 두 가지 방법 중 본질적으로 더 나은 건 없다. 둘 다 유용할 수 있다. 예를 들어, 목욕할 때는 "욕조에 들어갈 수 있을 만큼 물이 따뜻한가, 아니면 뜨거운 물을 더 넣어야 하나?"라고 자문하면서 물의 온도를 범위적으로 다룬다. 하지만 파스타를 요리할 때는 물이 따뜻한지 차가운지가 아니라 끓는지가 관건이다. 범위와 카테고리 모두 어린 시절의 기질을 연구하는 데 생산적으로 사용할 수 있다.

우리는 초기 기질의 유산이 훗날 나타나는 기능과 관련이 있는지 조사하기 위한 모험을 계획하면서, 체스와 토머스처럼 유형학적 접근법을 활용해 3세 아이들을 한 가지 기질 혹은 다른 기질을 가진 것으로 분류했는데, 이에 대해서는 잠시 뒤에 설명하겠다. 이런 식으로 진행한 이유는 기질의 다양한 측면에 하나씩 집중하기보다 전부 동시에 고려하고 싶어서였다. 우리는 "수줍음이 많고, 활동적이며, 괴로워할 때 달래기 힘든 아이는 활발하고, 사교성이 뛰어나며, 달래기 쉬운 아이와는 다른 식으로 발달하는가?" 같은 질문을 던지고자 한다. 이때 수줍음, 활동 수준, 달래기 쉬운 정도 같은 특성을 따로 조사하기보다 다양한 특성의 패키지 또는 모자이크를 고려해 일부 구성요소나 특성뿐만 아니라 사람 전체의 특징을 묘사할 수 있게 했다.

그렇다고 해서 수줍음이나 활동 수준 같은 측면에 한 번에 하나씩 집중하는 "변수 중심의 접근법"보다 우리 같은 "개인 중심의 접근법"이 더 낫다고 주장하는 건 아니다. 예측되는 발달 결과에 따라 한쪽이 다른 쪽보다 더 적합할 수도 있다. 예컨대 운동 능력을 예측하고 싶다면, 개인의 활동 수준 측면에 초점을 맞춰서 어릴 때 다른 아이들보다 활동적인 아이는 나중에 운동선수가 될 가능성이 높다는 명제를 테스트하는 게 매우 합리적일 수 있다. 하지만 연인이나 배우자로서의 자질을 예측하고 싶다면, 외모와 지적 능력, 친절함 등에 동시에 집중하는 게 더 나을 수 있다. 기질을 연구하는 건 물리학자들이 빛의 속성을 연구할 때 알게 된 것과 같을 수 있다. 때로는 빛을 파동으로 취급하는 게 맞지만, 어떤 경우에는 입자(즉, 광자)로 취급하는 게 더 합리적이다.

기질에 대한 다면적이고 인간 중심적인 접근법을 통해 제기되는 흥미로운 질문 중 하나는 여러 독특한 특징이 어떻게 하나로 어우러질 수 있는가 하는 것이다. A, B, C라고 하는 세 가지 기질적 특성이 있는데, 아이가 각각의 특성에 대해 높은 점수를 받을 수도, 낮은 점수를 받을 수도 있다고 상상해보자. 이는 이론상 적어도 여덟 가지 유형의 아이가 존재할 수 있다는 걸 뜻한다. 특성 A의 두 가지 가능한 버전(고득점자와 저득점자)이 특성 B의 두 가지 가능한 버전과 교차되면 네 가지 가능성이 생기고, 이걸 다시 특성 C의 두 가지 가능한 버전과 교차시키면 총 8개의 가능한 특성 조합과 개인 유형이 생겨난다. 만약 각 특성에 대한 아이들의 점수를 높음, 중간, 낮음으로 매긴다면, 이론적으로 27가지의 다른 기질 유형이 나타날 수 있다(3

×3×3=27). 그리고 기질 측면을 다섯 가지로 나눠서 점수를 높음 혹은 낮음으로 측정하는 경우에는, 32가지 기질 유형이 존재할 수 있다(2 ×2×2×2×2=32)!

　그런데 뚜렷이 구분되는 기질 유형이 정말 이렇게 많이 나타날까? 이론상으로 가능한 기질 유형이 8가지나 27가지 혹은 32가지라고 해서 반드시 더니든 연구나 다른 연구에서 이 유형이 모두 드러나는 건 아니라는 점을 이해해야 한다. 기질의 이론적인 "설계 공간"을 각 유형의 아이들을 동원해 전부 "채울" 필요는 없다. 다시 말해, 다양한 개인적 특성의 실제 배열에 반드시 "매핑"시킬 필요는 없다는 얘기다. 이는 동물의 진화나 그 특성의 경우도 마찬가지다. 크고 공격적인 동물이나 (자기보다 크고 공격적인 포식자들을 피하기 위해) 작고 빠른 동물처럼 다양한 동물에게서 몇몇 특성 조합이 함께 나타나는 경우도 많지만, (단 두 가지가 아닌 훨씬 많은 특성 중에서) 어떤 조합은 자연계에서 아예 발견되지 않는다. 예를 들어, 코끼리만큼 거대한 공격적인 새는 없다(이유는 명확하다). 그래서 초기 기질의 발달적 유산과 관련해 우리가 직면한 첫 번째 과제는 3세 때 수집한 기질과 관련된 정보를 바탕으로 다양한 유형의 아이들을 식별하는 것이었다.


## 기질 유형

★

　　　　대부분의 모험과 마찬가지로, 시작 전에 준비 작업을 해야 했다. 3세 아이들의 유형을 파악하는 미션의 첫 번째 단계를 시작하기 전에 몇 가지 예비 단계를 밟아야 15년 뒤에 두 번째 단계를 진행할 때 그들의 성격이 어떻게 달라졌는지 판단할 수 있다. 우선, 아이들이 3세 때 오타고 대학교 연구실에 오자마자 아이와 함께 90분 동안 시간을 보낸 검사관이 작성한 22개의 어린이 행동 점수를 이용했다. 이 평가는 인지, 언어, 운동 능력을 평가하기 위해 설계된 다양한 상황에서 아이가 어떻게 행동하는지 보고 판단한 것이다. 이 평가 과정에서 아이들은 한쪽 다리로 서는 것 같은 특정 행동을 하거나, 물체를 모양 판에서 올바른 위치에(예를 들어, 사각형 물체는 사각형 공간에, 삼각형 물체는 삼각형 공간에) 놓는 등의 특정 문제를 풀라는 지시를 받았다. 검사관은 아이가 다양한 감정을 얼마나 많이 드러냈는지, 얼마나 안절부절못하거나 충동적이거나 제멋대로인지 등 아이들의 심리와 행동 기능의 여러 측면을 포착했다. 아이가 검사 과정에서 제시된 과제에 얼마나 능동적으로 참여하는지 아니면 피하는지, 계속 집중하는지, 잠깐 집중하다가 마는지 등도 평가했고, 아이의 부정적 성향이나 자기비판 성향, 신중함, 상냥함, 자신감, 자립적 태도, 수줍음, 언어적 의사소통 능력, 두려움 등도 평가했다.

시험과 관찰의 모든 단계를 거치는 동안 아이와 함께 있었던 검사관은 90분이 다 지날 때까지 기다렸다가 점수를 매겼다. 각 특성을 규모별로 평가해서 아이에게 각각의 특성에 대한 점수를 부여했다. 예를 들어, 매우 충동적이지만 별로 두려움을 느끼지 않는 아이는 충동성에서는 높은 점수를 받지만 두려움에서는 낮은 점수를 받을 것이다. 어떤 아이는 이 두 가지 특성의 점수가 모두 높게 나올 수 있고, 또 다른 아이는 두 가지 특성 모두 낮은 점수를 받을 수도 있다. 충동성이 낮고 두려움이 높은 아이도 있을 것이다. 더니든 연구의 종적인 특성을 고려할 때, 이런 평가가 진행된 건 1975년이지만 그로부터 15년이 지나기 전까지는 그걸 이용해서 성인의 기능을 예측할 수 없다는 걸 알아야 한다. 개인의 발달 과정을 따라가는 이런 식의 전향적 연구는 분명 시간이 걸린다. 발달 연구는 과일 나무를 심는 것과 같다고 강조했던 1장에서의 비유를 떠올려보자. 과수 재배 전문가도 과일을 수확하려면 기다려야 한다.

따라서 1975년으로부터 훨씬 시간이 지난 뒤 유아기 기질의 발달적 유산을 조사하기로 결정했을 때, 우리는 다양한 유형의 아이들을 식별할 수 있는지 판단하기 위해 각 아동에게 매긴 22개 점수를 데이터 보관소에서 가져왔고, 정교한 다변량 분석(여러 현상이나 사건에 대한 측정치를 개별적으로 분석하지 않고 동시에 분석하는 통계적 기법—옮긴이)에 의존했다. 이 경우 '다변량'은 아이들마다 매긴 22개의 개별 평가 점수, 즉 이런 다중 변수나 고유한 측정값을 나타낸다. 기본적인 통계적 방법은 다양한 특성에 대한 점수가 서로 비슷하고 다른 아이들의 점수와는 차이가 나는 아이들끼리 한데 묶는다. 이 절차를 통해 사람 중심의 방식으로 다섯 가지 유형의 아이들을 식별할 수 있었다.

더니든 표본의 10퍼센트를 차지하는 통제가 잘 되지 않는 아이들은 짜증을 잘 내고 산만해서 3세 때 대학 연구실에서 한 경험을 즐기지 못하는 것 같았다. 그들은 가만히 앉아 있는 것을 비롯해 완료하도록 요청받은 작업에 집중하는 데 어려움을 겪었다. 또 요청받은 일을 숙고하기 위해 시간을 들이기보다는 충동적으로 행동했다. 따라서 이 아이들은 체스와 토머스의 "까다로운" 아이와 상당히 비숫하다는 게 증명되었다.

표본의 8퍼센트를 차지한 억제된 아이들은 수줍음이 많고 두려워하면서 말을 거의 하지 않았고 낯선 검사관을 대할 때 화를 냈다. 통제가 되지 않는 아이들과 마찬가지로 이들도 매우 산만해서 뭔가에 계속 집중하는 데 어려움을 겪었지만 충동적이지는 않았다. 따라서 이 아이들은 체스와 토머스의 "느린 기질" 아동과 매우 유사한 것으로 판명되었다.

표본의 27퍼센트를 차지하는 자신감 있는 아이들은 참여 요청을 받은 활동을 열심히 수행하고 탐구하려는 의지를 보였다. 몇몇 검사를 받을 때는 부모와 떨어져 있어야 했지만 거의 혹은 전혀 염려하지 않았다. 대인관계 면에서도 이들은 검사관에게 매우 잘 반응했다. 다시 말해, 그들은 실험실 환경과 요구사항에 매우 빠르게 적응하는 듯했다. 따라서 이 아이들은 체스와 토머스의 "쉬운" 아이들과 상당히 유사한 셈이다.

표본의 15퍼센트를 차지하는 내성적인 아이들은 수줍음과 두려움이 많고 자기비판적 태도를 보였으며 테스트 상황을 불편해했다. 그러나 억제된 아이들과 달리 검사관을 대할 때 합리적으로 반응했으며, 불편한 기분 때문에 요구받은 일을 하는 데 지장이 생기지도 않았다. 그래서 다소 소심하게 행동하기는 했지만, 눈앞의 과제에 적응하고 집중했다.

마지막으로, 표본의 40퍼센트를 차지하는 적응력이 뛰어난 아이들은 필요할 땐 얌전하게 행동하면서 평정심을 잃지 않았다. 그들은 꽤 자신 있는 태도로 어려운 과제에 대처하려고 노력했으며, (퍼즐을 완성하는 것 등의) 과제가 본인에게 너무 어려운 것으로 판명되었을 때도 과도하게 화를 내지는 않았다. 테스트를 받을 때 처음에는 약간 주저하는 모습을 보였지만 머지않아 긴장을 풀었고 검사관과도 친해졌다.

어떤 사람들은 뉴질랜드의 더니든이 아닌 다른 곳에서 이런 연구를 진행했어도 우리가 확인한 것과 같은 유형의 아이들을 찾아낼 수 있었을까 하는 합리적 의문이 들 것이다. 이는 많은 사람이 멀리 떨어진 이상하고 특이한 곳으로 여기는 뉴질랜드에서 진행한 우리 연구와 관련해 일상적으로 제기되는 문제인데, 사실 뉴질랜드는 현대적이고 산업화된 서구의 많은 국가와 매우 유사하며 미국처럼 영어를 사용한다. 따라서 본 장과 책 전반에서 보고한 연구 결과가 WEIRD 세계의 다른 많은 곳에서 어린이와 청소년, 성인의 발달을 연구하는 학자들이 발견한 사실과 매우 유사하다는 건 전혀 놀랄 일이 아니다. 기질 유형에 관한 문제로 돌아가 보면, 우리가 다른 연구에서 미국의 북동부 주요 도시에서 자란 가난한 아프리카계 미국인 아이들의 표본을 조사했을 때 더니든과 동일한 기질 그룹 결과를 얻었다는 건 주목할 만하다. 다른 곳에 사는 연구진들도 우리와 비슷한 결과를 보고했다.

## 청소년기의 성격

★

아이들이 3세 때 실험실에 오고 15년이 지난 뒤, 우리는 이들이 본인을 설명하기 위해 작성한 표준 설문지를 이용해 그들 대부분의 성격을 측정했다. 이 모험의 두 번째 단계에서는 가변적인 수준에서 성격의 10가지 측면을 만들었고 우리는 이걸 이용해 다섯 그룹의 아이들을 비교했다. 이 10가지 특성 가운데 이제 18세가 된 아이들이 속한 그룹 사이에 차이가 나는 건 몇 개뿐이었다. 어린이가 정말 어른의 아버지인지, 즉 초기 기질이 미래의 성격을 예측하는지 여부와 관련해 우리가 알아낸 것들을 설명할 때 고려하는 특성은 그것들뿐이다.

전체적으로 봤을 때, 18세가 된 다섯 그룹의 아이들은 개별적으로 측정한 성격 차원 가운데 절반 정도에서 차이를 보였다. 그런데 고등학교를 졸업할 나이가 된 청소년들 가운데 15년 전의 본인과 가장 비슷하다고 판명된 이들은 유아기 때 통제가 되지 않거나 감정이 억제된 모습을 보였던 이들이다. 어릴 때 억제된 기질을 보였던 이들의 발달 유산을 살펴보기 전에, 우리가 통제가 잘 되지 않는 아이들에게서 관찰했던 발달의 연속성을 고려해 보자.

### 통제되지 않는 아이의 발달 연속성

예전에 통제가 잘 되지 않던 유아들은 청소년이 된 뒤에도 행동 자제나 조절이 제한적이었다. 18세가 된 그들은 자기가 위험을 추구하는 충동적인 사람이라고 설명했다. 모든 청소년 가운데 유해하고 흥미진진하고 위험한 상황을 피하거나, 성찰적이고 신중하면서 조심스럽게 계획적으로 행동할(즉, 행동하기 전에 생각하고 고민할) 가능성이 가장 낮은 부류였다. 또한 많은 일상적 사건에 부정적이고 강하게 반응하는 경향이 있기 때문에 부정적인 감정을 많이 느끼고 표현했다. 그래서 이런 젊은이들은 게임에서 지거나 도움이 필요할 때 친구가 도움이 되지 않는다고 판단되면 기분이 나빠지거나 심지어 화를 낼 가능성이 매우 높다. 게다가 그들은 자기가 학대당하는 희생자고, 다른 이들에게 배신을 당할 가능성이 있으며, 거짓 소문의 대상이 되기도 한다고 특징지었다.

이런 편집증 때문에 과거에 통제되지 않던 이 아이들이 가장 공격적인 청소년이 된 걸까? 결국 이제 18세가 된 이들은 자신의 이익을 위해 기꺼이 다른 사람을 해칠 것이고 결과적으로 다른 사람을 두렵고 불편하게 만들 거라는 사실을 자유롭게 인정한 것이다. 아니면 반대로, 이들의 공격적인 성향이 타인의 학대를 유발한 건 아닐까? 아마 대인관계의 문이 양쪽으로 움직여서, 과거에 통제되지 않던 아이의 공격성 때문에 청소년기와 어린 시절에 다른 사람과의 사이에 문제가 생겼을 테고 그런 문제에 또 공격적인 태도로 대응했을 것이다. 이런 관찰과 성찰을 바탕으로, 우리는 이들을 유아기와 청소년기에 "세상을 거스르는" 존재라고 특징지었다.

### 감정이 억제된 아이의 발달 연속성

연속성이 유년기와 18세 청소년기 사이의 기능적 관계를 규정하는 특징이긴 하지만, 어릴 때 감정이 억제되었던 아이들의 경우에는 확실히 다른 발달 양상을 보였다. 이들이 3세 때 대학 실험실을 방문했을 때는 수줍음과 두려움을 드러냈고 과제에 집중하는 데 어려움을 겪었다는 걸 기억하자. 성인기의 그들은 과도하게 통제되고,

행동을 자제하며, 자신의 주장을 내세우지 않는 대인관계 지향성을 나타내는 것으로 판명되었다. 청소년이 된 그들은 다른 18세 청소년들에 비해 위험한 활동보다 안전한 활동을 선호했다. 또 가장 신중하고 조심스러우며 충동적이지 않았다. 예를 들어, 친구들이 무서운 일(예: 큰 바위에서 호수로 뛰어내리는 것)을 해보라고 부추기면 위험을 감수하겠느냐는 질문에, 그들은 친구들의 경멸을 받는 한이 있어도 그런 활동에 참여할 생각은 들지 않을 거라고 말했다. 좀 더 긍정적인 부분을 찾아보면, 유아기 때 감정을 억제했던 이 아이들은 모든 청소년 가운데 타인을 이용하지 않을 가능성이 가장 높았고, 다른 사람에게 공격적으로 굴 가능성은 가장 낮았다. 특히 그들은 18세 청소년 가운데 단호하고 결단력 있는 태도가 가장 부족했고 사회적 역량도 떨어졌다. 그들은 교실이나 팀, 심지어 친구들과 함께 외출할 때도 다른 사람에게 영향을 미치거나 리더 역할을 맡는 데 관심이 없었다. 3세 때 통제가 안 됐던 청소년의 경우처럼, 과거에 감정을 억제했던 이 아이들은 "어린 시절의 모습을 보여주면 어떤 어른이 될지 알려줄 수 있다"는 주장에 힘을 실어줬다. 우리는 이들이 유아기와 청소년기에 모두 "세상에서 멀어지고" 있다고 여기게 되었다.

### 다른 아이들의 발달 연속성

3세 때 덜 극단적인 기질을 드러냈던 그룹 3개 중 하나에 속한 청소년들은 세상을 거스르거나 멀리하는 이들에 비해, 성인이 된 뒤 유아기 때와 눈에 띄게 일치하는 성격을 보이지는 않았다. 하지만 어린 시절의 기능이라는 렌즈를 통해 18세가 된 그들을 바라보려고 노력한 결과, 초기의 기질이 훗날의 성격까지 이어지는 연속성의 증거를 몇 가지 발견했다. 자신감 있는 아이들은 대학 실험실에서 받은 새로운 테스트에 열성적으로 응했다는 걸 기억하자. 어른이 된 그들은 어린 시절에 통제가 잘 되지 않고 나중에 세상을 거스른다는 평가를 받은 이들을 제외하면 다른 모든 기질 집단보다 충동적인 것으로 드러났다. 3세 때 새로운 테스트 상황에서 불안해했던 내성적인 아이는, 유아기에 감정을 억제해서 나중에 세상과 멀어지고 있다는 평가를 받은 아이를 제외한 다른 모든 아이보다 어른이 된 뒤에 단호하고 결단력 있는 태도가 부족했다. 마지막으로, 3세 때의 감정과 행동이 본인의 나이나 상황에 적합하고 적응을 잘한다고 판단되었던 아이들은 정상적이고 건강한 청소년으로 성장했다. 그들은 극도로 계획적이지도, 소심하지도, 공격적이지도, 충동적이지도 않은 것으로 판명되었다.

## 초기 기질은 미래의 성격과 어떻게 관련이 되는가

★

       3세 때 기질과 18세 때 성격을 연결하는 연속성을 보면, 그 이유가 무엇인지 궁금할 수밖에 없다. 어떻게 초기의 억제적인 기질이나 통제력 부족이 15년 뒤의 성격에 기여하게 되는 걸까? 한 가지 가능성은 우리가 다루는 기질과 성격은 유전적으로 물려받을 수 있는데, 초기 기질에 기여하는 유전자가 후기 성격에도 영향을 미친다는 것이다. 그렇다면 어릴 때의 기질이 어른의 성격과 연관되는 이유를 설명할 수 있다. 다른 연구에도 이 주장과 일치하는 증거는 분명히 있다. 12장과 13장에서는 유전자 구성이 청소년기와 성인기의 기능에 미치는 영향을 직접적으로 다루면서 양육뿐만 아니라 천성도 우리가 지금과 같은 모습이 되는 데 중요한 역할을 한다는 사실을 분명히 밝힐 것이다.

그런데 유전이 상당히 큰 역할을 한다는 걸 인정하더라도, 우리가 초기 기질에서 관찰한 차이가 어떻게 계속 남아 있다가 15년 뒤에 측정한 성격적 특성에서 꽃을 피우는가 하는 의문에는 답할 수가 없다. 여기서는 연속성의 원인인 발달 과정 문제를 다뤄야 한다. 이 문제를 밝히기 위해서는 "맥락 속의 발달"을 생각해보는 게 좋다. 성장 중인 어린이와 환경, 특히 주변 환경과의 상호 작용을 생각해보라는 얘기다. 우리는 발달학자이므로 "맥락 속의 발달"이 우리 연구의 중심이 되는 구성 원리인 건 당연하다. 벨스키와 카스피는 거의 10년 간격으로 코넬 대학교 대학원을 다니면서 발달심리학을 공부했고, 둘 다 "인간발달의 생태학"이라는 맥락적 모델로 유명한 코넬 대학교 발달학자 유리 브론펜브레너Urie Bronfenbrenner의 사상과 저술의 영향을 많이 받았다. 브론펜브레너도 그 이전의 많은 학자처럼 물고기를 물 밖으로 꺼낸 상태에서는 그들의 생태를 이해할 수 없듯이 어린이나 성인도 맥락과 분리시켜서는 제대로 이해할 수 없다고 생각했다. 브론펜브레너가 발달 과정에서 인간-환경 상호 작용의 중요성에 대한 기존의 이해에 추가한 게 있다면, 인간이 포함되어 있는 여러 생태적 층에 대한 표현일 것이다. 이는 아이가 직접 경험하는 근접 환경(예: 가족, 보육시설, 학교)부터 크기가 다른 인형 여러 개가 겹쳐 있는 마트료시카(러시아 목제 인형)처럼 이런 근접 맥락들이 층층이 포함되어 있는 광범위한 사회적, 역사적 맥락(예: 민주주의 대 전체주의, 또는 노예 제도의 역사)에 이르기까지 다양하다.

## 세 가지 인간-환경 발달 과정

더니든 연구의 경우, 성격의 연속성을 촉진할 수 있는 세 가지 뚜렷한 발달 과정을 구별하는 게 도움이 되는 것으로 입증되었다. 우리는 통제되지 않는 아이들과 감정을 억제한 아이들의 경우, 이 세 가지가 모두 작동한다고 생각했는데, 이는 그들의 발달상에 매우 분명하게 드러나는 인상적인 연속성을 설명한다.

첫 번째 과정에는 아이의 기질이 다른 사람의 반응을 유발해서 그로 인해 아이의 초기 기질이 유지되고 심지어 증폭되기까지 하는 과정이 포함된다. 예를 들어, 통제되지 않는 아이가 부모나 교사, 또래들에게 너무 공격적으로 대하는 바람에 상대도 적대적인 반응을 보였는데, 그런 반응 때문에 미래의 공격성이 더 심해지는 경우를 생각해보자. 우리는 여기서 다른 사람들이 아이의 발달 과정에 기여하고 있을 때도 아이를 "자기 발달의 생산자"라고 말할 수 있는 첫 번째 메커니즘을 확인한다.

고려해야 하는 두 번째 발달 과정과 관련해서는 반응적 인간-환경 과정의 관점에서 생각할 필요가 있다. 이 관점에서는 3세 때 대학 실험실에서 테스트를 받은 더니든 연구 피험자들처럼 심리와 행동 성향이 다른 개인들이 동일한 상황을 다르게 경험하고 해석하고 반응할 가능성(확실한 확률)에 주의를 기울여야 한다. 수업 시간에 선생님이 질문을 했을 때 자신감 넘치는 아이는 손을 들지만 내성적인 아이는 답을 알면서도 망설이는 모습을 상상해보자. 다른 사람과 함께 있는 상황에서도 그런 과정이 반복된다면, 과거에 자신감 넘치던 아이와 내성적이던 아이가 청소년이 된 뒤에도 서로 다른 성향을 드러내면서 오래전의 자신과 매우 비슷한 모습을 보이는 게 과연 놀라운 일일까? 여기서 다시 우리는 아이가 고의로 그러는 건 아니겠지만, 본인의 발달 과정을 조작하는 모습을 보게 된다.

마지막으로 세 번째 기질-성격 과정을 살펴볼 텐데, 이는 개인이 자신의 경험을 선택하거나 생성해서 초기 기질을 유지하고 때로는 증폭시키기까지 하는 주도적인 인간-환경 과정이다. 이런 "적소 추구niche picking"에서 잘 적응한 아이는 중학교 진학을 기대할지도 모른다. 새로운 친구를 사귀게 될 테고 자기가 세상을 통제할 수 있다는 느낌이 커지기 때문이다. 이와 달리, 감정을 억제하는 아이는 똑같이 상황이 전환될 때 불안감을 느낀다. 그 결과 새로운 사람을 만나 친구가 될 수 있는 기회를 포기하고, 결국 다른 이에게 영향을 미치거나 리더 역할을 맡을 능력이 부족해진다. 따라서 적소 추구는 초기 기질이 성인의 성격으로 발전하고 어린이가 어른의 아버지가 되는 세 번째 과정이다.

이런 해석적 분석은 아이들은 다른 사람이 만든 경험에 의해서만 모양을 갖추게 되는 젖은 점토라는 개념에 도전하기 때문에 매우 중요하다. 우리가 유발적, 반응적, 능동적 발달 과정 중 무엇에 대해 이야기하건, 이제 어린이를 다른 사람이 자신의 필요와 이상에 맞게 만들어내는 수동적 행위자로는 생각할 수 없다. 비유를 혼합하거나 적어도 젖은 점토와 관련된 비유를 칠판과 관련된 비유로 바꿔야 하는데, 아이는 다른 사람들이 글을 쓸 수 있는 빈 서판이 아니다. 그보다 적어도 어느 정도까지는, 글씨를 쓰는 서판과 분필 그리고 분필을 쥐고 있는 사람 역할까지 다 해낸다고 봐야 한다.

특히 아이가 자신의 성장과 발달에 영향을 미칠 수 있는 자기만의 세계를 형성할 때 직접 하는 역할을 강조하는 이는 환경을 중시하는 발달학자뿐만이 아니다. 물론 12~16장 전에는 유전성에 대한 얘기가 본격적으로 나오지 않지만, 인간발달 연구에서 유전자-환경 상관관계라는 말이 뜻하는 바를 강조하지 않는다는 건 태만한 것이다. 유전자-환경 상관관계는 개인 간 유전적 차이 때문에 자라는 동안 저마다 다른 환경을 경험하게 될 수도 있음을 말하는데, 이 현상은 우리의 몇몇 연구를 비롯해 개인 간 유전적 차이를 제대로 고려하지 않은 연구에 도전장을 던진다(때로는 유전자 측정이 가능해지기 전에 연구가 진행되었기 때문이기도 하다). 유전적으로 매우 활동적인 아이는 다른 사람보다 체육 수업을 좋아하고 스포츠 활동을 할 가능성이 높은 반면, 유전적인 이유로 그와 반대되는 성향을 가진 아이는 스포츠 활동에 참여할 가능성은 낮고 컴퓨터 게임을 할 가능성은 높다. 만약 그렇다면 양육의 효과를 보여주는 특정 환경과 발달 방식 사이에서 찾아낸 통계적 연관성이 실은 천성의 영향을 나타내는 아이들 사이의 유전적 차이와 관련이 있을 수도 있다는 얘기다.

# 초기 기질과 대인관계

★

    방금 강조한 발달의 연속성에 기여하는 세 가지 인간-환경 과정과 '어린이는 자신의 발달을 야기하는 작용제'라는 개념을 좀 더 곰곰이 생각해본 결과, 다음번에 21세가 된 연구 피험자들을 만났을 때도 다시 한 번 초기 기질의 유산을 살펴봐야겠다는 생각이 들었다. 초기 기질의 발달적 유산을 조사하는 우리 연구의 두 번째 단계에서는 개인의 성격적 특성보다 다른 사람과의 관계에 초점을 맞췄다. 우리가 발달의 이런 측면에 관심을 두는 건 다른 사람들과 어떻게 잘 지내는지가 우리가 사는 환경의 중심이기 때문인데, 그중 어떤 관계는 본인이 직접 맺은 것이고 어떤 관계는 우리가 어떤 사람이 되는지에 계속해서 영향을 미친다. 만약 인생 초반의 기질이 후반에 맺는 인간관계와 관련이 있다면, 이는 초기 기질이 인생에서 중요한 다른 힘을 형성하는 중요한 힘이 될 수 있음을 암시한다. 그러면 은유적으로 표현해서, 초기 기질을 발달에 영향을 미치는 다른 기계를 설계하는 기계로 여길 수도 있다.

    초기 기질의 발달적 유산이 청년기에 다른 사람들과 맺는 관계의 질에도 영향을 미치는지 조사하기 위해, 더니든 "데이터 저장소"(즉, 아카이브)로 돌아가서 대인관계에 대한 정보를 수집하고 분석했다. 비유적으로 말해, 다른 케이크를 구울 때가 된 것이다. 그러려면 설문지와 대면 인터뷰를 통해 얻은 연구 피험자의 자기 보고서 수준을 뛰어넘는 데이터가 중요했다. 그래서 피험자가 자기를 잘 안다고 시사한 친구나 친척, 파트너 등 이른바 정보원이라고 할 수 있는 사람들의 보고서로 이를 보완했다. 우리의 은유적인 케이크를 굽기 위해 그런 "재료"를 얻는 과정은 비용과 시간이 많이 소요되기 때문에 다른 장기 연구에서는 거의 활용하지 않는다. 피험자의 인생에서 중요한 다른 이에게 연락한 뒤, 우편으로 발송한 설문지를 통해 피험자와의 관계나 그가 일반적으로 하는 행동에 대한 인상을 물어봤다. 피험자와 그를 잘 아는 이들의 보고서를 모두 이용하는 이런 이원적인 접근 방식으로는 피험자의 대인관계에 대한 "내부"와 "외부"의 관점을 모두 얻을 수 있다.

초기 기질과 30대에 접어든 피험자의 대인관계에서 드러나는 여러 측면들 사이의 연결고리를 조사하자 독특한 기능 패턴이 나타났다. 인생 초기와 후기 사이의 이런 연관성은 우리가 앞서 세상을 거스르거나 멀리한다고 설명한 이들의 경우에 가장 두드러졌다. 실제로 유아기 때 적응을 잘하거나 내성적이거나 평균 수준이라고 분류된 이들은 사회생활에서 거의 차이를 찾아볼 수 없었다. 이 세 그룹에 속한 이들은 어릴 때의 모습과 다르지 않고 비슷했다.

3세 때 통제가 잘 안 되거나 억제되어 있던 21세 청년들이 청년기의 대인관계에서도 완전히 똑같은 모습을 보였다는 인상을 준다면, 이는 실수일 것이다. 이렇게 말하는 건 이 두 그룹의 아이들은 다른 세 개의 기질 그룹보다 차이가 더 많이 난다는 게 입증되었기 때문이다. 일반적으로 과거에 감정을 억제했던 아이들은 청년기에도 다른 이들보다 사회적 지지를 적게 받는데, 이는 아마도 이들이 보유한 사회적 연결망이 작기 때문일 것이다. 즉, 함께 시간을 보내거나 즐길 친구와 지인 수가 적은 것이다. 평판 면에서는 주변인의 말에 따르면, 이들은 다른 사람보다 사교적이지 않고, 사회적 주체성이나 일을 성사시키는 힘이 제한적이며, 자기 세계에 대한 활발한 관심과 참여가 부족하다. 이번에도 그들은 세상으로부터 멀어지고 있는 듯했다. 하지만 이 개인들은 꽤 괜찮은 연애를 경험했고, 반사회적 행동이 보고된 경우는 거의 없으며, 직장에서 상당히 좋은 사회적 경험을 했다. 확실히 어릴 때의 억제된 기질이 모든 관계와 관계 경험을 훼손하는 것 같지는 않다.

18년 전에 통제가 되지 않는다고 특징지어진 이제 21세가 된 피험자들의 상황은 이와 완전히 다르다. 실제로 그들은 세상을 거스른다는 증거를 더 많이 보여줬다. 그중에서도 가장 눈에 띄는 건, 우리가 연구한 네 가지 사회적 맥락(친구와 지인의 사회적 네트워크, 가족, 연인, 직장)에서 매우 갈등이 심하다는 것이다. 일례로 그들은 21세의 어린 나이에도 다른 모든 피험자보다 직장에서 해고될 가능성이 높았다! 이는 틀림없이 다른 사람을 향해 매우 반사회적인 행동을 하는 것과 관련이 있을 것이다. 그들은 또 다른 사람에게 부당한 괴롭힘을 당하거나 평소 잘 아는 이들에게서 몹시 신뢰할 수 없는 사람으로 간주될 가능성이 가장 높았다.

요컨대 앞서 유발적, 반응적, 적소 추구 효과와 관련해 발달 과정을 검토하면서 초기 기질이 18세에 측정한 성격적 측면뿐만 아니라 21세 때의 대인관계와도 관련이 있다는 걸 발견했는데, 특히 20년 전에 통제가 잘 되지 않거나 감정을 억제하는 성격으로 분류된 피험자의 경우에 관련성이 높았다. 이걸 보니 한 가지 특정한 문제 기능의 초기 기질적 기원이 궁금해졌다.

# 초기 기질과 도박

★

　　　18세와 21세가 되어서 만난 이들 중 일부는 3세 때 우리가 본 것과 변함없는 방식으로 행동하는 걸 보고는, 피험자들이 열 살 더 먹은 뒤에 발달의 연속성과 관련된 문제를 다시 조사해 보기로 했다. 이는 초기 기질의 발달 유산을 조사하는 네 번째이자 마지막 단계였다. 우리는 피험자뿐 아니라 가족에게도 매우 문제가 될 수 있는 행동 방식을 연구하고 싶었기 때문에, 조사 대상으로 도박 행위를 골랐다. 그리고 피험자들이 중년에 가까워지는 32세 때 더니든 코호트를 다시 연구하면서 이 부분을 측정했다.

　　역사학자들은 도박이 인류 역사를 통틀어 거의 전 세계에 존재한 아주 흔한 현상이라고 말한다. 그러나 이렇듯 오래되고 흔한 관행이긴 하지만, 도박을 하는 사람들 가운데 도박 장애가 생길 정도로 베팅 행동을 통제하지 못하는 사람은 극소수뿐이다. 매주 포커 게임을 하거나 스포츠 베팅, 라스베이거스 여행 등 다양한 형태로 도박을 하는 이는 많지만 그들 중 소수만이 도박 장애를 일으킨다는 점을 고려하면, 과도하게 도박을 하는 사람과 그렇지 않은 사람 사이에는 중요한 차이가 있다고 의심할 만하다.

　　다른 연구에서는 도박 관련 문제를 우리가 (피험자가) 18세 때 연구한 것과 같은 성격적 특성과 연관시켰기 때문에, 3세 때의 기질 평가를 통해 32세 때 발생하는 도박 문제를 예측하는 것도 가능해 보였다. 실제로 3세 때 통제력이 결여된 기질을 드러냈고 세상을 거스르는 경향이 있는 사람은 30년 뒤 도박에 중독될 위험이 가장 클 것이라고 우리는 구체적으로 예측했다.

1장에서 분명히 밝힌 것처럼, 우리 연구는 후향적이지 않아 더니든 연구를 통해 문제적 도박의 결정 요인에 대한 이해를 증진시킬 수 있었다. 즉, 심각한 도박 문제가 있는 성인이 회상하는 삶이나 발달 역사를 되돌아보는 게 아니라, 아이들의 발달 과정을 시간순으로 따라가면서 누가 도박 장애를 앓게 되는지 알아볼 수 있었다. 1장에서 강조한 후향적 방법에 내재된 근본적인 문제를 고려하는 과정에서 도박 관련 문제가 발생하기 전에 도박의 잠재적 결정 요인을 조사할 수 있는 이 방식의 중요한 장점이 드러났다. 후향적 방법으로는 행동 방식을 비롯해 초기 삶이 문제성 도박꾼이 된 사람과 매우 비슷하지만 실제로 문제성 도박꾼이 되지 않은 사람을 제대로 고려하지 못한다. 따라서 후향적으로 접근할 경우, 문제성 도박꾼들은 일례로 학교를 중퇴했을 가능성이 높다고 시사하는 반면, 전향적으로 접근할 경우, 학교를 중퇴했다고 해서 그가 반드시 도박 문제를 일으킬 거라고 예측하지 않는다. 대부분의 중퇴자에게는 도박 문제가 생기지 않기 때문이다.

첫 번째 연구의 마지막 단계에서는 앞서 고려한 기질 측정법을 사용하는 것 외에도, 32세가 된 피험자들과 만나 인터뷰를 하면서 알게 된 그들의 도박 행동에 관한 내용도 활용했다. 우리는 도박 행동의 두 가지 척도에 대한 피험자들의 반응을 바탕으로 도박 장애 여부를 판단했다. 통제력 상실 또는 도박을 멈추지 못하는 것, 도박 때문에 많은 빚을 지는 등의 심각한 피해 발생, 치료 필요성에 대한 인식 등이 그것이다. 32세 피험자 가운데 거의 80퍼센트가 지난 1년 사이에 도박을 했다고 보고했지만, 심각한 도박 문제의 진단 기준을 충족한 사람은 4퍼센트가 조금 넘는 정도였다.

3세 때의 기질과 32세에 한 도박 사이의 연관성을 밝힐 때 신중하고 보수적으로 임하고 싶었기 때문에, 피험자의 어린 시절 IQ와 그가 성장하는 동안 가족이 속했던 사회 계층 등을 고려해 둘 사이의 관계에 대한 문제도 다뤘다. 이는 초기 기질과 32세 때 한 도박 사이의 연관성을 통계적으로 조사하기 전에, 다른 잠재적 영향원이 미치는 효과를 따로 "분리"시켰다는 얘기다. 통계상 모든 개인의 IQ가 똑같고 적어도 사회경제적 지위socioeconomic status, SES 지수로 따졌을 때 동일한 조건에서 성장했다면 어떻게 되었을지를 반영해 각자의 도박 점수를 "조정"하는 것인데, 이를 통해 아동과 성인 기능 사이에 감지된 모든 관계는 이런 잠재적인 "교란" 요인에 의해 야기되지 않았음을 확신할 수 있었다. '교란 요인confounding factor'은 조사 중인 결과(이 경우, 병적인 도박)에 대한 대안적 설명을 위한 과학 용어다. 우리를 비롯해 관찰 연구를 수행하는 과학자들은 조사 중인 주요 요인이 실제로 문제의 결과에 영향을 미친다는 결론을 내리기 전에 대안적 설명을 배제하거나 최소한 분리할 수 있도록 사전에 고려해야 할 의무가 있다.

도박 연구의 맥락에서는 가난하게 자라거나 별로 총명하지 못한 아이들이 도박에 매력을 느끼고, 그런 아이들은 무절제한 기질을 지닌 경향이 있을 가능성을 생각해보자. 만약 이게 사실이고 초기 기질과 이후의 도박 습관을 연결하기 전에 도박 행위에 대한 이런 대안적 영향을 배제하거나 고려하지 않는다면, 문제적 도박의 원인을 초기 기질 탓으로 오인할 위험이 있다. 책 전반에서 명확하게 드러나겠지만, 우리는 어떤 식으로든 사실상 모든 연구에 이 전략을 구현했다. 이 전략은 두 가지 형태를 취하는데, 하나는 여러 장에서 사용한 방법으로, 먼저 초기 기질과 도박 사이의 연결고리 같은 기본적인 연관성을 평가하고, 그 후 두 번째 단계에서는 대안적 설명 요소(즉, 통계적으로 배제된)를 고려해도 그 연관성이 견고하게 유지되는지 여부를 판단하는 것이다. 다른 하나는 도박 연구와 자제력을 주제로 한 3장에서 구현한 방법으로, 이 두 단계를 하나로 통합해서 대안적인 설명 요소는 무시하고 기본적인 연관성(도박을 예측하는 초기 기질)만 평가하는 것이다.

예상했던 대로, 3세 때 잘 통제되지 않는 기질을 드러낸 피험자들은 32세 때 도박 장애가 생길 가능성이 가장 높았다(표 2-1). 사실 이들은 다른 피험자들보다 장애 기준을 충족할 가능성이 3배나 높았다. 그런데 데이터를 더 자세히 조사해본 결과, 이런 효과는 주로 남자아이에게서 발견된다는 사실이 명백해졌다. 어릴 때 통제되지 않는 기질을 가진 여자아이들은 그런 기질을 가졌던 남자아이에 비해 문제성 도박꾼이 될 가능성이 3분의 1밖에 되지 않았다. 원래 남자가 여자보다 도박 문제를 일으킬 가능성이 높기 때문에, 어떻게 보면 다른 연구뿐만 아니라 우리 연구에서도 이는 그리 놀라운 일은 아니다.

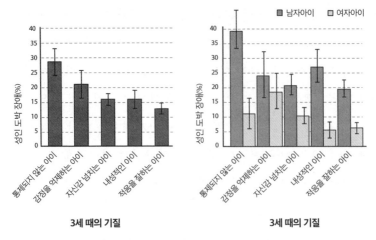

| 표 2-1 | 32세 때 도박 장애 기준을 충족하는 성인의 비율을 3세 때 드러난 기질별로 분류한 것으로, 왼쪽은 전체 표본에 대한 것이고 오른쪽은 남자아이와 여자아이를 따로 나눈 것이다.

W. S. Slutske, T. E. Moffitt, R. Poulton, A. Caspi(2012)의 연구 결과 재구성. '3세 때 드러나는 통제가 안 되는 기질을 통해 32세 때의 도박 장애를 예측할 수 있다', 〈사이컬러지컬 사이언스Psychological Science〉 23, 510~516, 그림 1. © 2012 저자. 세이지 출판사의 허가하에 게재.

# 결론

★

초기 기질의 발달적 유산을 조사하고 책의 첫 번째 주제와 목표(어릴 때의 특성이 인생 후반의 기능을 예측하는지 여부와 그 방법)를 다루는 과정에서, 발달의 연속성을 가리키는 증거를 찾아냈다. 이를 통해 어린이가 어른의 아버지라는 주장이 적어도 어느 정도까지는 확인된 셈이다. 초기 기질과 18세 때 측정된 성격적 특성을 연관 짓는 연구 결과, 21세에 평가한 인생의 여러 부분에서 맺은 대인관계, 32세 때의 도박 장애 등도 이런 견해와 일치하는 것으로 나타났다. 연속성의 증거는 3세 때 통제되지 않거나 억제된 기질을 드러낸 두 그룹에서 가장 확실하게 나타났다.

이런 결과는 우리가 감지한 연속성이 아이가 자기 발달 과정에서 수행한 능동적인 역할에 의해 촉진되었을 가능성이 있음을 시사한다. 한편으로는 예전에 통제되지 않던 아이들의 반사회적 행동이 다른 이들에게 부정적인 반응을 불러일으켰고, 이로 인해 그들이 사회성이 극히 중요한 세상에서 잘 지낼 수 있는 능력이 더욱 약화된 것으로 보인다. 반면 예전에 감정을 억제했던 아이들의 사회적 연결망이 제한적인 건 사교 세계에서 물러나 스스로를 고립시키려는 성향 때문인 듯하다. 전자의 연속성은 개인이 다른 사람에게 하는 행동에, 후자의 연속성은 개인이 자신에게 하는 행동에 따른 것이다. 통제되지 않는 기질을 가진 아이들은 "세상을 거스르며" 살고, 억제된 기질을 가진 아이들은 "세상을 멀리하며" 산다고 말하는 게 적절해 보이는 건 이런 유발적이고 적소 추구적인 발달 과정 때문이다.

우리처럼 시간의 흐름을 따라 삶을 연구하는 발달학자들은 늘 자신이 측정하지 못하거나 측정할 수 없었지만 꼭 측정하고 싶었던 것에 대해 한탄한다. 발달학자들뿐만이 아닐 것이다. 다윈Darwin이 유전자에 대해 알았다면 어떤 추정을 했을지, 갈릴레오Galileo에게 더 강력한 망원경이 있었다면 무엇을 발견했을지 상상해보라. 이 장에 요약된 연구를 끝낸 뒤, 우리에게는 두 가지 미스터리가 남았다. 하나는 첫 번째 기질 평가를 3세 이전에는 하지 않은 탓에 측정하지 못한 것과 관련이 있고, 다른 하나는 우리가 발견한 것과 발견하지 못한 것에 대해 그것이 함축하는 의미와 관련이 있다.

3세는 당연히 어린 나이지만, 태어난 순간이나 그전부터 3세 사이에 발달적으로 많은 일이 진행되는 것도 사실이다. 오늘날 우리는 인생의 첫 몇 달과 몇 년 사이에 드러나는 기질을 확실하게 측정할 수 있음을 알지만, 피험자들이 태어나고 더니든 연구가 시작된 1972년에는 그런 사실을 미처 몰랐다. 그래서 우리가 반드시 해결해야 하지만 더니든 연구의 경우에 대답할 수 없는 문제는, 적응을 잘하거나 내성적이거나 통제가 안 되거나 감정을 억제하거나 자신만만한 3세 아이들이 1세와 2세 때는 어떤 모습이었는가 하는 것이다. 그들은 어떻게 행동했을까? 어떤 경험을 했을까? 그리고 아이들이 3세 때 대학 실험실에서 측정한 행동 양식은 무엇 때문에 생긴 것일까? 우리가 식별한 기질이 이미 몇 년 전부터 명확하게 혹은 다소 뚜렷하게 드러나서 유전적 영향의 중요성을 강조했을까? 아니면 태아 발달을 포함한 아주 초기의 특정 경험이 3세 때 측정한 기질에 영향을 미쳐서 천성보다는 양육의 역할을 시사했을까? 물론 이런 대안적 가능성이 실제로는 상호 배타적이지 않다는 걸 알아야 하며, 이 문제는 유전자-환경의 상호 작용에 대해 다루는 14장과 15장에서 다시 논의할 것이다.

우리 친구이자 동료인 킹스 칼리지 런던Kings College London의 로버트 플로민Robert Plomin 같은 행동유전학자들이 지난 40년 동안 수집한 증거에 따르면, 아이의 유전자 구성은 심지어 젖먹이의 기질을 형성하는 데도 중요한 역할을 한다. 하지만 우리는 유전학이 젖먹이와 유아에게서 발견되는 모든 차이를 설명해주지는 않는다는 것도 알고 있다. 따라서 우리가 할 수 있는 일은 천성과 양육 그리고 이 둘의 상호 작용이 우리가 연구실에서 만난 3세 아이들을 형성하는 데 얼마나 기여했는지 생각해보는 것이다. 아마 더니든 연구에서 젖먹이의 기질에 관한 정보를 충분히 얻지 못한 것 때문에 학자들이 좌절감을 느끼는 이유를 분명히 알 수 있을 것이다.

우리에게 남은 두 번째 수수께끼는 우리가 측정하지 못한 것이 아니라 발견하지 못한 것과 관련이 있다. 어린이는 어른의 아버지라는 명확한 증거를 찾았지만, 어린 시절의 기질과 18세 때의 성격 및 21세 때의 인간관계 경험을 연결하면서 입증된 연관성이 모든 아이에게 동등하게 적용된다는 인상을 주는 건 오류일 것이다. 3세 때 통제되지 않던 기질과 32세 때의 도박 장애를 연결하는 것도 마찬가지다. 완벽한 연속성을 발견하지는 못했기 때문이다. 초기 기질과 후기 발달 사이에 주목할 만한 연관성을 찾긴 했지만, 어디까지나 확률적인 연관성이었다(1장). 간단히 말해서, 유아기에 잘 통제되지 않거나 감정을 억제하던 아이들이 성장한 뒤에 모두 어릴 때의 자신과 매우 유사한 모습을 보인 건 결코 아니다. 정말 다행한 일이다! 하지만 우리가 식별한 모습이 눈에 띄지 않았다는 얘기는 아니며, 연속성뿐만 아니라 변화도 발달상의 특징이라는 뜻이다.

이렇게 완벽한 예측이나 그와 비슷한 것도 불가능하다는 사실 때문에 희망과 낙관을 품게 된다. 결국 3세 때 세상을 거스르거나 멀리하던 아이들이 몇 십 년이 지난 뒤에 전부 똑같이 행동하지 않는다는 건 아주 좋은 일이다. 하지만 어릴 때 통제가 안 되거나 감정을 억제했던 몇몇 아이들이 시간이 지나면서 그런 모습이 훨씬 줄어든 이유는 아직 밝혀지지 않았다. 어릴 때 내성적이거나 자신감 넘치거나 잘 적응했던 아이들 중 일부의 경우에도, 초기 기질 평가 후 18년이 지난 뒤에 측정한 기능이 평균에서 벗어난 이유를 알 수 없다.

물론 초기 기질이 훗날의 성격이나 인간관계, 문제성 도박을 완벽하게 예측하지 못한다는 점을 감안하면, 시간 경과에 따른 변화의 원인이 무엇인지 추측할 수 있다. 더 중요한 건, 우리 연구 이후에 다른 이들이 수행한 연구를 바탕으로 뭔가를 추론할 수 있다는 것이다. 예를 들어, 파트너나 배우자와의 지원적이고 친밀한 관계가 "교정적인 정서 경험"으로 기능한다는 징후가 있는데, 이는 인생 초반부터 나타난 문제 있는 기능 패턴을 약화시킨다. 친한 친구나 영향력 있는 멘토와의 경험도 비슷한 방식으로 작용할 수 있다. 그러나 트라우마, 상실, 실망, 기타 형태의 역경이 잘 발달하고 있던 사람의 발달 궤도를 바꿔서 미래에 예상했던 것보다 더 문제 많은 모습을 갖게 할 수 있는 것도 사실이다. 그러므로 초기 기질의 유산을 조사한 우리 연구의 교훈은, 인생 초반 20년의 발달을 특징짓는 건 연속성뿐만이 아니라는 것이다. 물론 일부 개인의 행동과 기능에서 수십 년에 걸쳐 연속성 혹은 동일성의 증거가 나타나는 건 주목할 만한 일이지만(특히 어릴 때 통제가 안 되거나 감정을 억제한 아이들의 경우), 우리 연구는 그렇게 시간이 흐른 뒤에 나타나는 동일성이 모든 사람에게 똑같이 적용되는 건 아니라는 것도 보여준다.

## 03

To Be or Not to Be Self-Controlled

# 자제할 것인가
# 말 것인가

먼저 명백한 사실부터 하나 이야기하겠다. 사람의 키가 다 다르듯이, 아이들도 어른처럼 자제력 수준이 다 다르다. 이와 관련해 더니든 연구를 수행하는 과정에서 우리가 목격한 몇 가지 다양한 모습을 고려해보자. 다른 아이에게 모욕을 당해서 싸움을 벌이거나 누군가를 해치려고 한 적이 있느냐는 질문에 한 아이가 "가톨릭 신자들하고만 그랬어요. 걔네도 해당되나요?"라고 대답했다. 13세 다른 소년에게 경찰 신세를 진 적이 있느냐고 묻자 "아직은 아니지만, 괜찮아요, 곧 그렇게 되겠죠"라는 대답이 돌아왔다. 그리고 한 대담한 소녀는 검사관에게 훔친 게임기를 스웨터 속에 숨겨 연구실을 빠져나갔다. 하지만 심한 장애를 앓는 소녀가 발달 평가의 일환으로 진행된 간단한 그림 그리기 작업을 완료하려고 애쓰면서 보여준 엄청난 노력과 헌신, 그리고 재미 삼아 구구단을 암송하고 있는 조용한 소년이 그걸 외우려고 오랜 시간 집중했을 모습도 생각해보자. 이미 분명히 확인된 것처럼 아이들도 어른과 마찬가지로 자제력이 다 다르다.

우리가 방금 한 것처럼 다양한 수준의 자제력을 보여주는 것과 측정과 연구를 위해 그걸 정의하고 운영하는 건 별개의 일이다. 이런 문제를 다룰 때는 언론 자유와 관련된 사건에서 포르노를 정의해 달라는 요청을 받고는 말로 정의하기는 어렵지만 "보면 안다"고 덧붙인 유명 대법관과 같은 반응을 넘어서야 한다. 이제 어린 시절에 드러난 자제력의 미래 결과를 조사한 연구 결과를 살펴보면서, 우리가 더 잘할 수 있을지 알아보자.

자기통제에 대한 관심은 비록 그 개념과 측정치가 학문 분야마다 다를 수 있고 실제로도 다르지만, 사실상 모든 사회과학과 행동과학을 통합하는 주제다. 어떤 사람은 자기통제를 충동성의 측면에서 개념화하고, 어떤 사람은 양심, 자기 관리, 만족 지연, 주의력결핍 과잉행동, 실행 기능, 의지력의 측면에서 개념화한다. 신경과학자들은 자기통제를 뇌의 전두피질에서 촉진되는 "실행 기능"으로 연구하여, 피험자들이 자제력을 발휘할 때 관여하는 뇌 구조와 시스템을 밝혀냈다. 행동유전학자들은 자기통제가 유전과 환경의 영향을 동시에 받는다는 걸 증명했고, 자제력 변이와 관련된 특정 유전자를 찾고 있다. 심리학자들은 어린아이가 어떻게 자제력을 키우는지 설명했고, 우리가 여기서 한 것처럼 사람의 일생에 걸친 안정성과 자제력 변화 패턴을 연구했다. 의료 분야 연구자들은 자제력(혹은 자제력 부족)의 유산을 사망률, 정신질환, 과식·흡연·안전하지 못한 섹스·음주 운전·의료 규정 미준수 같은 건전하지 못한 행동과 비교하는

데 초점을 맞췄다. 사회학자들은 낮은 자제력이 실업과 범죄의 결정적 요인이라는 사실에 중점을 둔다.

자기통제는 다양한 과학 분야의 개념과 측정치를 연결하는 포괄적 개념이지만, 충동과 욕구를 남에게 관리나 규제를 받기보다 본인 스스로 사회적으로 적절한 방법으로 관리 또는 규제하는 능력이라고 정의할 수 있다. 따라서 자제력이 부족하면 정서적 불안정성 증가, 통제에서 벗어나는 경향, 좌절에 대한 낮은 내성, 끈기 부족, 짧은 주의 지속 시간, 높은 산만성, 여러 가지 활동에서 활동으로의 빈번한 이동, 안절부절못하는 태도, 과잉행동, 생각하기 전에 행동하기, 좋은 일이 생기기까지 기다리지 못하고 뭔가를 교대로 하는 데 어려움 겪기 등 그 특성이 다양한 방식으로 드러날 수 있다. 이런 예시 외에도 자제력 부족이 드러나는 방법은 무수히 많다.

최근에는 여러 이유로 자제력 발달과 그것이 이후 인생에서의 성공에 미치는 영향에 대한 관심이 커졌다. 자기 생각과 행동을 스스로 통제할 수 있는 능력은 인간의 기본적인 능력이지만, 그 능력을 활용하지 못하면 가장 큰 실패를 맛볼 수도 있다. 특히 요즘처럼 빠르게 진행되면서 패스트푸드와 소셜 미디어에 사로잡혀 있고 무한한 가능성과 산만함, 유혹이 존재하는 세상에서는 더 그렇다.

사람들의 수명이 그 어느 때보다 길어졌다는 사실을 인정하는 것도 중요하다. 장애, 가족이나 정부 보조금에 의존하는 삶, 가난 등을 피하려면 장기적인 건강과 부에 계속 관심을 가져야 한다. 저항하기 어려울 만큼 유혹적인 광고가 쏟아지는 사회에서 퇴직금을 잘 관리하려면 놀라운 선견지명과 자제력이 필요하다. 오늘날 직업상

손가락과 머리 외에는 몸을 거의 움직이지 않는 사람은 많고, 고칼로리 음식은 사방 어디에서나 쉽게 구할 수 있다. 그러니 서구 사회에서 많은 이의 자제력 부족으로 비만이 급속히 확산되고 있는 게 과연 놀라운 일일까?

또 많은 시민이 전보다 장기간 교육을 받고 있지만, 이제 지적 성취만으로는 좋은 직업을 얻기 위한 경쟁에서 이길 수 없다는 사실을 생각해보자. 요즘 고용주들은 졸업생에게서 성실함과 끈기의 징후(혹은 그것이 부족한 징후)를 찾으려 하며 이를 위해 때로는 그들의 페이스북Facebook 페이지까지 모니터링한다. 여러분은 술을 너무 많이 마시거나, 신용카드 대금을 제때 못 갚거나, 직장에 지각하거나, 학교 과제를 늦게 제출한 일을 소셜 미디어를 통해 친구들에게 자랑하거나 적어도 그런 얘기를 나눈 적이 있는가? 우리가 지금 겪고 있는 놀라운 역사적 변화에서는 행복뿐 아니라 생존을 위해서도 자제력의 가치가 높아지고 있다.

가정생활도 별반 다르지 않다. 요즘에는 맞벌이 부모나 한부모 가정이 늘고 있기 때문에 끊임없이 변화하는 역할과 책임, 우선순위 사이에서 세심하게 균형을 잡는 것이 그 어느 때보다 중요하다. 이제 이혼은 집안 상황이 안 좋을 때 사회적으로 용인되는 손쉬운 선택 방안이 되었다. 다양한 중독성 물질이나 처방, 기타 방법도 마찬가지다. 가족을 건강하고 온전하게 유지하려면 엄청난 의지가 필요하다. 숙련된 부모는 자녀에게 읽고 쓰는 법만 가르치는 게 아니라 자신을 통제하고 감정과 충동을 관리하는 법도 가르친다.

우리가 자제력의 발달적 결과를 연구해야겠다고 마음먹게 된 건 자제력의 이점과 이 중요한 기술이 부족할 경우에 발생할 수 있는 비용을 강조하는 현실 때문이기도 하지만, 경제적으로 취약한 환경에서 자라는 어린이들의 발달을 향상시키기 위해 50여 년 전에 시작한 미국의 교육 지원 제도인 유명한 헤드 스타트Head Start 프로그램의 효과에 대해 알게 되었기 때문이다. 이 프로그램은 적어도 장기적으로는 일부에서 예상한 것처럼 지능을 높이는 데 성공하지 못했다고 오랫동안 인식되어 왔다. 하지만 헤드 스타트가 "실패했다"는 생각에 이의를 제기하는 연구도 많다. 헤드 스타트 프로그램과 관련이 있을 수 있는 IQ 이외의 발달 결과를 조사한 일부 연구에서 이 국가 프로그램의 중요한 장기적, 긍정적 효과가 드러났기 때문이다. 어린 시절에 헤드 스타트 프로그램에 참여한 아이들은 참여하지 않았던 아이들과 달리, 십대에 부모가 되거나, 학교를 중퇴하거나, 비행을 저지르거나, 심지어 성인이 된 뒤 결근을 하는 경우가 더 적다는 게 입증되었다. 헤드 스타트가 단순히 지능 면에서 지속적인 이익을 얻지 못했기 때문에 "실패했다"는 결론을 내리는 건, 이 유아기 경험의 잠재적 이익 가운데 하나에만 너무 제한적으로 집중하는 바람에 중요한 걸 놓치는 것이다.

시카고 대학의 노벨 경제학상 수상자인 제임스 헤크먼James Heckman은 권위 있는 학술지 〈사이언스Science〉에 게재한 중요 논문에서, 헤드 스타트의 발달 유산과 관련해 보다 최근에 진행된 장기적 평가 결과가 헤드 스타트가 자제력에 미치는 영향에서 비롯된 것인지 궁금하다고 말했다. 헤크먼은 향상된 지능 덕분에 더 나은 삶을 살 수 있는 게 아니라, 헤드 스타트가 충동을 조절하고 계획적으로 행동할 수 있는 능력을 키워줬기 때문에 장기적인 이점이 생긴 것이라고 추측했다. 헤크먼은 우리 연구진이 더니든 연구 "데이터 저장소"에 유아기의 자제력과 관련한 잠재적 측정치를 다량 보유하고 있다는 사실을 알고는, 헤드 스타트 프로그램에 참여한 덕분에 어떤 결과가 나왔다고 밝혀진 것처럼 더니든 연구에서도 이걸 이용해 성인의 발달 결과를 예측할 수 있을지 궁금해했다. 그러면 헤드 스타트 평가에서 수혜자들이 어릴 때는 측정되지 않았지만 수십 년 뒤 그들에게 도움이 된 자제력 발달에 헤드 스타트가 영향을 미친 것이라는 그의 가설을 평가할 수 있는 또 하나의 방법이 될 터였다.

솔직히 우리는 회의적이었다. 우리가 보기에는 자제력보다 아이 가족의 사회경제적 환경과 지능이 인생 후반 기능의 많은 부분에 더 큰 장기적 영향을 미칠 것 같았기 때문이다. 그래서 우리 연구 결과가 (자제력은 헤크먼이 의심한 마법의 해결책이 아니라는 걸 밝혀냄으로써) 저명한 학자를 당황하게 할까 봐 걱정이 된 우리는 그 문제를 다루지 않으려고 정중하게 거절했다. 하지만 그는 꽤 끈질기게 고집을 부렸고, 결국 우리는 헤크먼의 가설처럼 어린 시절의 자제력이 더니든 연구에서 훗날 드러나는 발달 상황을 확실하게 예측하는지 알아보기 위한 연구를 진행하면서 결과가 어떻게 나오는지 지켜보기로 했다. 그래서 3세와 11세 사이에 시행된 무수히 많은 평가에서 더 높은 수준의 자제력을 보인 피험자가 32세가 되었을 때 어린 시절에 자제력이 부족했던 사람들과 다른지를 확인하려고 했다. 우리는 실제 세계에서 성인이 기능하는 모습에 관심이 많기 때문에, 이 경험적 연구에서는 어린 시절의 자제력이 건강과 부, 범죄 행위를 예측하는지 판단하는 데 중점을 뒀다. 그렇게 해서 아동기의 기능과 잠재적으로 연관되는 성인기의 결과 범위를 확장하여, 3세 때 기질의 예측 능력에 초점을 맞추는 것을 넘어 연구 범위를 확대했다. 이 연구를 수행할 때는, 종적 연구에서 비실험 데이터에 의지할 때 늘 그랬던 것처럼 우리가 얻을 수 있는 모든 결과에 대한 대안적 설명을 고려할 필요가 있다는 사실을 인정했다. 이는 헤크먼의 가설을 시험할 때, 몇 가지 "제3의 변수"(대안적인 설명 요소)가 시간이 지나면서 우리가 감지한 모든 연관성, 즉 인생의 첫 10년 동안 드러난 자제력과 30대 성인의 기능이 연결된다는 걸 설명할 수 있다는 걸 인지했음을 뜻한다. 이런 대안적 설명 요소를 "제3의 변수"라고 한다. 우리 연구의 경우, 예측 변수인 어린 시절의 자제력을 "제1 변수"로, 범죄 행위 등 예측되는 결과를 "제2 변수"로 간주하는데, 첫 번째(예측 변수)와 두 번째(결과) 변수 사이의 연관성을 설명하는 모든 것이 제3의 변수가 될 수 있다. 예를 들어, 사람들이 수영을 하러 가면(예측 변수) 아이스크림을 먹을 것(결과)이라고 예측할 수 있기 때문에 제3의 변수는 높은 온도가 될 수 있다. 예측 변수와 결과를 모두 설명하고, 그 둘 사이의 관계까지 해명할 수 있기 때문이다.

헤크먼이 예상한 것처럼 어린 시절의 높은 자제력 수준이 성인기의 건강과 부를 예측한다는 걸 알게 되더라도, 이런 연관성이 가짜일 수도 있음을 인식하는 데는 그리 많은 상상력이 필요하지 않다. 이는 실제로 다른 요소들의 기능일 수도 있다. 특히 이미 얘기했듯이, 사회경제적으로 혜택 받은 가정에서 자라거나 지능이 낮지 않고 오히려 높은 경우엔 더 그렇다. 전자의 경우, 가족의 사회경제적 자원이 우리의 예측 변수인 초기 자제력 및 자제력 관련 결과에 모두 기여하기 때문에, 초기 자제력이 성인기의 뛰어난 건강이나 부와 관련이 있다는 결과가 나올 수 있다. 그렇다면 이는 자제력 예측 변수와 결과 사이에 감지된 모든 연관성이 단순히 가족의 사회경제적 혜택이 예측 변수와 결과에 미친 영향의 산물일 수도 있다. 지능에 대해서도 같은 생각이 들었다. 결국 어떤 아이는 단순히 다른 아이보다 더 똑똑하기 때문에 자제력이 강할 수 있고, 그런 아이들은 똑같은 이유 때문에 어른이 된 뒤에도 남들보다 더 건강하고 부유할 수 있는 것이다.

이런 가능성에 대한 인식 때문에 어린 시절의 자제력이 성인 발달에 미치는 영향을 평가하기 전에 가족의 사회경제적 지위와 유아기 지능의 잠재적인 교란 변수를 고려해야 했다. 우리가 공유하는 연구 결과에서도, 2단계에서 유아기의 자제력과 성인 발달 사이의 예측 관계를 평가하기 전에, 2장에서 설명한 2단계 통합 프로세스를 이용해 1단계에서 미리 대안적 설명 요소가 미치는 영향을 배제하는 과정을 거쳤다. 따라서 우리 자제력 연구의 중심이 되는 실증적 질문은 헤크먼(자제력의 영향을 옹호하는 쪽)과 우리 그룹(가족의 사회 계층과 아동의 지능을 고려하면, 어린 시절의 자제력이 예측력을 별로 발휘하지 못할 것이라고 의심하는 쪽) 가운데 어느 쪽이 더 통찰력이 뛰어난가 하는 것이다. 이 장에서 다룰 발달 여정은 단순한 과학적 모험이 아니라 서로 경쟁하는 아이디어끼리 벌이는 시합인 셈이다.

# 정리

★

      자제력의 발달 유산을 조사하는 연구를 시작하기 전에 다시금 "준비물"을 모아야 했다. 가족의 사회경제적 지위와 아동 지능의 영향을 제쳐놓고 유아기의 자기통제가 성인기의 건강과 부, 범죄성을 예측하는 힘을 평가하려면, 먼저 이런 구성물의 측정치를 만들어 통계 분석의 대상이 될 수 있게 해야 했다. 더니든 연구의 가장 좋은 점 가운데 하나는 데이터 저장소에 보관된 "재료"가 정말 풍부해서, 중요한 구성물의 확실한 측정값을 필요한 만큼 고를 수 있다는 것이다. 실제로 우리 같은 장기 연구는, 이런 측정값을 이용해서 요리할 "음식"에 넣을 "재료"의 "쇼핑"이 완료되었을 때조차 미처 생각하지 못했던 발달 관련 질문을 던지거나 그에 답할 수 있다(발달 연구를 시작하기 위해). 아동의 행동에 대한 평가가 나왔을 때는 우리 중 누구도 그것이 수십 년 뒤의 범죄를 예측하는 데 사용되리라고는 생각하지 못했다고 말한다면 이는 너무 복잡한 표현일 것이다. (전향적 데이터의 추가적 이점은 연구원들이 계속 정직하게 행동할 수 있다는 것이다. 수십 년이 지난 뒤에 등장한 마음에 드는 가설에 유리한 쪽으로 측정값을 수집하는 게 불가능하니 말이다.) 마찬가지로, 건강과 부에 대한 성인 측정값이 확보되었을 때도 이 측정값으로 어린 시절의 자제력과 관련이 있는지 판단하기 위한 연구에 착수하게 될 거라는 생각은 아무도 하지 않았다. 그저 우리 데이터 저장소에 필요한 준비물이 풍부하게 갖춰져 있었기에 자제력 연구를 시작하고 헤크먼의 생각을 시험할 수 있었다.

      성인기 기능을 예측하는 데 사용할 아동기 자제력 차원 척도를 만들기 위해 다양한 연령대를 대상으로 다양한 방법을 이용해서 얻은 평가를 도출하고 이를 결합해 자제력 복합 지수를 만들었는데, 어떤 아이들은 여기서 더 높은 점수를 받고 어떤 아이들은 낮은 점수를 받았다. 우리의 자제력 지수는 생애 첫 10년 동안 얻은 아동에 대한 다양한 측정값으로 구성되었다. 여기에는 아이들이 3세와 5세 때 검사를 위해 오타고 대학 사무실을 방문했을 때 연구진이 관찰한 결과에 근거한 아동 행동 평가, 아이들이 5세, 7세, 9세, 11세가 되었을 때 부모가 작성한 아동 행동 평가, 그리고 똑같은 나이일 때 교사 4명이 제공한 유사한 행동 평가가 포함되었다. 따라서 우리의 종합적인 자제력 점수(실제로 자제력 부족을 포착한)에는 3세와 5세 때 관찰한 어린이의 낮은 좌절 내성, 침착성 부족, 차분하지 못한 태도, 충동성, 제한된 주의력, 목표 달성을 위한 끈기 부족이 어느 정도의 수준인지 반영되어 있다. 나이가 좀 든 뒤에는 부모와 교사에게 얻은 정보를 이용해 정리한 종합 지수에서 충동적인 공격성이 포착되었는데, 이는 버럭 화를 내면서 다른 사람과 싸운 적이 있느냐는 질문을 통해 알게 된 것이다. 과잉행동에는 잦은 달리기와 점프, 지시를 따르지 못하는 것, 짧은 주의 지속 시간, "모터라도 달린 듯 계속 움직이는 것", 가만히 앉아 있지 못하는 것 등의 태도가 반영된다. 끈기 부족은 작업을 끝내지 못하고, 쉽게 산만해지며, 어떤 활동을 꾸준히 계속하지 못하는 데서 드러난다. 충동성은 생각하기 전에 행동부터 하고, 자기 차례를 기다리지 못하며, 활동을 과도하게 자꾸 전환하는 것 등을 가리킨다. 특히 우리는 자제력 (부족) 척도를 만들 때 다른 사람의 보고에 전적으로 의존하지 않았다. 또 가만히 있지 못하고 몸을 들썩대는 것, 주의를 기울이지 못하는 것(예: 작업을 꾸준히 계속하지 못하는 문제), 충동적으로 행동하는 것(예: 자기 차례가 올 때까지 기다리지 못하거나 다른 사람이 아직 말하고 있는 도중에 끼어드는 것 등) 등에 대해 아이가 11세 때 실시한 자기 평가도 포함시켰다.

결국 관찰자, 부모, 교사 그리고 아이들 자신에게 얻은 정보를 합치면 우리 연구실이나 가족이 사는 집, 학교 등 다양한 환경에서 드러난 자제력의 확실한 측정치를 확보할 수 있을 거라는 게 우리 생각이었다. 수십 년 전의 발달학자들은 우리가 종합한 다양한 자제력 측정값(또는 지표) 각각의 예측력을 따로 고려했을 수도 있다. 어떤 발달학자들은 지금도 여전히 그렇다. 그러나 개별적인 측정값은 대부분 어떤 식으로든 제한되기 마련이므로 개념적으로 연결된 많은 측정값을 조합하는 게 더 나은 방법이라는 사실이 광범위한 연구를 통해 명확해졌다.

"분할" 전략이 아니라 동일한 것끼리 모으는 "일괄" 전략은 우리가 아동기의 자제력을 통해 예측하려는 발달 결과의 여러 지표를 처리하는 방법을 알려준다. 신체 건강과 관련해서는 피험자들이 32세 때 우리 연구실을 방문했을 때 수집한 일련의 바이오마커를 결합시켰다. 여기에는 염증 상태뿐만 아니라 심혈관, 호흡기, 치아, 성 건강도 반영된다. 측정값은 과체중 같은 대사 이상, 기류 제한, 치주질환, 성 매개 감염, 염증 지수인 C반응 단백 수치 등을 평가하기 위한 신체검사와 실험실 테스트를 기반으로 했다. 이런 임상 척도를 종합해보니, 피험자들이 32세 때 그중 43퍼센트는 바이오마커가 전혀 없었고, 37퍼센트는 1개, 20퍼센트는 2개 이상의 바이오마커가 있었다.

우리는 심리적 건강과 행동 건강에도 관심이 있었기 때문에, 32세 때 실시한 표준화된 정신과 면담을 이용했다. 이를 통해 어린 시절의 자제력이 우울증과 담배, 알코올, 대마초, 기타 길거리 약물이나 처방 약물 의존성에 미치는 영향을 조사할 수 있었다. 중요한 건 피험자를 잘 아는 이들을 통해 그들의 행복에 관한 평가도 얻었다는 것이다. 2장에서 얘기한 것처럼, 이를 통해 우리가 수십 년 동안 연구해 온 32세 피험자들에 대한 "내부"와 "외부"의 관점을 확보할 수 있었다.

32세 당시의 부를 측정할 때는 교육 수준, 직업의 지위나 위신(예: 의사가 교사보다 낫고, 비서가 청소부보다 낫다), 수입 등에 기초해서 성인 피험자의 사회 계층이나 사회경제적 지위를 측정할 수 있었다. 또 피험자가 저축 성향인지 지출 성향인지, 주택 소유나 퇴직 연금 가입, 기타 투자 등 미래를 위한 재정 대비책을 마련했는지 여부를 토대로 그들이 재정적으로 얼마나 계획적인지 평가했다. 돈을 관리하는 데 어려움이 있는지, 신용과 부채 문제가 있는지 등도 직접 물어봤다. 그리고 이번에도 이런 여러 측정값을 합쳐서 재산 상태를 반영하는 하나의 점수를 도출했다.

잠시 짬을 내서, 우리가 신용과 부채 측정의 기준이 되는 피험자들의 신용 등급에 어떻게 관심을 갖게 되었는지에 대한 흥미로운 이야기를 들려주겠다. 테리 모피트는 어느 날 비행기에서 보험회사 임원 옆자리에 앉게 되었는데, 그는 자기 회사가 고객에게 생명보험과 건강보험을 팔지 말지 결정하는 방법에 대해 얘기해주었다. 그 임원은 "돈을 잘 챙기지 않는 사람은 건강도 챙기지 않는다"고 주장했다.

이 주장은 우리가 시험할 수 있는 가설처럼 보였다. 그래서 이 우연한 만남을 계기로 피험자의 허락하에 그들의 신용 등급을 확보해 데이터 저장소에 추가하기로 했다. 덕분에 유아기 자제력의 발달 유산을 평가하는 연구를 위한 준비물을 모을 때, 32세에 측정한 종합적인 부의 척도에 신용 정보까지 포함시킬 수 있었다.

마지막으로 범죄 행위에 대해서는 피험자들이 뉴질랜드와 호주에서 유죄 판결을 받은 적이 있는 경우 그 기록을 확보했다. 이는 뉴질랜드 경찰의 중앙 컴퓨터 시스템을 검색해서 찾은 것이다. 피험자 4명 중 1명은 32세까지 범죄로 유죄 판결을 받은 적이 있었다. 비율이 꽤 높아 보이겠지만, 실제 다른 선진국의 비율과 일치한다.


## 유년기 자제력의 오랜 영향

★

이제 필요한 준비물을 모두 모았으니, 발달 연구를 시작할 준비가 되었다. 비유적으로 말하자면, 이는 어린 시절의 자제력이나 건강, 부, 범죄성 등 자기가 가진 재료를 모두 이용해서 다양한 요리를 만들어 먹는 것과 비슷한데, 궁극적인 목표는 그 음식이 얼마나 영양가가 있는지 혹은 얼마나 맛있는지를 판단하는 것이다. 알고 보니, 우리 요리는 적어도 어린 시절에 자제력에서 높은 점수를 받은 이들에게는 맛있었던 것으로 판명되었다. 차차 설명하겠지만 헤크먼은 결국 5성급 식사를 한 반면, 우리는 패배를 인정해야 했다! 이는 우리 연구가 어린 시절의 자기통제가 수십 년 뒤의 실제 기능을 예측할 수 있는 힘이 있다는 걸 설득력 있게 밝혔기 때문이다. 건강과 관련해서는 우리의 종합 바이오마커 지수에 반영된 것처럼, 제3의 변수인 어린 시절의 사회경제적 지위와 지능의 영향을 배제한 뒤에도, 어릴 때 자제력이 부족할수록 더 많은 건강 문제가 발생할 거라고 예측할 수 있음을 알아냈다. 따라서 어린 시절에 자제력이 부족한 경우 자라면서 염증이 많이 생길뿐만 아니라 심혈관, 호흡기, 치아, 성 건강 문제까지 많이 겪었다. 이건 단순히 그들이 어릴 때 이용할 수 있는 사회경제적 자원이나 측정된 지능 때문만이 아니었다.

정신 건강과 관련해서는 유년기의 변이나 자제력이 우울증을 예측하지는 못했지만, 어릴 때 자제력이 부족했던 피험자는 제3의 변수 효과를 배제해도 약물에 의존하게 될 가능성이 높았다. 실제로 피험자가 자기를 잘 아는 사람이라고 추천한 이들에게 그의 약물 의존성을 물어봤는데, 친구와 파트너, 친척 등의 보고에 따르면 어릴 때 자제력 점수가 낮았던 사람은 32세 때 술이나 약물과 관련된 문제를 겪는 경우가 더 많았다.

30대까지 축적한 사회경제적 부도 어린 시절의 자제력과 관련이 있는 것으로 나타났다. 그들이 유아기에 속해 있었던 사회 계층을 감안하더라도, 어릴 때 자제력이 부족했던 피험자는 그때 더 큰 자제력을 발휘했던 동료들에 비해 성인기에 더 낮은 사회 계층에 속한다는 사실이 드러났다. 이런 관찰 결과를 고려하면, 어릴 때 자제력이 부족했던 32세 성인이 저축액이 적고 주택 소유나 투자 같은 금융 요소도 많이 갖추지 못했다는 건 놀랄 일이 아니다. 또한 그들은 자금 관리나 신용 면에도 문제가 많아 남들보다 많은 재정적 어려움을 겪는다. 피험자들의 경제 상황과 행동에 대한 제보자들의 보고서도 거의 같은 이야기를 들려준다. 참고로, 앞서 언급한 보험사 임원의 말이 맞았다는 얘기도 해야겠다. 향후 연구로 32세 때 신용 등급이 낮은 사람은 심장 건강도 좋지 않을 뿐만 아니라, 유아기의 제한적인 자제력이 이런 연관성을 설명할 수 있다는 사실도 밝혀졌다.

아동기 자제력의 발달 유산은 범죄를 연구할 때도 나타났다. 어릴 때 자제력이 부족했던 아이들은 30대에 전과 기록이 있는 성인으로 성장한 경우가 많았다. 피험자의 5퍼센트는 실제로 수감된 적이 있는데, 이렇게 수감된 이들 가운데 80퍼센트 이상은 어릴 때 자제력 점수가 낮아서 더니든 표본 중 하위 40퍼센트에 속했다.

우리 연구 결과에서도 높은 수준부터 낮은 수준에 이르기까지 자제력 기울기가 나타났고, 이것이 용량-반응 관계dose response relationship의 증거가 됐다는 사실을 이해하는 게 특히 중요하다(표 3-1). 다시 말해, 발달 궤적이 서로 다른 두 집단, 즉 자제력이 낮은 집단과 높은 집단만 있어서 높은 쪽이 성인기에 뛰어난 역량을 발휘하는 게 아니다. 그보다는 자제력이 약간 많으면 약간 더 좋은 결과가 생기고, 자제력이 적당히 괜찮으면 적당히 좋은 결과를 예측할 수 있으며, 자제력이 더 뛰어나면 그만큼 좋은 결과를 기대할 수 있다.

이렇게 일관된 관찰 결과에도 불구하고, 우리 연구 결과에 의문을 제기할 수 있는 근거는 존재했다. 첫째, 충동 조절 기능에 문제가 생긴 정신과적 장애인 주의력결핍 과잉행동장애ADHD(4장에서 자세히 논의함) 진단을 받은 소수의 아이들 때문에 이런 결과가 나왔을 수도 있다. 이런 우려를 해소하기 위해 ADHD 진단을 받은 피험자 61명을 표본에서 삭제한 뒤, 어린 시절의 자제력이 건강, 재산, 범죄에 미치는 영향을 다시 조사해봤다. 결과는 변함이 없었다. 자제력이 제한되는 정신적 장애를 앓는 아이들의 경우에만 제한된 자제력이 성인기의 문제 발생을 예측하는 게 아니었다.

아동기의 자제력이 극도로 제한되었을 때만 성인기의 발달이 저해되는 걸까? 가장 합리적인 이 의문을 해결하기 위해, 이번에는 종합적인 유년기 측정값에서 자제력 점수가 가장 낮은 피험자 20퍼센트를 제외시킨 뒤에 데이터를 다시 분석했다. 이 방법 역시 조사 결과에 영향을 미치지 않았다. 사실 아동기 자제력 점수가 상위 20퍼센트에 속하는 피험자까지 추가로 제외시켜서 자제력 점수가 중간 수준인 60퍼센트만 남긴 경우에도 결과는 그대로였다. 아동기 자제력과 성인 기능을 연결하는 증거는 자제력이 매우 낮은 경우의 부정적인 결과나 매우 높은 경우의 실질적 이익만 보여주는 게 아니다. 중간 수준의 자제력도 발달에 영향을 미쳤다.

우리 데이터 저장소에는 26세 때의 자제력 지수도 있기 때문에, 발달의 불연속성이나 시간 경과에 따른 기능 변화의 영향이라는 다른 흥미로운 발달 문제도 다룰 수 있었다. 예를 들어, 2장 마지막 부분에서 3세 때 감정을 억제하는 기질을 보인 아이들 가운데 이 행동 스타일을 통해 예측되는 발달 궤적을 따르지 않은 아이들을 고려하면서 이 주제를 간략히 살펴봤던 걸 떠올려보자. 이제 우리는 피험자의 자제력이 아동기부터 청년기까지 계속 증가할 경우 어떻게 되는지 알고 싶었다. 이런 사람은 어릴 때도 자제력이 낮았고 20대 중

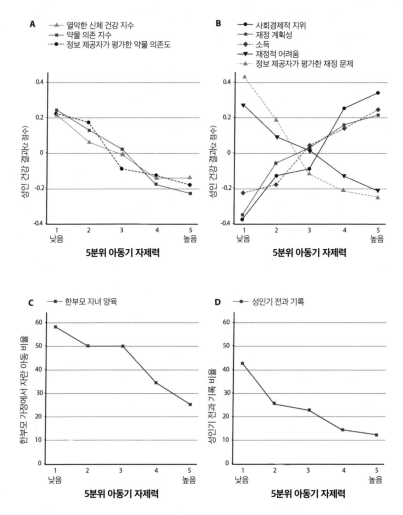

**| 표 3-1 |** 성인의 평균적인 건강 수준(A)과 재산 수준(B), 한부모 가정에서 자란 피험자 비율(C), 성인 전과 기록(D)을 아동기 자제력과 연계해서 표현한 것.

T. E. Moffitt, L. Arseneault, D. Belsky, N. Dickson, R. J. Hancox, H. Harrington, R. Houts, R. Poulton, B. W. Roberts, S. Ross, M. R. Sears, W. M. Thomson, A. Caspi(2011)의 연구 결과 재구성. '아동기의 자제력 수준이 미래의 건강, 부, 공공 안전을 예측한다.' 〈PNAS〉, 108, 2693-2698, 그림 2.

반까지도 긍정적인 발전을 보이지 않은 사람보다 성인기에 더 잘살게 될까? 이 의문을 해결하기 위해, 26세 때 측정한 자제력 지표 두 가지를 결합시켜서 앞서 설명한 측정값을 보완했다. 하나는 피험자가 작성한 광범위한 성격 검사지에 포함된 자제력 관련 지표고, 다른 하나는 친구와 파트너, 친척 등이 피험자에 대해 작성한 관련 지표다. 이번에도 내부와 외부의 관점을 모두 활용한 것이다.

아동기부터 청년기까지 자제력이 높아진 피험자들은 32세에도 여전히 자제력이 낮은 사람들보다 뛰어난 기능을 보인다는 걸 알아냈다. 이는 어린이가 반드시 "어른의 아버지"인 건 아니라는 사실을 보여주면서 발달의 확률적 성격을 강조하기 때문에 무엇보다 중요한 결과다. 이 후자의 요점은 아동기의 자제력 부족이 훗날의 기능을 완전히 결정짓는 건 아니라는 사실에서 드러난다. 이는 발달 유산이 미래의 추가적 발달에 따라 달라지기 때문인데, 이 경우에는 시간이 지나면서 자제력이 증가한 것이다. 우리는 유년기의 자제력 수준이 수십 년 뒤에 나타나는 성인 기능의 다양한 측면을 예측한다는 명확한 증거를 찾아냈지만, 그 결과는 유년기의 낮은 자제력이 반드시 32세까지 발달을 저해한다는 걸 의미하지는 않는다. 확률론적으로는 그게 대체로 사실이더라도, 어린 시절의 기능이 운명처럼 따라다닐 필요는 없는 것도 사실이다. 발달은 20대에도 계속되는 과정이다.

# 어린 시절의 자제력이 어떻게
# 성인의 기능에 영향을 미치는가?

★

제임스 헤크먼의 가설처럼 인생 초반 10년 동안 드러난 자기통제와 관련된 기능이 수십 년 뒤의 기능을 예측한다는 사실을 밝혀내는 것과 그 이유를 밝히는 건 별개의 문제다. 우리는 다음에 이 문제를 다루면서, 유아기 기능이 성인기 기능을 예측하는지 여부를 판단하는 연구 프로그램을 확대했다. 아동기 기능이 성인기 기능에 영향을 미치게 되는 발달 과정과 경로, 메커니즘을 철저히 조사하기 위해 "현미경의 성능을 높인" 것이다. 여기서 우리가 전하는 요점은 방금 한 말과 관련이 있다. 발달은 아이의 내면과 아이가 아동기 이후에 발달하는 환경, 또는 그중 하나에서 벌어지는 일들이 어떻게 성인의 기능을 예측할 수 있는지 설명하는 통로 역할을 하는 역동적이고 지속적인 과정이다. 발달학자들은 대개 그런 개입 현상을 선행 요인과 미래의 결과를 연결시키는 "중재자"로 개념화한다.

어린 시절의 자제력이 성인 발달에 어떻게 영향을 미치는지 설명하는 중재자, 경로, 발달 과정에 대해 생각하다가, 테리 모피트가 질문 형태로 제기한 가설에 흥미를 느끼게 되었다. 10대 청소년기에 저지른 실수가 인생 초반 10년 동안의 낮은 자제력과 30대의 문제성 기능을 연결하는 데 특히 중요한 역할을 할 수 있지 않을까? 우리는 13세, 15세, 18세, 21세에 관련 정보를 수집해뒀기 때문에, 아동기에 자제력이 떨어졌던 피험자들이 청소년기에 실수를 저지를 가능성이 높다는 걸 알 수 있었다. 모피트의 표현처럼 그들은 유해한 생활방식에 끌어들여서 가둬놓는 "올가미"에 걸려든 것이다. 그런 점에 있어서 자제력이 낮은 아이들은 15세 전에 흡연을 시작하거나, 졸업장을 받지 못한 채 일찍 학교를 그만두거나, 계획하지 않은 임신으로 인해 10대에 부모가 될 가능성이 다른 아이보다 더 높았다. 실제로 어릴 때 자제력 점수가 낮을수록 10대 때 그런 올가미를 만날 가능성이 높았다.

그러나 단순히 인생 초반에 자제력이 부족하다고 해서 청소년기에 반드시 올가미에 걸려들 거라고 예측할 수 있는 건 아니다. 더 주목할 만한 사실은 애초에 이런 올가미가 왜 어린 시절의 자제력 부족이 열악한 성인 발달을 예견하는지를 설명하는 데 도움이 되느냐는 것이다. 우리가 경험한 청소년기의 올가미 수를 통계적으로 고려하거나 제외시키면, 아동기의 자제력과 다양한 성인기 결과를 연결하는 앞서 식별한 연관성의 강도가 크게 감소한다. 아동기의 자제력을 통해 건강과 사회 계층을 예측하는 경우에는 그 예측력이 3분의 1로 줄었고, 약물 의존성과 재정 계획성을 예측할 때는 감소폭이 그보다 2배나 큰 3분의 2 수준이었으며, 범죄를 예측할 때의 감소폭도 40퍼센트가 넘었다.

아동기의 자제력이 32세까지의 후기 발달에 영향을 미칠 수 있다는 이런 연구 결과에 대한 분석과 해석의 이해를 위해, 세 개의 도미노를 아주 좁은 간격으로 차례대로 배열한다고 상상해보자. 1번 도미노는 어린 시절의 낮은 자제력, 2번 도미노는 청소년기에 맞닥뜨린 올가미 수, 3번 도미노는 성인기의 열악한 기능을 나타낸다. 이때 1번 도미노를 넘어뜨리면 먼저 2번 도미노가 넘어지면서 3번 도미노까지 넘어지지만, 중간에 있는 2번 도미노를 빼면(우리가 통계 재분석에서 그런 것처럼) 1번 도미노가 3번 도미노를 넘어뜨리는 힘은 감소한다. 그래도 테이블 진동 같은 다른 과정을 통해 여전히 영향을 미칠 수는 있다. 요점은 청소년기의 올가미가 유년기의 제한적인 자제력과 성년기의 발달 저하를 연결하는 중요한 연결고리로 보인다는 것이다. 어린 시절에 자제력이 부족한 아이들이 청소년기에 올가미에 걸릴 가능성을 줄일 방법이 있다면, 성인 발달에 어떤 결과를 미칠지 생각해보자.

## 결론

★

아동기의 IQ와 가족의 사회 계층을 고려하더라도, 아동기의 높은 자제력이 뛰어난 건강과 부, 적은 범죄 행위와 관련이 있다는 것은, 높은 자제력을 통한 이점과 낮은 자제력으로 인한 손실이 다른 요소들(그럴듯해 보이는 혼란 변수)에서 기인한 게 아니라는 얘기다. 실제로 우리 연구에서 자제력은 IQ나 어린 시절의 사회 계층과 동일한 정도로 건강과 부, 범죄 활동을 예측했다. 다시 한 번 말하지만, 제임스 헤크먼이 옳고 우리가 틀렸다. 하지만 노벨상 수상자에게 진 건 창피한 일이 아닐뿐더러, 이 분야의 저명한 선배인 마이클 러터Michael Rutter의 명언도 떠올랐다. "데이터가 예상에 부합하면 지루할 뿐이지만, 우리가 틀렸다는 걸 입증해주면 비로소 뭔가를 배우게 된다." 그런데 마이클 경 주장의 앞부분은 약간 과장된 걸지도 모른다. 제임스 헤크먼은 우리 연구 결과를 보고 지겨워하지 않았다!

우리가 처음에 자제력의 영향을 설명할 수 있을 거라고 추정한 두 가지 "강력한 힘"인 가족의 사회 계층과 아동의 IQ에 영향을 미치는 것보다는 자제력을 키우는 게 훨씬 쉽다는 점을 고려하면, 우리가 연대순으로 기록한 자제력의 뚜렷한 영향을 특히 중요하게 여겨야 한다. IQ의 경우에는 헤드 스타트 프로그램의 장기 평가에서도 그렇게 밝혀진 걸 기억하자. 비록 이 프로그램에 등록해도 측정 지능이 지속적으로 향상되지는 않았지만, 자제력에 의지하는 성인 발달에는 영향을 미쳤다. 실제로 우리가 더니든 연구에서 아동기의 자제력과 관련이 있다는 걸 알아낸 것도 십대 임신, 중퇴, 비행 행동 등이다.

헤드 스타트는 어린이를 대상으로 하는 프로그램이기 때문에, 영유아기까지는 아니더라도 초등학교 시절 이전부터 이미 자제력에 영향을 미쳤을 것으로 짐작된다. 이런 추론의 기초는 우리가 아직 공유하지 않은 결과에서 비롯된 것이다. 3세와 5세에 확보한 자제력 측정값만 포함시켜서 다시 예측 분석을 실시하고, 더니든 연구소에서 평가하는 동안 90분간 아이를 관찰한 결과(2장 참조)를 바탕으로 볼 때, 매우 어린 시기에 측정한 이 결과만 가지고도 거의 30년 뒤의 성인 기능을 예측할 수 있다. 그러나 이런 결과가 아동기 혹은 심지어 영유아기에 개입 노력을 시작한 경우에만 자제력을 키울 수 있다는 것을 뜻하는 건 아니다. 이렇게 어린 나이에 노력하면 나이가 들어서 하는 것보다 비용이 적게 들고 실행하기 쉬우며 더 효과적이긴 하지만(이는 이론이나 신념이 아니라 증거에 기반한 주장이다), 다른 연구 결과를 보면 청소년기도 개입하기에 괜찮은 시기다.

인생의 첫 10년 동안 자제력이 부족한 모습을 보였던 피험자들의 경우, 10대 시절에 청소년기의 "올가미"에 더 많이 걸렸다는 걸 기억하자. 그들은 자제력이 뛰어난 또래에 비해 15세부터 흡연을 시작하거나, 고등학교를 졸업하지 않고 중퇴하거나, 10대에 부모가 될 가능성이 더 높았다. 비록 불완전하긴 하지만 이런 사건을 통해 사회적 통제력이 부족하면 32세 때 나쁜 건강, 적은 재산, 경찰 체포 같은 영향이 생긴다는 걸 실질적으로 설명할 수 있다는 건, 십대들이 이런 문제를 겪지 않도록 방지하면 아동기의 자제력 부족이 성인 발달에 미치는 역효과를 대폭 개선할 수 있음을 강력하게 시사한다. 또 어릴 때는 자제력이 부족했지만 20대 중반까지 자제력을 키운 사람은 그렇지 않은 사람에 비해 32세 때 더 좋은 모습을 보인다는 우리 연구 결과도 기억하자.

부모, 교사, 정책 입안자 그리고 심지어 발달학자도 행복 증진을 위한 개입을 생각할 때 흔히 저지르는 실수 중 하나가 바로 모든 아이가 건강하고 부유하고 현명하게 자라거나 적어도 잠재력을 발휘할 수 있는 "묘책"이 있을 거라고 생각하면서 그걸 찾으려 하는 것이다. 이런 관점에는 고쳐야 하는 문제가 몇 가지 있다. 첫 번째는 우리의 발달 방식에 관한 이런 관점이 너무 결정론적이라는 것이다. 두 번째이자 첫 번째와 관련된 문제는 발달이 3세나 7세 혹은 17세에 끝나지 않고 평생 계속된다는 것인데, 그렇다고 늦은 나이에도 어릴 때처럼 효과적으로 개입하는 게 쉽다고는 말할 수 없다. 나이가 어릴수록 개입이 더 효과적이라는 게 증명되긴 했다(헤드 스타트 연령이나 그보다 더 일찍 개입하는 게 10대 때 개입하는 것보다 낫다). 하지만 어릴 때 개입한다고 해서 평생 지속되는 유익한 효과를 얻기에 충분한 것도 아니다. 이 또한 발달의 확률적 특성 때문이다. 그리고 늦은 나이에 개입한다고 해서 시간과 돈, 노력이 다 낭비되는 것도 아니다. 발달 이야기의 진정한 교훈은 어린 시절과 성장기에 한 대부분의 경험은 그 효과가 결정론적이지 않고 확률적으로 발휘될 가능성이 높다는 것인데, 이는 정해진 발달 궤적을 유지하거나 방향을 바꾸게 하는 다양한 중재자의 역할 때문이다. 따라서 미래의 행복을 증진시키고자 할 때는 어떤 시점에 진행된 단 한 번의 개입 노력으로 모든 발달 작업이 완료될 거라고 기대해서는 안 된다. 다시 말해, 한 번 투여하면 특정 질병을 평생 동안 막아주는 백신은 인간발달의 많은 측면에 영향을 미치는 문제에 적합한 모델이나 은유가 아니다.

인생의 첫 5년 중 언젠가 이루어진 개입 덕분에 개입이 없을 때에 비해 아이가 자제력을 키운다 하더라도, 그것이 나중에 청소년기의 올가미를 비롯한 여러 역경의 부정적 영향까지 완전히 보호해주지는 않는다는 얘기다. 이런 사람은 미래의 역경(또래 압력에 의한 흡연, 약물 사용, 학교 무단결석 등)에 굴복할 위험이 어릴 때 유익한 조기 개입을 경험하지 않은 동년배보다 적을 수도 있지만, 훗날의 역경이 조기 개입 경험이 있는 아동의 발달을 저해하지 않는 것은 아니다. 결국 회복력은 전부 아니면 제로다. 비유하자면, 훈련 덕분에 최상의 신체 조건을 갖춘 주자는 8킬로미터 경주를 완주하고 그런 훈련을 하지 않은 다른 주자는 완주하지 못한다고 해서, 훈련받은 주자가 반드시 42킬로미터 마라톤까지 완주할 수 있다고 볼 수는 없다. 마라톤을 완주하려면 8킬로미터 경주에 필요한 것과는 다른 더 많은 훈련이 필요할 것이다.

다시 말해, 좋은 건강 상태와 합리적 수준의 재산, 범죄 기록 부재 같은 미래의 성공을 도모하려면 어린 시절과 청소년기는 물론이고 성인기에도 자제력을 기르려는 노력을 쏟을 필요가 있다. 그렇게 하면 확실히 하나의 발달 시기만 목표로 삼아 한 가지 특정 개입 전략만 사용하는 것보다는 더 성공적일 것이다. 우리가 아직 관련 정보를 얘기하지는 않았지만, 앞의 주장 중 적어도 첫 번째 부분에 대한 증거 몇 가지는 우리 연구에서 나왔다. 유아기에만 측정한 자제력 점수로도 성인의 발달을 예측할 수 있긴 하지만, 인생의 첫 10년 동안 꾸준히 측정한 자제력 점수보다는 예측력이 떨어졌다. 즉, 유아기의 자제력이 중요하지만 그게 전부는 아니라는 얘기다. 태어나서부터 20대까지의 자제력 증가를 통해 건강과 부, 공공 안전이 향상된다는 걸 다시금 기억해야 하는데, 공공 안전은 범죄 행위 감소를 통해 이루어진다.

우리 연구 결과와 발달 관점은 자제력을 조기에, 자주, 지속적으로 키워야 한다는 발달 과제로 이어진다. 이를 위한 "결정적 시기"가 있는 것 같지는 않다. 이 말은 곧 다른 때에 자제력을 키우려 한다고 해서 반드시 실패하는 건 아니며, 한 가지 전략만 효과가 있을 가능성도 없다는 뜻이다. 또한 3세 때 자제력을 키우기 위해 사용한 전략이 7세나 13세에게는 효과적이지 않을 수도 있다는 걸 알아야 한다. 개입 노력은 아이의 나이와 아이가 겪는 발달 문제에 적절히 맞아야 한다.

우리 연구 결과에 비추어 볼 때 주목해야 하는 또 하나의 쟁점은 누구를 개입 대상으로 정하느냐이다. 자제력을 키우려는 노력은 자제력이 가장 부족한 사람을 대상으로 해야 한다는 견해가 있을 수 있다. 아니면 모든 아이를 대상으로 시도할 수도 있다. 이런 대비는 개입과 서비스 제공의 핵심적인 문제를 강조한다. 모든 사람에게 서비스를 제공할 것인가, 아니면 가장 도움이 필요한 사람에게만 제공할 것인가? "모두에게 제공하라"는 견해는 형평성을 기반으로 한다. 모든 사람을 똑같이 대우하는 게 유일하게 공정한 운영 방식이다. 반면 "목표물" 관점은 형평성보다 효용성을 중시한다. 혜택을 볼 가능성이 가장 높은 쪽에 서비스를 집중하여 애초에 문제가 발생하지 않도록 방지하거나 이미 명확해진 문제를 교정하는 데 자원을 쏟아 자원의 효율성을 극대화하자는 것이다. 우리 연구 결과가 ADHD를 앓거나 어릴 때 자제력 부문에서 유독 낮은 점수를 받은 아이들에 의해 "야기"되었다는 게 발견됐다면, 그 증거가 목표 설정식 접근 방법을 뒷받침할 수 있었을 것이다. 하지만 우리는 그런 증거를 찾지 못했다. 표본에서 이 두 개의 하위 그룹과 어릴 때 가장 자제력이 뛰어났던 사람들까지 제외시켜도, 아동기의 자제력과 성인기의 발달을 연결하는 결과는 크게 달라지지 않았다. 따라서 이 결과는 아동기의 자제력이 평균을 상회하는 인구 집단의 경우도 성인기 발달을 향상시킬 여지가 있음을 시사한다. 자제력을 키우기 위해 고안된 보편적인 개입은 자제력이 낮은 특정 아이들에게 낙인을 찍는 걸 피하면서 동시에 모든 이에게 이로울 수 있다. 또 광범위한 시민 지지를 끌어낼 수 있는 접근법이기도 하다.

성인기에도 자제력을 키울 수 있는 방법과 관련해 한 가지만 더 짚고 넘어가자. 헤드 스타트처럼 지속적이고 복잡하고 비용이 많이 드는 개입 방법만 생각할 필요는 없다. 흔히 '넛지nudge'(타인의 선택을 유도하는 부드러운 개입-옮긴이)라고 부르는 방법도 유용할 수 있다. 이건 누구나 쉽게 따라갈 수 있는 작은 개입이다. 근로 소득의 일부를 퇴직금으로 전환하는 데 "옵트인opt in"(사용자가 사전에 동의하는 방식-옮긴이)이 아닌 "옵트아웃opt out"(거부 의사를 표시하지 않으면 동의하는 것으로 간주하는 방식-옮긴이)으로 운용되는 퇴직 예금 계좌를 생각해보자. 자제력이 부족한 사람은 선택권이 주어졌을 때 "옵트인"하지 않을 수도 있지만(내일 더 많은 돈을 갖기보다 오늘 당장 돈을 더 가지려는 욕구 때문에), 옵트아웃 방식이라면 "오늘 돈이 필요하니까 수령 시기를 미뤄 은퇴 계좌에서 돈이 불어나도록 내버려두지 않을 것이다"란 말을 굳이 하지 않을 수도 있다.

이제 어린 시절에 효과를 발휘할 수 있는 넛지를 생각해보자. 아이들에게 몸에 좋은 음식을 먹이고 싶은데 자제력이 부족한 아이들에게는 패스트푸드가 특히 매력적이라서 걱정이라면, 상점에서 아이들이 가장 접근하기 쉬운 진열대에 건강식품을 올려놓자. 이런 식의 사소한 개입 방법이 많은데, 부모든 정책 입안자든 한번 고려해볼 만한 가치가 있다. 인터넷에서 넛지를 검색해서 어떤 결과가 나오는지 보자.

## 04

ADHD in Childhood and Adulthood

# 아동과 성인의
# ADHD

주의력결핍 과잉행동장애ADHD는 개인의 나이에 어울리지 않는 집
중력 문제, 과도한 활동, 행동 제어 문제 등이 특징인 정신장애다. 남
자아이가 여자아이보다 ADHD 진단을 받을 확률이 훨씬 높다. 이
는 여자아이의 증상이 남자아이와 다르기 때문이거나 행동에 대한
문화적 생각이 남녀에 따라 다르기 때문일 수 있다. 어느 쪽이든, 사
실상 모든 전문가가 여자아이에게는 ADHD가 드물다는 데 동의한
다. ADHD는 다른 장애와 구별하기 어려울 수 있으며, 정신 건강 전
문가들도 높은 수준의 활동량과 제한된 주의 지속 시간이 정상 범위
에 속하는지 판단하는 데 어려움을 겪곤 한다. 하지만 공식적인 장
애 진단에 사용되는 기준에 따르면, 아동 ADHD의 전반적인 유병률
에 대한 전 세계 추정치는 전체 인구의 5퍼센트보다 약간 많은 수준
이다. 2013년도 세계보건기구의 추산에 따르면, 전 세계에서 약 4천

만 명이 ADHD를 앓고 있다는 뜻이다.

우리 연구진 중 한 명인 제이 벨스키는 가정생활과 조기 아동 발달에 관한 연구의 일환으로 한 가정집을 방문해 15개월 된 남자아이('슌'이라고 부르겠다)를 관찰하는 동안, 조기에 발생한 명백한 ADHD 사례로 보이는 현상을 처음 목격했던 일을 기억한다. 연구 프로토콜에 따르면 10초 동안 아이의 행동을 관찰하고 향후 분석을 위해 관찰한 내용을 5초간 기록하는 과정을 10분간 반복해야 한다. 그런 다음 5분 동안 행동 기록 없이 관찰만 하다가 다시 앞의 과정으로 돌아간다. 이 과정에는 관찰자의 많은 주의가 필요하지만, 관찰과 기록은 일반적으로 잘 훈련된 연구자에게는 어려운 작업이 아니다. 하지만 슌의 경우는 달랐다. 수십 년이 지난 지금도 벨스키는 쉴 새 없이 움직이던 슌의 모습을 생생하게 기억했다. 아이가 흔들목마에 뛰어올라 너무 빠르고 세차게 흔드는 바람에 말이 금방이라도 뒤로 넘어갈 것처럼 보였다. 그런 다음 슌은 사방을 돌아다니면서 소파와 커피 테이블을 오르내리더니 다시 흔들목마로 달려가 또 목숨이 위험할 만큼 거칠게 말을 탔다. 90분간의 가정 방문과 관찰이 끝날 무렵, 벨스키는 기진맥진했다. 그는 이 아이의 부모가 어떤 일을 겪을지 상상이 갔다. 게다가 슌은 잠도 많이 자지 않는 듯했다.

이 박사 학위 논문 연구를 진행한 후 오랜 시간이 지났으니 그만큼 ADHD의 원인과 전개 과정에 대한 이해도 깊어지고 치료법에 대한 명확한 공감대도 형성되었을 거라고 생각할지 모른다. 하지만 전혀 그렇지 않다. 일반적으로 각성과 활동을 증가시키는 것으로 추정되는 리탈린Ritalin이라는 흥분제를 예전부터 ADHD 치료에 사용해왔는데, 이는 ADHD를 앓는 어린이와 청소년에게 이 약을 투여할 경우 활동량이 줄고 집중력이 높아지는 등 확실한 반직관적 효과가 나타나기 때문이다. 요새는 ADHD 진단을 받지 않은 고등학생과 대학생도 이 약을 복용하면 집중력이 높아져 공부와 시험에 도움이 될 거라고 생각해 "처방전이 있어야만 살 수 있는" 이 약을 복용하고 있다.

그러나 이 약이 자주 처방되기는 해도, ADHD 진단을 받은 이들에게 처방했을 때조차 그 효능에 대한 의문이 끊이지 않았다. 아이들의 행동 문제를 치료하기 위해 독한 정신과 약물을 투여하는 광범위한 관행을 비판하는 이들은 아이들이 문제라기보다는 현대 사회가 아이들을 바라보는 맥락과 그들에게 거는 부적절한 기대가 더 문제라고 본다. ADHD 진단과 리탈린 사용을 비판하는 이들은 어린아이에게 장시간 조용히 앉아 있으라고 요구하는 게 잘못된 것이라고 주장한다.

리탈린 투여 같은 약리적 치료법이든, 보상을 이용해 아이가 집중력을 유지하고 활동을 줄이도록 하는 행동 치료법이든, ADHD 치료법이 여전히 논쟁의 대상인 이유는 ADHD의 원인이 제대로 밝혀지지 않은 채 큰 논란거리로 남아 있어서일 것이다. 방금 말한 것처럼 어떤 사람은 이게 오늘날 아이들에게 비현실적인 요구를 하는 바람에 생겨나서 현대 세계를 괴롭히는 사회가 만든 장애라고 생각하지만, 쌍둥이 연구를 통해 이 장애에 유전적 요소가 있다는 증거를 찾아냈다. 관련 연구 결과를 보면, 유전자를 100퍼센트 공유하는 일란성 쌍둥이의 경우 50퍼센트만 공유하는 이란성 쌍둥이에 비해 한

쪽이 장애가 있을 경우 다른 한쪽도 장애를 앓을 확률이 훨씬 크다. 쌍둥이끼리의 이런 비교 외에도 특정 유전자와 ADHD를 연결시키는 증거도 존재한다. ADHD의 원인에는 많은 환경 요인이 연루되어 있다. 태아 때 높은 수준의 모성 스트레스에의 노출, 살충제나 인공 식용색소 등 가정 내 독성 물질에의 노출, 아동 학대나 방치 같은 문제 있는 양육 방식 등이 이에 해당한다.

이 장에서는 ADHD의 원인이나 치료보다는 2장과 3장처럼 발달 유산 문제에 연구의 초점을 맞춘다. 그리고 이번에도 어린 시절의 기능이 훗날의 기능을 예측하는지 여부와 그 방법을 살펴볼 것이다. 오늘날에는 연구를 통해 ADHD가 단순히 아동기에만 겪는 장애가 아니라는 사실이 드러났다. 현재 이 문제로 정신과 진단을 받는 성인이 많아졌기 때문이다. 따라서 우리가 던져야 하는 중요한 발달 질문은, 성인기에 드러난 그 문제가 어린 시절에 시작된 문제 행동이 계속 이어진 것이냐 아니면 성인기에 새롭게 생긴 것이냐 하는 것이다. 실제로 성인 ADHD를 진단할 때는 이것이 아동기 ADHD와 같은 장애이고, 동일한 신경 발달성 병인이 존재하며, 아동기와 성인기에 동일한 개인에게 영향을 미친다는 가정을 통해 진단의 타당성을 찾으려고 한다. 신경 발달에서 "신경"은 학습, 기억, 주의력 등 인지 기능에 대한 시험에서 낮은 점수를 나타내는 ADHD의 주요 지표를 말한다. 신경 발달에서 "발달"은 ADHD 환자로 진단하려면 어린 시절부터 증상이 나타나야 한다는 통념을 가리킨다.

그런데 ADHD를 앓는 성인은 어릴 때부터 인지적 결손과 여러 증상이 있었다는 증거를 고려하면 할수록, 그걸 뒷받침하는 지식 상태에 더 관심이 갔다. 아동기 ADHD와 성인기 ADHD의 연관성을 입증한다고 추정되는 증거가 심각하게 제한되어 있고, 이마저도 심각한 약점이 있는 두 가지 연구 전략에 의존했기 때문이다. 한 가지 방법은 어릴 때 ADHD 진단을 받은 성인을 추적해서 그들이 여전히 장애를 앓는지 확인하는 것이다. 하지만 아동 ADHD나 아동기 상태의 발달 유산을 조사하는 이 방법에는 두 가지 문제가 있다. 첫째, ADHD 기준을 충족하는 아이들이 모두 ADHD 진단을 받는 건 아니므로, 진단을 받은 아이에게만 의존하는 이 1차 전략은 "참조 편향"의 불이익이 생긴다. ADHD를 앓는 성인 가운데 어릴 때도 이 병을 앓았지만 당시에 진단을 받지 못한 이들은 성인기에 처음 이 병에 걸린 것으로 잘못 판단될 것이고, 이는 아동기 ADHD와 성인기 ADHD의 연관성이 실제보다 낮다는 결론으로 이어질 것이다. 어릴 때 ADHD 진단을 받은 아이들만 추적했을 때 생기는 두 번째 문제는 어릴 땐 ADHD를 앓지 않았지만 성인이 된 뒤에 발병한 사람을 연구하지 못한다는 것이다. 그러므로 앞서 강조한 아동기 ADHD와 성인기 ADHD의 연관성이 실제보다 크다는 결론과 반대되는 결과가 나온다.

아동기부터 성인기까지 이어지는 ADHD의 지속성을 연구하는 두 번째 방법은 (매우 제한적인 방법이긴 하지만) 성인기에 ADHD 진단을 받은 성인을 인터뷰하면서 어린 시절에 기억나는 행동을 물어봐서 어릴 때부터 그 병을 앓았는지 확인하는 것이다. 이걸 후향적 연구라고 하는데, 1장에서 전향적인 종적 연구(개인을 어릴 때부터 측정하고 나이를 먹어가는 동안 계속 연구하는 방식)의 논리와 그 방식의 이점을 소개하면서 얘기한 바 있다. ADHD에 대한 후향적 연구의 강점은 앞서 고려한 "참조 편향"과 비교했을 때 일반적으로 ADHD 진단을 받지 않은 성인을 비교 그룹으로 포함시킨다는 것이고(두 그룹이 보고하는 어린 시절의 경험이 서로 다른지 알아보기 위해), 최대 약점은 회고적 기억에 의존한다는 것이다. 1장에서 분명히 밝혔듯이 기억에는 놀랍도록 오류가 많아서 내용이 불확실하다. 이 말이 의심스럽다면, 여러분과 친구, 형제 혹은 파트너가 두 사람에게 일어났던 일이나 같이 목격한 일에 대해 서로 다른 기억을 가졌던 경험을 떠올려보자.

예를 들어, 어떤 두 사람이 어릴 때 ADHD 진단을 받기에 충분한 증상을 보였지만 공식적으로 정신과 진단을 받지는 않고 지내다가 성인이 된 뒤에 ADHD 진단을 받았다고 가정해보자. 그중 한 사람은 어릴 때 본인이 기능하던 방식을 정확하게 기억하는 반면, 다른 한 명은 기억하지 못한다. 그러면 두 사람 다 ADHD 증상을 계속 경험했지만 수집된 데이터 상에서는 한 사람만 그런 것으로 나타난다. 이런 문제가 자주 발생한다면, 조사자들은 진단된 ADHD가 아동기부터 성인기까지 지속된 것이라는 증거가 매우 적다는 결론을 내릴 수 있다. 실제로는 그런 사례가 식별된 것보다 훨씬 많은데도 말이다. 이와 무관하지 않은 문제로, 성인기에 ADHD를 겪지 않는 개인이 자기가 어릴 때 행동과잉이었다거나 집중하는 데 어려움을 겪었다고 잘못 기억할 수도 있다(실제로는 그렇지 않았거나 적어도 공식적인 정신과 진단을 내릴 수준은 아니었는데도). 방금 제기한 문제는 단순한 가설이 아니다. 더니든 연구는 1990년대에 ADHD에 대한 잘못된 기억이 발생할 수 있다는 증거를 제시했다.

ADHD가 아동기부터 성인기까지 꾸준히 이어지는지 여부를 조사하는 작업의 발달학적, 임상학적 중요성과 아동기 ADHD와 성인기 ADHD의 연관성을 평가하려는 기존 연구의 본질적 한계를 고려하면, 더니든 연구는 이번에도 관련 분야의 이해를 증진시킬 수 있는 이상적인 위치에 있었다. 우리 같은 집중적인 인구 기반 연구는 아동기와 청소년기를 거쳐 성인기에 이르기까지 수많은 측정을 진행하기 때문에 기존의 연구를 수없이 괴롭힌 한계를 모두 극복할 수 있다. 우리는 공식적인 정신질환의 기준을 충족하거나 충족하지 못하는 성인을 구별할 수 있을 뿐만 아니라, "데이터 저장소"로 돌아가서 이 성인들이 어릴 때 어떻게 기능했는지 확인할 수도 있다. 심지어 성인이 자신의 어린 시절을 회상한 내용과 이 증거를 비교해서 기억이 정확한지 여부까지 판단할 수 있는데, 우리는 그들의 기억이 정확하지 않을 거라고 의심했다. 더니든 표본은 전체 출생 코호트라서 피험자들이 자신이 속한 모집단을 완전히 대표하므로 "참조 편향"이나 연구 대상이 될 만한 개인만 선택하는 문제도 발생하지 않는다. 이들은 출생하자마자 연구 대상으로 등록되었기 때문에 그전에 ADHD 진단을 받았을 리도 없다. 덕분에 우리는 아동기 ADHD와 성인기 ADHD 사이의 관계를 조사할 수 있을 뿐만 아니라, 데이터 저장소에 보관된 많은 정보를 이용해 이런 진단을 받은 사람이 성인이 되었을 때 어떻게 기능했는지 확인할 수 있었다.

아동기와 청소년기 ADHD 사이의 연관성에 대한 전향적 연구를 수행하는 과학적 유용성이 무엇이든 간에, 이 장의 중심인 발달 연구에 동기를 부여한 개인적 경험이 있다(이 장애 자체와 관련된 경험은 아니지만). 아는 독자들도 많겠지만,《정신질환진단 및 통계 편람DSM》은 여러 번의 개정을 거쳤다. 최신판은 다섯 번째 에디션인《DSM-5》다. 이전 판과 마찬가지로《DSM-5》도 많은 정신질환의 정의적 경계를 규정하며 적어도 미국에서는 보험사가 정신 건강 서비스의 비용을 부담할지 결정하는 기초가 된다.《DSM-5》도 이전 버전처럼 제작 기간이 오래 걸렸고 발표되자마자 큰 논란이 일었다. 우리 연구진 중 한 명인 테리 모피트는 진단 기준의 검토와 수정을 담당하는 수많은 분과 위원회 중 하나에서 3년간 일했다. 그 덕분에 자칭 고귀한 권위자들이 뭐가 성인기 ADHD고 뭐가 아닌지를 놓고 벌이는 끝없는 토론을 실컷 들어야 했다. 모피트는 이건 이론적이거나 이념적이거나 주관적인 문제가 아니라 경험적인 문제여야 한다고 판단했다. 그런 생각이 우리가 이제부터 함께할 과학적 여정으로 이어졌다. 2장과 3장에서는 3세 때의 기질과 아동기의 자제력에 초점을 맞췄는데, 우리의 세 번째 노력도 많은 사람이 믿고 있고 지금까지 제시된 몇몇 증거를 통해 이미 확인된 "어린이는 어른의 아버지"인가 하는 문제를 다룬다.

## 필요한 재료 수집

★

아동기 ADHD에 대한 공식적인 정신과 진단이 성인기의 진단과 관련이 있는지 판단하기 위해, 피험자들이 11세, 13세, 15세, 38세 때 이들에 대한 정보를 전혀 모르는 훈련된 면접관이 진행한 표준화된 정신과 면담 내용을 이용했다. 표준화된 정신과 면담을 할 때는 몇 가지 표준 질문(예: ~한 기분을 느낀 적이 있는가?)을 던진 다음 특정 답변에 대한 표준 조사를 진행한다(예: 그 기분이 얼마나 오래 지속되었는가? 그게 가정생활이나 직장생활에 지장을 주었는가?). 그리고 공식적인 정신과 진단을 내리기 위해 모든 반응을 표준적인 방법으로 종합해서 판단한다. 우리는 ADHD 연구를 위해 이런 준비물을 이용할 수 있었기 때문에, 미묘하거나 노골적인 편견이 정신 감정 결과를 오염시키지 않도록 할 수 있었다. 정신 감정을 하는 사람이 피험자에 관한 다른 정보(부모의 이혼이나 아이가 유급한 것 등)를 알고 있으면 정신과적 평가의 객관성이 훼손될 수도 있다는 건 누구나 쉽게 상상할 수 있다. 면접관이 아이의 ADHD 상태를 알고 있으면 그런 위험이 더 높아질 것이므로, 우리는 면접관들이 피험자의 아동기에 관한 정보를 "전혀 모르도록" 했다.

면담을 통해 알게 된 내용을 보완하기 위해, 피험자들이 5세, 7세, 11세, 13세, 15세 때 그들의 행동을 특징짓기 위해 부모와 교사가 작성한 행동 체크리스트를 통해서 행동 관련 정보도 확보했다. 부모의 예전 평가는 그 이후의 평가에 영향을 미치거나 편견을 가지게 할 수도 있지만, 교사가 한 평가는 그럴 가능성이 없다. 일반적으로 아이들은 나이를 한 살씩 먹을 때마다 새로운 담임교사를 만나 새로운 평가를 받기 때문이다. 따라서 11세 아동에 대한 부모의 보고는 2년 전에 경험하고 보고한 내용에 영향을 받을 수 있지만, 교사의 보고는 일반적으로 이런 제약이 없다. 그래서 아동의 과잉행동과 주의산만에 관한 정보를 수집할 때는 다양한 정보원을 이용하려고 애썼다.

아동기 ADHD의 증상 중에는 "매우 안절부절못하고, 자주 뛰어다니거나 점프를 하며, 가만히 있는 경우가 거의 없다", "몸을 꼼지락거리고 가만히 못 있는다", "집중력이 떨어지거나 주의 지속 시간이 짧다" 같은 행동적 특성이 포함된다. 물론 이런 각각의 잠재적 증상은 많은 어린이에게 적용될 수 있다. 공식적인 ADHD 진단을 내리려면, 이런 증상 중 많은 부분이 그 개인의 특징을 나타내야 한다. 비유하자면, 봄날에 한두 번 재채기를 하는 정도로는 건초열 알레르기 진단을 내릴 수 없지만, 재채기를 자주 하고 눈이 가렵거나 눈물이 나는 등 다른 증상까지 동반된다면 상황이 달라진다.

38세에 성인기 ADHD를 진단할 때 적용되는 증상으로는 쉽게 지루해진다, 집중하지 못한다, 지저분하고 무질서하다, 쉽게 산만해진다, 안절부절못하거나 몸을 들썩이거나 꼼지락댄다, 말을 너무 많이 한다, 차분히 기다리지 못한다, 벌어질 결과를 생각하지 않고 행동한다 등이 있다. 그러나 성인기에 공식적으로 ADHD 진단을 받으려면 이런 문제 행동이 개인 생활에 지장을 줘서 가족, 직장, 친구, 다른 성인들과의 관계에 문제가 생긴다는 증거도 있어야 한다.

또한 우리는 38세의 피험자들이 자기 삶에 얼마나 만족하는지, 살면서 기대 이하의 성취 같은 특정 문제를 경험해 봤는지, 그들과 함께하면 진이 빠지는지(혹은 저자 중 한 명이 이런 사람의 특징을 묘사할 때 쓴 표현처럼, 친구로 지내는 게 "힘든지"), 사고나 부상을 당한 적이 있는지, 위험하게 운전을 하는지 등에 대한 정보도 얻었다. 세심한 인터뷰는 물론이고 피험자들의 병력에 관한 정보도 수집한 덕에, 그들이 정신 건강 문제 때문에 치료를 받은 적이 있는지, 불안이나 우울증 같은 특정 심리 문제로 약을 복용한 적이 있는지 등도 자세히 판단할 수 있었다. 우리가 만드는 ADHD 지속성이라는 "요리"의 "재료" 역할을 한 데이터 중에는 피험자의 학업 성취도, 소득, 소비보다 저축하는 성향인지 여부, 빚이나 현금 흐름 관련 문제, 신용 점수, 성인이 된 뒤에 복지 혜택을 받았는지 여부, 부상으로 인한 보험금 청구서 제출, 전과 기록(뉴질랜드 경찰의 중앙 컴퓨터 시스템에 근거한) 등도 있었다. 성인기 ADHD도 신경발달장애라는 주장의 "신경" 부분을 시험하기 위해, 기억력과 주의력을 비롯해 광범위한 신경 인지 기능 테스트도 실시했다. 또 아동기 ADHD나 성인기 ADHD와 관련이 있을지도 모르는 아동 신경 인지 기능에 관한 정보를 얻기 위해, 아이들이 7세, 9세, 11세 때 테스트한 지능과 읽기 성과에 대한 데이터를 활용했다.

## 아동기 ADHD의 발달 유산

★

　　　　　　우리가 ADHD를 연구하면서 가장 먼저 알게 된 건, 어린이와 성인의 진단 평가 결과 어린이(15세까지)의 6퍼센트와 38세 성인의 3퍼센트가 ADHD에 대한 정신의학적 기준을 충족한다는 사실이다. 이 유병률은 뉴질랜드 밖에서 진행된 다른 연구의 유병률과 일치하는데 이 점은 중요하다. 이는 우리 연구가 비록 대부분의 독자들이 사는 곳에서 멀리 떨어진 영어권 국가에서 이루어지긴 했지만, 다른 많은 지역에도 이 결과를 적용할 수 있다는 걸 분명하게 밝혀준다. 아동기 ADHD 환자는 주로 남자로, 전체 ADHD 환자의 80퍼센트가 약간 안 되는 수준이다. 이런 관찰 결과는 다른 지역에서 진행된 예전 연구와도 일치한다. 그러나 성인기에는 상황이 약간 달라져서, 성인 ADHD 환자의 60퍼센트만이 남자다. 즉, 성인기에 ADHD 진단을 받은 여자(더니든 연구의 ADHD 사례 중 40퍼센트)가 아동기 때(ADHD 사례 중 20퍼센트)보다 두 배 늘어난 것이다. 이것은 아동기 ADHD와 성인기 ADHD가 많은 정신과 의사나 심리학자, 임상 연구자가 의심하는 것만큼 강하게 연결되지 않았을 수도 있다는 우리의 첫 번째 증거다. 우리는 이 문제를 좀 더 공식적이고 직접적으로 해결하기 위해 세 가지 접근 방식을 택했는데, 지금부터 하나씩 살펴보겠다.

## 아동기와 성인기의 공식적인 ADHD 진단

아동기와 성인기 ADHD에 대한 공식적인 정신과 진단을 연결시키기 위해 처음으로 진행한 공식적이고 직접적인 연속성 테스트에서는 연속성의 증거가 드러나지 않았다. 따라서 어릴 때 공식적으로 ADHD 진단을 받은 것과 수십 년 뒤에 ADHD 진단을 받은 것은 통계적으로 무관한 것으로 판명되었다. 어릴 때 ADHD 진단을 받은 피험자 61명 가운데 38세 때도 여전히 진단 기준을 충족한 사람은 단 3명(5퍼센트)뿐이었다! 그리고 두 발달 시기에 모두 진단을 받은 이들 3명은 38세 때 성인 ADHD 진단을 받은 31명 중 10퍼센트에 불과하다. 실제로 당시 반복적으로 인터뷰를 했던 부모와 교사의 말에 따르면, ADHD를 앓는 성인 10명 중 9명은 아동기에 이 병을 앓지 않았다고 한다. 따라서 공식적인 진단 기준의 관점에서 보면, 아동기 ADHD는 성인기 ADHD와 연속성이 거의 없는 셈이다. 지금까지의 증거는 성인 ADHD가 "발달" 장애가 아니라는 걸 보여준다. 이 병을 진단받은 사람이 어릴 때는 공식적인 진단을 받을 만큼의 증상이 없었기 때문이다.

이런 발견 외에도, 아동기 ADHD의 발달 유산이나 유산의 부재에 관한 연구를 통해 더 많은 통찰을 얻었다. 첫 번째는 성인기 ADHD는 "신경"에 대한 근거가 없는 듯하다는 것이다. 더니든 연구 피험자 가운데 ADHD를 앓은 아이들은 이론상으로 예측했던 것처럼 어릴 때 치른 테스트에서 필수적인 기억력 문제와 주의력결핍 문제를 지적받았지만, ADHD를 앓는 성인들은 38세에 테스트를 받았을 때 그런 결함을 드러내지 않았다. 특히 요즘처럼 많은 과학자와 시민이 과학 분야의 "재현성 위기"(다른 연구진이 동일한 과학 문제를 다뤘을 때 처음과 다른 경험적 결과가 나오는 것)를 우려하는 때에, 영국에서 수행한 환경 위험 연구(9, 10, 16, 18장의 중심 주제다)에서 같은 문제를 조사했을 때도 방금 요약한 결과가 나왔다는 건 주목할 만한 일이다. 하지만 영국의 경우에는 5세에서 12세 사이에 받은 ADHD 진단과 나중에 18세 청년기에 받은 ADHD 진단 사이의 연관성을 조사했다(표 4-1). 따라서 뉴질랜드와 영국 모두 늦은 나이에 ADHD가 발병한 집단을 파악할 수 있었는데, 그게 훨씬 어린 아동기에 받은 ADHD 진단과는 무관하다는 사실이 입증되었다. 두 연구에서 또 하나 중요한 사실은, 나이 든 뒤에 ADHD 진단을 받은 사람에게서는 인지적 결함이 뚜렷하게 드러나지 않았다는 것이다. 이런 연구 결과를 보면,

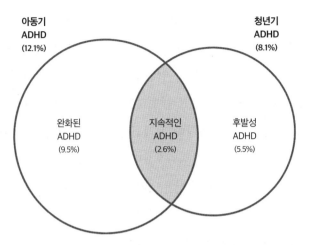

| 표 4-1 | 피험자 중 아동기 ADHD와 성인기 ADHD 진단 기준만 충족한 사람과 아동기 및 성인기 ADHD 진단 기준을 모두 충족한 사람(음영 부분)의 비율.

J. C. Agnew-Blais, G. V. Polanczyk, A. Danese, J. Wertz, T. E. Moffitt, L. Arseneault(2016)의 연구 결과 재구성. '청년기 주의력결핍 과잉행동장애의 지속성, 완화, 출현에 대한 평가', 〈미국의사협회 정신의학회지JAMA Psychiatry〉, 73, 713-720, 그림 1. 미국의학협회의 허가하에 게재.

ADHD라는 용어를 아동기 장애와 성인기 장애 모두에 적용해도 되는가 하는 의문이 생긴다. 확실히 지금까지 고려한 결과를 바탕으로 생각하면 그러면 안 될 것 같다. 결국 더니든 연구 결과는 아동기와 성인기의 공식적인 진단에 사실상 연속성이 없고, ADHD의 성별 차이나 신경심리적 상관관계에 있어서도 아동기와 성인기에 서로 다른 결과가 나온다는 걸 보여준다.

### 아동기 ADHD의 차원 평가와 성인기의 공식 진단

더니든 연구 결과는 이렇게 나왔지만, 아동기와 성인기의 장애를 모두 ADHD라고 불러야 하는지에 대한 결론을 내리기 전에

ADHD 연구를 더 확대해야 할 필요가 있음을 깨달았다. 뉴질랜드와 영국에서 똑같은 연구 결과가 나오기는 했지만, 우리가 아동기부터 성인기까지 기록한 행동에 일관성이 부족한 건 어쩌면 'ADHD 대 비ADHD'라는 공식적이고 범주적인 진단 결과만 연관시켰기 때문일지도 모른다. 이런 유형학적 접근법 대신 차원적 접근법(질병이 하나의 연속선상에 존재한다고 보고, 특정 상태가 질병과 연관되는 정도를 판단하는 방식-옮긴이)을 도입한다면 어떨까? 2장에서 기질 문제를 생각하는 방법을 논의할 때 발달 현상을 개념화하기 위해 대안적 방법을 분류하면서 그게 전부 유용할 수 있다고 분명히 말한 바 있다. 그래서 "아이들이 11세, 13세, 15세 때 공식적으로 ADHD 진단을 받기 전인 5세, 7세, 9세, 11세 때 부모와 교사가 한 행동 평가만 고려한다면 어떻게 될까?"라는 의문이 들었다. 범주별 분류가 아닌 이런 차원 측정 결과는 성인기의 공식적인(그리고 유형학적인) ADHD 진단과 관련이 있을까? 우리가 발달의 연속성을 감지하지 못한 건 두 차례의 측정 모두 공식적이고 단정적인 정신과 진단(그러니까 병이 있느냐 없느냐만 따지는)에만 의존했기 때문일 수도 있다.

아동기 ADHD 증상에 대한 차원 측정을 이용해 ADHD 지속성 문제를 조사해보니, 성인기에 ADHD 진단을 받은 피험자들은 어릴 때 부주의나 과잉행동과 관련된 부모와 교사의 평가 점수가 진단을 받지 않은 이들보다 높지 않았다. 즉, 성인기에 ADHD 진단을 받은 사람은 어릴 때 그들을 잘 알던 이들이 보기에 특별히 활동량이 많거나 부주의하거나 충동적이지 않았다는 얘기다. "어린이는 어른의 아버지"임을 증명하는 발달의 연속성에 관한 확실한 증거는 없었다. 그리고 이건 우리가 아동기 ADHD와 성인기 ADHD 사이의 관계를 조사한 방식과 무관하다. 성인기에 공식적으로 ADHD를 진단받은 사례와 아동기에 이와 유사한 공식적이고 범주적인(예 혹은 아니요) 진단을 받거나 ADHD 증상을 치료한 경험을 차원적으로 연결하려고 했을 때도 이 문제에 대해 동일한 답을 얻었다.

처음 생각했을 때는 이런 결과가 아동기 ADHD와 성인기 ADHD가 서로 무관하고 독립적인 기능 방식임을 나타내는 듯해서, 이 두 가지에 동일한 명칭을 사용하면 안 될 것 같았다. 그렇게 하면 은연중에 아동기부터 인생 후반까지의 연속성을 암시할 위험이 있기 때문이다. ADHD의 발달 유산과 관련해서는, 어린이는 "어른의 아버지"가 아닌 것처럼 보인다. 지금까지 이 책에서 발달의 결정론적 속성이 아닌 확률론적 성격(이 경우 성인기 ADHD에 대한 아동기 ADHD의 유산)에 대해 얘기한 걸 생각하면, 이는 놀라운 일이 아니다. 그러나 이 결론을 확실하게 받아들이기 전에, 적어도 한 가지 가능성을 더 고려해야 한다.

## 아동기와 성인기의 공식 진단과 성인의 행동 증상

지금까지 얘기한 모든 연구 결과에서는 ADHD의 공식적인 정신과 진단에 초점을 맞췄는데, 초기 분석에서는 아동기와 성인기의 진단을, 이후 분석에서는 성인기 진단만 살펴봤다. 후자의 경우에는 성인기의 ADHD 진단을 어린 시절에 차원적으로 측정한 행동 증상과 연결시켰다. 만약 상황을 역전시켜서 아동기 ADHD나 성인 ADHD 진단을 성인기에 차원적으로 측정한 행동 증상과 연결시킨다면 어떨까? 아동기나 성인기에 공식적으로 ADHD 진단을 받은 이들의 경우, 성인기에 차원적으로 (낮은 수준부터 높은 수준까지) 측정한 그들의 행동이나 증상을 살펴보면 진단을 받지 않은 이들과 다르게 기능할까? 결론적으로 그들은 서로 달랐고, 결국 발달의 연속성과 관련해 우리의 예비 결론에 반영된 것과는 매우 다른 이야기가 나왔다.

그렇다면 먼저 성인기의 피험자들을 잘 아는 친구나 친척이 제공한 보고서부터 살펴보자. 이걸 보면 어릴 때 ADHD로 진단받은 피험자는 아동기 ADHD 진단을 받지 않은 피험자에 비해 성인기에 더 부주의하고 과잉행동이나 충동성이 있다고 간주되었음을 알수 있다. 게다가 어릴 때 진단을 받은 피험자들은 그렇지 않은 또래에 비해 대학 학위를 취득했을 가능성이 적고, 소득이 현저히 낮으며, 빚을 더 많이 지고, 사회복지 혜택을 받는 기간이 길며, 상해 관련 보험금을 많이 청구하고, 범죄로 유죄 판결을 받은 경우가 많기 때문에 성인기 생활에 대한 만족도가 낮은 것으로 판명되었다. 이는 어릴 때 정신과에서 공식적으로 ADHD 진단을 받은 아이들이 성인이 된 뒤에 똑같은 장애로 진단받을 가능성은 낮더라도, 어릴 때 ADHD 진단을 받지 않은 또래 성인과 다르게 기능하면서 문제를 많이 일으킨다는 뜻이다. 아동기에 공식 진단을 받았다고 해서 수십 년 뒤에 똑같은 진단을 받을 거라고 예측할 수는 없지만, 소아기 ADHD의 발달 유산이 문제를 일으키는 건 확실해 보인다.

하지만 38세 때 성인 ADHD 진단을 받은 건 어떨까? 이는 차원적으로 측정한 성인기의 현실적 기능과 어떤 관련이 있을까? 성인기에 ADHD 진단을 받은 사람도 상황이 안 좋아 보였다. 피험자 가운데 성인기에 ADHD 진단을 받은 이들은 다른 성인 피험자에 비해 담배뿐 아니라 알코올, 대마초, 기타 약물에 장기간 의존할 가능성이 높았다. 그런 명백한 "자가 약물치료" 경향 외에도, ADHD를 앓는 성인들은 21세에서 38세 사이에 정신 건강 문제 때문에 전문가를 만날 가능성이 매우 높았다(무려 70퍼센트나 된다). 그리고 거의 절반이 우울증, 불안, 심리적 트라우마, 약물 남용, 섭식 장애 등 ADHD 이외의 다른 문제 때문에 약을 복용했다. 이번에도 성인 기능과 관련해서는, 아동기 ADHD와 성인기 ADHD 모두 인생 전체는 아니더라도 삶의 많은 부분에 발생하는 문제나 장애와 관련이 있는 듯하다.

## 결론

★

아동기 ADHD의 발달 유산과 관련해 제시된 대조적인 결과를 보고 혼란스러울 수 있을 것이다. 아동기의 공식적인 ADHD 진단은 성인기의 공식적인 ADHD 진단을 예측하지는 못했으나, 성인기에 친구나 가족이 평가한 것처럼 높은 수준의 과잉 활동과 부주의, 충동성은 예측했다. ADHD 진단을 받은 어린이와 관련해 정보 제공자들이 자주 인정한 사실 하나는, "그 사람이 옆에 있기만 해도 지친다"는 것이었다. 피험자들이 직접 보고한 문제점도 있었다. 일관성이 없어 보이는 이런 연구 결과를 우리는 두 가지 관점에서 바라볼 수 있다.

첫 번째 관점을 고려할 때는 다음과 같은 비유를 들어서 생각하는 게 도움이 될 수 있다. 아동기 비만을 측정하면서 비만 아동이 비만 성인으로 성장하는지, 그리고 그런 성인은 어릴 때 비만이 아니었던 성인에 비해 기능이 떨어지는지 여부를 확인하려고 한다고 가정해보자. 어릴 때의 비만이 성인기 비만을 예측하지는 못더라도, 비만이었던 아이는 성인이 되었을 때 성인 비만의 공식적 기준을 충족하지는 않더라도 다른 사람에 비해 평균 체중이 많이 나갈 수 있다. 또 어릴 때 비만이 아니었던 사람보다 인생에서 성공한 경험이 적을 수 있다.

여기서도 요점은 현상을 범주적 용어로 평가하는 게(ADHD 진단을 받았느냐 안 받았느냐, 비만이냐 아니냐) 때로는 유용한 방법이 될 수도 있지만 그렇지 않은 경우도 있다는 것이다. 개인의 변화를 조명하는 효과만큼 가리는 효과도 크기 때문이다. 우리가 아동기 ADHD가 성인기의 공식적인 ADHD 진단을 예견한다는 증거는 발견하지 못했지만 중년기에 남보다 과잉행동을 하고 주의력이 떨어진다는 사실을 예견한 이유도, 범주적 측정이 아닌 차원적 측정을 실시했기 때문이다. 성인기에 피험자에 대해 잘 아는 이들이 제공한 주의력과 과잉행동 관련 보고서를 살펴보지 않고 공식적인 정신의학 평가에만 의존했다면 우리는 지금과는 매우 다른, 오해를 불러일으키는 이야기를 했을 것이다. 우리는 아동기 ADHD가 성인기 ADHD와 무관하다고 결론 내리는 대신, 아동기 ADHD가 수십 년 뒤의 부주의한 태도와 과잉행동, 형편없는 인생 기능과 관련이 있다는 걸 알아냈는데, 성인기에 ADHD 진단을 받은 사람들의 경우에는 정도가 더심했다. 이 관찰 결과는 공식적인 정신과 평가를 넘어 피험자의 가족, 친구, 그들을 잘 아는 사람과 본인이 제공한 차원적 행동 및 심리 평가까지 고려하는 우리 측정 평가 방식의 가치를 강조한다. 또한 이는 처음 제시된 연구 결과에 의문을 제기해서 그것이 실제 일어나는 일을 반영하는지 확인하는 것이 과학적으로 유용하고 필요하다는 증거도 제공한다.

이 이야기에는 더 폭넓은 과학적 교훈도 담겨 있다. 정신의학계나 행동 과학계에서는 ADHD 같은 장애나 정서 지능 같은 역량처럼 우리가 관심 있는 대부분의 것은 그 성격상 지속적으로 나타나지만, 그런 현상 가운데 정확히 범주화할 수 있는 건 거의 없다는 사실이 갈수록 인정받고 있다. 따라서 어떤 사람은 활동 항진 상태고 어떤 사람은 그렇지 않다거나, 어떤 사람은 비만이고 어떤 사람은 그렇지 않다고 단순하게 분류할 수 없다. 그보다는 어떤 사람은 활동 과잉이거나 몸무게가 많이 나가고, 어떤 사람은 적당한 수준이며, 어떤 사람들은 전혀 그렇지 않다고 말하는 편이 맞다. ADHD를 진단할 때든 비만을 진단할 때든, 범주적 평가는 널리 합의된 몇 가지 전통적인 기준점에 근거한다는 사실을 인식하지 못하는 경우가 많다. 그러면서도 기본적으로는 여전히 임의적이라서 자연적인 범주 경계를 반영하지 않는다. 비만 판정을 받으려면 신체질량지수BMI가 30 이상이어야 하지만, 신중한 사람은 BMI가 29인 사람이 31인 사람보다 반드시 더 건강할 거라고 기대하지 않는다. 전자는 공식적으로 비만이 아니고 후자는 비만이라도 말이다.

결국 행동과 심리적 기능은 지속적인 측정 변화에 따라 정말 질적인 "상태 변화"가 생기는 물리학과는 다르다. 수온이 섭씨 0.5도에서 영하 0.5도로 내려가 빙점인 0도를 통과하면, 액체가 고체가 되는 질적인 변화가 발생한다는 건 누구나 아는 사실이다. 그러나 우리가 아는 바로는, 행동이나 심리적 현상에서는 이런 질적인 상태 변화가 일어나지 않는다. 따라서 범주적 명칭에만 의존하다 보면 드러나는 것만큼 가려지는 게 많다. 하지만 우리 목적은 범주형을 비난하면서 중요한 내용물까지 버리려는 게 아니다. 인간발달과 관련된 실증적 의문을 다룰 때 다양한 접근 방식을 택하는 것의 이점을 지적하고 싶을 뿐이다. 결국 아동기의 ADHD 진단이 성인기 ADHD 진단을 예측하지는 못했지만, 성인기에도 ADHD와 유사한 일부 행동이 지속적으로 나타나리라는 것은 예측했다. 만약 우리가 초기의 범주적 접근법에만 의존했다면, 아동기 ADHD와 인생 후반기의 기능은 서로 관련이 없다는 부정확한 결론을 내리게 되었을 것이다.

인간발달에 관해 연구하는 동안 발달은 결정적인 게 아니라 확률적이라는 사실을 몇 번씩이나 깨달았다. 많은 연구 과정에서, 특정한 위험 요소(예: 통제되지 않는 기질)나 조건(예: 십대 부모)이 몇 년 후에 예상되는 결과를 잘 예측하지 못했기 때문에 발달이 확률적이라는 결론을 내렸다. 예를 들어, 아동기에 ADHD 진단을 받았다고 해서 수십 년 뒤 성인이 되어서도 여전히 ADHD를 앓게 될 거라고 예측할 수는 없지만, 우리 종적 연구의 많은 피험자가 성인기에 이르고 한참 지난 뒤에 갑자기 진단 가능한 ADHD가 발병하는 훨씬 놀라운 확률적 상황에 처했다. 이들은 자기가 ADHD를 앓지 않은 채 안전하게 아동기를 지나 나이가 들었다고 생각했고, 인지 검사에서도 비정상적인 신경 발달의 위험 신호를 감지하지 못했다. 그랬는데

뒤늦게 과잉 활동과 충동성, 주의 산만 같은 증상이 나타나 일과 가정생활을 망칠 지경이 된 것이다. 이들 중 몇몇은 "ADHD는 아이들만 걸리는 것 아닌가?"라는 질문을 던졌다.

다른 연구진도 놀랐다. 일부 정신의학 전문가는 성인의 증세는 단순한 중독 부작용일 거라고 추측했지만, 성인기에 ADHD 증상이 시작된 피험자는 대부분 약물 남용자가 아니었다. 다른 전문가들은 성인기에 시작된 ADHD 증상은 장차 발병할 알츠하이머병의 가장 초기 징후일 수 있다고 추측했다! 하지만 성인기에 ADHD를 앓는 대부분의 피험자는 치매에 걸리기에는 너무 젊었다. 소아 신경 발달 증후군이 없는 상태에서 발생한 후발성 ADHD에 관한 2015년 보고서는 새로운 조사 영역을 살펴보기 시작했다. 연구원들은 현재 후발성 ADHD의 원인과 최선의 치료법을 알아내기 위해 많은 가설을 시험하고 있다.

우리가 알아낸 것처럼, 아동기 ADHD와 성인기의 기능 사이에는 어느 정도 관계가 있지만, 성인기의 ADHD는 아동기 ADHD보다 성인기의 기능과 더 관련성이 크다. 성인기의 ADHD는 신경 발달 문제는 아닐지 몰라도 분명히 치료가 필요한 심각한 질환이다. 우리가 공유한 최종 연구 결과도 이 점을 명확히 한다. 성인기 ADHD는 알코올, 약물, 담배 의존성, 정신 건강 서비스의 필요성, 다른 다양한 심리적·행동적 문제로 인한 약물 복용과 관계가 있는 것으로 밝혀졌다는 걸 기억하자. 이런 연구 결과를 고려하면, 대부분의 사람들은 아마 선택권이 있다면 중년기가 아닌 아동기에 ADHD 진단을 받는 쪽을 선택할 것이다.

이런 관찰 결과를 보면 성인기에 ADHD 발달을 촉진시킨 원인이 뭔지 궁금해진다. 어릴 때는 공식적인 ADHD 진단을 받을 만큼 지나치게 활동적이거나 산만하지 않았던 게 분명하기 때문이다. 게다가 성인 ADHD를 앓는 사람들은 아동기나 성인기에 학습, 기억, 집중력, 주의력 문제를 보이지 않았다. 이는 아동기와 성인기 증상에 동일한 진단명을 부여하면 안 되는 또 하나의 증거처럼 보인다. 다행히 우리는 피험자들이 어릴 때 다양한 측정을 진행했기 때문에 성인 ADHD의 발달 기원에 관한 문제를 해결할 수 있었다. ADHD 진단을 받은 성인의 경우 어릴 때 평가한 인지 능력 면에서는 진단받지 않은 성인과 별 차이가 없었지만, 어린 시절에 정신 건강과 관련된 문제가 있었다는 증거가 몇 가지 있다. 성인기에 ADHD로 진단받은 피험자는 그렇지 않은 이들에 비해 어릴 때 공격적이고 반항적인 태도를 보이는 등 행동과 관련된 문제가 많았다. 우리는 유전이 성인 ADHD 발병에 영향을 미칠 가능성도 연구할 수 있었다. 다른 조사에서 ADHD와 결부시킨 특정 "후보" 유전자에 대한 측정 결과가 있었기 때문이다. 그러나 더니든 연구에서는 이 유전자를 이용해 성인기에 공식적인 ADHD 진단을 받은 사람과 받지 않은 사람을 구별하는 데 실패했다. 성인기 ADHD의 발달 기원을 완전히 규명하려면 더 많은 노력이 필요할 듯하다.

아동기 ADHD와 성인기 ADHD 사이의 연관성을 조사한 우리 연구를 토대로 한 마지막 요점은, 이 문제를 해결할 수 있는 위치에 있지 않은 연구에서 강력한 결론을 도출할 위험이 있다는 것이다. 아동기 ADHD에 대한 기억에 기초한 이전 연구 결과와 달리, 더니든 연구는 성인기의 ADHD 진단이 단순히 아동기나 청소년기에 받은 진단의 연장선이 아니라는 걸 확실히 보여준다. 따라서 아동기 ADHD와 똑같은 명칭으로 특징지어서는 안 된다. 아마 우리가 수행한 것과 같은 연구(성인이 된 뒤에 기억과 회상에 의지해서 과거를 되돌아보는 게 아니라, 개인이 나이 들어가는 과정을 전향적으로 따라가는 연구 방식)의 중요성을 보여주는 최고의 증거는, 우리가 아직 공유하지 않은 증거에서 발견될 것이다. ADHD 진단을 받은 많은 성인은 본인의 기억보다 부모가 제공한 정보에 의존해 수십 년 전의 어린 시절에 자신이 어떻게 행동했는지 얘기하는데, 부모의 기억도 정확한 건 아니다. 실제로 우리는 어린 시절에 ADHD 진단을 받은 피험자의 부모 가운데 약 4분의 3은 (피험자가 38세 때) 자기 자식이 어릴 때 ADHD 진단을 받았거나 심지어 그런 증상이 있었다는 걸 기억하지 못한다는 걸 발견했다! 30년 전에 연구의 일환으로 이 부모들을 인터뷰했을 때는 자녀의 ADHD 행동에 대해 엄청나게 불평을 했으면서도 말이다! 결국 20년 뒤에 부모들은 기록에 남아 있는 아동 ADHD 사례를 대부분 잊어버렸다. 이건 40세가 넘은 사람들은 기억력이 현저히 떨어진다는 걸 증명할 뿐이다.

PART

# 3

가족

## 05

Why Parents Parent the Way They Do

# 왜 부모는 그런 식으로
# 아이를 기르는가

인간발달 방식에 있어 천성과 교육이 하는 역할을 고찰하면서, 육아 방식과 그것이 아이들의 발육에 미치는 영향을 오래전부터 주목해 왔다. 아이를 때리는 게 공격적인 행동을 조장할까? 왜 벌을 받는지 아이에게 설명해주면 아이가 부모의 가치관을 내면화해서 앞으로 잘못된 행동을 피할 수 있게 될까? 규칙적인 독서가 아이의 읽고 쓰는 능력을 길러줄까? 많은 이가 육아가 중요하다고 생각하지만, 이 견해에 이의를 제기하는 사람이 없는 건 아니다. 데이비드 로우David Rowe의 1993년도 저서 《가족 영향력의 한계Limits of Family Influence》, 하버드 대학 심리학자 스티븐 핑커Steven Pinker가 1998년에 쓴 유명하고 널리 읽히는 《빈 서판The Blank Slate》, 주디스 해리스Judith Harris의 퓰리처상 수상작인 《양육 가설The Nurture Assumption》처럼 그와 반대되는 주장을 펼치는 베스트셀러도 많다.

아마 부모의 자식 양육 방식이 실제로 아동 발달에 영향을 미친다는 가장 좋은 증거는 실험적인 개입 연구에서 나왔을 것이다. 이런 연구를 할 때는 대개 부모를 실험군과 대조군에 배치한 뒤, 실험군에 속한 부모에게는 그들의 양육 방식을 강화하는 지침을 제공하고 대조군에 속한 부모에게는 제공하지 않는다. 그 지침은 다양한 형태를 띨 수 있다. 단순히 자녀에게 읽어줄 자료를 주고 그걸 가장 잘 활용하는 방법을 알려준 다음, 그런 개입이 아동 발달 향상에 효과적이었는지 판단하기 위해 나중에 아동의 문해력을 평가하기도 한다. 아니면 부모가 아이를 훈육할 때 되는 대로 안일하게 하기보다 일관성 있게 훈육하고, 너무 가혹한 방법 대신 타임아웃time out을 활용하거나 아이의 행동이 왜 문제인지 설명하거나 착한 행동을 했을 때 보상을 제공하는 등의 방법을 쓰게 할 수도 있다. 어떤 연구에서는 부모가 자녀와 상호 작용하는 모습을 녹화해 그 영상을 부모와 함께 보면서, 실험군 부모에게 자녀의 요구에 더 민감하게 반응하는 방법에 대한 피드백을 제공하기도 했다. 그런 노력이 종종 그래왔듯이, 이를 통해 육아 방식이 개선되고 아이의 기능이 향상되면 육아의 인과적 영향에 대한 설득력 있는 증거를 제공할 수 있다.

이런 연구나 관련된 발달 이론에서 나온 증거가 이 장의 주제이자 제목이기도 한 문제를 제기한다. 그러니까 왜 부모들은 그런 식으로 아이를 기르는 걸까? 어떤 부모는 민감하고 반응적이며 따뜻하고 수용적이지만 어떤 부모는 그렇지 않다. 어떤 부모는 적대적이고 아이를 거부하며, 어떤 부모는 아이에게 무관심하고 거리를 둔다. 물론 부모가 자녀를 대하는 다양한 방식을 특징짓는 다른 방법도 있지만, 요는 모든 사람이 똑같은 방식으로 자녀를 대하는 건 아니라는 것이다.

피험자들의 파일에 기록된 일화는 이런 관찰 내용을 생생하게 전달한다. 더니든 연구가 아직 초기 단계이고 아이들이 5세이던 어느 날, 두 엄마와 그 아들들이 프로젝트 안내실에서 연구진과 만날 시간을 기다리고 있었다. 그곳에는 장난감도 있고 잡지도 있었다. 윌리엄과 하퍼(이는 가명이며, 이 책에 언급된 모든 피험자의 경우도 마찬가지다)라는 두 소년은 처음에는 자기 엄마 옆에 달라붙어 있었지만, 이내 같이 어울려 놀기 시작했다. 그러다가 둘 다 똑같은 장난감 덤프 트럭이 마음에 들었는지 하퍼가 윌리엄이 들고 있던 트럭을 빼앗았다. 곧 두 사람 사이에 줄다리기가 벌어졌고 결국 하퍼가 윌리엄을 바닥으로 밀치고 장난감을 손에 넣었다. 하퍼의 엄마는 보고 있던 잡지에서 잠깐 고개를 들고 엄한 어조로 "돌려줘"라고 말하더니, 아들이 엄마 말을 무시하고 계속 트럭을 쥐고 있는데도 금세 자기 관심을 사로잡은 잡지로 시선을 돌렸다.

반면 윌리엄의 엄마는 갈등을 해결할 방법을 찾기 위해 아이들 싸움에 끼어들었다. "윌리엄, 쟤가 너한테 한 행동에 대해 어떻게 생각하니?" 그녀가 아들에게 묻자 아이는 "트럭을 갖고 싶어요. 내가 먼저 들고 있었는데"라고 대답했다. 그러자 윌리엄의 엄마는 이렇게 말했다. "쟤한테 직접 그렇게 말해보렴. 그리고 번갈아가면서 갖고 놀자고 하면 어떨까? 네가 잠깐 갖고 놀다가 주겠다고 해봐." 윌리엄은 엄마가 제안한 대로 했다. 그러자 놀랍게도 하퍼는 그의 엄마는 한 번도 본 적 없는 협조적인 태도로 윌리엄에게 트럭을 돌려주었다. 몇 분 뒤, 윌리엄의 엄마가 말했다. "이제 저 아이가 갖고 놀 차례가 된 것 같지?" 그 말을 들은 윌리엄이 트럭을 하퍼에게 건네주자 하퍼는 활짝 웃는 얼굴로 받았다. 이런 모습을 보면 왜 두 엄마가 두 아들 사이의 갈등에 대해 그렇게 다른 태도를 보였는지 묻게 된다. 우리의 다음 발달 연구는 왜 부모들이 그런 식으로 자녀를 양육하는가 하는 문제를 다룬다. 이 문제를 고려하면서 아이들이 가족 내에서 하는 경험이 어떻게 그들의 미래 발달에 영향을 미치는지, 혹은 미치지 못하는지 조명하는 이 책의 두 번째 목표이자 주제를 다룰 것이다.

## 아동 학대에서 얻은 교훈?

★

　　　　　육아 방식을 결정하는 요인이 뭔지 생각할 때, 가장 전통적인 방법은 부모 자신이 어릴 때 겪은 육아 방식을 고려하는 것이다. 부모가 어릴 때 겪은 육아 경험이 자식을 기르는 방식에 미치는 잠재적 영향을 "양육 행동의 세대 간 전이"라고 부른다. 하퍼의 엄마가 아들의 잘못된 행동을 전반적으로 무시하고 아들에게 "돌려주라"고 지시한 뒤 그 지시를 마무리하지 않은 게 그녀가 어릴 때 자라던 모습을 그대로 보여주는 걸까? 그녀의 부모도 그녀가 어릴 때 무심하고 태만하고 일관성 없는 양육 태도를 보이고, 아이에게 지시를 내리고는 끝까지 지켜보지 않았던 걸까? 윌리엄 엄마의 숙련된 양육 방식은, 적어도 부분적으로 그녀가 어릴 때 받은 세심하고 반응적이면서 지원적인 보살핌의 결과였을까?

인간발달에 대한 다양한 이론은 부모가 직접 경험한 양육 방식과 유사한 방식으로 자기 아이를 돌볼 것이라고 예상할 수 있는 근거를 제공한다. 영국의 정신과 의사 존 보울비John Bowlby와 미국의 발달심리학자 메리 에인스워스Mary Ainsworth와 L. 앨런 스루프L. Alan Sroufe가 개발한 애착 이론 같은 몇몇 이론은 정서적 발달과 양육이 정서 발달에 미치는 영향 그리고 그것이 다시 미래의 육아에 미치는 영향을 강조한다. 오리건 사회학습 연구소의 제리 패터슨Jerry Patterson이 진행한 육아 연구와 개입 노력의 발판이 된 사회학습 이론 같은 다른 이론은 아이들이 보상받은 행동은 반복하고 처벌받은 행동은 피하는 식의 행동 발달을 강조한다. 물론 이런 관점이 상호 배타적인 건 아니다.

양육 행동의 세대 간 전이를 뒷받침하는 가장 일관된 증거 가운데 일부는 아동 학대와 방치의 원인에 대한 연구에서 나왔는데, 이런 관점은 아동 학대의 원인을 이해하려는 노력에서 가장 먼저 등장했다. 임상의와 학자들은 아이를 학대하는 부모는 성장 과정에서 본인이 학대당했을 가능성이 불균형하게 높으며, 이런 학대가 그들의 정서 발달(예: 공감 능력 부족)과 행동 발달(예: 공격성)에 영향을 미쳤다는 사실을 여러 차례 관찰했다.

그러나 이런 세대 간 전이 관점을 뒷받침하는 것처럼 보이는 연구는 여러 면에서 제약이 있는데, 그중 일부는 3세 때 기질의 발달 유산(2장)과 아동기 ADHD(4장)를 살펴볼 때 이미 얘기했다. 가장 중요한 건, 이 연구의 많은 부분이 자녀를 학대한 부모가 어릴 때 자기가 부모에게 받은 대우를 회상한 내용을 바탕으로 회고적으로 진행되었다는 것이다. 이런 연구에서는 아이를 학대하는 부모가 자신이 어릴 때 받은 취급과 유사한 방식으로 자녀를 대한다는 결과가 나오는 게 드문 일이 아니다. 실제로 자녀를 학대한 부모들이 "나도 이런 대우를 받았지만 그래도 잘 자랐다!"고 주장하면서 자신의 양육 방식을 옹호하는 일도 많다.

그러나 자기 자녀를 학대하는 어른들에게 그들이 어릴 때 어떤 식으로 양육받았는지 기억하도록 하는 방법에는 우리가 앞에서 강조한 근본적인 결함이 내재된다. 어린 시절에 학대를 받았지만 자기 자녀를 학대하지 않는 부모, 즉 아동 학대와 방치의 "(세대 간) 악순환을 깨뜨린" 사람은 포함되지 않는 것이다. 그런 사람까지 포함시킨다면, 많은 이의 가정과 달리 아동 학대가 반드시 한 세대에서 다음 세대로 전해지는 건 아니라는 증거가 생길 것이다. 그렇더라도 정상적인 한도 내에서 일반적인 양육 방식이 세대 간에 전파되지 않는다는 얘기는 아니다.

후향적 연구에 자녀를 학대하지 않는 부모까지 포함시켜서 본인의 어린 시절 경험을 보고하게 하면 추가적인 문제가 발생한다. 기억, 특히 정서적으로 충격적인 경험에 대한 기억은 부정확하다. 그래서 어린 시절에 부모에게 심한 학대를 받았던 몇몇 성인의 경우 그런 양육 경험을 기억하지 못하고 따라서 자기가 어떻게 자랐는지 정확하게 보고하지 못할 수도 있는데, 어떤 사람에게 학대 경험은 생각하기 힘든 일일 것이다. 어린 시절에 학대받은 어떤 성인은 심지어 자기 부모를 "이상화"하면서, 자기가 더없이 애정 넘치는 보살핌을 받았다는 슬프고 부정확한 주장을 하기도 한다. 그러나 이런 사람에게 본인의 주장을 입증할 수 있는 세부적인 정보를 몇 가지 말해달라고 하면(예: "당신에게 도움이 필요한 순간에 엄마가 옆에 있어줬던 때를 말해보라") 실제 사례를 제시하지 못한다.

자라면서 경험한 육아 방식을 평가할 때 유년기 경험에 대한 회고적 서술에만 의존할 경우에 생기는 또 다른 문제는, 부모에게 홀대를 당했다고 기억하는 몇몇 성인의 경우 실제로는 그렇지 않았다는 것이다. 우리는 성인들에게 어린 시절 경험에 대해 물어보고, 그 후향적 보고를 어릴 때의 기록을 바탕으로 실제 일어난 일과 비교하는 연구를 진행하면서 이 사실을 알게 되었다. 우리는 더니든 연구의 일환으로 이 작업을 수행했다. 우리와 다른 연구진이 알아낸 바에 따르면, 아이들이 양육을 받는 동안 양육에 관한 전향적 데이터를 수집한 뒤 그들이 성인이 되었을 때 자신의 양육 역사에 대해 물었을 때 눈에 띄는 단절이 드러나는 경우가 많았다. 이 문제는 16장에서 더 자세히 다룰 예정이다. 우선은 육아 방식의 세대 간 전이를 조사하기 위해 기억에만 의존해 성인이 어릴 때 경험한 육아 방식을 알아내려고 하면 심각한 문제가 생긴다는 걸 알아야 한다.

## 후향적 보고를 넘어서

★

아동 학대와 방치의 원인에 대한 연구와 관련해서 방금 제기된 우려 때문에, 대부분의 발달학자는 어린 시절에 경험한 양육에 대한 실제 평가와 이제 성인이 된 아이가 자기 자녀에게 제공하는 육아 방식을 연결시키는 전향적 증거를 훨씬 신뢰한다. 이런 접근 방식을 이용하면 원가정에서 학대받거나 학대받지 않는 사람이 훗날 자기가 겪은 양육 경험과 비슷한 방식으로 자녀를 키우는지 아니면 다르게 키우는지를 훨씬 확실하게 평가할 수 있다. 물론 이 작업은 시간이 오래 걸린다. 아이가 성장해서 부모가 될 때까지 기다려야 하기 때문인데, 그 과정은 연구자가 통제할 수 없는 일정에 따라 진행된다. 1장에서 우리 같은 종적 연구자를 자기가 심은 나무에서 열매를 수확하기까지 몇 년씩 기다려야 하는 과수 재배자와 비교했던 걸 떠올려보자.

육아 방식의 세대 간 전이를 조사하기 위해 기다리는 시간을 단축하는 한 가지 방법은, 처음에 어린아이가 아닌 청소년을 양육하는 방식을 연구하고 그걸 나중에 그 청소년이 성인이 되었을 때 자기 자녀를 키우는 방식과 연결시켜서 살펴보는 것이다. 어떤 경우에는 15세 피험자가 18세나 20세에 부모가 되기도 하므로, 두 시점 사이의 간격이 그리 크지 않다.

그런데 청소년기에 시작하는 이런 전향적 연구도 양육 행동의 세대 간 전이와 관련해 밝혀낼 수 있는 정보가 제한되는 경우가 많다. 이는 양육 행동의 세대 간 전이를 조명하기 위해 청소년기에 시작하는 연구가 대부분 더니든 연구 같은 코호트 연구(한 지역사회의 모든 아이를 태어난 순간부터 추적하는 것)가 아니기 때문이다. 그보다는 위험하거나 불리한 환경(예: 학대하는 부모나 폭력이 만연한 동네)에서 성장 중이거나 이미 공격성, 비행, 약물 남용 같은 발달 문제를 드러낸 "고

위험군" 청소년을 조사하기 위해 시작하는 경우가 많다. 이 청소년들이 자기 아이를 갖게 되었을 때(이들은 또래에 비해 훨씬 빨리 부모가 되는 편이다) 아이를 양육하는 방식의 발달적 기원을 알게 되더라도, 그걸 일반화해서 대부분의 다른 사람들이 왜 그렇게 아이를 양육하는지 밝혀내지는 못할 것이다. 위험에 처한 청소년을 대상으로 시작한 양육 행동의 세대 간 전이 연구에서 얻은 통찰을 10대 때 불우한 환경에서 자라지 않았거나 심각한 심리적·행동적 문제가 없던 수많은 부모에게도 적용할 수 있다고 가정하는 건 불가능하다.

## 문제 있는 육아 방식을 넘어

★

이런 상황을 이해한 우리는 더니든 연구가 이번에도 또 다른 모험을 감행하기에 좋은 위치에 있다는 걸 깨달았다. 우리 연구에서는 어린 시절의 경험이 성인의 기능을 예견하는지 여부와 그 방법을 알아볼 수 있는데, 이번에는 양육 방식과 관련해서다. 무엇보다 우리는 청소년을 대상으로 연구를 시작할 필요가 없었다. 피험자가 아주 어릴 때부터 그들의 가족 내 경험을 연구해왔기 때문이다. 따라서 우리 데이터 저장소에는 육아, 부모-자녀 관계, 가족 정서 풍토 그리고 피험자가 3세, 5세, 7세, 9세, 11세, 13세, 15세일 때 전향적으로 수집한 관련 평가 자료가 가득하다. 이를 통해 우리는 다른 어떤 연구에서도 할 수 없었던 일을 하게 되었다. 즉, 미취학 기간(3세, 5세), 아동기 중간(7세, 9세, 11세), 청소년기(13세, 15세) 등 세 가지 뚜렷하게 구분되는 발달 시기에 구체적인 양육 경험을 측정할 수 있었다. 그 결과, 우리는 특정한 발달 기간에 겪은 가족 내에서의 양육 경험이 미래의 양육 행동을 예측하는 데 있어 다른 시기보다 더 중요한지 판단할 수 있는 독특한 위치를 차지하게 되었다. 아동기 후반에 벌어진 일보다 초반에 벌어진 일이 부모로서의 모습을 포함해 우리가 어떤 사람이 되는지 결정하는 데 많은 영향을 미친다고 생각하는 이들이 많다는 걸 고려하자.

우리 생각에도 아동 학대의 세대 간 전이에 관한 연구를 넘어설 기회를 잡는 게 중요해 보였다. 더니든 연구는 제대로 기능하지 않거나 문제가 있는 육아 방식에 초점을 맞추기보다 만족할 만한 육아의 발달적 뿌리를 조사할 수 있게 해줬다. 이를 위해 3세 아이를 둔 피험자들이 방임적이거나 무심하거나 간섭이 심하거나 과도하게 통제하는 육아가 아니라 민감하고 반응적이고 지원적이며 인지적인 자극을 주는 육아를 제공하는 정도에 초점을 맞췄다. 이런 쪽에 집중하면, 왜 이들은 아동 학대와 방치의 위험에 처한 가정뿐만 아니라 더 많은 가정에 적용해야 하는 바람직한 방식으로 아이들을 키우는지 밝힐 수 있을 것이다. 양육 문제에 관한 전문 지식을 보유한 제이 벨스키가 더니든 연구에 참여하자, 우리는 더 이상 시간을 낭비해선 안 된다는 걸 깨달았다. 10대 피험자 가운데 일부는 이미 아기를 가진 상태였다.

# 육아 연구 방법

★

사람들이 어떻게 부모 노릇을 하는지 연구하고 측정할 때는 다양한 접근법을 이용할 수 있다. 부모를 인터뷰해서 양육 방식을 알아보거나, 본인의 육아 관행에 관한 설문지를 작성해 달라고 요청하거나, 자녀와 상호 작용하는 모습을 관찰할 수도 있다. 더니든 연구에서도 피험자들이 성장하는 동안 이런 방법을 모두 이용했는데, 방법마다 나름의 장단점이 있다. 피험자가 부모가 되었을 때도 이중 몇 가지 방법을 사용했고, 우리는 부모를 직접 관찰하는 특권도 누렸다. 기본적으로 우리는 부모가 제공한 보고서보다 우리가 직접 관찰한 양육 행동을 더 신뢰했다.

관찰에 평가자의 편견(부모가 자신의 양육 방식의 특징을 잘못 묘사해서 평가자들이 원한다고 생각하는 모습처럼 보이도록 하는 것 등)이 개입되지 않는다고 하더라도 잘못될 여지가 아예 없는 건 아니다. 육아 관찰을 위해 학생이나 다른 조사관을 교육시켜 가정 방문을 하거나 부모를 대학 연구실로 불러 관찰해보면, 그때 보이는 모습이 우리가 가장 포착하고 싶어 하는 아이들의 일상생활에서 일어나는 일을 정확하게 반영한다고 보기는 어렵다는 걸 알게 된다. 이런 우려는 합리적이지만, 그래도 숙련된 방식으로 데이터를 수집하면 유익한 행동 데이터를 모을 수 있다. 가장 좋은 방법은, "당신이 어떤 부모인지 알고 싶어서 당신 자녀와 소통하는 모습을 관찰할 거다"라는 말을 하지 않는 것이다. 그보다는 "아이의 행동과 경험에 관심이 있어서, 아이가 부모와 함께 시간을 보내는 모습을 관찰하고 싶다. 우리가 아이를 관찰하는 동안 평소처럼 행동해 달라"는 등의 말로 아이를 강조하는 게 좋다. 이는 특히 부모와 자녀를 자기 집에서 관찰할 때 사용하는 "구조화되지 않은" 진행 방식 중 하나다. 가정과 대학 연구실에서 모두 이용할 수 있는 또 다른 전략은, 우리가 피험자의 집에 방문했을 때 그랬던 것처럼 부모와 자녀에게 표준적인 자료를 제공한 뒤 부모에게 그걸 활용해서 아이와 시간을 보내달라고 요청하는 것이다.

방금 설명한 것 같은 상황에서 일어날 수 있는 흥미로운 일 하나는, 부모가 자신의 양육 행동이 관찰되고 있을 거라고 추론하는 것이다. 우리가 그런 일을 하지 않을 거라고는 말하지 않기 때문이다. 그래서 부모는 자기가 "좋은" 부모인 척하는 연극을 시작한다. 그런데 사실 그렇게 "좋은" 쪽으로 가장하는 건 어려운 일이다. 일종의 연기를 해야 하는데 대부분의 사람들은 연기를 잘 못하기 때문에 평소 모습이 고스란히 드러날 수 있다. 한번은 자기가 아이에게 얼마나 인지적인 자극을 많이 주는지 뽐내려고 애쓰던 엄마가 있었다. 그녀는 우리가 보는 앞에서 장난감 상자에 든 것들을 다 꺼내 아이에게 장난감을 하나하나 보여줬다. 하지만 자신을 특정 방식으로 드러내는 데 너무 열중한 나머지 아이에게는 전혀 관심을 기울이지 않았다.

그런가 하면 대부분의 부모는 평소대로 행동하는 경우가 많다. 어떤 연구원의 회상에 따르면, 서둘러 집에 들어온 아빠가 연구원들을 흘끗 쳐다보더니 자기 아내에게 다가가 "당신한테 할 말이 있는데, 아무에게도 말하지 않겠다고 맹세해야 돼!"라고 한 적도 있다고 한다. 제이 벨스키는 자기가 황제의 후궁을 지키는 환관이 된 듯한 기분을 느끼지 않을 수 없었다고 했다. 어떤 부모는 사람들이 보는 앞에서도 아무 거리낌 없이 자녀에게 거칠게 말하거나, 참을성 없이 대하거나, 무시하는 행동을 했다. 다시 말해, 부모의 양육 태도를 관찰하는 것도 완벽한 방법은 아니지만 아이의 세상에 대한 통찰을 얻는 데는 놀랍도록 좋은 방법이다.

그래서 부모가 된 피험자들이 어떤 행동을 보이는지 관찰하는 일과 관련해 다음과 같은 결정을 내렸다. 첫째, 그들의 첫 아이가 3세가 될 때까지 기다리기로 했다. 3세가 아이의 인생에서 흥미로운 사실이 드러나는 시기라고 판단했기 때문이다. 언어 능력과 사회적 역량이 빠르게 발달하면서 아이들이 이를 통해 자기 욕구를 주장하는 일이 많아지기 때문에, 부모에게는 정말 힘든 시기이기도 하다. 또한 3세는 1970년대에 피험자들 본인이 처음으로 관찰 대상이 된 나이이기도 하므로 그런 점에서도 의미심장하다. 피험자들이 성장하면서 경험한 양육 방식은, 그들이 자기 아이를 갖기 수십 년 전인 1970년대와 1980년대에 여러 번 측정해두었다.

부모가 저녁식사 시간이나 슈퍼마켓, 놀이터 등 다양한 상황과 맥락에서 각기 다르게 행동할 수 있다는 걸 알았기 때문에, 반구조적인 상황을 세 가지 만든 뒤 부모와 자녀가 각 상황에서 상호 작용하는 모습을 촬영했다. 먼저 5분간의 "자유 놀이"부터 시작했다. 이 상황에서는 부모와 아이에게 여러 매력적인 장난감을 제공하고, 바닥에 앉아 장난감을 갖고 재미있게 놀라는 지시만 한다. 그다음 5분 동안은 부모가 평소에 자주 겪는 상황과 비슷한 더 힘든 상황(아이와 관계없는 일을 하느라 바쁜 와중에 아이를 계속 살펴봐야 하는)을 만들었다. 갖고 놀던 멋진 장난감을 모두 치우고, 부모에게는 의자에 앉아서 엉터리 설문지(부모를 바쁘게 하기 위한 도구다)를 작성하라고 한 뒤 그 옆에 속이 훤히 들여다보이는 (장난감이 든) 가방을 하나 놓아뒀다. 그리고 아이에게는 지루한 장난감, 즉 움직이는 부분이 전혀 없는 작고 파란 코끼리 인형만 하나 주고는 엄마에게 설문지를 작성하는 동안 아이가 훨씬 매력적인 장난감이 들어 있는 가방을 열어보지 못하게 하라고 지시했다. 엄마와 아이에게 참 나쁜 짓을 한 셈이다.

이렇게 부모와 자녀에게 따로 과제를 준 다음, 세 번째로 5분 "교습 과제"를 진행했다. 여기에서는 부모에게 접착제를 이용해 복잡한 배열로 붙여놓은 일련의 컬러 블록과 접착하지 않은 똑같은 블록을 줬다. 부모는 자녀가 접착하지 않은 블록을 이용해서 접착제로 붙여놓은 모형과 똑같이 생긴 "빌딩"을 만들게 하라는 지시를 받았다. 하나를 완성하면 다음 모델로 넘어가는 것이다. 모형은 쉬운 것에서 점점 어려운 것으로 바뀌었다. 첫 번째 모형은 블록 2개를 이용해 만든 단순한 것으로, 빨간색 블록을 바닥에 수평으로 놓고 그 중간에 파란색 블록을 수직으로 세우면 됐다. 다음 모형은 블록 3개로 만들었고 그다음은 4개, 이런 식으로 계속 이어졌다. 당연한 얘기지만 블록이 하나씩 늘어날수록 모형을 똑같이 만드는 작업은 점점 어려워졌다. 우리는 이 작업이 이전의 5분 상황에서 경험한 것을 바탕으로 부모와 자녀에게 점점 많은 스트레스를 줄 거라고 추정했다.

15분간 진행된 모든 과정을 녹화했기 때문에, 부모와 아이를 연구하고 나중에 차원적 척도를 이용해 그들의 행동을 평가할 수 있었다. 부모의 경우에는 언어적 혹은 비언어적으로 표현된 감정이 얼마나 부정적인지 아니면 긍정적인지를 따로 평가했다. 또 그들의 행동이 아이의 인지 능력을 얼마나 자극하는지도 평가했다. 육아 측면에서 높은 점수를 받은 부모는 자녀가 쉽게 이해할 수 있는 방식으로 설명하거나, 자녀가 지금 하는 일에 도움이 되는 방향으로 생각하게 하는 질문(예: "파란색 블록은 어디로 가야 할까? 이 빌딩을 잘 봐.")을 던졌다. 감정과 인지적 자극 외에 다른 육아 스타일도 측정했다. 부모의 개입 방식이 세심한지, 간섭이 심한지, 무관심한지도 평가했다. 세심한 부모는 아이가 빌딩을 쓰러뜨리지 않고 다음 블록을 올바른 위치에 놓을 수 있도록 블록을 잡아주기도 하고, 아이가 어떻게 진행해야 할지 잘 모를 때는 "위에 있는 블록은 무슨 색이니?" 혹은 "같은 색의 블록이 보이니?" 같은 질문을 던져서 아이가 다음에 할 일을 깨닫도록 도와주었다. 따분한 장난감을 갖고 있는 상황에서는 세심한 부모라면 아이에게 게임을 하자고 제안하면서 코끼리에게 상상의 먹이를 주는 척할 수도 있고, 엄마는 서류 작업을 하느라 바쁜데 갖고 놀 장난감은 하나뿐이라 힘들겠다면서 아이를 위로할 수도 있다. 반대로 간섭이 심한 부모는 자유 놀이 시간에 장난감 찻주전자 같은 게 있으면 아이가 원하는 대로 찻주전자를 사용하게 내버려두는 게 아니라 그걸 가져가서 미니어처 컵에 차를 따르는 시늉을 하는 등 그걸 어떻게 갖고 놀아야 하는지 직접 보여줬다. 간섭의 또 다른 예로 아이의 팔을 잡고 필요한 방향으로 움직이는 것도 있는데, 이런 행동은 아이가 스스로 성공할 가능성을 저해한다. 마지막으로, 무관심한 태도로 아이를 양육하는 부모는 아이가 도움을 청할 때 도와주지 못할 수 있다. 아이가 도와달라는 눈빛으로 쳐다보는데도 반응하지 않거나, 아이가 뭘 해야 할지 모르거나 실수를 저질러도 아무런 지시나 피드백을 해주지 않는 것이다. 앞에서 언급한 하퍼의 엄마를 떠올려보자.

이 두 가지 사항을 고려하면서, 우리가 준비한 세 가지 부모-자녀 상호 작용 상황에서 아이들이 보여준 행동을 측정했다. 첫 번째는 부모가 자라면서 어떤 양육을 받았느냐에 따라 본인의 양육 방식이 결정된다고 하더라도, 결국 자녀의 행동이 미치는 영향도 무시할 수 없다는 것이다. 이 견해는 수십 년 전에 출간된 마이클 루이스Michael Lewis의 책《영유아가 양육자에게 미치는 영향The Effect of the Infant on its Caregivers》의 1974년도 편집판과 리처드 Q. 벨Richard Q. Bell과 로렌스 V. 하퍼Lawrence V. Harper의 1977년 저서《아이가 성인에게 미치는 영향The Effect of the Child on the Adult》의 중심 주제다. 이런 생각은 2장에서 아이들이 주변 사람에게 유발적 영향을 미쳐 부모와 교사, 또래가 아이의 행동에 반응해 특정한 방식으로 행동하게 된다는 얘기를 하면서 제기했던 개념과도 관련이 있다. 실제로 그 개념은 아이가 자기 발달을 주도할 수도 있다는 우리 주장의 기초를 형성했다. 따라서 피험자가 성장하는 동안 가족 내에서 한 경험이 부모로서의 행동 방식에 어떤 영향을 미쳤는지 평가하려면, 피험자 자신의 양육 역사가 우리가 관찰한 그들의 육아 방식에 미친 영향을 평가하기 전에, 지금 당면한 관찰 상황에서 아이의 행동이 부모의 행동에 미친 잠재적 영향을 조정하거나 배제하는 게 좋을 듯했다. 어떤 집은 아이가 매우 협조적이라서 부모가 더 세심해 보이고, 어떤 집은 아이가 너무 활동적이고 산만해서 부모가 아이에게 간섭하는 것처럼 보이는 상황이 생기는 건 싫었다. 즉, 아동의 행동을 측정하고 통계를 이용해 아이들의 행동 방식에 드러나는 차이를 설명함으로써, 우리가 만든 상황에서 자녀가 한 행동에 영향을 받지 않는 "순수한" 양육 척도를 확보하려고 했다. 그래서 아이들이 긍정적이거나 부정적인 감정을 얼마나 느끼고 있는지, 얼마나 활동적이고 신중한지도 측정했다. 당연한 일이지만, 아이들은 이런 부분에서 큰 차이를 보였다.

독자들이 "어떻게 5분짜리 영상 3개만 보고 양육 행동의 중요한 측면을 다 파악할 수 있는 거지?"라며 의아해할 수도 있기 때문에, 우리의 양육 평가 방식에 대해 조금 더 설명하겠다. 물론 불완전한 방법이긴 하지만 이런 접근법에도 장점이 있다는 걸 납득하기 위해 (특히 부모들이 녹화 중이라는 걸 모르는 상태에서 그들의 양육 행동을 포착하기 위해 가정에 카메라를 설치할 수 없다는 사실을 고려하면) 다음과 같은 비유를 생각해보자. 심장 전문의가 환자의 심장 상태에 대한 정보를 얻고자 할 때 유효성이 증명된 방법은 심혈관 스트레스 테스트다. 이를 위해서는 환자가 호흡 튜브를 입에 물고 숨이 차서 더 이상 걸을 수 없을 때까지 러닝머신 위에서 빠르게 걸어야 한다. 이 방법은 분명히 사람들이 일상적으로 경험하는 것과는 전혀 다른 인공적인 방법이지만, 그런 "생태학적 불능"은 문제가 되지 않는다. 중요한 건 이렇게 이상한 방법을 통해서 얻은 심혈관 시스템에 대한 통찰이 환자의 심장 상태에 대한 정보를 제공하는지 여부다. 만약 제공한다면, 그 과정이 실제 생활과 전혀 다르다는 건 중요하지 않다.

육아에 대한 우리의 접근 방법도 마찬가지다. 그 방법이 일상생활과 똑같은지 묻기보다, 그걸 이용해서 일상적인 육아에 대한 통찰력을 얻을 수 있는지를 물어봐야 한다. 많은 연구에서 얻은 풍부한 증거는 그게 가능하다는 걸 분명히 보여준다. 예를 들어, 우리가 사용한 방법은 우울한 부모와 우울하지 않은 부모, 결혼생활이 행복한 부모와 부부간 갈등이 심한 부모, 아이들이 학교생활을 잘하고 교우 관계가 원만한 부모와 그렇지 않은 부모의 양육 행동을 구별할 수 있는 것으로 드러났다. 따라서 우리 방법이 인위적인 듯하고 그래서 부적절하게 느껴진다고 하더라도, 그게 우리 목적(피험자들이 자라면서 겪은 부모와의 경험을 통해 그가 여러 해 뒤에 자신의 3세 자녀를 양육하는 방식을 예측할 수 있는지 판단하는 것)에 유용하지 않을 거라는 뜻은 아니다.

## 양육 방식 예측

양육 방식의 세대 간 전이 여부(피험자가 성장하는 동안 확보한 측정치를 이용해서 우리가 촬영한 양육 행동을 예측할 수 있는지 여부)를 평가하기 위해 가장 먼저 한 일은 다양한 양육 평가를 통계적 근거에 따라 통합해서 더 확실한 복합 척도를 만들 수 있는지 알아보는 것이었다. 여기서 사용한 전략은 4장에서 ADHD와 유사한 행동의 다양한 지표를 결합시키는 문제를 얘기할 때 설명한 전략과 똑같다. 다양한 측정치를 결합시키면("일괄") 하나씩 "분할"해서 따로 처리하는 것보다 강력하고 안정적이며 유효한 측정값을 만들 수 있다고 지적했던 걸 기억하자. 그러나 분명한 사실은, 양육의 질과 관련된 이 사례에서 여러 지표를 결합하는 전략은 다른 무엇보다 조사자의 취향과 선호도의 문제다.

다양한 평가를 종합하려는 우리 계획은 효율적이고 합리적인 것으로 판명되었다. 육아 방식에 있어서 인지적인 자극을 많이 주는 부모(아빠 엄마 모두)는 자녀와 소통할 때도 더 세심하고 긍정적이며 간섭이 적고 무심하거나 부정적이지 않기 때문에, 우리는 따뜻하고 세심하고 고무적인 육아 방식의 척도를 매우 낮은 수준부터 매우 높은 수준까지 확실하게 만들 수 있었다. 우리 지수에서 낮은 점수를 받은 부모는 간섭이 매우 심하고 무심하거나 부정적인 감정을 드러내면서 아이를 양육하는 경향이 있는 반면, 높은 점수를 받은 부모들은 세심하고 긍정적이며 아이를 격려하는 경향을 보였다. 적어도 이 예비 단계에서 명확해진 사실은, 자기 모습이 녹화되고 있다는 걸 알면서도 자신의 좋은 모습을 보여줄 수 있는 방식으로 행동하지 않거나 그러지 못하는 부모도 있다는 것이다.

학대가 아니라 아이를 지원하는 양육 행동의 세대 간 전이에 관한 핵심적인 의문에 대한 답은 명확하고 일관성이 있으며 우리가 예상한 대로였지만, 어느 정도 선까지만 그랬다. 간단히 말해, 우리 연구에서 3세 아이를 둔 엄마가 자녀를 대하는 태도는 그들이 자라는 동안 가족 내에서 한 경험과 일정한 관련이 있지만, 피험자 중 아빠가 된 사람의 경우에는 놀랍게도 세대 간 전이의 증거가 보이지 않았다. 정확히 왜 그런지는 밝혀지지 않았지만, 우리도 이런 예상치 못한 발견을 이해하려고 노력했다.

이런 결과에 대해 더 얘기하기 전에, 이 장의 중심이 되는 연구가 "유전적인 정보를 이용한" 게 아니라는 사실을 인정해야 한다. 우리는 유전자를 측정하지 않았고, 일란성 쌍둥이나 이란성 쌍둥이 혹은 친부모와 양부모의 양육 방식에서 나타나는 유사점과 차이점을 비교할 수 있는 상황이 아니었다. 결과적으로, 어떤 사람이 원가족 내에서 양육된 방식과 자기 아이를 양육하는 방식 사이에 연관성이 생긴 게 전자가 후자에 인과적인 영향을 미쳤기 때문인지 확실하게 판단할 방법은 없다. 다른 가능성은 피험자의 부모와 피험자가 각 세대의 양육 방식을 형성하는 "제3의 변수"인 유전자를 공유하기 때문에 그런 연관성이 발생할 수 있다는 것이다. 이는 분명 우리 연구의 한계지만, 치명적인 결함으로 여기지는 않는다. 우리처럼 따뜻하고 세심하고 고무적인 양육 행동의 세대 간 전이에 대한 연구의 기초를 마련하는 것은 미래에 유전 정보를 이용한 연구를 수행할 수 있는 토대가 된다.

유전성을 주제로 하는 5부(12~15장)에서 얘기하겠지만, 이 책이 출판되기 직전에 본 장에서 보고한 연구를 수행한 뒤 수집한 실제 DNA 측정을 이용해서 양육의 유전성과 그에 따른 양육의 영향을 연구하는 게 가능해졌다. 우리는 일부 피험자의 유전자가 그 부모의 양육 방식에 미치는 영향(즉, 아이가 부모에게 주는 영향)을 배제한 뒤에도, 양육이 아이의 발달에 미치는 영향이 여전히 남아 있는 걸 발견했다. 이는 아동 발달에서 감지되는 양육의 영향이 부모와 자녀가 공유하는 유전자의 산물만은 아니라는 걸 의미한다. 따라서 이 장에 소개한 세대 간 양육 행동 전이와 관련된 연구 결과는 아동기의 경험이 성인기의 기능에 미치는 실제 영향을 반영할 가능성이 있다고 믿을 만한 충분한 이유가 된다.

한 가지 더 짚고 넘어가야 할 게 있다. 우리 생각에(물론 잘못 이해했을 가능성도 있지만) 공유된 유전자가 이런 연구 결과의 원인이라면, 그 유전자가 남성 피험자에게는 작용하지 않고 여성 피험자에게만 작용한다고 가정할 이유는 없는 듯하다. 양육 행동이 어느 정도 유전될 수 있다는 증거가 분명히 있지만, 이것이 여성의 양육 방식에 있어서는 사실이지만 남성의 양육 방식과는 무관하다는 걸 보여주는 연구는 없다. 물론 이것이 해당 연구 결과를 성장기의 경험이 훗날의 육아 방식에 영향을 미친다는 측면에서 해석하려는 우리의 의향을 확실하게 방어해주지 않는다는 건 인정한다. 따라서 여기에서 우리 목표는 양육 행동이 비유전적인 수단을 통해 세대 간 전이된다는 걸 확실하게 입증했다고 주장하는 게 아니라, 독자들에게 우리의 해석적 편견을 경고하는 것이다. 우리 관점을 분명히 밝혔으니, 이제 양육 행동의 세대 간 전이를 살펴본 우리 연구에서 발견한 사실을 자세히 공유하겠다.

## 일부 발달기의 육아 경험은 다른 기간에 비해 예측 가능성이 높은가?

우리는 부모들은 왜 그런 식으로 아이를 키우는가 하는 의문을 해결하기 위해 세 단계의 개별적 발달 시기에 경험한 일들의 영향을 평가했다고 언급했다. 피험자들이 3세와 5세에 측정한 데이터를 바탕으로 하는 아동기 초기, 7세와 9세에 측정한 데이터에 근거한 아동기 중기, 13세와 15세에 측정한 데이터에 근거한 청소년기, 이렇게 세 단계다. 여성 피험자의 경우, 그들이 초기 아동기일 때 엄마가 복종을 강조하지 않고, 엄격한 규율을 중시하지 않으며, 어린 자녀의 행동 방식과 관련해 단호한 명령을 내리는 게 현명하지 않다고 생각했다면, 이들은 더 세심하고 지원적이고 긍정적인 양육 태도를 보였으며 아이에게 부정적이거나 간섭이 심하거나 무심하지 않았다. 다시 말해, 3세 아이를 세심한 태도로 지지하면서 인지적인 자극을 주는 엄마에게는 자녀의 요구와 필요를 열린 태도로 받아들이는 부모가 있었다. 이런 부모는 아이를 대할 때 유연하고 이해심 있는 태도를 보였고, 아이는 어른이 말할 때 끼어들면 안 되고 항상 복종해야 한다는 당시에 꽤 흔하던 관점을 받아들이는 걸 거부했다.

피험자가 아이를 양육하는 방식을 그들이 아동기 중기와 청소년기에 원가족 내에서 한 경험의 관점에서 고려하자, 세대 간 양육 행동 전이의 증거가 추가로 드러났다. 초등학교 시절 가정의 정서적인 분위기가 결속력이 강하고 긍정적인 감정 표현을 많이 하며 갈등 수준이 낮은 경우, 이런 가정에서 성장한 여자아이는 나중에 자기 자녀를 기를 때도 간섭하거나 부정적이거나 지나치게 통제하려고 하기보다 따뜻하고 세심하고 고무적인 모습을 보였다. 이는 청소년기에 부모를 신뢰하고 솔직하게 소통하면서 소외되지 않는 관계를 맺었다고(즉, 긍정적인 애착 관계가 형성된) 보고한 딸들의 경우도 마찬가지다.

실제로 미취학 아동기와 초등학생 시절, 청소년 시절에 앞에서 설명한 것과 같은 발달 경험을 많이 한 여성일수록 자신의 어린 자녀와 소통할 때 세심하고 반응적이며 고무적인 태도를 보일 가능성이 높았다. 다시 말해 아동기 초기, 아동기 중기, 청소년기를 거치는 동안 원가족 내에서 겪은 발달 경험에 대해 알고 있으면 단일 발달 기간 동안의 성장 경험만 알 때에 비해 그들이 장차 자녀를 어떻게 양육할 것인지에 대한 통찰을 많이 얻을 수 있다. 중요한 사실은, 특정 시기의 성장 경험이 부모로서의 미래에 무엇보다 중요하다고 판명된 "민감한 시기"는 존재하지 않는다는 것이다. 인생 초반 15년 동안의 경험이 모두 중요한 듯하다.

4장에서 얘기한 어린 시절의 자제력과 그 발달 유산을 연구했을 때도 어느 정도 동일한 결론이 나왔다는 사실을 기억해보자. 미취학 기간의 자제력 데이터만 가지고도 후기 성인 발달을 예측할 수 있었지만, 미취학 시기와 아동기 중기에 걸친 자제력을 모두 고려하면 예측력이 훨씬 커졌다. 이런 관찰 결과는 발달이 역동적이고 지속적인 과정이라는 앞서 강조했던 주제를 다시 한 번 드러낸다. 발달은 생후 1년, 5년 혹은 10년이 지나도 끝나지 않는다. 인생 초반에 일어난 일이 발달 형성에 중요하다고 해서 나중에 일어나는 일이 후속 영향을 미치지 않는다는 뜻은 아니다.

## 아빠 역할 이해하기

★

아빠에 관한 연구 결과(실제로는 아무 결과도 얻지 못했지만)도 놀라웠지만, 두 가지 아이디어 때문에 수집한 데이터를 더 자세히 조사하게 되었다. 그렇게 한 이유 중 하나는, "증거의 부재가 부재의 증거는 아니다"라는 함축적인 과학 법칙 때문이다. 즉, 우리가 뭔가를 발견하지 못했다고 해서(이 경우 남성의 양육 행동에서 세대 간 전이가 이루어진다는 증거) 남자들이 자기 아이를 양육할 때 본인이 양육된 방식에 영향을 받지 않는다는 뜻은 아니다. 그저 이 영향에 대한 증거를 우리가 찾지 못한 것뿐이다.

그래서 우리가 남성의 양육 행동의 기원을 자세히 연구하면서 가장 먼저 한 일은, 애정관계(즉, 피험자들의 결혼이나 파트너십)의 질이 양육 행동의 세대 간 전이에 어떤 역할을 하는지 알아보는 것이었다. 우리가 이 문제를 다루게 된 건 가혹한 육아 방식이나 심지어 아동 학대의 기원에 관한 몇몇 연구에서, 만족스럽게 기능하면서 서로를 지지하는 친밀한 관계가 "교정적인 정서 경험" 역할을 해서 어릴 때 학대받은 경험 때문에 나중에 다시 자기 자녀를 학대하게 되는 악순환의 고리를 깨는 데 도움이 된다고 시사했기 때문이다. 다른 연구도 원만하게 기능하는 친밀한 관계는 학대받으면서 자란 사람이 자기 자녀를 학대하는 걸 막아주는 것 같다는 사실을 밝혀냈다.

그래서 우리도 더니든 연구를 진행하면서, 피험자의 애정관계의 질을 통해 (특히 남성의) 양육 행동의 세대 간 전이를 밝혀낼 수 있는지 평가해 보려고 했다. 이 가능성을 시험하게 된 주요 동기는 남성의 부성 역할을 예측할 수 없었기 때문이지만, 모성 역할과 관련해서도 동일한 문제를 고려하는 게 합리적이었기 때문이다. 결국 우리가 알고 싶은 건, 아동 학대 연구에서 얻은 통찰을 지지적인 양육 행동에도 일반화할 수 있는가 하는 것이었다. 그 답은 적어도 더니든 연구에서는 '아니요'였다. 우리는 애정관계의 질이 세대 간 전이 과정에서 어떤 역할을 한다는 증거를 전혀 발견하지 못했다. 가장 주목할 만한 사실은, 우리 가설과 달리 피험자의 성장 경험에 문제가 있는 경우 원만한 파트너 관계가 그런 양육 경험이 다음 세대로 전달되는 걸 막거나 보호할 수 없다는 것이었다. 이는 남성과 여성 모두 그랬다.

우리는 평가에 착수한 이 아이디어가 마음에 들었기 때문에 이런 결과가 나와서 실망스러웠지만, 여기에서도 내릴 수 있는 결론은 우리가 찾고자 하는 걸 발견하지 못했다는 것뿐이다. 우리의 무위 결과는 입증하려고 했던 현상이 작동하지 않는다는 결론으로 이어지는 게 아니라, 단지 이런 의식 구조와 일치하는 증거를 찾지 못했다는 것뿐이다. 그와 동시에 우리는 부정적인 결과를 해명하는 데 시간을 들이고 싶지 않았다. 발달학자인 우리는 경험적 결과에 상관없이 우리가 원하는 연구를 해야 한다고 확신했다. 연구 결과가 마음에 들지 않는다고 해서 그걸 얻지 못했다고 믿을 이유는 없었다.

아빠들이 왜 아이를 그렇게 기르는지 이유를 밝히겠다는 희망을 안고 다른 원인을 찾아보는 걸 멈추지도 않았다. 이런 결과가(혹은 결과 부족이) 처음에는 청년기 초반의 비교적 젊은 나이에 부모가 된 피험자들의 양육 행동만 관찰할 수 있었다는 사실에 영향을 받은 건 아닌지도 궁금했다. 우리는 피험자가 언제 부모가 될지 통제할 수 없으므로 그들이 부모가 될 때까지 기다렸다가 찾아갈 수밖에 없었고, 어떤 사람은 다른 이들보다 빨리 부모가 되었다. 어떤 사람은 예상치 않은 순간에 부모가 되지만, 일반적으로 좀 늦은 나이에 부모가 되는 사람들의 경우에는 미리 계획된 일이다. 이런 예비 부모는 적절한 파트너를 찾을 때까지 기다릴 뿐만 아니라 자기 학업을 마치고 직업적으로 안정될 때까지 기다리기도 한다. 우리가 더니든 연구에서 양육 행동의 세대 간 전이 문제를 다루기 위해 조사한 첫 번째 부모는 피험자들 가운데 비교적 젊은 나이에 부모가 된 이들이었다.

그렇다면 특히 남자의 경우, 나이가 든 뒤에 부모가 되면 본인이 받은 양육의 유산이 나타날 텐데, 우리가 초기 연구에서 세대 간 전이의 증거를 발견하지 못한 건 젊은 나이에 아빠가 된 사람을 연구했기 때문일까? 머릿속에 또 다른 가능성도 떠올랐다. 나이가 든 뒤에 첫 아이를 낳은 피험자(따라서 본인의 아동기 경험과 육아 시기 사이의 "거리"가 남들보다 먼)들의 경우, 본인이 경험한 양육 방식이 자기 아이를 기르는 방식에 미치는 영향이 적은 게 아닐까? 우리가 이미 알아낸 사실에 비춰볼 때 이건 아빠보다 엄마 쪽과 더 관련성이 클 것이다. 이런 가능성을 알아보기 위해, 늦은 나이에 첫 아이를 낳은 피험자들에 대한 데이터를 계속 수집했다. 이를 통해 부모가 된 나이와 3세 자녀와 함께 집에서 노는 모습을 관찰한 나이가 양육 행동의 세대 간 전이에 어떤 역할을 하는지 확인하기 위한 두 번째 연구를 진행했다. 하지만 이번에도 그렇지 않다는 결과가 나왔다. 3세 자녀를 양육하는 방식이 본인이 양육된 방식에 영향을 받았는지 예측했을 때, 20대에 부모가 된 피험자와 30대에 부모가 된 피험자 모두 여성의 경우에는 영향을 받았고 남성의 경우 영향을 받지 않은 것이다.

## 결론

★

　　　부모가 왜 그런 식으로 아이를 기르는지에 대한 우리 연구를 통해 한 가지 분명해진 사실은 자기가 기대하거나 찾고자 하던 걸 항상 발견할 수는 없다는 것이다. 이는 자기가 경험적 세계에서 살면서 자신의 직관, 신념, 이론보다 데이터를 신뢰할 때 벌어지는 일이다. 그렇긴 해도 "무위 결과를 포용하는" 문제를 간과할 수는 없으며, 과학자들은 이를 발견하지 못한 것에 의미를 불어넣는 작업이라고 말한다. 찾고자 하는 걸 발견하지 못하는 이유는 많다. 우리가 아빠와 관련된 증거를 찾지 못한 이유를 설명하는 여러 가능성을 생각해보라. 감춰져 있는 귀중한 물건을 찾아 나선 모험가가 도중에 잘못된 길로 들어선 것에 비교할 수도 있을 것이다.

어쩌면 아빠의 경우에 세대 간 양육 행동 전이의 증거를 발견하지 못한 이유는, 그들이 자라는 동안 가족 내에서 경험한 일에 관한 정보 대부분을 제공한 사람이 그들의 아빠가 아니라 엄마여서일지도 모른다. 피험자가 어릴 때 어떻게 양육했는지에 대해 아빠들의 보고서를 수집하는 방향을 택했다면 성공할 수 있었을까? 또 다른 가능성은 우리가 육아를 연구하기 위해 사용한 절차들이 아빠의 행동보다 엄마의 행동의 차이를 드러내는 데 더 적합했다는 것이다. 우리가 이용한 까다로운 작업보다 부모가 자녀와 서로 경쟁하는 게임을 하도록 했다면 남성의 육아 방식에 대한 통찰을 더 많이 얻고, 그들의 양육 행동이 세대 간에 전이된다는 증거를 찾을 수 있었을까? 물론 가능한 일이다. 다시 말하지만, "증거의 부재가 부재의 증거는 아니다."

애정관계가 하는 역할의 증거를 찾아내지 못한 것도, 가혹하고 심지어 학대에 가까운 육아보다 긍정적이고 지원적인 육아에 집중했기 때문일지도 모른다. 짐작컨대 부모의 나이는 중요하지 않은 것으로 밝혀졌을 수도 있다. 이때도 아이를 갖는 걸 40대나 그 이후까지 미룬 사람들은 연구할 수 없는 상황이었다. 또 남성(아빠)의 경우에 세대 간 전이의 증거를 찾지 못하고 애정관계나 부모의 나이가 하는 역할을 파악하지 못한 것은 그들이 3세 아이를 양육하는 방식을 조사했기 때문일 가능성도 물론 있다. 비유적으로 말해, 우리 모험가들이 엉뚱한 시간에 엉뚱한 "장소"에 있었던 건 아닐까(혹은 장소는 맞는데 시기가 잘못되었다든가)? 우리가 8세나 청소년을 양육하는 방식에 초점을 맞췄다면 결과가 달라졌을까? 오늘날에도 어린 자녀의 양육은 엄마에게 맡기지만 아이가 나이가 들면 점점 더 그들의 삶에 관여하는 아빠들이 많다.

이런 관찰이 의미하는 바는 세심하고 지원적이면서 고무적인 육아 방식의 세대 간 전이에 관한 우리 연구가 이 주제에 대한 연구의 최종판이 아니라는 것이다. 과학적 지식은 시간이 지나 증거가 쌓이면서 계속 축적된다. 우리는 후향적이 아니라 전향적인 방법으로 양육 행동의 세대 간 전이를 연구하고, 위기 상황에 처하거나 이미 청소년이 된 아이들뿐만 아니라 공동체 전체의 아이들을 어릴 때부터 집중적으로 연구했으며, 세 가지 다른 발달 시기에 가족 내에서 한 경험이 미친 영향을 조사하고, 발달적 행복을 약화시키는 게 아니라 증진시킨다고 알려진 육아 방식에 집중하는 등 다양한 방법으로 기본적인 과학적 과정에 기여해왔다.

그렇게 한 덕분에 우리의 장기적인 연구(혹은 양육의 결정적 요소를 추구하는 모험이라고 해야 할 것 같은데)는 여자아이들이 자라면서 아동기 초기, 아동기 중기, 청소년기에 한 경험이 훗날 자신의 3세 아이를 양육하는 방식에 영향을 미친다는 걸 보여줬다. 그리고 여자아이가 이 세 가지 발달 시기에 모두 발달을 지원하는 양육 환경에서 자란 경우, 자기 아이와 소통할 때 더 세심하고 고무적인 태도로 관심을 보일 가능성이 높았는데, 이런 태도가 자녀의 발달적 행복을 증진시킨다는 것이 다른 연구를 통해서도 입증되었다.

양육 행동의 세대 간 전이라는 주제에 대한 우리나 다른 이들의 연구 결과가 어떻든지 간에, 양육 행동이 다양한 요인에 의해 결정된다는 걸 인정해야 한다. 부모 자신이 겪은 양육 역사 외에도 부모의 건강과 행복, 직업 경험, 친밀한 관계의 질, 친구나 이웃, 친척, 직장 동료의 사회적 지지 등이 모두 부모의 양육 행동에 영향을 미칠 수 있다. 또 부모가 왜 그런 식으로 아이를 키우는지 설명할 때는 아이들이 어떻게 행동하는지도 중요하다는 걸 기억하자. 따라서 양육 행동의 세대 간 전이를 밝히기 위한 우리의 모든 노력을 감안하더라도, 우리는 여전히 아이들이 경험하는 양육 방식을 형성하는 역동적인 과정의 한 측면만을 조사하고 있다는 걸 인식해야 한다.

# 문제 가정과
# 나쁜 소년들

이 책의 많은 독자, 특히 남성 독자는 청소년기에 다른 사람에게 추천하지 않을 만한 행동, 자기 자녀가 절대 반복하지 않았으면 하는 행동을 했던 기억이 있을 것이다. 상점 절도, 음주 운전을 하는 친구 차 동승, 만취, 최근에 만난 사람과의 안전하지 않은 섹스 등을 얘기하는 것이다.

청소년기에 하는 이런 문제 행동에서 특히 흥미로운 점은 이게 남자들 사이에서는 정말 흔하다는 것이다. 실제로 미국 웨스트포인트 육군사관학교에 들어가고 싶어서 지역 하원의원에게 추천서를 받기 위해 필요한 자격을 모두 갖추려고 청소년기 내내 공부와 운동도 열심히 하고 학생회 리더도 하면서 애쓰던 친구가 생각난다. 이런 강한 동기에도 이 "착한 소년"은 좀도둑질에 가담하거나 야심이 별로 없는 친구들과 어울려 술을 마시는 걸 자제하지 못했다.

이 장에서 고찰할 발달 현상인 청소년기 비행의 두 번째로 흥미로운 특징은, 어떤 사람 눈에는 이것이 어른에게는 허용되지만 아이에게는 허용되지 않는 일을 하고 싶은 욕망 때문에 일시적으로 규칙을 위반하는 모습처럼 보인다는 것이다. 그런 점에서, 고등학교 때 담배를 피우고 수업을 빼먹고 이웃 동네 아이들과 싸우는 "나쁜 아이들"과 어울리던 한 친구의 형이 생각난다. 어느 날, 당시 15세였던 이 형이 부모님 차를 몰고 시내를 돌아다니는 모습이 목격되었다. 또 한 번은 친구들과 함께 술에 취한 상태에서 가족 소유의 작은 보트를 몰고 나갔다가 부두에 들이박기도 했다. 그러나 이런 판단 착오를 저지르고도 그 형은 제멋대로 구는 버릇을 고치지 않았다. 나중에는 다니던 작은 대학의 기숙사를 쑥대밭으로 만들어놓고 퇴학을 당했는데, 훗날 그는 자기 "평판"을 유지하기 위해서 한 짓이었다고 털어놓았다.

그런데 흥미로운 점이 있다. 이 형의 10대 시절 "장난"에 합류했던 친구들 중 일부는 고등학교를 졸업한 뒤 다시는 말썽을 부리지 않았다. 그중 한 사람은 고등학교 교장이 되어 젊은 시절에 자기가 그토록 깨려고 했던 규칙을 유지하는 책임을 맡고 있다. 그래서 우리 같은 발달학자들이 알고 싶은 건, 비행을 저지르는 10대 소년 가운데 일부는 "성장"을 하는데 왜 다른 이는 그렇지 않은가 하는 것이다. 저자 중 한 명인 테리 모피트는 이 문제를 생각하기 시작하면서 두 가지 유형의 비행 청소년에 대한 이론을 개발했다. 이 장에서는 비행 청소년의 독특한 발달 궤적에 대한 모피트의 이론과 그와 관련된 증거를 살펴볼 것이다. 또 이 책의 첫 번째 주제인 어린 시절의 기능이 인생 후반의 발달을 예측하는 방법(1~3장)과 두 번째 주제인 가족 안팎에서의 경험이 발달에 미치는 영향(5장)을 통합할 것이다.

## 두 가지 유형의 청소년 비행: 이론

★

　　　모피트는 심각한 비행을 저지르는 두 가지 유형의 개인을 특징지을 때, 그들의 문제 행동이 시작된 시기와 종료되는 시기에 주목하게 하는 명칭을 사용했다. 그래서 한 유형은 "소아기 발생형 혹은 생애 지속형life-course persistent, LCP"이라 하고, 다른 유형은 "청소년기 발생형 또는 청소년기 중단형adolescent-limited, AL"이라 한다. 모피트는 LCP 청소년은 언어, 기억, 자제력의 정상적인 발달을 방해하는 미묘한 신경심리적 문제(3장에서 자세히 다뤘던) 때문에 어릴 때부터 반사회적 행동을 한다는 이론을 제시했다. 이로 인해 유아의 인지 발달이 지연되고 통제하기 힘든 까다로운 기질이 된다(2장에서 자세히 설명). 모피트는 특히 저소득층 가정이나 역기능적 가정에서 자란 아이에게 그런 문제가 발생할 가능성이 높다는 이론도 제시했는데, 이런 두 가지 환경은 아주 어릴 때부터 반사회적 행동의 발달을 촉진하며 그때부터는 자동으로 그런 행동이 계속된다. 이와 관련해, 5장에서 논의한 효과적이지 못한 양육 방식과 2장에서 사람들이 "자신의 발달을 이끄는" 방식과 관련해 얘기했던 발달 과정을 떠올려보자. 또래에게서 물건을 빼앗거나 점심시간에 우연히 어깨를 부딪친 아이를 때리는 등 애매한 상황에서 반사회적으로 대응해 스스로 문제 상황에 빠지는 행동 때문에 어릴 때의 문제 행동이 계속 커지고 발전한다.

반사회적 행동의 LCP 발달 궤도에서 또 하나 중요한 게 3장에서 얘기한 청소년기의 "올가미"다. 모피트는 인지장애와 행동장애를 겪으면서 고위험 가정에서 성장해 일찍부터 문제 행동을 보인 아이들은 청소년기에 "올가미"에 걸릴 확률이 높고, 이런 상황에 처한 청소년은 양호한 상태로 청년기에 진입할 가능성이 더욱 줄어든다고 생각했다. "올가미"에는 음주, 운전, 불법 약물 사용뿐만 아니라 가족에게 소외되고 단절되거나, 학교를 중퇴하거나, 10대에 부모가 되는 것 등도 포함된다. 따라서 LCP 아이는 자기가 처한 사회적 환경과 상호 작용하는 동안 생각이 비슷한 아이들과 어울리거나, 다른 많은 아이에게 사회적으로 거부당하거나, 학교에서 낙제하는 등 원래의 반사회적 스타일에 복잡한 특징이 누적된다. 그리고 결국 시간과 장소에 상관없이 지속되는 반사회적 성격이 나타난다. 모피트는 소수의 아이들만 이런 발달 궤적이나 경로를 따를 것이라고 예상했다. 더니든 연구에서 그녀가 제시한 이론의 중심이 되는 이런 아이디어를 시험해본 결과, 놀랄 일은 아닐지도 모르지만, 남자아이의 경우 LCP 경로를 따를 확률이 여자아이보다 10배나 높다는 걸 발견했다. 우리가 이 장에서 거의 남자아이들 사례만 다루는 것도 그런 이유다.

모피트는 반사회적 행동이 주로 10대에 국한된 대다수의 비행 청소년을 특징짓는 건 LCP 행동보다 AL 비행이라는 이론을 내놨다. AL 비행은 청소년기 무렵에 처음 나타났다가 청년기에 종지부를 찍으며, 그때부터는 이들 역시 반사회적 행동에 거부감을 느끼게 된다. AL 비행은 어린 시절의 심리적 결핍과 문제 있는 가정생활이 복합적으로 작용해서 생겨나기보다 또래 청소년 세계에서 비롯된다. 모피트의 주장에 따르면, 정상적으로 발달한 아이도 청소년기에 접어들면서 아동기와 성인기 사이의 발달적 중간 지대에 갇혀 별다른 역할을 하지 못하기 때문에 문제 행동을 하려는 동기가 생긴다. 그들은 흡연, 음주, 운전, 성관계 같은 성인기의 특권이 법과 가족 혹은 사회적 관습 때문에 일반적으로 자신들에게 금지된다는 사실에 분개한다. 그리고 LCP 성향의 반사회적 동료들이 성인기의 "금지된 과일"을 피하라는 간청을 무시하는 모습을 본 AL 청소년들은 LCP 또래들의 비행을 흉내 내면서 자신의 자율성을 주장하게 된다. 하지만 결국 나이가 들어 성인의 특권에 접근할 수 있게 되면, 규칙 위반 행위를 기꺼이 포기하고 청소년기에 진입하기 전에 익힌 자제력과 끈기 같은 긍정적인 기술로 이를 대체한다. 실제로 AL 청소년은 건전한 성격과 어린 시절의 인지 발달 덕분에 LCP 동료들보다 청소년기의 잘못된 행동에서 쉽게 회복할 수 있다. 가족과 친구에 대한 애착이 큰 것도 이런 부분에 영향을 미친다.

모피트의 청소년 비행 유형 이론을 이해할 때 특히 중요하게 고려해야 하는 사실은, 이것이 어린 시절의 심리적, 행동적 기능과 가족 안팎에서 한 경험의 중요성을 강조했을 뿐만 아니라 처음 공식화했을 때는 단순한 이론에 불과했다는 점이다. 다양한 범죄 단서를 접한 형사가 그걸 어떤 식으로 아귀를 맞출지 궁리하는 것처럼, 이 이론도 모피트가 다양한 연구에서 나온 다양한 결과를 짜깁기하여 "경험적 혼란에서 질서를" 추구한 결과 생긴 것이다. 다시 말해, 방금 설명한 두 가지 유형의 청소년 규칙 위반자에 관한 내용 대부분이 공식적으로 개념화되지 않은 상태였기에 더니든 연구 데이터를 이용해 관련 연구를 진행하기 전에 경험적으로 평가했다.

모피트의 생각이 검증되지 않은 이론을 반영했기 때문에, 우리는 청소년 비행과 관련된 다양한 발달 궤적을 조사하는 경험적 연구의 일환으로 두 가지 개별 연구를 진행했다. 첫 번째 연구는 주로 청소년기 전과 청소년기에 나타나는 두 가지 청소년 유형의 발달 기원과 행동 특성 문제에 초점을 맞췄고, 첫 번째 연구 이후에 고려하게 될 두 번째 연구에서는 이들 청소년이 학교를 그만둔 뒤의 심리적, 행동적 기능을 살폈다. 첫 번째 연구를 수행하기 위해 피험자가 18세가 될 때까지 기다리면 되었지만, 두 번째 연구는 그로부터 몇 년이 지나서야 진행할 수 있었다. 이 두 그룹의 젊은이가 성인기에 어떻게 기능하는지에 초점을 맞췄기 때문이다. 발달에는 시간이 걸리므로 우리 같은 연구자들은 인내심을 갖고 기다려야 한다.

청소년 비행의 세계를 연구하면서 우리가 뭘 했고 뭘 발견했는지 설명하기 전에, 우리가 모피트의 이론을 평가하려는 이 노력을 인간발달을 이해하기 위한 기초과학 연구 이상으로 여겼다는 점을 분명히 하겠다. 사실 응용과학의 관점에서 모피트의 가설이 경험적 지지를 받는다면 우리 연구 결과가 반사회적 행동을 예방하고 치료하려는 노력에 영향을 미칠 것이라고 생각했다. 특히 청소년기 훨씬 이전에 (인생 초반의 심리적, 행동적 부담 때문에) LCP 경로를 시작할 위험이 높은 어린이를 식별해서 치료하는 과정을 시작하는 것도 중요하지만, 청소년기의 모든 반사회적 행동을 동일한 방식으로 간주하지 않는 것도 중요하다. 사실 모피트가 제시한 이론의 관점에서 보면, 청소년이 저지르는 비행은 대부분 어떤 지속적인 발달장애 때문이라기보다 규범적인 문제로 간주해야 한다. 하지만 아동기에 특정 이력이 있는 경우에는 다른 시각으로 바라볼 필요가 있을 것이다.

## 비행 청소년의 두 가지 유형과 발달 기원 파악

★

　　　　모피트의 아이디어를 시험해보기 위한 첫 번째 연구에서는 세 가지 근본적 문제에 주목했다. 첫 번째는 두 그룹에 속한 청소년 규칙 위반자의 행동 및 태도와 관련이 있고, 두 번째는 장기적으로 건전한 발달을 저해할 수 있는 올가미 문제이며, 세 번째는 두 그룹에 속한 남자 청소년들의 어린 시절이다. 첫 번째 문제로 돌아가서, 우리는 두 청소년 집단의 반사회적 행동이 대부분의 면에서는 다르지 않지만 LCP 소년이 AL 소년보다 폭력을 많이 행사하기 때문에 더 심각한 범죄자가 될 것이라고 예상했다.

또한 LCP 소년의 성격에서 친구나 가족과 지속적인 유대관계를 형성할 수 있는 능력이 제한되고 다른 사람을 적대하고 불신하면서 공격적으로 지배하려는 성향 등 사이코패스적인 특성이 드러날 거라는 예상도 했다. 올가미와 관련해서는, AL 경로의 소년이 LCP 경로의 소년보다 발달 잠재력을 많이 보여줄 것이라고 예측했다. 그들은 이런 경험과 관련된 발달 위험 때문에 올가미에 걸려들 가능성이 낮기 때문이다.

마지막 예측은 LCP와 AL 소년들의 어린 시절에 관한 것이다. 모피트가 인생 초반의 신경심리적 결핍을 매우 중요하게 여겼기 때문에(어린이는 어른의 아버지라는 관점에서), 우리는 LCP 소년이 AL 소년보다 아동기에 인지 능력이 제한되고 3세 때 처음 실시한 기질 측정에서 까다로운 기질을 드러냈을 가능성이 높을 것이라는 가설을 세웠다. 하지만 모피트의 이론에서는 아이가 문제 가정에서 자라는 경우 이런 아동기의 골칫거리가 청소년기에 더 심각한 문제로 발전한다고 규정했기 때문에(아동기 경험의 발달적 영향), LCP 소년은 AL 소년보다 어릴 때 지원적 양육을 받지 못했고, 부모가 정신 건강 문제를 겪고 있거나 한부모 가정일 가능성이 높으리라고 예측했다.

이번에도 우리는 방금 설명한 가설을 시험하기 전에 청소년 비행 연구를 위한 준비물을 모아야 했다. 첫 번째 단계는 피험자들이 3세부터 15세까지 2년에 한 번씩 수집하고 18세에 다시 수집한 다양한 정보를 데이터 저장소에서 모아, 이 시기 동안 드러낸 반사회적 행동의 궤적을 특징짓는 것이다. 이어지는 내용에서는 저장소에서 찾은 측정값을 일반적 용어로 설명하고, 앞서 개괄한 가설과 관련 연구 결과를 공유하면서 자세한 내용을 얘기할 것이다.

기본적인 연구 절차는 나이에 따라 약간씩 조정했지만, 보통은 피험자를 생일 60일 이내에 연구 시설로 데려와 최대 6시간 동안 데이터를 수집하면서 다양한 주제를 다뤘다. 중요한 건 정신 건강 인터뷰, 비행 인터뷰, 성적 행동 평가, 성격 평가, 표준화된 지능 검사, 기타 인지 평가(예: 기억력) 등 모든 연구 "모듈"을 전부 다른 조사관이 진행해서, 발달의 어느 한 측면에 대한 지식이 다른 부분에 대한 정보 수집을 오염시키거나 편향시키지 않도록 했다는 점이다. 이런 식으로 진행한 덕분에 연구 프로젝트 내에서 아이들의 기능에 대한 객관적인 평가를 훼손하는 평판이 쌓일 우려가 없었다.

이전 장에서 얘기한 것처럼, 5세~18세에 진행된 8차례의 평가 단계마다 피험자를 통해 직접 수집한 데이터를 보완하기 위해 부모와 교사가 작성한 설문지 꾸러미를 우편으로 받았다. "외부인"이 제공하는 이런 평가를 통해 피험자의 성격, 태도, 행동과 관련하여 그들을 잘 아는 어른의 추가적인 통찰을 얻을 수 있었다. 특히 우리는 3세와 5세에 이 아이들의 행동을 평가한 조사관에게 정보를 얻어서, 가장 초기 단계의 정보를 이용해 까다로운 기질 척도를 만들었다(2장 참조). 피험자의 범죄 행위에 대한 정보를 수집하기 위해 경찰서와 법원에도 연락을 취했다.

피험자가 아동기와 청소년기일 때 인지, 사회, 행동 발달에 관한 정보를 수집하면서 물론 가정환경에 대한 자료도 수집했다. 좀 더 구체적으로 말하자면, 부모들이 자신의 사회 경제적 상황, 정신 건강, 양육 태도, 가치관, 행동 등에 대한 정보를 제공했다(그중 일부는 5장에서 논의했다).

이런 측정 "재료"를 모두 손에 넣은 우리는 앞서 두 그룹에 속한 비행 청소년들의 성격 및 발달과 관련해 제기됐던 세 가지 일반적인 문제에 대해 하나씩 총 세 가지의 "요리"를 만들기 시작했다. 첫 번째는 3세부터 18세까지 나타난 문제 행동을 바탕으로 LCP와 AL 그룹을 구분하기 위한 노력을 나타낸다. 두 번째는 이 소년들이 청소년기에 어떻게 행동하는지 밝히기 위해 노력했다. 마지막으로, 이들의 서로 다른 발달 궤적에 기여하는 선행 요인을 식별하기 위해 두 그룹이 어린 시절에 서로 어떻게 달랐는지 살펴봤다.

### LCP 및 AL 소년 식별

5세~18세에 수집한 데이터에 의지해서 LCP 또는 AL 그룹에 포함시킬 수 있는 기준을 충족한 피험자를 식별했다. 그 첫 단계로 어릴 때 반사회적 행동을 했던 소년과 그렇지 않은 소년을 구분하고, 부모와 교사의 보고서를 토대로 시기(5세, 7세, 9세, 11세)와 장소(집과 학교 등)를 가리지 않고 계속 반사회적으로 행동한 아이들을 식별했다. 어릴 때 반사회적인 아이는 자주 싸우고, 다른 아이를 괴롭히고, 거짓말을 하고, 어른들에게 반항하고, 도둑질을 하며, 기물을 파손하고, 짜증을 잘 냈다. 두 번째 단계에서는 15세와 18세에 진행한 비밀 보장 인터뷰에서 직접 보고한 행동을 바탕으로, 여러 반사회적 행동을 한 청소년과 그렇지 않은 청소년을 구별했다. 15세 때 확실한 반사회적 행동을 9가지 이상 하거나 18세 때 그런 행동을 12가지 이상 한 경우 반사회적인 인물로 분류했다. 반사회적인 행동에는 공공 기물 파손, 가게 물건 훔치기, 장물 구입 또는 판매, 대마초 사용 또는 판매, 음주 운전, 가족이나 다른 사람을 구타하는 행위 등이 있다. 우리가 피험자들을 오랫동안 연구해왔기 때문에, 문제 행동과 관련된 질문에도 그들이 솔직하게 답했으리라고 확신했다는 점을 꼭 짚고 넘어가야겠다. 청소년이 된 그들은 우리가 인터뷰 내용을 부모나 학교 관계자, 다른 당국에 알리지 않을 것이란 사실을 알고 있었다.

아동기와 청소년기의 반사회적 행동에 관한 정보를 종합한 결과, 남성 피험자의 7퍼센트가 LCP 기준을 충족했고, 23.6퍼센트가 AL 기준을 충족했다. 이 장에서는 이 두 그룹에 속한 소년들에 대해서만 집중적으로 다룰 것이다. 그런데 어릴 때는 반사회적인 행동을 했지만 청소년기에는 하지 않아서 "회복자" 자격을 얻은 피험자도 거의 6퍼센트나 된다는 사실도 지적해야 한다. 또 5.5퍼센트는 기권자 자격을 얻었는데, 이들은 5세, 7세, 9세, 11세 때 엄마와 교사가 제

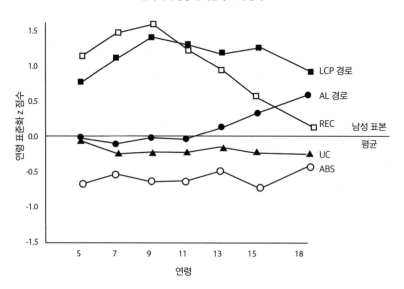

| 표 6-1 | 어떤 진단 그룹에 넣어야 할지 판단하기 위해, 엄마가 자녀의 연령에 따라 7번 연속으로 제출한 보고서를 기준으로 살펴본 남성의 평균적인 반사회적 행동. LCP 경로: 생애 지속형 반사회적 경로. AL 경로: 청소년기 중단형 반사회적 경로. REC: 어린 시절의 반사회적 행동에서 벗어남. ABS: 반사회적 행동을 하지 않은 사람. UC: 다른 하위 그룹에 속하지 않는 분류되지 않은 소년들.

T. E. Moffitt, A. Caspi, N. Dickson, P. Silva, W. Stanton(1996)의 연구 결과 재구성. '남성의 소아기 발생형 대 청소년기 발생형 반사회적 행동 문제: 3세부터 18세까지의 자연적 역사', 〈발달과 정신병리학Development and Psychopathology〉, 8, 399-424, 그림 1. 허가하에 게재.

출한 보고서에 따르면 반사회적 행동을 한 적이 한 번도 없고, 15세와 18세 때 본인이 직접 보고한 내용에도 반사회적인 행동 이력이 전혀 없었다. 약 58퍼센트에 달하는 나머지 피험자들은 거의 평균적이거나 규범적인 수준에서 반사회적인 행동을 했기 때문에 이 네 그룹에 속할 수 있는 자격 기준을 충족하지 못했다. 표 6-1은 분류되지 않은 소수의 소년들이 포함된 5세~18세 남성 피험자 그룹 각각에 대해, 해당 연령 안에서 표준화된 반사회적 행동 점수를 보여준다.

## 청소년기의 LCP와 AL 그룹

우리가 두 그룹을 정의한 방식을 보면, LCP 그룹에 속한 소년들이 3세부터 18세까지 계속해서 극단적인 반사회적 행동을 한 건 놀라운 일이 아니다. 부모와 교사, 본인이 작성한 보고서에 평생 동안 이어진 반사회적 행동이 분명하게 드러나 있다. 표 6-2는 LCP와 AL 소년들이 15세 때 거의 동일한 횟수의 비행을 보고했고 이는 다른 그룹에 속한 소년들보다 훨씬 높은 수치지만, AL 소년들이 LCP 소년을 따라잡기까지 시간이 더 오래 걸렸다는 걸 보여준다. 이 두 비행 소년 집단의 차이는 이뿐만이 아니었다. 공공 기물 파손이나 가게 물건 훔치기, 약물 사용 같은 여러 반사회적 행동에서는 이들 두 집단이 별로 다르지 않았지만, 모피트가 제시한 이론처럼 LCP 소년들은 더 폭력적이었다. 이를 보여주는 가장 좋은 증거는 LCP 소년이 18세까지 폭력 범죄로 유죄판결을 받은 경우가 다른 소년들보다 많다는 것이다. 실제로 그들 중 약 25퍼센트가 이에 해당됐다.

이런 행동은 LCP 소년들이 직접 묘사한 본인의 성격과 일치했다. 일련의 질문에 대해 이들이 한 대답을 보면, 이들은 성찰적이고 계획적인 삶보다 충동적이고 격렬한 삶을 선호하며, 타인에게 공격적이고 적대적이며 소외시키고 의심하고 냉소적인 태도를 보였고, 사람들에게 몹시 냉담하고 차가운 감정을 느낀다고 했다. 이런 세계관과 심리적인 태도 때문에 이들은 청소년기에 가족과의 관계가 제한되고 따라서 정서적인 유대감도 약해지는 올가미에 걸려드는 게 틀림없다.

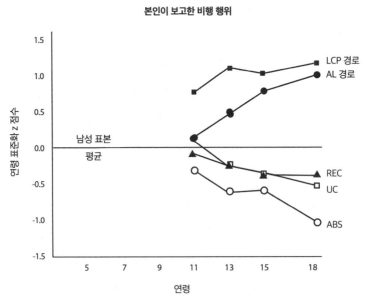

**본인이 보고한 비행 행위**

| 표 6-2 | 어떤 진단 그룹에 넣어야 할지 판단하기 위해, 연령에 따라 7번 연속으로 조사한 본인의 의견을 기준으로 살펴본 남성의 평균적인 비행 행동. LCP 경로: 생애 지속형 반사회적 경로. AL 경로: 청소년기 중단형 반사회적 경로. REC: 어린 시절의 반사회적 행동에서 벗어남. ABS: 반사회적 행동을 하지 않은 사람. UC: 다른 하위 그룹에 속하지 않는 분류되지 않은 소년들.

T. E. Moffitt, A. Caspi, N. Dickson, P. Silva, W. Stanton(1996)의 연구 결과 재구성. '남성의 소아기 발생형 대 청소년기 발생형 반사회적 행동 문제: 3세부터 18세까지의 자연적 역사', 〈발달과 정신병리학〉, 8, 399-424, 그림 3. 허가하에 게재.

이제 AL 소년들에게 눈을 돌려보자. 이들은 반사회적 행동을 비교적 늦게 시작했다. 몇몇 AL 소년은 어릴 때 일시적으로 혹은 상황에 따라 문제 행동을 하기도 했지만, 그런 아동기의 문제 행동이 고착되거나 만연했던 이는 한 명도 없다. 그러나 이들의 자체 보고서와 부모가 작성한 보고서, 심지어 공식 기록까지 모두 이 그룹에 속한 소년들의 전체적인 반사회적 행동 수준이 청소년기 중기에는 LCP 소년들과 구별할 수 없을 정도로 심해졌다는 걸(LCP 소년들이 더 폭력적이라는 점만 제외하면) 확인해준다. 하지만 18세까지 폭력 범죄로 유죄 판결을 받은 AL 소년의 비율은 8퍼센트에 불과하다(LCP 성인 남성의 경우 25퍼센트).

AL 소년과 LCP 소년은 성격적 특성과 올가미에 걸려드는 방식에도 차이가 있었다. AL 소년도 공격적인 태도를 옹호하긴 했지만 LCP 소년만큼 극단적이지는 않았다. 그보다는 성공하기 위해 필요할 경우 다른 사람을 지배하거나 위협할 용의가 있다고 설명했다. 이런 성향과 일치되게, 그들은 더 높은 수준의 교육을 받았다면 작동했을지도 모르는 리더십 자질을 약간 드러냈고, 그 때문인지 AL 소년들은 미래의 취업 전망을 낙관적으로 생각했다. AL 소년들은 또 다른 중요한 사회적 측면에서 LCP 소년과 달랐다. 그들은 18세 때 LCP 소년에 비해 주변 사람들과의 친밀한 관계를 원했는데, 이는 아마도 가족에게 더 애착을 느끼기 때문인 듯하다(덕분에 적어도 중요한 올가미를 하나 피했다). 하지만 반항적인 태도의 증거는 많이 보여줬다. 첫째, 그들은 관대한 자녀 양육을 지지하고, 전통적인 위계질서를 회피하며, 엄격한 종교 규칙을 거의 활용하지 않는 등 인습에 얽

매이지 않는 가치관을 가지고 있다. 둘째, 그들은 마약, 담배, 술을 이용해 광범위한 실험을 할 뿐만 아니라 안전하지 않은 성관계와 위험한 운전도 서슴지 않는다. LCP 소년보다 올가미를 많이 피하긴 하지만, 완전히 벗어날 수 있는 건 아니다.

## 아동기의 기원

반사회적인 두 10대 소년 그룹의 유사점과 차이점까지 파악했으니, 이제 문제아를 조사하는 세 번째 단계에서는 두 그룹의 소년들이 서로 다르게 발달하고 기능하는 이유에 대한 모피트의 아이디어를 시험해보자. 어릴 때 LCP 소년이 AL 소년보다 더 반사회적이었을 거라는 예측은 이미 확인됐지만, 모피트의 이론은 LCP 소년의 가정환경에 더 문제가 많고 따라서 이 아이들은 어릴 때부터 심리적·행동적 기능에 결함이 있었을 거라고 규정했다. 연구 결과는 대체적으로 이를 확인시켜 줬다. 우선 가정형편부터 살펴보자.

AL 소년들과 비교해 LCP 소년의 엄마는 첫 아이를 임신했을 때 나이가 더 어렸고, 아이 인생의 첫 11년 동안 한부모 밑에서 지낸 시간이 길었으며, 낮은 사회적 지위에서 알 수 있듯이 경제적으로나 사회적으로나 취약한 환경에 있었다. 또한 LCP 소년의 엄마들은 피험자가 7세, 9세, 11세일 때 실시한 평가에서 정신 건강 문제가 더 많이 드러났다. 이런 모성 및 가정환경 때문인지, LCP 소년의 엄마는 AL 소년의 엄마에 비해 양육 방식이 교육적이지 않았다. 실제로 아이들이 3세 때 엄마와 아들이 상호 작용하는 모습을 관찰해보니, LCP 소년의 엄마는 AL 소년의 엄마보다 지지와 배려가 부족한 것으로 드러났다. 그들은 아들을 냉혹하게 대한다고 보고했고, 아이가 7세와 9세 때 훈육하던 방식은 일관성이 부족했다. 마지막으로 LCP 소년은 AL 소년보다 같은 나이에 더 많은 가정 내 갈등을 경험했다.

이런 사회적 경제적 상황이 LCP 소년이 AL 소년과 다르게 발달한 이유에 영향을 미쳤을 수도 있지만, 모피트의 이론은 LCP 소년의 발달 결함이 어린 나이부터 시작되었음을 보여준다. 이 가설에 따라, 우리는 두 그룹에 속한 소년들의 기질적, 인지적, 행동적 차이를 2세 때부터 관찰했다. LCP 소년의 엄마들은 이렇게 어린 나이부터 아이를 다루기가 힘들다고 말했고, 3세 때는 행동이 전보다 더 통제되지 않는 모습을 관찰했다(2장 참조). 5세부터 11세까지의 아동 행동에 대한 부모와 교사의 보고서를 보면, LCP 소년이 AL 소년보다 더 과잉행동을 하는 게 드러난다(4장 참조).

LCP 소년의 경우, 어린 나이부터 인지적 결함도 눈에 띄었다. 5세에 연령에 맞는 표준 지능 검사를 처음 실시했을 때부터 LCP 소년이 AL 소년보다 점수가 낮았고, 7세, 9세, 11세에 다시 지능 검사를 할 때마다 둘 사이의 차이가 더 벌어졌다. 이런 결과를 감안하면, 7세부터 11세까지의 LCP 소년들이 AL 소년보다 읽기 능력이 떨어지고 13세 때 치른 기억력 테스트에서 더 낮은 점수를 받은 것도 놀라운 일은 아니다.

종합하자면, 이런 심리적 결함과 문제 있는 가정환경 때문에 5세부터 11세까지 두 그룹의 소년들 사이에 행동 차이가 나타나게 된 것이다. 청소년기 전 단계인 이 아동기 중기에 부모와 교사가 작성한 보고서에 따르면 LCP 소년은 싸움을 많이 한다고 되어 있는데,

어쩌면 그 때문에 AL 소년에 비해 또래들에게 더 많이 거부당했을 수도 있다.

## 예비 결론

청소년기의 반사회적 행동에 대한 뚜렷한 발달 경로를 보여주는 모피트의 이론은 상당한 경험적 지지를 받았다. 첫째, 두 그룹의 아이들을 구분할 수 있음이 확실했다. 즉, 어린 시절부터 문제 행동이 시작되어 청소년기까지 유지된 아이와 청소년기에 심각한 문제 행동이 처음 나타난 아이를 구분할 수 있다는 얘기다. 이렇게 상반된 반사회적 행동의 궤적에도 불구하고, 두 그룹의 소년들이 청소년기에는 비슷해진다는 것도 증명했다. 둘 다 마약 사용이나 공공 기물 파손 같은 올가미를 경험했고, 대부분의 반사회적 행동에서 구별이 불가능해졌다. 그러나 어릴 때부터 반사회적인 행동이 시작된 소년들은 청소년기에 반사회적 행동이 시작된 소년보다 더 폭력적인 것으로 판명되었을 뿐만 아니라, LCP 소년은 타인에게 적대적이고 소외시키고 의심하고 냉소적인 태도를 보이는 반면, AL 소년은 그렇지 않았다. 그래서 이 두 그룹의 비행 소년은 많은 면에서 비슷하지만 또 중요한 부분에서는 달랐다. 문제아를 연구하는 우리 모험의 두 번째 부분에서는 이런 유사점이나 차이점이 성인기에 어떻게 드러나는지 알아보고자 한다.

우리가 고려하는 반사회적 행동의 뚜렷한 발달 궤적의 기원과 관련해, 모피트는 LCP 소년의 초기 발달뿐만 아니라 그 가족에게도 큰 문제가 있다는 증거가 존재할 것이라는 이론을 제시했다. 그리고 우리가 그 증거를 찾아냈다. LCP 소년은 아동기 초기부터 아동기 중기까지 계속 낮은 사회 계층, 심한 가족 갈등, 좋지 못한 양육 방식, 인지적 한계, 까다로운 기질, 과잉행동 같은 환경 위험 요인에 시달렸다. 두 그룹의 소년들이 3세부터 11세까지 나이가 드는 동안, 그들의 기능 차이는 더 커졌다. 따라서 LCP 소년과 AL 소년이 2세 때는 관리가 힘들다는 면에서 미미한 차이만 있었던 반면, 3세 때는 통제가 안 되는 부분에서 차이가 더 커졌고, 5세~11세에는 과잉행동 면에서 차이가 더 심해졌다. 이런 발달 패턴은 시간이 지나면서 LCP 소년의 반사회적 성격이 계속 발달했을 것으로 추정한 모피트의 이론과 일치한다. 이번에도 타인에 대한 아이들의 행동과 반응이 "그들 자신의 발달을 이끈다는" 측면에서 생각해볼 만하다.

LCP와 AL 남성의 미래 발달에 관심을 돌리기 전에 마지막으로 진행해야 하는 관찰이 있는데, 그건 우리가 지금까지 관심을 두지 않았던 소녀들과 관련이 있다. 이 장의 고려 대상은 기본적으로 소년들로 제한하기로 했었다. 소년의 경우 LCP 경로를 따라 발달할 가능성이 소녀에 비해 10배나 크기 때문이다. 하지만 절대적인 위험이나 LCP 아동이 되는 비율에 이렇게 큰 차이가 있음에도, 우리는 소년들에게서 관찰한 거의 모든 LCP-AL 차이가 소녀에게도 존재한다는 걸 발견했다. 따라서 LCP와 AL의 공격성에 대한 모피트의 이론은 한쪽 성별에만 적용되는 건 아닌 듯하다. LCP(남녀 모두)의 반사회적 행동은 인지적 한계와 까다로운 기질 같은 유전적 혹은 후천적 발달 취약성이 존재할 때 나타나 아동기 초기부터 존재하며, 부적절한 육아나 가족 간의 유대관계 붕괴, 빈곤 등의 요인으로 특징되는 고위험 환경에서 성장하면서 더 심해져 결국 또래나 교사 등 가족 외부인과의 관계까지 악화시킨다. LCP 여성이 상대적으로 드문 건 유아기에 인지 결함이나 통제되지 않는 기질, 과잉행동이 존재할 가능성이 남성보다 낮기 때문이다. 그러나 남성과 여성 모두 아동의 심리적, 행동적 특성과 아동이 자라는 가족 상황이 향후 발달에 중요하다는 걸 확인했다.

## 성인기의 LCP와 AL 남성

★

이 책에서 분명히 밝힌 것처럼, 더니든 연구가 제공하는 가장 큰 기회는 시간이 흐르면서 인간의 삶이 어떻게 발전하는지 살펴보고, 이를 통해 인간발달 과정의 어느 부분에 연속적이거나 불연속적인 특징이 나타나는지 밝힐 수 있는 능력일 것이다. 따라서 LCP와 AL 소년의 18세까지의 성장 과정을 알게 되자, 그들이 학교를 졸업하고 성인기로 들어선 뒤에는 어떻게 발달할지 궁금할 수밖에 없었다. "십대 청소년은 어른의 아버지"라는 사실이 증명될까? 이런 의문 때문에 문제 있는 소년들에게 초점을 맞춘 다음 단계의 연구를 진행하게 되었다. LCP와 AL 소년이 26세와 32세가 되었을 때의 발달 상황을 조사하면서 그들이 어떻게 지내고 있는지 알아보기 위해 다양한 발달 속성을 고려했다. 모피트가 처음 제시한 이론의 핵심 전제 중 하나가 AL 그룹은 청소년기에 처음 시작된 반사회적 행동에서 벗어날 수 있는 반면 LCP 소년은 아동기 초기부터 시작된 골치 아픈 길을 계속 따라갈 수 있다는 것이었다. 결과적으로 뒤의 예상은 맞았다는 게 확인되었지만 앞의 예상은 완전히 맞지는 않았다. 성인이 된 LCP 소년이 가장 저조한 기능을 드러낸 건 사실이지만, AL 소년의 청소년기 행동이 남긴 유산도 발전의 연속성에 관한 증거를 어느 정도 보여줬다. 32세 때의 결과에 주의를 돌리기 전에 26세 때 발견한 사실을 먼저 살펴보자.

## 26세 때의 LCP 남성과 AL 남성

본인들의 보고에 따르면 고등학교 졸업 후 약 8년 뒤, LCP 남성이 AL 남성보다 심각한 범죄 행위에 연루된 경우가 훨씬 많았다. 그들은 성인 범죄로 유죄판결을 받을 가능성이 AL 남성보다 2~3배나 높았다. AL 남성은 5달러 미만의 절도, 공공장소 음주, 컴퓨터 소프트웨어 불법 복제 같은 덜 심각한 범죄 행위를 저지르는 경우가 많은 반면, LCP 남성은 불법 무기 소지, 폭행, 강도, 법원 명령 위반 등 중범죄를 주로 저지르는 경향이 있다. 이런 행동은 친구나 가족 내 정보 제공자가 LCP 남성을 묘사하는 방식이나 공식적인 정신의학적 평가에서 드러난 내용과도 일치했다. LCP 남성은 AL 남성보다 반사회성 인격장애 증상을 훨씬 많이 드러내는 특징이 있으며, 그들을 잘 아는 사람이나 공식적인 정신의학적 평가에 따르면 사이코패스적인 성격 프로필이 있는 것으로 나타났다(이런 성격은 18세 때도 뚜렷하게 드러났다). 특히 LCP 남성이 폭력적인 행동을 계속한다는 점이 눈에 띄었는데, 이는 그들 스스로도 인정했고 정보 제공자의 보고서나 경찰 및 법원 기록을 통해서도 확인되었다. 특히 더 불안한 사실은 그들의 폭력이 이제 자녀와 파트너를 향한다는 것이다. LCP 남성은 자녀를 돌보기 위해 그들 곁에 머물지 않는데도 불구하고 이런 일이 일어났다. 어쩌면 그런 아빠가 옆에 없다는 건 별로 나쁜 일이 아닐지도 모른다.

LCP 남성이 낙제점을 받은 분야는 가정생활이나 법과 관련된 부분만이 아니었다. 그들은 26세까지 사회적 지위가 낮은 미숙련 직업을 전전한 근무 이력이 있고, 좋은 직업을 얻는 데 필요한 최소한의 교육적 자격이 부족하며, 우리가 실시한 면접 상황에서 좋지 않은 인상을 줬고, 고용주들이 채용을 꺼릴 만한 전과 기록을 가지고 있었다. LCP 남성은 약물 의존 문제가 많고 직장 내 갈등에 휘말리는 경향이 있기 때문에 그들이 얻을 수 있는 저숙련 직업에서의 승진 가능성도 낮았다.

AL 남성이 LCP 남성보다 제대로 기능하는 건 사실이지만, 모피트의 이론이 그들이 어릴 때의 능력을 이용해 반사회적인 행동에서 완전히 벗어날 것이라고 한 것과 달리 그들이 반사회적인 행동 양식을 완전히 버리지는 않는다는 분명한 증거가 있다. 좋은 소식부터 먼저 살펴보자. AL 남성은 LCP 남성보다 나은 업무 이력과 고숙련 직업을 가졌고, 그들 가운데 80퍼센트는 고등학교를 졸업했다. 면접 상황에서도 아주 좋은 인상까지는 아니더라도 꽤 괜찮은 인상을 줬고, LCP 남성보다 전과 기록을 가진 사람도 적었다. 그들의 성공은 그들이 LCP 같은 냉담한 성격이 아니라 상냥한 성격을 가졌다는 사실에서 비롯된 게 분명하다. 이들은 꽤 외향적이고, 부모와 친밀한 애착 관계를 유지했으며, 10대 때 또래들에게 거부당하지 않았다.

이런 장점에도 불구하고, AL 남성은 AL이나 LCP로 분류되지 않은 더니든 연구 피험자들에 비해 낮은 점수를 받았다. AL 남성이 18~26세에 재산 및 약물 범죄로 유지 판결을 받은 비율은, 그들이 전체 표본에서 차지하는 수를 기준으로 예상했던 것보다 두 배나 높았다. 그리고 26세에 인터뷰를 했을 때, 그들은 지난 한 해 동안 엄청나게 많은 재산 범죄와 마약 관련 범죄를 저질렀다고 보고했다. 그런 행동은 AL 남성의 충동성 때문에 비롯된 듯하다. 아마도 AL 남성이 성숙해져서 나쁜 습관에서 벗어나기까지는 더 많은 시간이 필요한 모양이다. 이런 가능성은 우리가 그로부터 6년 뒤에 청소년 비행의 본질과 기원, 결과를 연구하기 위해 반사회적인 청소년의 발달 상황을 조사하게 된 중요한 이유 중 하나다.

## 32세 때의 LCP 남성과 AL 남성

30대에 접어든 LCP 남성과 관련해 가장 먼저 언급해야 하는 사항은, 이들이 범죄를 그만둘 기미가 전혀 없다는 점이다. 이들 중 거의 3분의 1이 26~32세에 폭력 범죄로 유죄 판결을 받았다. 실제로 이들의 5명 중 1명이 이 기간 동안 수감 생활을 한 데 비해, AL 남성의 경우에는 20명 중 1명꼴이었다. 가정 폭력 또한 LCP 남성의 행동 레퍼토리 중 하나로 남아 있었는데, AL 남성도 자녀를 때리거나 파트너를 지배하고 학대할 가능성이 LCP 남성만큼 높았다.

정신 건강 평가를 통해 LCP 남성에게 심각한 문제가 추가로 드러났다. 그들은 불안과 심각한 우울증을 앓는 경우가 많았고, AL 남성에 비해 대마초나 다른 불법 약물에 대한 의존도가 높았다. 또한

LCP 남성은 자살 시도도 자주 했다. 그러나 두 그룹의 청소년기 범죄자들이 32세 때 알코올에 의존할 가능성은 똑같이 높았다.

LCP 남성이 여전히 좋지 못한 모습을 보이는 부분은 행동과 정신 건강뿐만이 아니었다. 그들은 신체 건강도 좋지 않았다. 심혈관 질환에 걸릴 위험이 가장 높았고, 염증 증세도 가장 많이 보였다. 또 성병인 2형 헤르페스에 걸릴 가능성도 가장 높았고 니코틴에 의존했다. 니코틴 의존증은 당연히 높은 수준의 만성 기관지염 증상과 잇몸 질환, 치료받지 않은 충치에도 영향을 미쳤다.

경제적으로도 여전히 부실했다. LCP 남성의 직업은 모든 피험자 가운데 가장 낮은 사회 계층에 속했다. 그것도 고용된 상태일 때의 얘기고, 그들은 모든 남성 피험자 가운데 최근 6년 동안 실업 상태인 기간이 가장 길었다. 정보를 제공한 가족과 친구들은 그들이 공과금을 납부할 돈이 부족하거나 빚을 지는 등 재정적 문제가 가장 심각하다고 평가했다. 그래서 음식이나 생필품을 살 돈도 없고 심지어 노숙자가 될 가능성도 가장 높았다.

AL 남성을 살펴보자, 모피트의 원래 이론과 달리 그들도 여전히 문제를 겪고 있다는 것을 알게 되었다. 실제로 이 남성들은 32세가 되어서도 반사회적 행동을 했다. 그래도 예상했던 것처럼 LCP 남성보다는 성공적으로 성인기로 전환했다. 그렇지만 개중 많은 이가 여전히 불법 약물을 남용하고, 경제적 문제를 겪고 있었으며, 건강이 좋지 않았다.

청소년기의 반사회적 행동이 성인기에 남긴 유산과 관련한 연구 결과의 요약을 마무리하기 전에, 이 장의 중심 주제는 아니지만

LCP 여성과 AL 여성에 대해서도 다시 간략하게 언급해야겠다. 어릴 때부터 문제가 시작된 LCP 여성은 32세가 되어서도 발달의 여러 측면에서 좋지 못한 모습을 보였다. 반사회적 행동을 계속했고, 심각한 정신 건강 문제를 겪었으며, 신체 건강도 좋지 않고, 경제적 어려움도 심했다. 당연한 얘기지만, 이런 사항은 우리가 LCP 남성에게서 발견한 결과와 너무나도 흡사해 여성이 LCP 경로를 걸을 가능성은 매우 낮지만 모피트의 이론이 여성에게도 적용된다는 걸 시사한다.

다행히 AL 여성은 AL 남성보다 상황이 좋아 보였다. 여성 AL 피험자들은 AL 남성보다 모피트의 이론에 잘 들어맞는 것처럼 보일 것이다. AL 여성의 경우 성인기에 반사회적 행동이 지속되는 경우가 거의 없다는 게 증명됐기 때문이다. 소수의 AL 여성은 약물 사용(대마 이외의)이라는 올가미에 걸려들긴 했지만, 다른 정신질환의 진단 기준을 충족시킬 가능성이 다른 피험자보다 높지 않았다. AL 여성이 30대 초반에 심하게 부족한 부분을 드러낸 유일한 영역은 경제적 지위였는데, 이는 LCP 여성과 다르지 않다. 요약하자면 32세 LCP 여성의 전반적인 예후는 좋지 않았으며, AL 여성도 경제적 여건은 비슷한 상황이었지만 LCP 여성에 비해서는 훨씬 나은 수준이었다.

이 연구는 지금도 계속되고 있다. 더니든 연구 피험자들의 경찰 기록을 조사한 결과, LCP 그룹에 속한 이들은 여전히 범죄를 저질러 유죄 판결을 받고 있었다. 그들은 30대에 평균적으로 5번의 유죄 판결을 받았는데, 폭력 범죄로 인한 유죄 판결 두 건도 포함된다. AL 그룹에 속한 이들은 30대에 유죄 판결을 평균 한 번씩 받았으며, 폭력 범죄로 인한 유죄 판결은 없었다.


## 시사점

★

　　저자 중 두 명은 대학원 때 유리 브론펜브레너 교수에게 배웠는데, 그는 오래전에 사망한 유명 사회과학자 쿠르트 레빈 Kurt Lewin의 "좋은 이론만큼 실용적인 건 없다"는 말을 인용하는 걸 좋아했다. 레빈의 말은 정확히 무슨 뜻일까? 우리가 분명히 밝히고자 한 건, 모피트의 이론이 우리의 발달 연구를 이어갈 수 있는 로드맵을 제공해줬다는 사실이다. 이 이론은 먼저 반사회적인 행동, 특히 그녀가 존재할 것이라고 가정한 LCP와 AL이라는 특정 그룹의 독특한 발달 궤적을 식별하도록 이끌었다. 또 아동의 인지 능력과 기질적 취약성, 가족의 경제적 열세와 기능 장애, 청소년기의 올가미 등이 발달을 저해하고 LCP 청소년과 AL 청소년을 구별 짓는 역할을 할 수 있음을 일깨워줬다. 마지막으로, 우리 연구를 인도한 발달 궤적이 성인기에 어떤 결과를 낳았는지 조사하도록 했다. 결국 이 이론에 대한 경험적 실험에서는 대부분 이론을 뒷받침하는 결과가 나왔다. 앞서 말한 것처럼 이는 특히 LCP 소년 소녀에게 해당되는 내용이고, AL 남성과 아마 여성에게도 어느 정도 해당될 것이다.

　　자기 아이디어가 예상과 완벽하게 부합하지 않는다는 사실을 받아들이기 힘들어하는 사람들이 많다. 잘못되거나 오도되는 걸 좋아하는 사람은 거의 없다. 그리고 우리 인간은 사회심리학자들이 "확중 편향"이라고 부르는 것, 즉 자기가 이미 생각하거나 믿는 내용을 확인하는 방향으로 정보를 필터링하는 경향이 있다고 알려져 있다. 그래서 자기 예상과 일치하지 않는 것보다는 일치하는 관찰 내용과 증거에 더 관심을 기울이고 잘 기억한다.

우리가 생각하기에, 인간의 인지적 결함을 인정하고 그걸 극복하기 위해 노력하고 헌신하는 것이 바로 과학자를 이론적 지도자와 구별하는 특징이다. 데이터가 중요한 것도 바로 이런 단순한 이유에서다. 열린 사고를 가진 조사관은 경험적 결과가 때로는 자기 생각과 일치하겠지만 때로는 그렇지 않을 거라는 사실을 이해하면서, 어떤 결과가 나오든 받아들여야 한다. 과학계에서는 다소 혹은 완전히 잘못 판단하더라도 큰 잘못은 아니다. 유일한 잘못은 잘 설계된 연구에서 자기 생각과 상반되는 증거가 나왔는데도, 자기 견해를 계속 고수하는 것이다. 심지어 아인슈타인도 모든 걸 제대로 이해하지는 못했다는 걸 잊어서는 안 된다! 그래서 모피트의 이론이 AL 남성의 성인기 발달과 관련해 약간 타격을 입었더라도 부끄러워하거나 당황할 필요는 전혀 없었다. 결국 아인슈타인과 같은 처지가 된 게 뭐가 문제란 말인가?

지금까지 우리 연구 결과가 과학에 미치는 영향을 강조했으니, 이번에는 상담과 치료에 미치는 영향을 생각해보자. 이는 비교적 간단하다는 사실이 입증되었고 또 좋은 이론의 실용적인 유용성에도 부합한다. 소아기 발생형 비행과 청소년기 발생형 비행을 다룰 때는 아마 다른 전략이 필요할 텐데, 문제 행동 발달을 애초에 방지할 때도 그렇고 문제가 발생한 뒤에 해결할 때도 그렇다. LCP 경로를 예방하려면 그런 노력을 매우 일찍부터 시작해야 한다는 걸 분명히 해야 한다. 결국 LCP 소년은 2세 때부터 이미 AL 소년과 달랐고, 따라서 다른 모든 아이와도 달랐다. 짐작컨대 그보다 더 어릴 때도 달랐을 듯하지만, 우리가 가진 데이터로는 그런 차이를 감지할 수 없다. 그렇다면 만성적인 반사회적 행동의 초기 증거를 찾아낸 이 상황에서, "남자애가 다 그렇지 뭐"라든가 "크면 안 그럴 거야"라고 가정하는 건 분명히 잘못된 판단일 것이다.

예방은 아동 발달의 다양한 측면(예: 인지 능력과 기질)뿐만 아니라 가정, 보육시설, 학교 등 여러 환경까지 목표로 하는 다면적인 활동이어야 한다. 아동기에 높은 수준의 문제 행동을 하던 아이들 가운데 적어도 일부는 청소년기에 그런 행동을 그만둔다는 사실은(우리는 이들을 "회복자"라고 부른다) LCP 경로에서 출발한다고 해서 반드시 그 경로를 계속 따라가는 건 아니라는 사실을 분명히 보여준다. 이번에도 어린 시절의 기능이 청소년 비행에 미치는 영향이 결정론적인 게 아니라 확률적이라는 걸 알게 된다. 분명히 희망의 근거가 있다.

그렇기는 해도 어릴 때부터 시작된 반사회적 행동을 바로잡기 위한 노력은 결코 쉽지 않으며, 특히 아이가 커갈수록 더 힘들어진다는 걸 알아야 한다. 실무자들은 무시무시한 상대와 격렬한 전투를 벌일 준비가 되어 있어야 한다. 그 적은 오랫동안 누적된 문제적 발달로 인해 반사회적인 성격 구조가 형성되어 있는 상태다. 이와 관련해 가장 힘든 일 중 하나는 문제 있는 십대들이 계속 치료를 받도록 하는 것이다. 그들이 상당히 비협조적이라는 광범위한 증거가 있다.

AL 소년은 분명히 유망한 개입 후보가 될 것이다. LCP 소년의 경우 문제적 발달이 누적된 인생 이력 때문에 변화가 제약되지만, AL 소년은 그런 게 적다. 실제로 AL 소년의 성격 프로필에는 강한 주체 의식 또는 사회적 효능감과 친밀한 대인관계에 대한 선호 같은 적응 적 속성이 포함된다. 따라서 부모와 의사, 학교, 경찰, 법원이 범죄를 저지른 청소년이 지은 죄뿐만 아니라 그들의 발달 이력에도 진지하 게 관심을 기울이는 게 매우 중요하다. 청소년기에 문제 행동이 시 작된 사람을 유아기부터 문제 행동이 시작된 사람과 같은 방식으로 대하는 건(똑같은 죄를 저질렀다고 하더라도) 발달적 관점에서 볼 때 현명 하지 못하고 불공평한 처사다. 그래서 더니든 연구에서 수행한 것 같은 장기적인 발달 연구가 매우 중요한 것이다. AL 범죄자는 유죄 판결을 내리고 수감할 경우 상황이 좋아지기는커녕 오히려 악화될 것으로 예상되며, 이 청소년들이 우리 생각처럼 자기 행동을 바로잡 으려는 노력에 반응을 보인다면 이런 판결 자체가 죄악이 될 것이 다. AL 경로에 있는 사람에 대해서는 알코올 의존증이 되지 않도록 음주를 예방하고, 계획에 없던 아이가 생기지 않도록 성교육을 강화 하며, 무모한 운전을 금지해 장애가 생길 정도의 부상을 입지 않게 하고, 학교를 중퇴해 실업자가 되지 않도록 무단결석을 방지하는 등 의 노력이 필요하다.

## 07

Early-Maturing Girls, Troubled Families, and Bad Boys

# 조숙한 소녀,
# 문제 있는 가족,
# 나쁜 소년들

파일 기록에 따르면, 11세에 관찰한 스테파니는 2년 전 더니든 연구소 실험실을 방문했던 개방적이고 친근한 주근깨투성이 빨간 곱슬머리 소녀와 완전히 달라져 있었다. 그녀에게서는 지나치게 빨리 세상물정에 밝아진 듯한 분위기가 풍겼다. 연구진이 또래들과의 관계를 묻자, 스테파니는 한때 즐겨하던 보드게임에 대해서는 더 이상 얘기하지 않았고 예전에 친하게 지내던 아이들과의 갈등에 대해 얘기했다. 그 애들은 이제 자기와 함께 시간을 보내는 데 관심이 없다고 불평했다. 그러면서 친구들을 "숙제하느라 너무 바쁜" "어린애들"이라고 비난했다. 기록에 따르면 스테파니는 자기보다 나이가 많은 남자아이들과 많은 시간을 보내고 있었다. 또한 몇 번이나 술에 취해봤고 심지어 대마초를 피운 적도 있다고 말했다. 연구진은 그녀가 곧 성경험을 하게 되거나 이미 경험해봤을 거라고 생각했다. 스테파니는 더니든 연구의 일환으로 인터뷰를 진행한 11세 아이 대부분보다 신체 발달이 빨랐을 뿐만 아니라, 인터뷰 진행자 중 한 명에게 피임법을 물어보기도 했다. 하지만 뉴질랜드 법률 때문에 연구진은 성행동에 대한 질문은 할 수 없었다.

기록을 보면 스테파니의 아빠는 스테파니가 아주 어릴 때 가족을 거의 버리다시피 했고, 엄마는 그 후로 많은 남자와 만났다. 그녀의 엄마는 엄격하지만 일관성 없이 규율만 강조하는 사람이라서 때로는 규칙을 어긴 스테파니를 벌하기도 했지만 때로는 딸이 뭘 하는지 알아차리지 못하는 것처럼 보이기도 했다. 이런 발달상의 점을 인과관계에 따라 연결해본 결과, 어떤 사람은 스테파니의 가족 경험이 또래와의 관계에 영향을 미쳤다는 결론을 내렸지만, 우리 그룹의 다른 이들은 기록을 검토하는 과정에서 이런 해석에 의문을 제기했다. 그들은 부모와 아이가 공유하는 유전자가 스테파니 엄마의 가혹하고 일관성 없고 태만한 육아 방식과 스테파니 본인의 잘못된 행동의 원인일 거라고 의심했다. 안타깝게도 당시 더니든 연구에는 실제 유전자 측정이 포함되지 않아 이 장에 소개한 연구를 수행할 때 이런 대안적인 '천성 대 양육' 설명을 평가할 수가 없었다.

이런 한계에도 우리는 또 다른 발달 연구를 진행하면서 머리말에서 언급한 제이 벨스키의 흥미를 끈 새로운 이론적 아이디어를 다시 조사해볼 수 있다는 걸 알게 되었다. 우리는 특히 이 새로운 아이디어가 유년 시절의 역경이 인간발달에 영향을 미치는 방식에 대한 일반적인 사회과학 및 정신 건강 개념에 급진적 대안을 제시한다는 점에 관심이 있었다. 이는 모든 생명과학의 중심 탐구 분야인 진화생물학의 핵심 전제, 즉 생명의 목적은 다음 세대와 그 너머로 유전자를 물려주는 것이라는 전제를 바탕으로 했기 때문이다. 이런 인생관은 어린 시절의 경험이 후기 발달에 미치는 영향과 직접적인 관련이 있다. 진화생물학이 건강, 부, 행복 같은 인생의 다른 목표보다 "생식 성공" 또는 "생식 적합성"에 특권을 부여하면서 "의미"는 언급하지 않은 것이 벨스키가 발전시킨 새로운 이론적 명제를 자극했고, 그것이 이 장의 중심 주제가 되었다. 여기에서는 아빠가 없거나 갈등이 잦거나 육아 방식이 가혹한 가정에서 성장할 경우 여자아이의 성적 성숙이 가속화되어, 그렇지 않은 경우보다 신체적으로 빨리 성숙하고 이 때문에 청소년기에 위험한 행동을 하게 되는지 알아볼 것이다.

## 빠른 생식 전략과
## 느린 생식 전략 개발

★

생식 성공이라는 개념은 사실상 인간 이외의 생물을 연구하는 모든 생물학자에게는 생각의 중심이지만, 인간발달을 연구하는 이들에게는 다소 이질적인 개념이다. 특히 가족 내에서의 경험이 아동 발달에 어떤 영향을 미치는지에 관심이 있는 사람들에게는 더 그렇다. 사실 대부분의 심리학자, 사회학자, 경제학자, 교육자, 정책 입안자, 부모가 생각하는 삶이란 건강과 부, 행복을 위한 것이다. 그래서 발달 과정도 '건전 대 불건전', "최적" 대 "손상"으로 구분해서 개념화하는 이가 많다. 따뜻한 보살핌을 경험한 아이는 안정적이고 호기심이 많고 친근하며 뭔가를 이루기 위해 노력하고, 결국 프로이트의 말처럼 "사랑하고 일할" 수 있는 생산적인 성인으로 성장하리라 예상된다. 이는 건전한 발달 과정과 그 결과물을 나타낸다. 이와 대조적으로, 지지해주지 않는 양육 방식으로 인해 불안정하고 호기심이 없고 감정과 행동을 잘 제어하지 못하는 아이는 손상된 발달 형태를 보여준다. 이런 사람은 학업과 직업적 성공이 제한될 뿐만 아니라 긴밀한 관계를 구축하거나 유지하지 못한다. 이런 표준적인 사회과학적 인생관의 핵심은 발달의 일차적 방식은 예상대로 "자연스럽게" 진행되고, 두 번째는 예상했던 방식이 아니라 발달장애나 기능장애 혹은 장애의 증거를 나타낼 것이라는 추정이다.

양육이 발달을 형성하는 방법과 관련된 이런 전통적인 관점은 "최적" 혹은 최선의 발달 경로 같은 건 존재하지 않는다는 진화생물학적 관점과 현저하게 대비된다. 진화생물학적 관점에서는 다음 세대에 유전자를 물려주는 데 성공한 것이 가장 좋은 것이며, 결정적인 성공 여부는 유기체가 존재하는 상황이나 환경(유기체가 발달한 환경도 포함)에 따라 달라진다. 예를 들어, 특정 달팽이 종은 아직 유충 단계일 때 물속에 포식자가 있는 걸 감지하면, 포식자가 감지되지 않았을 때보다 훨씬 두껍고 튼튼한 껍데기를 만든다. 이는 매우 일리 있는 행동이며, 확실하게 필요하지 않을 때는 더 튼튼한 껍데기를 만드는 데 자원을 쏟지 않는 것과 마찬가지로 "생물학적으로 타당한" 행동이다. 둘 다 최적의 "전략"이며, 다음 세대에 유전자를 물려줘서 최종적인 번식 성공을 촉진할 수 있는 방식으로 유기체를 예상 환경에 적응시킨다.

그러므로 진화적 관점에서 볼 때 어린이와 청소년, 심지어 성인이 발달하기에 가장 좋은 방법이 반드시 정신 건강 전문가나 교사, 심지어 정책 입안자들이 중요하게 여기는 방법이 아닐 수도 있다. 잘 기능하는 화목한 가정 같은 특정 조건에서 성장한 경우에 후손에게 유전자를 물려주는 가장 성공적인 방법으로 판명된 것이, 가족 간 갈등이 심하고 자녀에게 관심을 기울이지 않는 다른 조건에서 성장한 사람에게도 똑같이 적용될 것이라고 추정해서는 안 되기 때문이다. 이런 진화생물학적 인생관은 앞서 얘기한 달팽이의 경우처럼 자연 선택의 힘이 우리 종도 경험에 대응하도록 적응시켜서, 발달 중인 아이도 자기가 생존하고 성숙하고 번식할 가능성을 높이는 방향으로 성장한다는 걸 암시한다.

이런 관점에서 보면, 오랫동안 "손상된" 발달 증거로 간주되었던 것들이 사실 아무것도 아닐 수 있다. 힘든 조건에서 성장하면서 나타난 많은 결과가 사실은 "생물학적으로 타당한" 결과이고, 그게 다음 세대로 유전자를 물려주는 우리 조상들의 성공률을 높였을 수도 있다는 얘기다. 결과적으로, 오늘날 많은 이가 손상되거나 힘들거나 문제가 있다고 간주하는 발달 방식이 역경에 대한 전략적 대응으로 발전했을 가능성도 있다. 예를 들어, 안전과 보안이 부족한 세상에서는 공격적으로 행동하면서 다른 사람을 이용하고 먼저 때린 다음 나중에 질문을 던지는 게 생식에 유리했을 거라고 쉽게 상상할 수 있다.

여기에서 제기하는 주장은 인류 조상의 역사가 진행되는 동안,

다른 많은 종처럼 우리도 어린 시절의 경험과 노출에 따라 발달 방식을 변화시킬 수 있는 능력을 발전시켰다는 것이다. 결정적으로, 어릴 때 처한 서로 다른 상황 조건에 대한 뚜렷한 발달 반응이 모든 생물의 궁극적 목표인 생식 성공을 촉진했기 때문에 이것이 인간의 정신 생물학적 구성의 일부가 되었다. 이는 우리가 그렇게 오래전에 나타난 발달적 가소성이나 반응성을 여전히 유지하고 있음을 암시한다. 그러나 이 분석은 다양한 발달 조건에 대응하는 우리의 발전된 방식이 예전처럼 생식적 보상을 안겨준다는 걸 의미하지는 않는다. 현대 세계는 우리 조상들이 살던 세계와 너무 다르지만(예를 들어, 요즘에는 피임, 낙태, 복지 혜택이 있다) 진화는 대개 아주 오랜 시간이 걸리기 때문에, 먼 옛날부터 우리 종족에게 내재된 반응성이 더 이상 생식에 유리하지 않더라도 계속 그 특성을 유지하고 있을 수 있다.

진화생물학자들은 독특한 "생식 전략", 즉 개인이 나이 드는 동안 거주하게 될 환경에 적응하도록 발전한 출생 시부터 성인기까지의 발달 방식에 대해 얘기한다. 가장 눈에 띄는 건, 그들이 "빠른" 전략과 "느린" 전략을 구별한다는 것이다. 삶이 편안할 때(발달 중인 아이가 안전하고 안심할 수 있다는 뜻)는 서둘러 발달할 필요가 없다. 이런 환경에서 생물학적으로 전략적인 대응 방안은 천천히 성장하면서 영양적, 심리적, 경제적 자원을 비롯해 이용 가능한 모든 자원을 받아들이는 것이다. 그러면 도전에 대처하고, 좋은 짝을 만나고, 건강한 자녀를 기르는 데 에너지와 노력을 쏟을 수 있는 더 건장한 사람이 될 수 있다. 이렇게 기른 자녀들 또한 밝은 인생 전망이 기다리고 있고 번식에도 성공해 자신과 부모, 조상의 유전자를 후대에 물려줄 것이다.

그와 대조적으로, 어린 시절의 경험을 통해 타인은 믿을 수 없고, 세상은 위협적이며, 오래도록 건강하게 살 수 있는 기회는 제한되어 있다고 배운다면, 위협 때문에 목숨을 잃거나 심각한 손상을 입기 전에 번식할 수 있도록 서둘러 성숙하는 방향으로 생식 전략을 짜야 한다. 현대의 중산층 사회는 이런 전략을 받아들이지 않을 수도 있지만(이를 진화된 발달 전략이 아니라 부자연스러운 기능장애로 간주하여), 그렇다고 해서 이 전략이 오랜 동안 생식에 큰 도움이 되지 않았거나 앞서 설명한 특정 조건에서 더 좋은 발달 방법이 아닌 것은 아니다. 사실 이론적으로는, 이렇게 "문제가 있는" 듯한 발달 방식이 역경에 대한 전략적 대응으로 진화하기 위해 유전자 전달에 아주 성공적일 필요도 없었을 것이다. 그냥 문제가 덜한 다른 발달 방식보다 목적 달성에 더 성공적이라는 사실만 증명하면 되었다. 이렇게 한 번 생각해보자. 문제가 있는 발달 방식은 유전자를 물려주는 데 30퍼센트밖에 성공하지 못했지만, 발달이라는 맥락에서 볼 때 성공률이 22퍼센트인 다른 방법보다는 괜찮은 것이다.

빠른 발달 전략을 채택할 경우 성장 제한이나 잠재적인 건강 손상, 좋은 짝을 만날 수 있는 능력 감소 등 어느 정도 희생이 따를 것이라고 쉽게 상상할 수 있다. 그러나 진화 이론에 따르면, 건강 악화나 죽음으로 인해 생식 성공이 좌절되기 전에 빨리 성숙해서 번식할 수 있는 기회가 늘어나면 이런 희생도 보상받을 수 있다. 이렇게 발달이 빨리 진행되는 이들은 자녀를 잘 보살피거나 친밀한 관계를 유지할 수 있는 능력이나 성향이 부족한 것으로 추정되기 때문에, 자녀에게 "투자"하는 에너지와 시간, 경제적 자원이 적어지더라도 아이를 더 많이 낳으려고 한다. 자식을 돌보고 보호할 수 있는 위치에 있는 발달이 느린 사람과 달리, 발달이 빠른 사람이 느린 사람과 동일한 수의 손자를 얻으려면 아이를 더 많이 낳아야 할 수도 있다. 이는 특히 발달이 빠른 사람이 경제적, 물리적 또는 사회적 이유 때문에 자녀의 안전을 지키고 유지할 수 없는 상황일 때 더 그렇다. 그러나 아이를 많이 낳고도 잘 돌보지 않는 게 예전처럼 생식적 "성공"으로 간주되지 않는다는 걸 알아야 한다. 결국 문화는 진화된 발달생물학보다 훨씬 빠르게 변할 수 있다.

중요한 건, 자연이 이 모든 걸 알아내서 의식적으로 한 가지 발달 방향을 추구하는 걸 우리 손에 맡겼다고 가정하면 안 된다는 것이다. 어두운 방에 있다가 밝은 빛으로 이동할 때, 우리 눈은 뭘 해야 하는지 정확하게 알고 있어서(동공을 수축시킨다) 우리가 의식적으로 지시를 내리기까지 기다리지 않는다는 걸 생각해보자. 그렇다면 어째서 자연은 어떤 발달 "궤도"가 자기가 따라야 할 올바른 궤도인지 알아내는 임무를 발달 중인 어린아이에게 맡기는 걸까?

## 그럴듯한 이야기?

★

이렇게 생식을 발달 전략으로 바라보는 시각이 아무리 흥미롭고 설득력 있게 들릴지라도, 전통적인 사회과학자와 발달과학자에게는 이를 의심할 만한 강력한 근거가 있다. 광범위한 사회학, 심리학, 경제학 연구를 통해, 가난하거나 한부모 가정에서 자라거나 가혹한 대우를 받거나 심지어 학대당하는 등의 어린 시절의 역경이 종종 문제 있는 발달을 초래한다는 사실은 오래전에 밝혀졌다. 여기에는 공격적인 행동, 나쁜 건강 상태, 제한된 짝짓기 전망, 성적인 위험 감수, 불안정한 남녀관계, 아이를 많이 낳아 어릴 때부터 제대로 돌보지 않는 것 등도 포함된다. 그렇다면 불리한 조건에서의 성장이 특정한 인생 결과로 이어지는 이유를 설명하기 위해 수렵·채집 시대의 조상에 관한 설득력 없는 진화 이야기를 받아들여야 하는 이유는 무엇일까?

과학 철학 분야에서 오컴의 면도날Occam's razor로 알려져 있는 간결성 법칙은, 어떤 현상에 대해 간단한 설명과 복잡한 설명이 있을 때는(이 경우, 어린 시절의 역경이 발달에 미치는 영향과 관련된) 간단한 쪽을 선호해야 한다고 규정한다. 그렇다면 간단한 학습 설명만으로도 충분히 얘기가 통하는 상황에서, 왜 군이 인류의 진화 역사까지 고려한 걸까? 아빠가 없는 구체적인 경우를 생각해보자. 그런 가정에서 자란 소녀는 다른 소녀들보다 이른 시기에 성적으로 왕성해지고 심지어 문란해질 위험이 큰데, 이는 우리의 수렵·채집 조상들과는 아무런 관련이 없다. 이런 행동 방식은 그냥 엄마와 함께 살면서 배운 걸 반영한다. 집에 들락거리는 남자들은 믿을 수 없는 사람들이지만, 성관계를 맺을 수 있을 때는 더 오래 머무는 경향이 있다는 것이다.

간결성 법칙이 매우 설득력 있는 건 사실이지만, 조건이 충족될 경우 간결한 설명보다 복잡한 설명(이 경우 진화 및 생식 전략과 관련된)을 받아들여야 하는 과학 철학적인 조건이 있다. 새로운 이론이나 설명이 기존 이론을 이기려면, 새로운 관점이 세 가지 조건을 충족해야한다. 첫째, 우리가 이미 알고 있는 걸 설명할 수 있어야 하는데, 이 경우 어린 시절의 역경이 발달 "손상"으로 이어진다는 것이다. 생식전략의 관점은 이 조건을 달성한다. 둘째, 새로운 이론적 프레임워크는 테스트가 가능하면서 동시에 전통적인 관점을 받아들인 이들이 제안하거나 평가한 적 없는 독창적인 가설, 즉 예측을 생성해야한다. 마지막으로, 새로운 가설에 대한 경험적 평가는 전통적 관점으로는 설명할 수 없고 결코 예상하지도 못했던 발견으로 이어져야한다. 이 세 가지 조건이 모두 충족되어야만 별로 간결하지 않은 새로운 관점이 간단한 관점을 이길 수 있다.

## 기묘한 예측

★

　　　제이 벨스키는 삶에 대한 진화적이고 생식 전략적인 관점에서 볼 때 아동기의 역경과 결부시킬 수 있는 발달 "결과"가 적어도 하나는 있다는 걸 깨달았다. 사회과학이나 정신 건강의 관점에서는 고려하지 않았던 이것은 바로 사춘기가 시작되는 타이밍이다. 그는 생식적 이유로 역경에 대응해 빠르게 성숙하는 여자아이는 점 잖고 자애로운 환경에서 자라는 여자아이보다 신체적 성숙 역시 더 빨리 진행된다고 추론했다. 사춘기 발달이 빨라야 다른 여자아이들보다 빨리 생식력이 생기기 때문이다. 물론 이 주장에는 역경으로 인한 조기 사춘기가 번식에 필요한 성적 활동을 촉진할 거라는 견해가 내포되어 있다. 아동기의 역경이 사춘기와 성적 발달을 가속화하는 효과를 생리학적으로 어떻게 설명할 수 있을지는 잘 모르겠지만, 이런 "사춘기 가설"을 뒷받침하는 증거를 발견한다면 표준적인 사회과학과 인간발달 사고로는 설명할 수 없는 결과가 되리라는 건 알수 있었다. 그래서 벨스키는 이를 "기묘한" 예측이라고 여겼고, 결국 이것이 이 장의 주제인 또 다른 발달 연구의 중심이 되었다. 이 장에서는 가정생활과 양육의 질이 사춘기 발달에 어떤 영향을 미치는지 고려하면서, 어릴 때 가족 내에서 한 경험이 후기 발달에 미치는 영향을 다룬다. 또 발달이 빠른 소녀와 늦은 소녀의 첫 성경험 시기와 성적 행동에 차이가 있는지 살펴서, 조기 발달이 후기 발달에 미치는 영향에 대해서도 다룬다.

더니든 연구는 벨스키의 이론이 제시한 것처럼 어린 시절의 불리한 조건이 사춘기 발달을 가속화하는지 여부를 평가하기에 좋은 위치에 있었다. 벨스키가 이런 예측을 발전시키고 우리가 연구를 시작했을 때는 해당 주제에 대한 증거가 없었기 때문에, 이 연구에 착수하게 된 것이 기뻤다. 가구 구성에 대한 정보는 꾸준히 수집해뒀으므로, 데이터 저장소를 통해 아이 인생의 첫 7년 동안 아빠가 가정을 비웠는지 여부와 그 빈도를 확인하고, 아빠의 부재가 사춘기 시작 타이밍을 예측하는지 판단할 수 있었다. 엄마들의 보고를 통해 가정 내에서 얼마나 많은 갈등이 발생했는지도 알고 있었기 때문에, 이 정보도 같은 용도로 활용했다. 마지막으로, 여자아이들이 언제 생리를 시작했는지(초경)에 대한 데이터도 갖고 있었기 때문에, 아빠의 부재와 심한 가족 갈등이 여성의 사춘기 발달을 가속화할 것(빠른 초경 나이로 확인 가능한)이라는 가설을 시험할 수 있었다. 이런 상황은 이 책의 기초가 되는 연구 프로젝트처럼 시간의 흐름을 따라 삶을 추적하는 연구 프로젝트의 큰 강점 중 하나를 다시 드러낸다. 이는 우리가 계속해서 받을 수 있는 선물이다. 다시 말해, 새로운 아이디어를 시험할 기회가 계속 생기는데, 개중에는 사춘기 가설처럼 아이디어 평가에 사용된 데이터를 처음 수집할 때는 전혀 상상하지 못했던 것도 있다. 이는 마치 식료품점에서 아무것도 사지 않았는데도 새로운 요리를 만들기 위해 필요한 모든 재료가 저장실에 다 갖춰져 있는 것과도 같다.

결과적으로 7세 때 가족 내에서 한 경험과 초경 시기를 연결시켜서 사춘기 가설을 평가하려는 노력은, 두 가지 면에서 생식 전략 사고에 기초한 예측과 일치한다는 게 입증되었다. 첫째, 아빠 없이 자란 소녀는 양쪽 부모가 다 있는 가정에서 자란 소녀보다 성적으로 빨리 성숙했다. 둘째, 갈등이 심한 가정에서 자란 소녀는 가족 갈등에 거의 노출되지 않은 소녀보다 빨리 성숙했다. 이는 지금까지 한 번도 기록된 적이 없는 경험적 발견인데, 틀림없이 전통적인 사고방식에서는 어린 시절의 역경이 성적 성숙을 가속화한다는 가능성을 전혀 제기하지 않았기 때문일 것이다. 과학 철학의 관점에서 볼 때 또 하나 중요한 사실은, 인간발달에 미치는 가족의 영향에 대한 전통적 이론의 관점에서는 우리 연구 결과를 설명할 수 없다는 것이다.

지금까지 살펴본 것처럼, 연구 결과가 예상과 일치하는 것으로 판명되더라도 대안적 설명을 고려해야 한다. 여성 사춘기 발달의 경우, 대안적 설명 중 하나는 체지방의 중요성을 강조한다. 여자아이는 성적으로 성숙하기 전에 일정량의 체지방이 있어야 한다. 사실 "중요한 지방" 가설은 발레리나와 여자 체조선수의 성적 성숙이 일반적으로 지연되는 이유를 설명한다. 힘든 운동 때문에 그들 몸에 있는 지방이 거의 다 제거되는 것이다. 이런 관찰은 초경 연령에 영향을 미친 건 아빠의 부재와 가족 갈등 등 우리가 초점을 맞춘 특정 형태의 역경이 아니라 체지방일 가능성을 제기했다. 다행히 더니든 연구에는 신체 발달 측정치도 포함되어 있어 데이터 저장소에서 이 측정치를 찾아 대안 설명의 진위 여부를 테스트할 수 있었다. 그 결과, 소녀들의 몸무게를 고려하더라도 아빠의 부재와 심한 가족 갈등을 통해 빠른 초경 나이를 예측할 수 있다는 걸 알았는데, 그렇다고 체지방이 문제가 안 된다는 얘기는 아니다. 그냥 고려한 가족 요인이 소녀들의 체중 차이를 넘어 초경 나이를 예측했다는 뜻이다. 대부분의 발달 측면은 한 가지 요인이 아니라 여러 요인의 영향을 받는다는 걸 인식하는 게 항상 중요하다. 따라서 한 가지 요인(이 경우 인생 초반의 역경)을 강조하는 가설을 다른 요인은 존재하지 않는다는 뜻으로 해석해서는 안 된다.

체지방은 우리가 고려해야 하는 유일한 대안적 설명이 아니었다. 이전 장에서 제기된 다른 요인으로는 유전이 있다. 빨리 성숙한 엄마는 빨리 성숙하는 딸을 낳을 가능성이 있고 초경 연령이 유전 가능하다는 사실은 널리 인정받고 있기 때문에, 부모와 자녀가 공유하는 유전자의 기능이 인생 초반의 역경과 빠른 사춘기의 연결고리가 될 수도 있다는 가능성이 존재한다. 피험자의 엄마가 빨리 성숙해서 너무 어린 나이에 남자를 만나 아이를 낳았을 수도 있고, 그 때문에 관계 갈등과 파경이 발생해 딸이 아빠 없이 자라고, 결국 그 딸도 유전적인 이유로 빨리 성숙한다고 생각해보자. 추측컨대, 부모의 행동에 영향을 미치고 이로 인해 아빠의 부재나 가족 간 갈등을 유발하는 유전자가 딸들에게 전달되어 그들의 빠른 성적 성숙에 기여할 수도 있다. 다행히 우리는 기묘한 사춘기 예측을 평가하고 확장하기 위한 다음 노력을 통해, 이런 우려를 부분적으로나마 해결할 수 있었다.

## 사춘기 이후

★

　　　다음 세대로 유전자를 물려주기 위해 신체적 발달뿐만 아니라 심리적·행동적 발달까지 양육 경험에 대응할 수 있는 방향으로 이루어졌다는 생각이 인간발달에 대한 생식 전략 관점의 중심이다. 사실 우리 연구를 이끈 제이 벨스키의 진화론적 사고는 조기 성숙이 빠르거나 심지어 문란한 성적 행동으로 이어지는 발달 경로의 한 단계라고 규정했다. 사춘기 발달을 가속화하는 생물학적 이유는 기능이 손상되거나 심지어 사망하기 전에 생식 가능성을 높이기 위해서라는 걸 기억하자. 따라서 문제 가정에서 자란 소녀들의 생식 전략에 대한 연구를 확장하기 위해, 부정적인 양육 경험이 사춘기 발달을 가속화할 뿐만 아니라 그걸 통해 성적 활동에도 영향을 미치는지 판단하려고 했다.

　　이런 목표를 염두에 두고, 1장에서 강조하고 8장에서 더 자세히 살펴본 조기 보육 및 청소년 발달 연구로 돌아갔는데, 이는 두 가지 이유에서다. 첫째, 이 연구는 인생 초반의 역경이 소녀의 사춘기 발달을 눈에 띄게 가속화하는 효과를 다시금 입증할 수 있는지 평가할 수 있게 했다. 또 하나 중요한 건, 빠른 사춘기 자체가 청소년기의 성적 위험과 관련이 있는지 판단할 수 있는 기회를 제공했다는 것이다. 10개 연구팀이 참여한 이 협업 프로젝트가 처음 시작됐을 때는, 사춘기 발달을 평가하거나 진화론적 아이디어를 평가할 계획이 없었다는 걸 알아야 한다. 하지만 생식-전략 사고의 명백한 가능성을 감안하여, 이에 필요한 사춘기 발달 정보를 수집하기로 했다.

사실 성적 행동에 초점을 맞추는 것 외에도, 유전 문제와 관련된 중요한 방향으로 연구를 진전시킬 수 있었다. 더니든 연구에서 공유 유전자의 영향이 부정적인 가족 경험의 영향을 "가린" 것 아니냐는 우려 때문에, 육아 연구에서 엄마의 초경 나이에 대한 정보를 확보했다. 가족 경험과 소녀들의 사춘기 발달 사이의 연관성을 평가하기 전에 엄마의 초경 연령을 고려한 덕분에 적어도 잠재적인 유전적 영향 중 몇 가지는 배제할 수 있었다. 하지만 안타깝게도 아빠들의 경우에는 이 방법이 불가능했다. 여성들은 자기가 초경을 한 나이를 놀랍도록 정확하게 기억한 반면(40년이나 지난 뒤에도), 대부분의 남성은 본인의 사춘기 발달 시기를 또렷이 기억하지 못한다. 남성 독자들 가운데 음모가 처음 났을 때라든가 목소리가 변한 시기, 혹은 정액을 처음 분비한 때를 기억하는 사람이 몇이나 될까?

결국 잠재적인 유전적 영향(엄마의 초경 연령으로 나타난)을 조금이라도 고려하는 편이 전혀 고려하지 않는 것보다 나을 거라고 생각했다. 그런데 놀랍게도, 우리 연구를 비판하는 이들 중 한 명이 모녀의 초경 연령의 유사성을 유전적 영향의 증거로 취급하는 건 지나치게 신중해지는 위험이 있다고 생각했다. 다른 여성보다 빨리 성숙한 엄마 또한 딸과 같은 이유일 수 있다는 것이다. 즉, 그녀 역시 자랄 때 역경에 노출되는 바람에 사춘기 발달이 가속화되었을지 모른다. 이는 5장에서 논의한 양육 방식의 세대 간 전이라는 주제로 되돌아가게 한다. 비평가가 제기한 우려는 높이 평가하지만 그래도 보수적으로 진행하는 편이 낫겠다고 판단했고, 모녀의 초경 연령 사이의 관계는 유사한 양육 경험보다 공통된 유전자의 영향을 반영하는 것이라고 가정했다. 그래서 그 영향을 통계적으로 배제시켰다.

육아 연구에서 여자아이의 사춘기 발달에 미치는 가족의 영향을 평가한 결과, 가혹한 육아 방식이 자녀의 사춘기 발달 시기에 영향을 미친다는 걸 알아냈다. 아이가 잘못을 저지르면 혹독하게 엉덩이를 때리는 부모는 아이들이 질문 없이 순종하고 어른이 곁에 있으면 조용히 공경하기를 기대했다. 냉혹한 부모는 권위에 대한 존중을 아이가 배워야 할 가장 중요한 덕목으로 여겼다. 그들은 칭찬이 아이를 망친다고 믿었기 때문에 포옹이나 키스를 거의 하지 않았다. 결국 우리가 발견한 건, 부모가 4세 반 된 아이를 가혹하게 대할수록 딸의 초경 시기가 빨라진다는 것이다. 이는 엄마 본인의 초경 연령에 상관없이 그랬다. 그래서 이전의 생식-전략 연구를 확장하기 위해, 가혹한 육아가 딸의 사춘기 발달에 미치는 영향을 평가하기 전에 엄마의 초경 연령이 미치는 영향을 배제하고 가족 환경의 영향처럼 보이는 걸 기록했다.

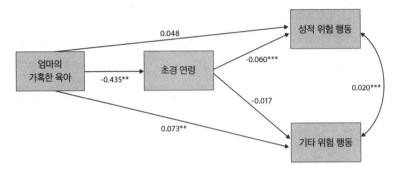

**| 표 7-1 |** 아이가 4세 반 때 엄마가 가혹하게 대할수록 초경 연령이 빨라진다는 예측을 보여주는 통계 경로 모델(엄마가 기억한 본인의 초령 연령에 따라 조정). 이 자체로 더 많은 성적 위험 행동을 예측할 수 있지만 다른 유형의 위험 행동은 예측하지 않았다. 엄마의 가혹한 태도는 다른 유형의 위험 행동은 직접적으로 예측하지만 성적인 위험 행동은 직접 예측하지 않는다. 별표는 연관성의 통계적 유의성을 반영한다(**p.〉01, ***p.〉 001).

J. Belsky, L. Steinberg, R. M. Houts, B. L. Halpern-Felsher & NICHD 조기 보육 연구 네트워크(2010)의 연구 결과 재구성. '여성의 생식 전략 발달: 어린 시절 엄마의 가혹한 태도 → 빠른 초경 → 성적 위험 행동 증가', 〈발달심리학〉, 46, 120-128, 그림 1. 미국심리학회의 허가하에 게재.

기존 연구를 진전시키는 두 번째 방법은 가속화된 사춘기 발달 자체를 통해 성적 행동을 예측할 수 있는지 판단하는 것이었는데, 예측 가능하다는 결과가 나왔다. 조숙한 소녀들은 15세 때 다른 소녀보다 많은 성적 위험을 감수했다. 가혹한 육아를 경험한 조숙한 소녀는 다른 소녀들보다 초경을 빨리 했을 뿐만 아니라 15세 무렵에는 성적으로 매우 적극적이 되어 또래보다 많은 구강성교와 성교를 경험했다. 그러나 음주나 약물 복용 같은 다른 위험한 행동에 관여할 가능성이 더 높지는 않았다. 표 7-1은 이런 연구 결과를 표현했다.

# 청소년기 이후

★

　　　　　이런 발견은 이 모든 연구에 영감을 준 진화적 사고와 관련해서 새로운 의문을 제기한다. 소녀의 조기 성숙이 성적 행동에 미치는 영향이 청소년기 중반 이후에도 이어질까? 생식 전략적 사고방식에서는 그래야 한다고 규정했다는 걸 상기하자. 구체적으로 말하자면, 문제가 많은 가정생활 때문에 일찍 성숙한 소녀는 별로 안정적이지 않은 "쌍 결합", 즉 이성과의 긴밀한 관계를 맺을 것이라고 예측했다.

　　우리는 다시 더니든 연구로 돌아가서 조숙한 소녀들의 장기적인 성적 행동과 이성 관계를 조사했다. 피험자들이 21세, 26세, 32세에 지금까지 성관계를 맺은 이성 파트너가 몇 명인지 물었을 때 21세 때는 과거 3년, 26세 때는 과거 5년, 32세 때는 과거 6년 동안의 경험에 대해 물었다. 그리고 정직한 보고를 촉진할 수 있는 방법을 이용했다. 피험자들은 대면 인터뷰가 아니라 컴퓨터를 통해 질문에 답했기 때문에 사생활이 침해된다는 느낌이 덜했다. 또 남성의 경우 자신의 성적 매력과 기량을 과장할지도 모른다는 의심이 들 수도 있지만, 여성은 그러리라고 생각할 이유가 훨씬 적었다.

　　인간의 생식 전략 발달을 조사하는 연구의 다음 단계에서 성인기의 성행위와 관련해 입수한 기밀 정보에 관심을 돌리자, 조숙한 소녀는 30대에도 다른 이들보다 성관계 파트너가 많다는 걸 알게 됐다. 증거를 살펴보니 그런 행동이 약물 사용과 관련이 있다는 사실도 드러났다. 후자의 관찰은 꽤 합리적인데, 성관계를 자주 가진 사람은 약에 취했을 때 그렇게 하는 경우가 많았다. 생식-전략 사고에서는 약물 남용은 예상하지 않았지만, 성적 조숙과 많은 수의 성관계 파트너 사이에는 확실히 연관성이 있었다. 앞서 관찰한 빠른 발달 전략이 불안정한 남녀관계와 관련이 있었다는 걸 기억하자. 우리가 진행한 모든 연구를 바탕으로 볼 때, 아빠의 부재, 가족 간 갈등, 가혹한 양육을 통해 지수화된 어린 시절의 역경이 사춘기 발달 가속화를 예측한다는 증거가 있다. 엄마의 초경 연령과 유전이 여자아이의 신체 발달에 미치는 잠재적 영향을 고려하더라도, 조기 성적 성숙 자체가 청소년기에 더 많은 성적 위험 행동을 예측한다. 그리고 다른 소녀보다 일찍 성숙한 소녀는 20대, 30대, 40대에 만나는 성행위 상대도 더 많았다.

## 위험에 직면했을 때의 회복력

★

우리 연구 결과에도 불구하고, 역경에 노출되거나 일찍 성숙한 모든 소녀가 방금 설명한 방식대로 발달한다고 결론짓는 건 엄청난 실수일 것이다. 여기서 다시 1장에서 논의한 확률론 대 결정론적 발달이라는 주제로 돌아간다. 우리는 일반적 추세를 제시했지만 이게 모든 개인, 어릴 때 역경에 노출된 조숙한 소녀 모두에게 동등하게 적용된다는 뜻은 아니다. 비유하자면, 평균적으로는 뉴욕의 7월 기온이 4월 기온보다 확실히 덥지만 그렇다고 해서 7월의 모든 날이 4월의 모든 날보다 반드시 더운 건 아니다.

우리는 이 책을 통해 인간의 발달이 복잡한 과정이라는 걸 명확히 밝히기 위해 노력하고 있다. 앞서 말한 것처럼, 어떤 단일한 영향력의 원천이 왜 이 사람은 이렇게 발달하고 저 사람은 다르게 발달하는지 완벽하게 설명하는 경우는 드물다. 이런 복잡성을 알고 있는 우리는 불리한 양육 조건과 조기 성숙이 여성의 발달 방식에 뚜렷한 영향력을 행사하는 걸 막을 수 있는 조건이 무엇일지 궁금해졌다. 그래서 어린 시절의 역경과 소녀의 조기 성적 성숙, 초경 연령, 그 이후의 성 활동을 연결짓는 것으로 이미 입증된 발달적 연관성을 약화시키거나 제거할 수 있는 요소를 조사하게 되었다. 첫 번째 사안은 NICHD 보육 및 청소년 발달 연구를 다시 살펴보면서 해결했고, 두 번째는 더니든 연구에서 해결했다. 두 경우 모두 문제 있는 가정환경 때문에 초경이 빨라질 위험에 처한 소녀가 조기 초경을 피하고, 이와 관련해 조기 초경 때문에 남들보다 일찍부터 문란한 성행동을 할 위험이 있는 소녀가 이런 함정을 피할 수 있게 하는 회복력 문제를 집중적으로 살폈다.

### 조기 성숙 방지

어린 시절의 역경과 소녀의 성적 성숙 시기를 연관시키는 데 어떤 생리학적 메커니즘이 작용하는지는 정확히 알 수 없지만, 가족의 불행이 초경 연령을 가속화하는 효과를 제한하는 방법에 대해서는 어느 정도 알고 있다. 어떤 발달학자는 가혹한 양육의 의미와 효과는 그것이 발생하는 관계적 상황에 따라 다르다고 주장한다. 양육 연구에 참여한 두 명의 부모를 예로 들어보자. 마릴린은 딸에게 매우 엄격한 경향이 있고, 우리에게 설명할 때 "매를 아끼면 아이를 망친다"는 성서 구절까지 인용했다. 그런데 딸 케이티를 훈육할 때 가끔 분노가 앞서는 게 특히 문제가 되었다. 화가 난 마릴린은 "넌 네 아빠와 똑같구나", "넌 사람 구실 하긴 틀렸어", "너랑 결혼하겠다는 사람이 있으면 정말 놀라울 거다" 같은 딸을 비난하는 발언을 쏟아냈다. 경제적 형편이 좀 나은 샤론도 마릴린과 똑같은 견해를 지녔지만, 딸 캐롤라인을 체벌할 때 보다 일관성 있고 신중했으며 분노 때문에 이성을 잃는 일은 절대 없었다. 이렇게 다른 경험을 한 두 소녀는 체벌을 바라보는 시각도 다르지 않을까? 분명 그런 것 같다. 케이티는 자기 엄마를 비열하다고 생각하면서 별로 좋아하지 않았지만, 캐롤라인은 엄마가 자상하고 헌신적이라고 생각했다.

이런 관찰 결과를 보고, 소녀들이 유아기에 엄마와 불안정한 애착이 아닌 안정적인 애착 관계를 확립했다면, 미취학 아동기에 받은 가혹한 처벌에 어떤 영향을 받을지 의문이 들었다. 안정적인 아이들은 자기가 사랑받는다는 확신이 있고, 세상은 자비롭지는 않더라도 온화한 곳이며 다른 사람들은 다 착하고 친절하고 상냥하다고 여길 수 있는 믿음의 토대를 가지고 있다. 그런 안정감이 아이들이 인생 초반에 경험한 보살핌의 질적 기능이라는 걸 보여주는 이론과 증거도 있다. 부모가 세심하고 아이의 감정을 인정하고 받아들이면서 유아가 자주 겪는 두려움과 고통에 신속하고 편안하게 반응하면, 아이는 안정적인 애착이 발달한다. 반면 부모의 육아 방식에 섬세함과 대응성, 보살핌이 부족하면 애착 관계가 불안정해져서 아이는 삶을 낙관하지 않고 의심스러운 시각으로 바라보게 된다.

그렇기 때문에 우리는 유아기에 안정적인 애착 관계가 형성된 이력이 있으면, 가혹한 육아를 경험하더라도 사춘기 발달이 가속화될 가능성이 적을 수 있다고 추론했다. 다시 말해, 신뢰와 안정감을 심어준 관계 이력이 딸의 조기 성숙을 막아준다는 것이다. 이 경우 유아기에 불안정한 애착을 형성한 이들보다 긍정적인 관점에서 가혹한 육아를 경험할 것이라는 이론을 세웠고, 실제로도 그런 결과가 나왔다. 4세 반 때 겪은 가혹한 양육 환경이 조기 사춘기 발달을 가속한다는 건 이미 인정받는 사실이지만, 15개월 때 엄마와 안정적인 애착 관계를 맺은 소녀의 경우에는 적용되지 않았고, 유아기에 엄마와 불안정한 애착을 형성한 딸들에게만 해당됐다. 표 7-2는 이 결과

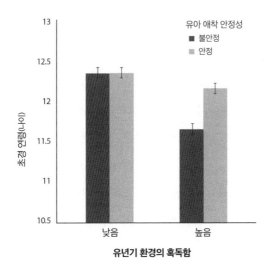

| 표 7-2 | 15개월에 형성된 안정 애착 혹은 불안정 애착과의 상관 요소로, 어릴 때 낮은 수준과 높은 수준의 혹독한 성장 환경을 경험한 여성의 평균 초경 연령.

S. Sung, J. A. Simpson, V. Griskevicius, S. I. Kuo, G. L. Schlomer, J. Belsky(2016)의 연구 결과 재구성. '유아-엄마의 안정적인 애착 관계가 초경 연령에 미치는 유아기 스트레스의 영향을 완화한다', 〈사이컬러지컬 사이언스〉, 27, 667-674, 그림 1. 세이지 출판사의 허가하에 게재.

를 표시한 것이다. 따라서 안정적인 애착은 회복력 요인으로 작용해, 그렇지 않을 경우에 예상되는 사춘기 발달 가속화를 막아준다. 회복력과 관련된 이런 결과는 가혹한 양육이 사춘기 발달에 미치는 가속 효과가 필연적인 게 아님을 분명히 한다. 결정적인 게 아니라 확률적인 효과인 것이다. 안정감이 회복력 요인으로 작용할 수 있다니, 인간발달의 복잡성에 감사할 뿐이다!

## 청소년 문제 행동 회피

4세 반 때 가혹한 육아에 노출된 소녀를 조기 성숙으로부터 보호하는 발달 조건이 적어도 하나는 있다는 걸 확인한 우리는 빨리 성숙한 소녀들이 비행 행동을 하는 걸 막아주는 상황도 있는지 알고 싶었다. 뉴질랜드 법률상 피험자가 10대일 때는 이 주제에 관한 질문을 하는 게 금지되어 있기 때문에, 더니든 연구에서는 10대의 성적 행동에 명시적으로 초점을 맞출 수 없었다. 그러나 우리는 이걸 심각한 한계로 여기진 않았다. 리처드 제서Richard Jessor와 셜리 제서Shirley Jessor의 1977년도 저서인 《문제 행동과 심리적 발달Problem Behavior and Psychosocial Development》에 연대순으로 정리된 것처럼, 음주와 약물 사용, 권위에 대한 반항 등 규칙을 어기는 성향이 있는 10대 소녀들은 어린 나이에 성관계를 가질 가능성이 있다는 게 이미 널리 알려져 있었기 때문이다.

조숙한 소녀가 비행을 저지르는 걸 막을 수 있는 조건을 생각하면서, 소년 특히 나이가 많은 "나쁜" 소년들이 조숙한 소녀를 나쁜 길로 유혹하는 데 큰 역할을 했으리라는 의심이 드는 건 당연한 일이다. 몸매는 육감적이지만, 인지적·정서적으로는 아직 어린아이인 조숙한 소녀에게 매력을 느끼는 남자아이를 생각해보라. 그런데 이 아이디어를 어떻게 테스트할 수 있을까? 우리는 더니든 연구를 진행할 때 여자아이들이 누구와 함께 시간을 보내는지 알아내기 위해 그들이 다니는 학교에 들어가거나 동네에서 돌아다니는 모습을 관찰한 적이 없다. 그리고 실험의 일환으로, 그들이 느리게 성숙하는 또래에 비해 많은 관심을 끄는지 알아보기 위해 나이 든 소년들을 소개해줄 수도 없었다. 물론 우리 자신이 성장할 때나 아이를 키우면서 한 경험 덕분에 그게 사실이라는 건 알고 있었지만 말이다.

하지만 우리가 설계하거나 실행하는 실험이 아니라 일상생활 속에서 진행되는 실험인 "자연 실험"이라는 걸 활용하는 것 외에는 아무것도 할 필요가 없다는 걸 깨달았다. 더니든 연구에 참여한 일부 여자아이들은 여학교에 다녔지만, 다른 여자아이들은 남녀공학 중학교에 다녔다. 뉴질랜드에서 단일 성별 학교에 다니는 건 자녀가 종교 시설이나 군사 기관에서 운영하는 학교에 다니길 바라는 가족의 바람에 의한 게 아니다. 학생이 가장 쉽게 걸어서 갈 수 있는 학교가 어디냐에 따라 결정된다. 여학생의 비행 행위를 조장하는 나쁜 소년의 역할에 대한 우리 추론이 타당하다면, 조기 성숙과 문제 행동 사이의 연결고리가 남녀공학에서는 작동해도 여학교에서는 작동하지 않아야 한다. 그리고 실제로 그런 결과가 나왔다.

표 7-3은 13세 때 남녀공학에 다니는 조숙한 여학생은 여학교에 다니는 학생들보다 돈을 훔치거나, R등급 영화를 보거나, 술에 취하는 등의 규범 위반을 훨씬 많이 저지르는 경향이 있다는 걸 보여준

다. 그리고 때맞춰 성숙하거나 또래보다 늦게 성숙한 여학생의 경우에는 이런 학교 유형에 따른 차이가 나타나지 않았다. 특히 15세 때 본인이 보고한 비행(예: 가게 물건 훔치기, 대마초 흡연, 중독성 마약 복용 등)을 측정했을 때도 비슷한 결과가 나왔다. 다시 말해, 앞서 성적 위험 행동을 할 가능성이 높은 것으로 밝혀진 조숙한 소녀도 남학생이 없는 학교에 다니면 유혹에 발을 담그지 않는 것이다. 이런 일은 성숙한 몸매를 지닌 어린 10대 소녀를 나이는 같아도 몸매는 여전히 어린아이 같은 소녀와는 완전히 다른 시선으로 바라보는 연상의 나쁜 소년을 비롯해 주변에 남자아이가 있을 때만 일어났다.

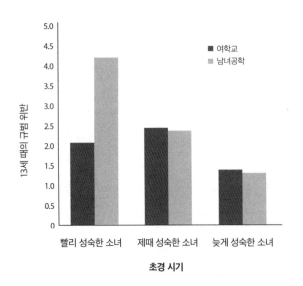

| 표 7-3 | 초경 연령과 학교 유형에 따른 청소년기 초기의 규범 위반.

A. Caspi, D. Lynam, T. E. Moffitt, P. Silva(1993)의 연구 결과 재구성. '소녀들의 비행 문제 해명: 생물학적 성향과 환경이 청소년기의 비행에 미치는 영향', 〈발달심리학〉, 29, 19-30, 그림 1. 미국심리학회의 허가하에 게재.

이런 결과가 특히 중요한 이유 중 하나는 일부 소녀가 성적 행동을 비롯한 각종 비행을 저지를 위험에 처하는 게 단순히 남들보다 빨리 성숙해서가 아니라는 걸 보여주기 때문이다. 다시 말해, 호르몬 급증처럼 소녀들의 문제 행동과 관련된 조숙을 초래하는 내부적이고 생물학적 과정만 문제가 되는 게 아니라는 얘기다. 발달 맥락도 대단히 중요하다. 남녀공학에 다니는 조숙한 여학생을 여학교에 보내면, 조숙과 관련된 위험이 나타나지 않는 것처럼 보인다. 즉, 적어도 학교에서라도 여자아이가 매일 남자아이들과 어울리지 않으면 조기 초경이 딱히 문제가 되지 않는다. 결국 우리 연구 결과는 여성 비행의 시작과 유지를 위해서는 적어도 사춘기와 소년이라는 두 가지 요소가 필요하다는 걸 시사한다!

## 결론: 나쁜 남자와는 어떤 관련이 있을까?

★

자기 딸이 인생의 낙오자가 될 것 같은 남자와 어울린다는 걸 알고 무력감을 느낀 부모가 많다. 산드라도 그런 엄마였는데, 우리는 더니든 연구를 위해 그녀의 딸인 소피의 발달 과정을 추적했다. 부모의 이혼으로 아빠는 집에 없었지만 그래도 꽤 합리적이고 지지적인 양육을 받았음에도, 소피는 네 살 연상의 남자와 어울렸다. 그 남자는 올리버인데, 올리버가 유명한 이유는 기네스 맥주를 4파인트나 마시고도 여전히 차를 안전하게 운전할 수 있다는 것이었다(적어도 본인은 그렇게 주장한다). 산드라가 아무리 애써도(실제로 정말 많은 방법을 시도해봤다) 올리버에 대한 소피의 잘못된 애착을 끊을 방법은 없는 듯했다. 외출 금지도 효과가 없었다. 소피가 집에서 몰래 빠져나간 경우가 적어도 한 번 이상 있었고, 어떤 때는 산드라가 직장에 있는 동안 올리버가 집에 몰래 찾아오기도 했다. 산드라가 이 상황에서 얻을 수 있는 유일한 위안은, 자기 여동생도 10대 때 소피와 거의 비슷한 행동을 했지만 결국에는 좋은 남자를 만나 결혼했다는 사실이었다.

우리는 사춘기의 시작이 사회적 환경에서 타인에게 "해발인解發因" 또는 자극제로 작용해서, 사춘기 소녀들 사이에서는 지금까지와는 다르게 어른스러운 행동을 보여야 한다는 "압박감"이 생긴다고 본다. 이 과정은 부분적으로 나이에 따라 사람을 구분하는 우리 사회에서 청소년이 차지하는 불확실한 지위 때문에 생긴 것일 수도 있다. 6장에서 청소년의 제한적인 문제 행동을 살펴봤을 때 이 문제를 논의했던 걸 기억하자. 과거에는 생물적 성숙이 지금보다 나이가 더 들었을 때 달성되었다. 지난 200년 동안 산업화된 현대 서구 세계에서 일어난 크나큰 변화 중 하나는 사춘기가 예전보다 훨씬 일찍 진행된다는 것이다. 많은 이는 이게 개선된 영양과 위생으로 건강 상태가 더 좋아졌기 때문이라고 생각한다.

이런 전반적인 사춘기 발달 가속화로 생긴 중요한 결과 중 하나는, 오늘날의 청소년은 몸은 성인이지만 사회적 지위는 성인에 미치지 못하는 상태가 된다는 것이다. 과거에는 성인의 신체와 역할이 함께 어우러졌지만 현대 세계에서는 분리되었다. 그 결과 생물학적으로 성숙한 청소년이 운전, 음주, 성관계 등 성인의 책임과 특권을 맡을 수 있기까지는 5~10년 정도 더 기다려야 한다. 따라서 사춘기가 빨리 시작되면 사회적으로 성숙하기까지 기다려야 하는 긴 시간이 10대들에게 더 힘들고 뚜렷하게 느껴질 뿐이다. 빨리 성숙한 10대는 경제적으로나 사회적으로나 아직 가족에게 의존하며 정말 중요한 결정은 거의 내릴 수 없다. 하지만 이들도 (대부분의) 성인처럼 이성과 친밀한 관계를 맺고, 스스로 결정을 내리고, 자신의 물질적 소유물을 갖고자 하는 강한 욕구를 지닌다.

어떤 의미에서는 성인이지만 다른 의미에서는 그렇지 않은 이런 경험은 남녀공학에 다니는 여학생이 자기보다 나이 많은 또래, 특히 남학생이 지배하는 중·고등학교 사회에 진출했을 때 겪는 일과 일치한다. 이런 여자아이의 시각에서 볼 때, 자기보다 나이 많은 비행 청소년은 방금 설명한 "성숙도 격차"에 시달리지 않는 것만 같다. 그들은 절도나 비행을 저질러서 번 돈으로, 독립적인 수입이 없는 10대로선 손에 넣을 수 없는 자동차나 옷, 마약 같은 물건을 얻는다. 가족과 단절된 경우가 많은 이 영향력 있는 비행 청소년들은 자기 멋대로 자유롭게 살 수 있는 것처럼 보인다. 그들은 흡연, 운전, 음주, 마약 등에 대해 그들만의 규칙을 만든다. 동시에 그들은 성적인 경험이 많고 자신만만한 사람처럼 보인다. 요컨대 비행은 어린 시절에서 벗어나기 위한 효과적인 수단을 제공하는 듯하고, 나이 든 비행 소년은 그걸 위한 이상적인 모델이라는 사실이 자주 입증되는데, 이는 특히 조숙한 소녀들의 마음을 사로잡을 수 있다.

불리한 양육 환경이 소녀의 사춘기 발달을 가속시킬 수 있고 그런 육체적 성숙이 때 이른 성적 행동이나 비행, 안정적이지 않은 남녀관계를 조장할 수 있다는 걸 확인했는데, 이런 예상 효과를 피할 길이 없는 건 아니다. 부모와 자녀의 관계가 안정적인 애착의 토대 위에서 형성되면 가혹한 양육의 가속 효과가 완화되므로, 상처받기 쉬운 민감성이 아니라 회복력을 키울 수 있다. 소녀들이 일찍 성숙하더라도 비행과 성적 활동을 피할 수 없는 건 아니다. 사실 후자의 문제와 관련해서는, "손뼉도 마주쳐야 소리가 난다"는 격언이 들어맞는다. 빨리 성숙하는 것이나 학교에서 하루 종일 남학생들과 함께 있는 조건이 따로따로 존재할 때는 문제가 안 되지만, 이 두 가지 조건이 합쳐지면 문제가 발생할 위험이 상당히 증가한다.

# 가족 외부의
# 문제

## 08

Good News and Bad News about Day Care

# 보육에 관한
# 좋은 소식과 나쁜 소식

인간발달 연구가 개방적인 생각을 가진 사람조차(폐쇄적인 사람은 말할 것도 없고) 동의하지 않을 수 있는 다양한 주제를 다룬다는 사실에 비추어볼 때, 인간의 발달 방식에 관한 연구에 논란이 많은 건 전혀 놀라운 일이 아니다. 대마초 사용이 정신 건강에 미치는 영향(11장)이나 유전이 심리 발달과 행동 발달에 미치는 영향(12장, 13장) 등 이 책에서 다루는 몇몇 주제를 생각해보자. 이런 주제와 관련해 많은 이가 크게 오해하는 부분이 하나 있으니, 바로 보고된 결과가 조사자들이 당면한 사안을 냉정하고 정직하게 조사한 결과가 아니라 본인들의 신념과 이데올로기에 따라 찾고자 하는 내용이 반영된 결과라는, 명시적이지는 않더라도 암묵적인 믿음이다. 예를 들어, 대마초 사용이 정신 건강에 위험하다는 연구 결과가 나온다면, 이는 애초에 이런 믿음을 갖고 연구를 시작했기 때문이라는 것이다. 그러니까 이 연구는 문제를 해결하거나 가설을 실험하기 위해서가 아니라 어떤 주장을 증명하기 위해 고안해서 수행한 것이라고 여기는 것이다.

경험에 비추어볼 때, 과학 연구에 대한 이런 잘못된 견해에 도전하는 한 가지 방법은 경험적으로 나타난 결과와 개인적으로 원하는 세상(그리고 인간발달)이 작동하는 방식 사이의 차이를 극적으로 표현하는 것이다. "기상 캐스터가 정교한 기상 측정을 바탕으로 내일 비가 올 거라고 예보한다고 해서 그가 햇빛을 싫어한다고 말할 수 있을까?"라는 질문만 생각해봐도 무슨 말인지 이해가 갈 것이다. 요점은 인간발달을 연구하는 이들은 세상이 돌아가는 방식이나 인간이 발달하는 방식에 대한 "규칙을 만들지" 않는다는 것이다. 따라서 그들이나 우리의 연구 결과는 사실이라고 추정하는 렌즈를 통해 해석돼서는 안 된다. 물론 우리가 연구하는 내용은 우리의 관심사와 우려를 반영하지만, 성실하게 일을 진행하면서 과학적으로 건전한 방식으로 연구를 수행한다면 우리가 발달이나 세상이 돌아가기를 바라는 방식 때문에 결과가 편향되지는 않을 것이다. 결과는 실제 돌아가는 모습이 그대로 반영돼야 한다. 그리고 정직한 조사자인 우리는 언제나 원하지 않는 결과도 받아들일 준비가 되어 있어야 한다.

그렇기는 해도 발달(또는 세상)이 진행되는 방식에 대한 조사 결과가 어떻게 나오든, 반드시 그런 식으로 진행되어야 한다는 뜻은 아니라는 걸 인식하는 것도 중요하다. 뭔가가 존재하는 방식을 보고 모든 것이 다 그래야만 한다고 가정하는 걸 철학에서 "자연주의적 오류"라고 한다. 슬프게도 과학 정보를 소비하는 이들 중에는 과학자가 뭔가를 발견한 걸 비난하면서, 과학자의 목표는 존재하고 행동하고 발달하는 어떤 방식을 긍정하고 장려하는 것이라고 가정하는 이가 많다. AIDS가 동성애자 커뮤니티에 만연해 있고(적어도 처음에는) 계속 확산되고 있음을 보여주는 초기 연구 결과에 대한 몇몇 반응에서 이에 대한 입증 가능한 증거를 찾을 수 있다. 이런 발견을 한 학자는 동성애 혐오자라는 비난을 받았지만 그건 절대 사실이 아니다. 그는 단지 HIV "기상 캐스터"였을 뿐이다. 과학적 동기에 대한 그런 잘못된 귀책 증거를 찾기 위해 굳이 1980년대 초까지 되돌아갈 필요도 없다. 오늘날 일부 사람들이 기후 변화를 연구하고 기록하는 조사자들을 어떻게 생각하는지 떠올려보기만 해도 된다.

이런 의견은 보육시설이 어린이와 청소년 발달에 미치는 영향을 조사해서 이 책의 세 번째 목표이자 주제인 가족 외부에서의 유년기 경험이 후기 발달에 미치는 영향을 알아보고자 하는 다음 발달 연구의 중요한 서막이다. 이 분야의 연구는 인간발달 분야에서 가장 논란이 많은 부분 중 하나다. 특히 취업을 했기 때문에 다른 사람에게 자녀 보육을 맡겨야 하는 어린 자녀를 둔 엄마들과 육아를 위해 집에 있는 엄마들이 벌이는 절대 끝나지 않을 듯한 "엄마 전쟁"에 익숙한 이도 많을 것이다. 많은 전업주부와 그들의 선택을 지지하는 이들에게는, 헌신적인 부모(일반적으로 엄마)의 보살핌을 받을 때 아이가 가장 잘 자란다는 게 종종 "상식"으로 통한다. 그러나 어떤 이들은 자녀를 어린이집에 보내거나 이웃에게 맡기는 "가정 보육" 같은 방식을 이용하여 아이를 다른 사람, 심지어 가족이 아닌 사람이 보살피도록 해도 당연히 아이가 잘 자랄 수 있다고 생각한다. 엄마와 가족, 아이에게 무엇이 최선인가에 대한 이런 대조적인 견해들 때문에, 세상을 다르게 보는 이들에게는 어떤 관점과 일치하는 것처럼 보이는 증거가 본질적으로 편향된 증거로 간주되는 것도 드문 일은 아니다.


## 오늘날의 보육

★

　　　　　보육 효과 문제와 관련해 많은 이가 제대로 인식하지 못하는 사실 하나는, 지난 30~40년 사이에 미국에서 자녀 양육 방식이 크게 바뀌었다는 것이다. 그전에는 많은 엄마, 심지어 대부분의 엄마가 임신 후에 직장을 그만뒀다가 아이가 학교 갈 나이가 되는 5세 무렵이나 유치원에 다니기 시작하는 3~4세 무렵까지 직장 복귀를 미뤘다. 물론 경제적으로 어려운 집의 경우에는 아이가 그보다 훨씬 어릴 때부터 엄마가 일자리를 찾곤 했다. 그러나 지난 수십 년 사이에 많은 아이의 경험이 바뀌었는데, 이는 대개 가정 형편상 맞벌이 수입이 필요하거나, 한부모 가정이거나, (아이들과 함께 집에 고립되어 있기보다) 경력을 쌓으면서 날마다 다른 성인들과 교류하고, 이혼할 경우에 발생할 재정적 피해로부터 자신을 보호하려는 여성(엄마)의 욕구에 부응한 결과다.

　　사실 예전에는 미국 인구조사국에서 5세 미만의 자녀를 둔 여성의 취업률만 보고하다가, 시간이 지나면서 먼저 3세 미만, 그리고 1세 미만, 그러다가 결국 6개월 미만의 자녀가 있는 여성의 취업률까지 보고하기 시작했다는 건 흥미로운 사실이다! 이는 미국 어린이들의 양육 방식에 발생한 극적인 변화에 대응한 조치다. 지금은 연방 차원에서 유급 육아 휴직을 보장해주는 정책이 없기 때문에 대부분의 여성이 아이가 생후 6개월이 되기 전에 직장으로 복귀하거나 늦어도 첫돌이 되기 전에는 복귀하는 현실이다. 5세 미만 자녀를 둔 여성과 6개월 미만 자녀를 둔 여성의 취업률은 사실 동일한 수준으로, 둘 다 50퍼센트를 넘는다. 결과적으로 현재 미국에서는 아이들이 어떤 종류가 됐든 "일찍부터 광범위하고 지속적인" 보육을 경험하는 게 일반적이다. 여기서 "일찍부터"란 인생 첫해에 시작된 보육을 말하며, "광범위하다"는 건 주당 20~30시간 이상의 보육을 뜻하고, "지속적"이란 건 공식적인 교육이 시작될 때까지 보육이 계속된다는 의미다. 그러나 이 기간 내내 동일한 유형의 보육을 이용한다고 추론해서는 안 된다. 일반적으로 아이의 발달 능력 변화나 기존에 이용하던 보육 방식의 실패로 인해, 보육 방식을 여러 차례 바꾸는 게 일반화된 경향이다. 이는 처음에 보모가 아이를 돌본 경우든, 아니면 가정 보육원이나 보육 센터를 이용한 경우든 마찬가지다.


## 보육 논쟁

★

1980년대 중반에 방금 설명한 중요한 사회적 변화(혹은 사회적 실험)가 일어나면서, 학술 논문에서 보육의 효과에 관한 큰 논란이 벌어졌다. 이 논쟁은 대중 언론으로도 퍼져나갔고 급기야 의회 청문회까지 열렸으며, 결국 여기서 설명하는 연구가 진행되었다. 이런 논란이 불거진 건 해당 주제에 대한 전문 지식을 갖춘 대학 학자들의 주류(진보적인) 시각이 도전받았기 때문이다. 이 문제 제기는 양질의 보육시설, 즉 세심하고 반응적이며 애정이 넘치고 인지적인 자극을 주는 보살핌을 제공하는 곳에서는 아이들이 잘 자랄 수 있다는 널리 받아들여진 주장과 관련이 있었다. 초기 아동 발달에 대한 전문 지식을 갖춘 대부분의 발달학자는 아동이 보육시설을 이용하기 시작한 나이와 매주 보육시설에서 보낸 시간은 거의 무관하다고 여겼다. 의문이 제기된 건 후자의 주장이었다.

증거에 입각한 반론은, 보육 효과와 관련해서는 보살핌의 질만 중요한 게 아니라는 것이었다. 며칠, 몇 주, 몇 달, 몇 년 동안 보육시설에서 보낸 시간 혹은 누적 시간도 중요하다. 이러한 수정주의적 견해는 예전처럼 아기와 어린 자녀를 잘 돌볼 수 있는 사람은 엄마뿐이라는 이념적 주장에 근거한 게 아니라, 너무 어린 나이부터 보육시설에서 많은 시간을 보내면 유아-부모의 애착 관계가 불안정해지고 3~8세 무렵에 공격성과 반항 수준이 높아진다는 새로운 증거에 근거한 것이라는 점에서 중요하다.

이 논란의 성격을 정확하게 파악한 한 관찰자의 말에 따르면, 소위 "보육 논쟁"이 발발한 이유는 최소 두 가지다. 첫 번째는 이미 시사한 것처럼, 보육 효과에 대한 의견이 증거도 증거지만 이념적 믿음이나 욕구에 바탕을 두고 있어서다. 따라서 어린아이를 잘 돌볼 수 있는 사람은 엄마뿐이라는 견해에 반박하기 위해, 그런 관점은 여성의 직업 권리를 인정하지 않은 채 "임신한 몸으로 맨발로 부엌에 서 있게 하려는" 낡은 가부장적 시각에 불과하다고 간주하는 것이다. 보육 효과에 대한 열띤 토론에 기여하는 두 번째 주장은, 증거가 완전히 결정적이지 않고 제한적이므로 연구 증거에서 대안적 견해를 뒷받침하는 내용을 찾을 수 있다는 것이다. 따라서 보육의 질만 좋다면 다른 건 중요하지 않다는 일반적인 견해에 이의를 제기한 학자의 주장은, 편견이 없는 학자라면 데이터를 다르게 볼 수 있고 또 그래야만 한다는 것이었다. 하지만 슬프게도 지적 관용은 승리하지 못했다. 태어난 첫해부터 보육을 시작하거나 보육시설에서 너무 오랜 시간을 보내는 것에 대한 우려는 과학을 빙자한 여성 혐오에 지나지 않는다고 생각하는 사람도 있고, 보육의 질에 대한 강박적인 우려(오직 보육의 질만 걱정하는)는 정치적 올바름의 표현이나 소원 성취에 지나지 않는다고 여기는 이도 있었다. 오늘날 우리에게 너무나 익숙한 정치적 올바름이라는 용어는 보육 논쟁이 처음 발발할 당시에는 아직 존재하지도 않는 말이었다.

학계에서 벌어진 논란 덕분에 생긴 큰 이익 중 하나는, 이 일이 미국 국립보건원NIH에 속한 국립아동보건 인간발달연구소NICHD의 관심을 사로잡아, 역대 최대 규모의 포괄적인 보육 효과 연구인 NICHD 조기 보육 및 청소년 발달 연구를 위한 자금을 지원받게 된 것이다. 이 연구를 통해 밝혀진 보육의 효과가 바로 이 장의 주제다. 이 책의 저자 중 한 명인 제이 벨스키는 1억 5천만 달러 규모의 이 프로젝트를 지휘한 많은 연구자 중 한 명일 뿐 아니라, 적어도 미국 어린이들이 경험하는 보육의 세계에서는 보육의 질뿐만 아니라 양도 아동 발달에 영향을 미친다고 주장하면서 당시 지배적이던 신조에 도전한 수정주의 학자이기도 하다.

# NICHD 연구

★

　　논란 속에서 탄생한 NICHD 연구가 아무런 문제 없이 진행됐다고 말하는 건 지나치게 절제된 표현일 것이다. 연구 대상이나 방식과 관련해 의견이 전혀 일치하지 않는 수많은 대학의 발달학자를 한자리에 모아놓았으니 이는 당연한 결과였다. 어떤 조사를 할 때든 마찬가지지만, 10개의 다른 지역에서 자라는 1천 명이 넘는 아이를 생애 첫 15년 동안 추적하면서, 개방적인 생각을 가진 조사관이라면 상당히 다르게 생각하거나 격한 감정을 품을 수도 있는 수많은 결정을 내린다는 건 결코 간단한 일이 아니었다! 예를 들어 다음과 같은 딜레마를 생각해보자. 가능한 모든 나이에 아이들을 연구할 수 없다는 걸 감안하면, 생후 6개월, 9개월, 12개월 중 언제 연구하는 게 좋을까? 가족 외부에서의 경험이 발달에 미치는 영향이 가장 많이 드러나는 나이는 몇 살일까? 상황을 엄격하게 통제할 수 있는 대학 실험실로 아이들을 데려와야 할까, 아니면 평소처럼 자연스러운 환경에서 지내는 모습을 보기 위해 집으로 찾아가야 할까? 연구실은 너무 인위적이고 집은 너무 "시끄러워서", 가정환경의 큰 변화 때문에 생긴 발달 효과의 미묘한 신호를 감지하기가 힘들까? 아동의 행동에 관한 부모나 교사의 보고서에 의존해야 하는가, 아니면 실제로 아동의 행동을 관찰하고 기록해야 하는가? 학부모가 교사보다 자녀에 대해 잘 아는 건 분명한 사실이지만, 아동의 행동을 평가할 때는 교사로 일하면서 수많은 또래 아이들을 관찰해 온 경험 때문에 교사가 더 좋은 "비교 포인트"를 가지고 있을 것이다. 연구 대상을 보육시설에 다니는 어린이들로만 제한해야 할까, 아니면 가정 보육을 통해 친구나 이웃이 보살펴주는 아이와 부모가 일하는 동안 집에서 보모가 돌봐주는 아이까지 포함시켜야 할까? 특히 아이가 아주 어릴 때는 부모가 일하는 동안 영유아를 돌보는 방식에 있어서 보육시설이 표준이 아니라 예외로 취급된다. 엄마가 아니라 아빠나 조부모가 아이를 돌보는 경우는 어떻게 생각해야 할까? 이것도 보육의 일종일까 아니면 완전히 다른 것일까? 데이터를 통계적으로 분석할 때, 그렇게 엄마 이외의 다른 가족이 중심이 된 돌봄을 보육시설이 제공하는 돌봄과 똑같이 취급해야 할까? 솔직히 말하면, 종적 관찰 연구에서는 결정해야 할 일이 끝도 없이 생기고 진짜 "정답"이 없는 경우도 많다. 그리고 당연한 얘기지만, 구성원들이 강하고 서로 반대되는 관점을 가진 그룹에서는 갈등이 발생할 가능성이 사실상 무제한이다.

많은 공동작업자는 끝없이 이어지는 집단 의사결정 과정 때문에 극심한 스트레스를 받았지만, 결국은 그게 큰 도움이 되었다. 정말 협조적인 조직이 구성되었고, 전국 10개 대학을 중심으로 한 연구팀은 연구해야 할 아동의 특정 하위 표본에 대해 동일한 과학적 프로토콜(방법과 절차)을 구현했다. 앞으로 차차 보게 되겠지만, 때로 각 팀은 자기들이 관심이 있을 수도 있고 없을 수도 있는 연구 대상을 측정하고 조사하면서 적절하다고 생각될 수도 있고 아닐 수도 있는 방법을 써야 했다. 즉, 협업은 곧 타협을 의미했다. 기존에는 집단으로 결정을 내리면서 함께 해나가기보다 각자 자기들이 생각하는 최선의 방법으로 연구를 진행했기 때문에, 대부분에게 이는 매우 새로운 작업 방식이었다. 적어도 과학적 관점에서 볼 때는, 1,364명의 아이를 출생부터 15세까지 추적하는 공동 연구를 위한 노력이 가치 있다는 사실이 역사적으로 증명되었다고 생각한다. 협업이 야기한 갈등으로 인한 단기적 비용이 과학적 질문과 답변이라는 측면에서는 장기적 이익을 안겨줬다.

무엇보다 NICHD 연구의 핵심 목표는 약간 단순하고 극적으로 표현된 문제를 평가하는 것이었는데, 이는 빌 클린턴Bill Clinton 진영이 1992년도 대통령 선거 운동에서 내건 캐치프레이즈를 연상시킨다. 다만 이번에는 대통령 선거 때처럼 "바보야, 문제는 경제야"가 아니라 "바보야, 문제는 품질이야"를 전면에 내세웠다. 즉, 이미 규정된 것처럼 적어도 일부 연구진의 중심 가설은, 보육의 질이 높기만 하다면(미국에서는 항상 그렇지는 않다는 걸 모두가 인정하지만) 아이들은 보육시설에서도 잘 발달할 수 있으므로 보육의 양(보육시설에 처음 들어간 나이와 매주 거기서 보내는 시간)은 중요하지 않다는 것이다. 그러나 연구에 참여한 20명 이상의 학자 가운데 제한된 일부만 지지한 대안 가설은, 보육의 질이 중요하기는 하지만 중요한 건 그것뿐만이 아니라는 것이었다. 보육의 양도 중요하며, 특히 아동의 사회적·정서적 발달과 관련해서는 그 중요성이 더욱 높아진다는 것이다.

공동 연구자들이 이 문제를 어떻게 생각하건 간에, 수십 년 동안 보육의 효과에 대한 수많은 학문적·대중적 담론을 형성해온, 보육은 아이들에게 좋을 수도 있고 나쁠 수도 있다는 단순한 사고에서 벗어날 필요가 있다는 것은 모두가 인정했다. NICHD 연구 협력자들은 보육 경험은 다면적인 경험이니까 적어도 보육의 질과 양을 모두 연구할 필요가 있다는 건 이해했다. 영양학자가 식품 섭취가 성장에 미치는 영향을 연구할 때 단백질과 탄수화물 섭취량을 구분해야(사람이 먹은 전체 양을 따지는 게 아니라) 한다는 걸 인정하는 것처럼, 발달학자들은 보육의 다양한 요소가 미치는 영향을 조사하기 위해 보육 경험을 분해해야 한다는 걸 알고 있다.

놀랄지도 모르겠지만, 이런 방법은 한 번도 시도해 본 적이 없다. NICHD 연구가 증명한 것처럼 부모에게 보육의 질을 좋다, 보통이다, 나쁘다로 평가하고 아이가 보육시설에서 얼마나 많은 시간을 보내는지 보고해 달라고 하는 것 이상의 작업을 추진할 경우 비용이 매우 많이 들기 때문이다. 사실 NICHD 연구가 매우 독특하고 비용이 많이 든 이유는, 아동의 보육 경험을 관찰하기 위해 고도로 훈련된 관찰자를 아동이 이용하는 모든 비모성(엄마를 제외한) 보육 환경에 파견해서 보육 품질을 세심하게 측정했기 때문이다. 중요한 점은, 이런 관찰을 이틀에 한 번씩 몇 시간 동안 꾸준히 진행하면서 보육자가 아이와 상호 작용하는 방식이 얼마나 주의 깊고, 세심하고, 호응적이며, 인지를 자극하고, 애정이 담겼는지 집중적으로 살폈다는 것이다. 게다가 이런 관찰을 아이 인생의 한 시점에만 진행한 게 아니라, 아이가 6개월, 15개월, 24개월, 36개월, 54개월이 됐을 때 반복적으로 시행했다. 그리고 아동기 중기에도 같은 방법을 이용했는데, 이때는 1학년, 3학년, 5학년 교실에서 관찰을 진행했다. 학교에서 하는 경험의 차이가 발달에 미치는 영향을 배제할 수 있도록, 보육의 장기적인 영향(미취학 시기 이후)을 조사할 때는 이런 과정이 필요하다고 판단했다. 그리고 모든 연령대에서 부모에게 설문지 작성을 부탁하고, 인터뷰를 진행하고, 자녀와 상호 작용하는 모습을 촬영하는 등 다양한 방법으로 아이의 가족도 신중하게 조사했다. 학교 생활과 마찬가지로 이런 관찰도 반복적으로 진행해서, 보육의 효과를 평가하기 전에 가족 경험의 차이가 미치는 영향을 배제할 수 있게 했다. 아이가 나이가 들어가는 동안 아동 발달의 여러 측면(인지적, 사회적, 정서적, 행동적)도 반복해서 측정했다. 이는 보육의 질과 양이 다양한 발달 영역에 차별적으로 영향을 미치는지 판단하기 위해서다. 이런 과정 덕분에 조사팀은 적어도 비실험적인 관찰 연구의 맥락에서 보육의 질과 양이 아동과 청소년 발달에 영향을 미치는지, 어떻게 영향을 미치는지를 평가할 수 있었다. 분명 이게 유일한 방법이었다. 1장에서 얘기한 것처럼, 어떤 부모가 자원해서 자기 아이를 생후 3개월부터 태만한 보육시설에 장시간 맡겨, 우리가 그런 보육의 해로운 영향을 조사할 수 있게 해주겠는가? 그리고 어떤 조사관이 그렇게 비윤리적인 연구에 참여하겠는가?

NICHD 연구를 통해 나온 수많은 학술 보고서의 주요 결과를 공유하기 전에, 해당 연구가 경험적 과제에 접근한 방법과 이 책의 다른 장에서 중점적으로 다루는 더니든 연구와 환경 위험 연구가 경험적 과제에 접근하는 방법의 차이부터 살펴보자. 책 앞부분에서도 분명하게 밝혔고 뒤에서도 마찬가지겠지만, 대마초 사용이나 소녀의 때 이른 신체적 성숙 같은 몇몇 발달 경험이나 노출의 영향을 평가할 때 진행하는 방법에는 일련의 단계가 있다. 먼저 문제되는 경험이나 노출이 우리가 관심 있는 결과와 체계적으로 관련되어 있는지 판단한다. 만약 그렇다면, 대안적인 설명 요소(가족이 속한 사회 계층이나 아동의 IQ 등)를 고려해도 문제의 연관성이 남아 있는지 확인하는데, 보통은 이를 통계적으로 통제(즉, 배제)하는 방법을 쓴다.

NICHD 연구에서는 이렇게 완벽해 보이는 2단계 방법을 쓰지 않았다. 그 대신 보육 경험이 무작위로 할당되는 게 아니라는 걸 인정하는 것부터 시작했다. 부모가 집에서 돌보거나, 질 낮은 보육시설을 이용하거나, 중간 혹은 높은 수준의 보육을 경험했거나 간에 아이들은 모두 소득, 부모의 교육 수준, 양육의 질 같은 특성이 각기 다른 다양한 가정에서 자랐다. 그래서 보육의 질이나 양이 아동 발달에 어떤 영향을 주는지 평가하기 전에, 아동이 경험하는 보육에 영향을 미치는 여러 요인과 힘의 영향을 평가하고 배제해야 했다. 특히 이런 건 보육 효과와는 별개로 아동 발달에 영향을 미칠 가능성이 있다. 그래서 2단계로 나눠서 진행하지 않고, 보살핌의 효과를 평가하기 위한 모든 노력을 보육 효과를 평가한 동일한 다변량 분석의 통계적 관리와 통합시켰다. 그 결과, 앞서 설명한 2단계 방식을 통합한 1단계 프로세스가 어느 정도 완성되었다.

통제된 요인과 힘으로는(따라서 보육의 영향을 평가하기 전에 영향이 배제된) 가구원 수에 비례한 가족 소득, 부모가 둘 다 있는지 한 명만 있는지, 아이가 백인인지 소수 민족 출신인지, 아이가 남자인지 여자인지, 아기 때의 기질이 돌보기 쉬운 편이었는지 어려운 편이었는지, 엄마가 우울증을 앓고 있는지, 엄마가 자녀와 상호 작용하는 방식이 세심하고, 호응적이며, 인지적으로 자극을 주는지 여부 등이 있다. 아이가 나이가 들어가는 동안 이런 힘과 요인을 반복적으로 측정했기 때문에, 그것이 아이들 인생의 초반과 후반에 미치는 잠재적 영향을 모두 무시할 수 있었다. 주목할 만한 점은, 앞서도 말한 것처럼 아이들이 학교에 다닐 때는 교실 관찰을 이용해 그들이 1, 3, 5학년 교실에서 경험하는 교육적 지원과 정서적 지원을 측정하여, 학교 교육의 질과 관련된 사항들을 통제했다는 것이다. 다시 말하지만, 이는 보육의 장기적인 효과를 평가하면서 가정에서의 경험뿐만 아니라 학교 교육을 통한 경험이 미칠 수 있는 영향을 구별하고 싶었기 때문이다.

아마 더 강조해야 할 점은, 보육 품질의 영향을 평가할 때는 보육 양이 미친 영향을 무시하고, 보육 양의 영향을 평가할 때는 이전 단락에서 말한 모든 요소와 힘뿐만 아니라 품질의 영향까지 무시(즉, 일정하게 유지)했다는 것이다. 이를 통해 보육 경험의 질이나 양 중 어느 하나에서 감지된 영향이 보육의 다른 측면으로 인한 결과가 아님을 보장할 수 있었다. 이런 식으로 진행한 덕에 "바보야, 문제는 품질이야"라는 주장, 즉 보육의 질이 좋으면 보육시설에서 보낸 시간은 아동의 발달 방식에 별로 중요하지 않다는 주장을 직접 평가할 수 있었다. 또 품질이 높거나 낮은 보육 환경에서 많은 시간을 보내는 것이, 고품질 보육으로 인해 예상되는 유익한 효과와 저품질 보육으로 인해 예상되는 해로운 영향을 증폭시켰는지도 평가할 수 있었다.

## 유아-부모 관계 발전

★

영국의 아동 정신과 의사인 존 보울비가 개발한 애착

이론에 기초한 초기 아동 발달에 대한 견해 때문에, 보육시설이 한창 발전 중인 아동-부모 관계를 약화시킬 것이며 특히 아주 어릴 때는 그 정도가 더 심할 거라고 추정하는 이가 많았다. 부모와 헤어지면 아이는 스트레스를 받을 수밖에 없는데, 보육시설에 다니면 부모와 반복적으로 이별을 겪게 되므로 아이의 정서적 안정이 훼손될 것이라고 생각한 것이다. 따라서 아이는 필요할 때 부모가 곁에 있어줄 거라고 기대할 수 없다고 느끼게 될 것이다. 이와 무관하지 않은 견해로, 아이와 떨어져 있는 시간이 많으면 부모가 아이에 대해 잘 모르게 되고, 이로 인해 육아 능력이나 발전 중인 자녀-부모 관계 그리고 아이의 안녕까지 저해될 수 있다고 보았다.

유아-부모의 애착 관계를 연구하는 고전적인 방법으로 "낯선 상황"이라는 절차를 이용하는 게 있다. 부모와 12~18개월 사이의 유아를 낯선 대학 실험실로 데려와 아이와 부모를 잠깐씩(3분 이내) 반복적으로 분리시키고 때로는 아이를 낯선 어른과 단둘이 두기도 하면서, 분리 경험 때문에 (의도적으로) 스트레스를 받은 아이가 부모와 재회했을 때 어떻게 반응하는지 관찰한다. 녹화된 아이의 행동, 특히 방에서 나갔던 부모가 다시 돌아왔을 때 아이가 반응하는 방식을 신중하게 분석해서 애착 관계가 안정적인지 불안정한지 판단한다. 안정적인 관계를 맺고 있는 아이들은 대개 멀리서 돌아온 부모를 눈에 띄는 태도로 맞이한다. 이때 아이가 심하게 우울하지 않은 상태라면 미소를 짓거나, 손가락으로 가리키거나, 소리를 낸다. 아이가 마음이 많이 상했을 때는 부모에게 다가가 신체 접촉을 하고 부모의 품에서 위로와 위안을 찾다가, 마음이 안정되면 부모에게서 벗어나 다시 방에 있는 장난감을 갖고 놀기도 한다.

이와 달리 일부 불안정한 아이들(회피형)은 돌아온 부모를 무시하거나 부모에게 다가가다가도 몸이 닿기 전에 접근을 멈추는 경향이 있다. 이런 아이는 대부분 겉으로는 다른 아이들보다 덜 힘들어 보이지만, 그렇다고 스트레스를 전혀 안 받는 건 아니다. 불안정한 아이의 두 번째 그룹은 저항 유형인데, 이들은 부모나 낯선 사람이 오가는 걸 매우 불안해하며 부모가 돌아와도 마음을 가라앉히고 위로를 구하기보다 바닥에 누워 울곤 한다. 또 부모가 안아 올려도 내려달라면서 밀어냈다가 여전히 짜증이 난 상태에서 다시 안아달라고 조르기도 한다.

보육 논란의 핵심적인 증거 중 일부는 영유아기에 보육시설에서 많은 시간을 보낸 아이들은 애착 관계에서 불안감과 회피성 행동을 보일 위험이 증가했음을 나타내는 듯했다. 그러나 방에 돌아온 부모와 심리적, 물리적 거리를 유지하는 건 애착 이론이 가정한 것처럼 자신의 정서적 욕구를 충족시킬 수 있는 부모의 가용성과 대응성에 대한 불안감과 불신을 보여주는 것일까, 아니면 그저 이 아이들이 독립적이고 부모와 떨어져 있었던 경험이 많아서 특별히 신경을 안 쓰기 때문일까?

앞서도 연구자들끼리 의견을 절충해야 하는 경우가 많았다고 얘기했던 걸 감안하면, 모든 사람이 이 의문에 똑같은 답을 내놓지 않는 건 당연한 일일 수 있다. '낯선 상황'을 이용해 보육의 영향을 평가하는 걸 반대했던 일부 NICHD 연구 협력자들은, 독립성을 회피와 불안감으로 잘못 해석했다고 주장했다. 평소 보육시설에 다니기 때문에 부모와 떨어져 지낸 경험이 많은 아이들은 '낯선 상황'에서 분리됐던 부모와 다시 만나도 심리적 혹은 신체적 접촉을 서두르지 않는다는 것이다. 반면 애착 이론에 열광하는 다른 공동 연구자들은 계속 고집을 부렸다. 앞의 그룹은 유아-엄마 관계를 이해하고 싶으면 부모와 아이가 상호 작용하는 모습만 관찰해야 한다고 주장했다. 분리 경험이 많은 아이(보육시설에 다니는 아이)와 그렇지 않은 아이(집에서 엄마가 보살피는 아이)는 '낯선 상황'의 핵심인 분리를 비슷하게 받아들이지 않을 것이므로 아이에게 굳이 스트레스를 줄 필요가 없다는 것이다. 즉 '낯선 상황'에 의지하면 비슷한 것끼리 비교할 수가 없다고 주장했다. 이 의견 차이를 해결하는 방법은 매우 간단하다. '낯선 상황'도 활용하고 아이가 스트레스를 받지 않는 상황에서 부모와 서로 상호 작용하는 모습도 관찰해서, 두 가지 방법으로 유아-엄마 관계를 연구하는 것이다.

보육시설이 애착에 미치는 영향과 관련해 우리가 알아낸 사실을 얘기하기 전에, 제이 벨스키가 입수 가능한 증거 자료(주류적 견해에서는 아동 발달에 관한 구시대적 관점에 지나지 않는다고 간주하는)를 읽고 어릴 때 보육시설에서 많은 시간을 보내는 것이 불안정한 애착 발달의 "위험 요인"이라는 가설을 세웠다는 사실에 먼저 주목해야 한다. 당연한 얘기지만 대부분의 위험 요소는 다른 위험 요소와 함께 발생할 경우, 발달을 저해하는 "흑마술"을 부린다. 이건 꽤 익숙한 생각이다. 예를 들어, 우리는 과체중이 심혈관 질환의 위험 요소지만, 담배를 피우거나 몸을 많이 안 움직이거나 심혈관 질환 가족력이 있는 경우에 실제 병에 걸릴 가능성이 높아진다는 걸 안다. 또 7장에서 이 원칙이 실행되는 모습도 봤다. 성적 조숙과 소년, 특히 자기보다 나이 많은 소년과의 접촉이라는 위험 요소가 둘 다 존재할 경우, 조숙한 소녀에게 여성 문제 행동이 나타날 가능성이 가장 높았던 걸 기억하자. 이를 애착 연구에 적용하면, 이런 위험 요인 관점은 아이가 노출되는 다른 위험 요인에 비추어 보육시설의 영향을 고려할 필요가 있음을 암시한다.

보육시설이 애착에 미치는 영향에 관한 연구 결과는 벨스키의 위험 요인 사고와 일치했다. 타인의 보육(보육 센터, 가정 보육원, 보모 등을 통해)을 받는 시간이 긴 아이들, 인생의 첫 15개월 동안 주당 평균 10시간 이상 외부 보육을 이용한(위험 요인 1) 아이들은 15개월 때 실시한 '낯선 상황' 실험에서 본 것처럼 다른 아이들에 비해 엄마와 불안정 애착이 발달할 가능성이 높았는데, 다만 이는 엄마에게 섬세하지 못한 보살핌(위험 요인 2)을 받은 경우에만 그랬다. 또 하나 중요한 사실은, 보육의 질에서도 이와 동일한 이중 위험 요인 효과가 나타난다는 것이다. 질 낮은 보육(대체 위험 요인 1)과 무감각한 보살핌(위험 요인 2)이 결합되면 불안정 애착 위험이 증가했다. 이 결과를 바라보는 또 하나의 시각은, 보육시설에서 보내는 시간이 긴 것과 낮은 보육 품질이 (각각 따로) 자녀와 상호 작용하는 방식이 다소 둔감한 엄마를 둔 것과 관련된 불안정 애착 위험을 증폭시켰다는 것이다. 주목해야 할 점은, NICHD 연구가 시작될 무렵에는 엄마의 둔감한 태도가 유아기 애착 불안정의 가장 확실한 예측 변수라는 사실이 이미 입증되어 있었다는 것이다.

그로부터 2년 뒤에 36개월이 된 아이들을 대상으로 보육이 애착에 미치는 영향을 다시 조사했는데, '낯선 상황'을 이용해 측정했을 때 불안정 애착을 계속 예견한 요인은 생후 36개월 동안 보육시설에서 많은 시간을 보낸 것과 둔감한 엄마의 보살핌이 결합된 이중 위험 요인이 존재하는 경우뿐이었다. 보육 품질이 낮은 것과 관련된 이중 위험 요인은 애착 안정에 더 이상 영향을 미치지 않는 듯했다. 이 연구 결과는 보육 논쟁 발발의 중심이 된 위험 요인 주장과는 일치하고, "바보야, 문제는 품질이야"라는 주장과는 일치하지 않는다. 이는 저품질 보육뿐 아니라 고품질 보육을 경험한 아이들에게도 보육시설에서 많은 시간을 보낸 것과 관련된 이중 위험 효과가 나타났기 때문이다. 따라서 특별히 양질의 보육을 받는다고 해도, 조기의 광범위한 보육 경험(둔감한 보살핌과 결합된 경우)과 관련된 불안정 애착이 증가할 위험이 사라지지는 않았다. 보육 문제를 연구하는 대부분의 발달학자가 예전부터 이론화한 것처럼, 보육시설에서 시간을 많이 보내고 둔감한 보살핌을 받은 아이들의 경우 양질의 보육을 받아도 회복력이 증가하지 않았다.

그러나 NICHD 연구에 참여한 일부, 아니, 대부분의 공동 연구자가 '낯선 상황'에 의존해서 보육시설의 영향을 조사하는 것에 심각한 우려를 표했다는 걸 기억하자. 그렇다면 이런 분리 중심의 절차를 이용해 애착 안정성을 평가하는 데 반대한 사람들은 방금 요약한 애착 연구 결과에 너무 많은 의미를 부여할 생각이 없는 게 당연하다. 그럼 '낯선 상황'에서 나타나는 유아의 애착 행동보다 스트레스를 받지 않는 상황에서 엄마가 자녀와 상호 작용하는 모습을 촬영한 내용에 집중하면 어떤 일이 일어날까? "바보야, 문제는 품질이야"라는 주장에 이의를 제기하는 증거가 더 많이 발견된다. 이는 위험 요인 1(보육시설에서 많은 시간을 보내는 것) 자체가 별로 지지적이지 않거나 세심하지 않은 보살핌을 예측하기 때문이다. 실제로 모성 상호 작용 행동을 자세히 분석한 결과, 아기가 생후 6개월, 15개월, 24개월, 36개월 동안 비모성 보육을 받은 시간이 긴 경우, 생후 6개월, 15개월, 24개월, 36개월에 엄마와 자녀의 상호 작용 모습을 관찰했을 때 엄마가 아이를 세심하게 돌보는 모습이 부족했다. 반대로, 보육시설에서 보낸 시간이 적으면 이 시기에 엄마가 자녀를 더 세심하게 보살필 것이라고 예측할 수 있는데, 이때도 다른 여러 대안적 설명 요인을 통제해야 한다. 이런 결과는 아이와 떨어져 있는 시간이 길면 부모가 아이에 대해 잘 알거나 발달을 가장 촉진할 수 있는 방향으로 상호 작용하는 능력이 약화된다는 주장과 분명 일치하는 것처럼 보인다. 저품질 보육에 대한 노출이 둔감한 보살핌을 예측한다는 증거도 있긴 하지만, 그런 데이터는 보육의 양이 모성 행동에 미치는 영향과 관련된 데이터보다 일관성과 설득력이 떨어진다.

요컨대 영유아-엄마의 관계 발달을 어떤 방법으로 조사했든 상관없이(애착 안정성을 측정하기 위해 스트레스가 심한 분리 절차를 이용했건[연령에 따라 두 차례에 걸쳐], 아니면 스트레스가 없는 상황에서 서로 상호 작용하는 모습을 관찰하기만 했건[연령에 따라 네 차례에 걸쳐]) 보육의 질보다는 양이 중요하다는 결과가 나왔다. 이는 보육의 질이 좋든 나쁘든 상관없이 사실임이 입증되었다. 즉, 보육을 받은 시간이 길수록 유아-부모 관계가 제대로 기능하지 못하는 이유는 주류적 사고가 오랫동안 주장했던 것처럼 저품질 보육 때문이 아닌 것이다.

# 사회적, 행동적, 인지적 발달

★

　　　　　NICHD 연구에서 부모-자녀의 관계 발전에 초점을 맞춘 건 애착 이론에서 나온 아이디어 때문만은 아니다. 이것이 연구의 중심이 된 이유는 육아와 부모-자녀 관계 발전이 아동 발달에 영향을 미칠 것이라는 추정을 광범위하게 받아들여서였다. 이런 고려와 발달의 여러 측면에 대한 관심 때문에 NICHD 연구팀은 보육의 양과 질이 사회적, 행동적, 인지적 발달에 미치는 영향을 조사하게 되었다. 이와 관련해 제이 벨스키의 논쟁적인 위험 요인 관점이 보육의 양에 주의를 환기시킨 이유가, 장시간 보육에 노출된 아이가 3~8세 때 다른 아이들보다 공격적이고 반항적인 모습을 보인다는 초기 증거(불완전하긴 하지만) 때문이었음을 기억하자. 그와 동시에 (NICHD 연구가 시작되기 전의 일이다) 그 증거는 특히 인지 발달과 관련된 고품질 보육의 발달 이익에 주의를 환기시켰다.

## 학교 입학 전의 발달

　　이런 학문적 배경 때문에 부모와 보호자에게 2세, 3세, 4세 반 된 아이의 사회적·정서적 행동에 대해 물어보고, 이들과 같은 연령대의 표준화된 발달 테스트를 통해 아이들의 지적 발달을 공식적으로 평가하게 되었다. 이번에도 흥미로운 결과가 나왔다. 특히 양과 질이 발달의 완전히 다른 측면에 영향을 미치는 것으로 보였다. 지적 기능을 측정한 나이가 2세, 3세, 4세 반 중 언제든 간에, 보육의 질이 높으면 인지 언어 기능이 다소 향상되는 것으로 예측되었지만, 보육의 양은 이 연령대에 실시한 표준화된 평가에서 지적 성과에 뚜렷한 영향을 미치지 못했다. 이건 보육의 영향과 관련해 "좋은 소식"이다.

사회적, 정서적, 행동적 발달을 조사했을 때의 상황은 완전히는 아니지만 거의 정반대였다. 일부 연령대에서 측정한 일부 결과는 보육의 질이 높을 경우 사회적 기능이 향상될 것으로 예측했지만, 보육의 질이 인지 기능에 미치는 광범위한 영향이나 보육의 양이 사회 및 행동 기능에 미치는 일관된 효과와 관련해서는 예측 빈도가 상당히 제한적이었다.

그러나 이야기가 다소 복잡하긴 하지만, 양적 영향과 관련해서는 일관성이 없다기보다 있는 편이며 확실히 유익한 것으로 판명되었다. 아이의 생후 1년 동안의 보육 경험에 대해 잘 모르는 보육시설 교사들의 보고에 따르면, 생후 첫 2년 동안 보육시설에서 시간을 많이 보낸 아이일수록 2세 때 더 공격적이고 반항적인 모습을 보인다고 한다. 다시 한 번 말하지만, 이는 아이들이 경험하는 보육의 질과는 무관하다. 그러나 1년 뒤에 36개월이 된 아이들의 사회적, 행동적 기능을 다시 평가했을 때는 이런 "나쁜" 결과가 나타나지 않았다. 이런 명백한 불일치 때문에 공동 연구자들 사이에서도 의견 차이가 생겼으며, 이는 해당 결과를 보고한 과학 논문에 소개된 결과에 대한 논의에도 반영되어 있다. 2세 때 기록된 장시간 보육에 따르는 악영향이 3세 때는 사라진 것으로 보아 이전의 결과를 과도하게 우려할 필요는 없는 듯하지만, 그래도 2세 때 감지된 영향이 완전히 사라졌다고 가정할 수는 없다고 생각했다.

이런 상황 때문에 공식적인 학교 교육이 시작되기 직전인 4세 반에 진행될 다음 아동 발달 평가가 매우 중요해졌다. 2세 때 식별되었다가 3세 때는 사라진, 장시간 보육이 공격성과 반항에 미친 "나쁜" 영향이 다시 나타날까? 만약 나타나지 않는다면, 2세 때 식별된 악영향은 발달 과정에서 단기적으로 나타난 "일시적인 문제"일 뿐이므로 큰 의미를 부여하면 안 된다는 걸 강하게 시사하는 것일 테다. 하지만 보육교사에게 4세 반이 된 아이의 행동을 다시 평가해달라고 하자, 생후 4년 반 동안 보육시설에서 보낸 시간이 많을수록 공격적이고 반항적이라는 사실이 입증되었다. 그리고 이 보육교사들은 대부분 아이가 2세 혹은 3세 때는 돌보지 않은 교사라는 사실에 주목해야 한다. 이 4세 반 된 아이들에 대한 연구 결과는 당연히 공동 연구자들 사이에서 논란을 불러일으켰다. 그래서 이 결과를 이중, 삼중으로 확인하려고 노력했다.

### 유치원에서의 발달

한 가지 걱정되는 점은 이런 최근의 "나쁜" 결과가 보육교사들이 아동의 보육 이력에 대해 알고 있어서 생긴 결과물일 가능성도 있다는 것이다. 미취학 연령에 행동 문제에서 높은 점수를 받은 아이들은, 보육교사가 그 아이가 아주 어릴 때부터 오랫동안 보육시설에 다녔다는 사실을 알고 있고, 그렇게 어린 나이부터 광범위하고 지속적인 보육을 받은 것이 아이에게 좋지 않다는 선입견을 갖고 있기 때문일 수도 있다(실제로 놀랍도록 많은 보육교사가 예나 지금이나 그런 생각을 갖고 있다). 이런 가능성 때문에 우리는 미취학 연령 아동에 대한 조사를 확대하고, 1년 뒤에 유치원교사가 그들을 어떻게 평가했는지 조사했다. 유치원교사들은 대부분 학년말에 행동 관련 설문지를 작성할 때까지 아이들을 알고 지낸 기간이 1년밖에 안 되기 때문에, 생후 첫해부터 유치원에 다니기 전까지의 아이의 보육 경험에 대해 알고 있을 가능성이 매우 낮다. 다시 말해, 이 교사들은 아이의 사회적, 정서적 기능을 평가할 때 보육과 관련된 편견에 휘둘릴 가능성이 낮다.

유치원 자료를 분석한 결과, 생후 4년 반 동안 보육시설에서 보낸 시간이 많은 아이일수록 공격성이나 반항심과 관련된 문제가 많다는 걸 다시 발견했다. 이제 영아기, 유아기, 미취학 시기에 보육시설을 이용한 시간이 길수록 학교에 입학한 첫해에도 문제 행동 수준이 다소 높게 나타난다는 증거를 얻었다. 사실 이런 악영향은 엄마나 유치원교사를 통해 얻은 아동 행동 정보를 검토하는 과정에서도 눈에 띄었다. 물론 이때도 감지된 보육 양의 영향을 질 낮은 보육에 노출된 탓으로 돌릴 수는 없었다.

4세 반 때의 연구 결과가 일부 성인이 일부 아이에 대한 정보를 다른 아이에 비해 많이 알고 있거나 보육의 영향에 대해 편견을 품고 있기 때문인 것 같지는 않다. 하지만 몇몇 공동 연구자 입장에서는 전혀 예상치 못한 당황스러운 결과라서, 이 결과를 얼마나 확신할 수 있는가 하는 추가적인 문제가 발생했다. 그래서 다음 문제는 보육시설에서 많은 시간을 보낸 아이들이 평균적으로 문제 행동을 더 많이 하는지 여부뿐만 아니라, 그들이 "위험" 범위 점수를 받을 가능성이 높은지, 즉 언젠가 진짜 정신질환을 앓을 위험이 있을 정도로 심각한 행동 문제가 있는지 알아보는 것이었다. 그리고 실제로 그런 것으로 밝혀졌다. 입학 전인 4세 반 때와 입학 후 첫해(유치원 과정)가 끝날 무렵에 모두, 보육시설에서 보낸 시간과 위험 범위에 속하는 행동 문제 점수 사이에 용량-반응 관계dose-response relationship(자극 또는 스트레스 요인에 특정 시간 동안 노출된 후 유기체가 나타내는 반응-옮긴이)가 존재함을 알아냈다. 표 8-1은 보육교사와 유치원교사의 보고서를 바탕으로 한 "계단" 패턴을 보여주는데, 생후 54개월 동안의 주당 평균 보육 시간이 0~9시간, 10~29시간, 30~45시간, 45시간 이상으로 증가함에 따라 위험 범위 점수를 받는 아동의 비율도 늘어나는 걸 알 수 있다.

이런 설득력 있는 증거에도 많은 공동 연구자는 여전히 이 "나쁜" 결과가 진짜인지 확신하지 못했고, 그들이 기대하지도 좋아하지도 않고, 바람직한 인지 연구 결과를 즐겁게 알릴 때처럼 알리고 싶지도 않은 이 결과를 받아들이지 않을 방법을 계속 모색했다. 그렇게 데이터가 뛰어넘어야 하는 다음 기준이 높아짐에 따라, 애착 안정성을 평가할 때 이미 고려했던 문제로 되돌아가게 되었다. 어쩌면 일부의 주장대로, 장시간 보육을 경험한 아이들은 다양한 종류의 문제 행동에 대한 종합적인 다항목 측정에서 나타난 것처럼 공격적이거나 반항적인 게 아니라, 단지 독립적이고 적극적인 것뿐일지도 모른다. 그래서 우리가 측정한 내용을 분리해 명백한 공격성, 불복종/반항, 자기주장을 나타내는 하위 항목을 만들고, 각 항목을 개별적으로 분석해봤다.

공격성과 관련된 하위 항목은 타인에 대한 잔인성, 자기 물건 파괴, 잦은 싸움, 다른 사람 위협, 다른 사람 때리기 같은 행동으로 구성되었다. 불복종/반항과 관련된 하위 항목은 반항, 비협조, 할당된 작업 수행 실패, 심한 짜증, 교실 규칙 교란 같은 다양한 행동으로 이루어졌다. 마지막으로, 자기주장과 관련된 하위 항목에는 허풍/자랑, 말이 너무 많음, 계속해서 관심을 요구하거나 원함, 잦은 언쟁 등이 포함되었다. (한 연구자는 이 마지막 측정 기준이 독립적인 자기주장보다는 "정서적 욕구"를 나타낸다고 주장했다.)

보육시설에서 보낸 시간을 이렇게 세분화한 결과에 하나씩 비추어 테스트한 결과, 생후 4년 반 동안 매주 비모성 보육을 받으면서 보낸 평균 시간이 남들보다 많은 아이는 몇몇 사람이 바라는 것처럼 단순히 자기주장이 강한 게 아니라 확실히 더 공격적이고 반항적이라는 사실이 드러났다. 즉, 보육 영향에 관한 "나쁜 소식"을 기록한

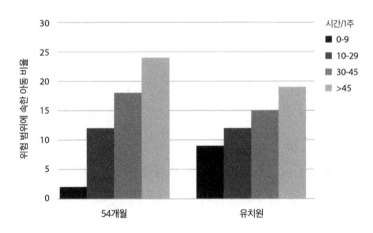

| 표 8-1 | 보육의 양과의 상관적 요소로서 만 54개월(왼쪽 패널) 때와 유치원(오른쪽 패널) 때의 행동 문제 점수가 위험 범위에 속한 아동의 비율.

데이터 출처: NICHD 조기 보육 연구 네트워크(2003). '보육시설에서 보낸 시간이 유치원으로 전환할 때의 사회정서적 적응 기능을 예측하는가?', 〈아동 발달〉, 74, 976-1005, 표 8.

증거는 이것이 사실이 아니라거나 만약 사실이더라도 질 낮은 보육의 결과일 거라고 반복해서 추정한 공동 연구자들이 제시한 모든 경험적 과제를 만족시켰다. 여기서도 질 낮은 보육이라는 요인은 증거를 설명하지 못하기 때문에, 또다시 "바보야, 문제는 품질이 아니야"라는 결론이 나온다.

## 청소년기의 상황

★

　　　　　양질의 보육이 인지 기능과 언어 발달을 어느 정도 촉진한다는 좋은 소식이나 보육시설에서 보낸 시간이 많을수록 공격성과 반항적인 태도가 심해진다는 나쁜 소식을 모두 고려해 봐도, 아이들이 나이가 들고 가정, 이웃, 학교에서 하는 경험이 늘어난 뒤에도 이런 보육의 영향이 계속 유지될지 아니면 사라질지는 여전히 알 수 없었다. 이는 확실히 가능성 있는 일이었다. 2세 때는 보육시설을 장시간 이용한 것이 행동 문제에 악영향을 미쳤지만, 불과 1년 뒤에는 그런 영향이 드러나지 않았던 걸 떠올려보자. 아이들이 아동기 중기에 접어든 뒤에도 보육의 영향을 계속 평가하긴 했지만, 지면 관계상 이와 관련된 연구 결과는 건너뛰고 평가의 마지막 부분으로 바로 넘어가려고 한다. 이제 15세가 된 아이들을 마지막으로 만났을 때 보육의 영향이 명확하게 드러났는지를 살펴볼 것이다. 앞서 얘기한 중요한 사실을 다시금 반복하자면, 보육의 영향을 평가하기 전에 아이가 태어났을 때부터 15세까지 반복적으로 측정한 가정의 다양한 측면이 미치는 영향을 배제했을 뿐만 아니라, 초등학교 1학년, 3학년, 5학년 교실에서 경험한 정서적·교육적 지원의 영향도 배제했다. 이는 연구 대상 아동이 학교에 있을 때 진행한 광범위한 교실 관찰을 기반으로 하며, 학교 교육과 기타 요인 및 힘이 미친 영향을 보육의 영향으로 오인하지 않기 위한 시도다.

청소년기의 연구 결과는 대부분의 면에서 어린 시절에 드러난 결과와 일치했다. 여기서도 양질의 보육이 더 뛰어난 인지 기능을 예측했는데, 이번에는 학업 성취도를 보여주는 표준화 검사를 이용해 측정했다. 유아기 이후 사실상 처음으로, 보육의 질도 사회적 기능에 중요하다는 사실이 드러났다. 청소년이 직접 보고한 공격성과 비행 행동은, 10여 년 전에 질 낮은 보육에 노출된 청소년 사이에서 더 빈번했다.

흥미롭게도 어릴 때와 달리 보육의 양을 통해서는 더 이상 이런 발달 결과를 예측할 수 없었다. 다시 말해, 생후 4년 반 동안 장시간 보육에 노출된 아이들이 청소년기 중기에 이르면 그보다 어린 아이들에게 특징적으로 나타나는 일반적인 문제 행동이 더 이상 증가하지 않았다. 그 대신 아마 아이들이 나이가 들면서 행동이 발달하는 방식이 다 그렇겠지만, 생후 4년 반 동안 매주 보육시설에서 보낸 평균 시간이 남들보다 길었던 10대는 위험한 행동(예: 섹스, 마약, 로큰롤)을 더 많이 저지르고, 생각하지 않고 행동하는 충동성이 큰 것으로 예측되었다. 결국 보육의 영향과 관련해서는 좋은 소식과 나쁜 소식의 증거가 둘 다 남아 있는데, 대부분의 좋은 소식은 양질의 보육이 인지 발달에 미치는 이점을 보여주고, 대부분의 나쁜 소식은 어릴 때부터 광범위하고 지속적으로 보육을 받은 경험이 사회적, 행동적 기능에 미치는 발달 위험을 보여준다.

## 발달 미스터리

★

　　　NICHD 연구를 시작하기 전에 보육의 영향에 대한 일반적인 개념에 도전했던 제이 벨스키의 생각은 보육시설에서 긴 시간을 보내는 것이 영유아와 엄마의 관계에 미치는 악영향을 통해 나이 든 아이들에 대한 몇몇 연구에서 기록된 높은 수준의 공격성 및 반항이 장시간 보육과 관련이 있는 이유를 설명할 수 있다는 것이었다. 다시 말해, 광범위하고 지속적인 조기 보육이 훗날의 공격성과 반항을 예측할 수 있는 발달 과정이 된 이유는 아마 보육으로 인해 생긴 불안감과 아이와 떨어져 지낸 시간이 너무 많아서 발생한 둔감한 육아 방식 때문일 것이다.

　　NICHD 연구는 보육의 양을 불안정한 애착(이중 위험 조건에서)과 세심하지 않고 인지 자극이 적은 양육 태도(그것 자체로) 그리고 높은 수준의 아동기의 공격성 및 반항성, 청소년기의 위험 감수 및 충동성과 연관시키는 증거를 찾아냈기 때문에, 벨스키의 추측을 평가하기에 이상적인 위치에 있었다. 하지만 놀랍게도 그걸 뒷받침할 증거가 없었다. 보육의 양은 발달 중인 아동-부모 관계와 관련이 있고, 이와 별도로 훗날의 문제적 기능과도 관련이 있지만, 유아-부모 관계는 보육의 양을 2세, 4세 반, 유치원 때의 공격성 및 반항적 태도나 청소년기의 위험 감수 및 충동성과 연결하는 통로 또는 매개자 역할로 부상하지 않았다. 그리고 몇 번이나 거듭 밝힌 것처럼, 보육의 양이 미치는 영향의 원인이 질 낮은 보육이라고 입증된 적도 없다. 그래서 우리는 발달 미스터리에 직면했다. 장시간의 보육이 학교 입학 전과 입학 후, 그리고 10대 시절의 사회적 행동에 영향을 미치게 된 이유 혹은 방법은 무엇일까?

그러다가 결국 보육시설에 다닐 때 작은 그룹보다 큰 그룹에 있는 게 영향을 미치는 듯하다는 사실을 알게 되면서 이 수수께끼에 대한 약간의 힌트를 얻었다. 보육 센터나 가정 보육원에 다니면서 규모가 큰 그룹에 장기간 속해 있는 것이 보육의 양이 행동 발달에 악영향을 미치는 원인 중 하나였다. 이 발견과 관련해 당혹스러운 점은(물론 덕분에 상황을 이해하게 되었지만), 생후 4년 반 동안 보육시설에서 가장 많은 시간을 보낸 아이 대부분이 보육 센터에 있는 큰 무리 속에서 지냈다는 사실이다. 이는 틀림없이 보육시설에 다니기 시작한 나이가 어릴수록, 그리고 몇 주, 몇 달, 몇 년이 지나 보육시설에서 보내는 주당 시간이 늘어날수록, 아이의 보육을 담당하는 이가 보모나 가정 보육원 같은 곳보다 보육 센터가 될 가능성이 높기 때문일 것이다. 사실 보육 센터에 다니는 아이들 대다수는 대규모 그룹에 속해 있다! 다시 말해, 일찍부터 광범위하고 지속적인 보육을 받은 이력과 규모가 큰 아동 그룹에 노출된 역사가 항상 공존하는 건 아니지만, 이 두 가지 조건은 결코 무관하지 않으며 둘이 패키지로 오는 경향이 있다.

발달학자 입장에서는 당혹스럽지만 이 대규모 그룹에 대한 연구 결과에서 매우 주목할 만한 점은, 우리가 비용까지 많이 들여가며 보육의 질에 강박적으로 초점을 맞추면서도 제대로 주의를 기울이지 않은 부분에 주의를 환기시켰다는 것이다. 그건 바로 보육교사가 아이들을 대하는 태도와 아이들이 보육을 받는 동안 다른 아이들과 나눈 경험이다. 유아기의 불안정한 애착, 아동기 초기의 공격성과 반항심, 청소년기의 위험 감수와 충동성 등 장시간 보육과 관련해 기록된 발달 위험은, 매우 어린 나이부터 정식 학교 교육이 시작될 때까지 많은 아이와 함께 지낸 영향 때문일 수 있다. 결국 그게 성인(엄마나 유급 보육인)이 제공하는 보살핌의 질과 관련이 있다는 증거는 없었다.

제멋대로 구는 대규모 집단에서 "남에게(또래 친구들에게) 뒤처지지 않으려고 애써야" 하는 상황 때문에 둔감한 엄마에게 양육될 때 애착 관계가 불안정해질 위험이 커지고, 아동기에는 공격적이고 반항적인 태도를 보이며, 10대 중반에는 위험한 일이나 충동적인 행동을 하는 것일 수 있다. 안타깝게도 우리는 이 문제를 조명하는 데 필요한, 크고 작은 보육 환경에서 진행된 또래끼리의 상호 작용에 관한 자세한 정보가 없어 이 가능성을 더 이상 조사할 수 없었다. 하지만 보육의 질이 가장 영향력이 클 거라고 잘못 생각한 사람이 너무 많아서 그렇게 어린 나이에 또래들과 맺은 관계의 중요성을 과소평가한 게 틀림없었다. 이전 장에서, 과학자라면 누구나 미처 측정하지 않은 뭔가를 측정했더라면 좋았을 거라는 사실을 깨닫고 좌절한 경험이 있을 거라고 말했다. 지금 알고 있는 걸 그때도 알았더라면 얼마나 좋았을까!

# 결론

★

       보육의 영향, 특히 인지 언어 발달에 미치는 영향을 이해하는 데 "바보야, 문제는 품질이야"라는 주장이 완전히 틀린 건 아니지만, 그렇다고 완전히 옳은 것도 아니다. NICHD 연구라는 발달 연구는 보육의 질과 아동·가족·학교 교육이 미치는 여러 잠재적 영향을 고려하더라도, 사회적·행동적 발달에는 보육의 양도 중요하다는 걸 알아냈는데, 이 결과에 놀라거나 실망한 이가 많다. 좋은 소식은 양질의 보육이 지적 기능을 향상시킨다는 사실이 꾸준히 확인되고 있다는 것이고, 나쁜 소식은 조기에 광범위하고 지속적인 보육을 받을 경우 2세 때와 학교 입학 시기를 전후해서 문제 행동이 많이 나타나고, 청소년기에는 위험하고 충동적인 행동을 자주 하리라고 예측할 수 있다는 것이다. 이번에도 우리는 가정 안팎에서의 경험이 아이들의 미래 발전에 영향을 미치는지 여부와 그 방법에 대한 통찰을 얻었다.

       앞서 우리가 발견한 내용을 강조했지만, 발견하지 못한 것을 명확히 밝히는 것도 매우 중요하다. 물론 질 낮은 보육이 장시간 보육으로 인해 생기는 악영향의 원인이 아닐까 의심되어 관련 증거를 열심히 찾아봤지만 결국 찾지 못했다는 얘기는 앞에서도 여러 번 했다. 또 하나 놀라운 사실은 보육 경험의 이런 두 가지 기본적인 차원이 상호 작용한다는 증거를 찾지 못했다는 것이다(이것도 자주 열심히 찾아봤지만). 그러니까 고품질 보육을 장시간 받으면 적게 받았을 때보다 인지-언어 능력이 좋아진다는 증거를 찾지 못했다는 얘기다.

마찬가지로, 질 낮은 보육을 장시간 받는 것이 적게 받는 것보다 유해하다는 증거도 찾지 못했다. 이런 결과는 매우 놀랍고 심지어 직관에 어긋나기까지 한다. 왜 양질의 보육처럼 확실히 좋은 걸 다량으로 이용해도 그걸 적게 이용했을 때보다 큰 이익을 얻을 수 없는 걸까? 그리고 질 낮은 보육을 장시간 받아도 왜 그런 보육을 제한적으로 받았을 때보다 악영향이 크지 않을까?

가장 놀라운 건, 양질의 보육이 아이들에게 도움이 된다는 오랜 주장에도 불구하고, 보육의 질에 관한 좋은 소식이 미치는 영향이 다소 미미하다는 사실이 입증된 것이다. 이는 보육의 양과 관련된 나쁜 소식이 미치는 영향도 마찬가지다. 실제로 간과할 수는 없지만 아직 언급하지 않은 사실은, 보육 경험보다 아이가 자란 가족 유형이 발달에 훨씬 중요하다는 사실이 입증되었다는 것이다. 이 중 일부는 유전의 영향을 반영한 것이겠지만, 이것만으로는 보육의 영향을 평가할 때 그 영향을 배제시킨 수많은 변수를 이용해 측정한 가족 경험이 우리가 측정한 모든 보육 경험보다 아동과 청소년 발달을 예측하는 능력이 뛰어나다는 사실을 충분히 설명하지 못할 수도 있다.

이 문제를 생각하는 한 가지 방법은 사고 실험의 형태를 취하는 것이다. 여러분이 태아일 때 신이 찾아와서 자원이 풍부하고 발달에 도움이 되는 가정에서 자랄 경우 생후 5년 동안 별로 질이 좋지 않은 보육시설에서 많은 시간을 보내야 하고, 자원도 부족하고 제대로 기능하지 않는 가정에서 자랄 경우 양질의 보육을 많이 경험할 수 있다고 한다면, 여러분은 발달적 관점에서 어느 쪽을 택하겠는가? NICHD 연구 결과에 따르면, 첫 번째 옵션을 선택해야 할 것 같다.

가족이 보육을 능가한다는 건 NICHD 연구의 중요한 교훈인데, 보육의 영향에 대한 논쟁을 벌이다 보면 그 사실을 자꾸 잊어버린다.

그러나 우리는 이런 관찰이 보육 연구 결과의 중요성을 약화시킨다고 생각하지 않는다. 오늘날 미국에서는 보모를 고용하든 가정 보육원이나 보육 센터를 이용하든 간에, 일찍부터 광범위하고 지속적인 보육을 시작하는 게 일반적이라는 사실을 기억하자. 또 미국의 많은 가정이 이용할 수 있는 보육의 질이 결코 높지 않으며, 보육 그룹 크기는 대개 장시간 보육과 관련된 위험에 기여할 수 있을 만큼 크다는 점도 인정하자. 따라서 NICHD 연구에서 감지된 보육의 질과 양의 영향이 크지 않다는 사실은, 보육의 질이 제한적이고 규모가 큰 어린이 그룹이 존재하는 보육시설에서 많은 시간을 보내야 하는 상당수의 어린이를 감안해서 고려해야 한다.

"많은 사람에게 영향을 미치는 중소 규모의 효과와 소수의 사람에게 영향을 미치는 거대한 효과 중에 어떤 게 더 중요하지?"라고 생각할 수도 있다. 그러므로 NICHD 연구와 다른 대부분의 보육 연구가 초점을 맞춘 개인 수준에서의 사소한 보육 효과만 고려하면 되는 게 아니다. 다른 현대 서구 국가들보다 자녀 양육 혜택 정책이 적은 나라에서 많은 아이가 장시간 보육을 경험할 때는, 그런 보육이 이웃과 학교, 지역사회 그리고 사회 전반에 미치는 집단적 결과도 고려해야 한다. 미국이 연방 차원의 유급 육아 휴직 정책이나 세심하게 규제되는 보육 시스템이 없다는 점을 감안하면, 미국이 가장 귀중한 국가 자원인 어린이와 그들에 대해 가장 큰 책임을 지는 사회 제도인 가족을 잘 보살핀다고 주장하기는 어렵다.

아이를 낳은 모든 가정에는 장기간의 유급 육아 휴직을 제공해야 한다는 게 우리 생각이다. 그 이유 중 하나는, 수많은 설문조사를 통해 미국인들이 경제적 필요 때문에 할 수 없이 자녀 양육을 다른 사람에게 돈을 주고 (열악한 환경에) 맡기기보다 자신들이 직접 맡는 걸 선호한다는 사실이 드러났기 때문이다. 마찬가지로, 만약 아기들이 이 문제에 대한 발언권이 있다면 그들도 설문조사를 하는 이들에게 정확히 똑같은 말을 할 것이다! 게다가 아이들은 양질의 보살핌을 받아야 하는데, 그런 보살핌이 미래의 발달 단계에 도움이 되어 사회적으로도 유익하기 때문이 아니라 "아이들은 태어나고 싶어서 태어난 게 아니기" 때문이다. 우리 사회에서 가장 어리고 가장 취약한 이 시민들도 날마다 괜찮은 삶의 질을 누릴 권리가 있으므로, 이런저런 보육을 제공해서 얻을 수 있는 투자 수익보다는 도덕적이고 윤리적인 측면에서 아이들의 권리를 생각해야 한다. 전자는 아이들을 상품으로 만들 위험이 있는 반면, 후자는 모든 인간의 삶의 고유한 가치를 반영한다.

# 사는 동네는 어떤가?

지금까지 아동, 청소년, 성인의 발달에 미치는 영향과 관련해 고려한 사항은 대부분 "근접 환경", 즉 가족(5장, 6장)이나 학교가 남녀공학인지(7장)처럼 아이가 직접 참여하는 경험과 노출에 주로 초점을 맞췄다. 앞서 얘기한 코넬 대학교의 유리 브론펜브레너 교수는 이를 인간발달 생태계의 "마이크로시스템"이라고 불렀다. 발달학자들이 우리 삶을 형성하는 요인과 힘을 연구할 때 이런 발달 맥락을 넘어서면 (우리가 자주 그랬던 것처럼) 가족의 사회경제적 지위와 관련된 폭넓은 사회경제적 단계로 나아가게 된다. 물론 여기서도 부모의 교육 수준이나 가족 수입, 고용 상태 파악 등 많은 부분을 다루기는 한다. 그러나 이런 잠재적인 영향의 원천은 모두 가족 자원과 관련이 있기 때문에 결국 근접 환경을 주로 다루게 된다.

우리가 인간발달을 연구하는 동안 생긴 큰 변화 중 하나는, 어린이의 세계를 러시아 인형 모델에 빗대서 설명한 브론펜브레너의 영향 때문에(물론 그것 때문만은 아니지만), 어린이와 가족이 다층적 맥락 안에 포함되어 있다는 사실을 전보다 확실히 이해하게 된 것이다. 아이는 형제자매나 부모와 긴밀한 관계를 맺고 있다. 이 관계는 가족 안에 포함되어 있다. 가족은 지역사회에 포함되어 있고, 지역사회는 더 큰 사회 안에 포함되어 있다. 그리고 사회는 거대한 문화적, 역사적, 심지어 진화적 맥락에 포함되어 있다. 따라서 인간발달에 영향을 미치는 힘의 범위는 가족, 보육시설, 학교라는 초근접 환경을 넘어 훨씬 멀리까지 확장된다. 우리 연구는 문화권이나 역사적 시대 간의 발달상을 비교하는 비교문화 연구나 역사 연구가 아니기 때문에, 한 번도 조사해보지 않은 맥락 층이 있었다. 그러나 우리는 가족이라는 근접 환경 바로 옆에 가족이 속한 지역사회가 존재한다는 걸 인식했고, 이것이 우리가 논의할 다음 발달 연구로 이어졌다. 아이들이 자라는 지역의 차이와 이것이 발달하는 아이들에게 미치는 영향을 살펴본 것이다.

집을 샀거나 임대할 집을 찾은 사람이라면 누구나 그 동네에 대해 생각해 볼 것이다. 안전한 동네인가? 상점, 특히 식료품점이 가까이 있는가? 출퇴근하기 쉬운가? 특히 미국에서 아이를 키우거나 머지않은 미래에 아이를 가질 사람들에게는 사는 지역이 매우 중요한 문제인데, 발달학자들이 동네 문제에 관심을 가지기까지 왜 그렇게 오래 걸렸는지 궁금해할 사람도 있을 것이다. 지방세가 학교 예산에 큰 영향을 미치기 때문에, 지역의 부는 아이들이 학교에서 받는 교육의 질과 학교에서 어떤 아이와 사귀는지에 영향을 미친다. 그러나 학교 자금이 지방세와 관련이 없는 영국 같은 곳에서도 대중교통이 얼마나 가까운지, 소매점을 쉽게 이용할 수 있는지, 자녀들이 어떤 아이를 사귀게 될지 등의 문제 때문에 주변 지역은 여전히 중요하다.

이 마지막 포인트의 경우, 본 장에서 주로 다루게 될 환경 위험 연구에 쌍둥이 형제 제임스와 함께 참여한 토머스의 사례를 통해 뼈저리게 느낀 바가 있다. 더니든 연구나 NICHD 조기 보육 및 청소년 발달 연구와 달리, 환경 위험 연구는 영국에서 진행되었다는 걸 기억하자. 쌍둥이가 5세와 7세일 때 그들 집을 방문해 엄마와 함께 만났을 때는 토머스가 잘 지내는 것처럼 보였지만, 10세 무렵에는 확실히 태도가 변한 게 눈에 띄었다. 아빠가 실직한 후 가족들이 환경이 별로 좋지 않은 동네로 이사한 결과였다.

이제 그 가족은 영국에서 "공영 주택 단지"라고 부르는 공공 주택에 살고 있었는데, 토머스는 더 이상 우리가 예전에 그 가족을 방문했을 때 만났던 친절하고 개방적이고 쾌활한 소년이 아니었다. 그는 쉽게 화를 냈고 나이에 어울리지 않게 거친 태도를 보였다. 그의 엄마는 토머스의 새로운 "태도"를 이곳에 와서 함께 어울리게 된 소년들 탓으로 돌렸다. 심지어 어느 날 저녁에는 경찰이 집에 찾아와, 그녀의 아들과 친구들이 주변에 있는 버려진 건물의 멀쩡한 유리창에 돌을 던지다가 붙잡혔다는 소식을 전하기도 했다. 그녀는 남편이 실직한 후로 술을 더 많이 마시는 것과 토머스가 새로 사귄 친구들(그들을 "갱단"이라고 불렀다)의 나쁜 영향 때문에 "나쁜" 사람이 될 위기에 처한 것에 절망했다. 우리는 그녀의 양육 방식이 토머스의 행동 변화에 기여했는지도 궁금했다. 예전에 방문했을 때에 비해 아들이 뭘 하고 지내는지에 대해 잘 모르는 것 같았기 때문이다.

그런데 우리는 이 이야기를 듣고 별로 놀라지 않았다. 사는 동네가 아이들의 발달 형성에서 어떤 역할을 하는지 통찰을 얻어, 미세 환경을 뛰어넘을 수 있는 방향으로 환경 위험 연구를 설계했기 때문이다. 이를 위해 해당 분야에 대한 우리의 전문 지식에 한계가 있음을 인정하고, 동네에 관한 연구가 최첨단 지식을 바탕으로 진행될 수 있도록 협력자들을 모집했다. 이는 환경 위험 연구와 더니든 연구를 수행할 때 우리가 일상적으로 활용한 방식이다. 우리가 이 책에서 소개하는 모든 연구에는 우리 외에도 많은 학자가 참여했다는 사실을 기억해주기 바란다. 이런 사실은 각 장의 토대가 된 학술 보고서를 나열한 참고문헌 섹션에도 명확하게 기록되어 있다. 거기에는 우리의 공동 연구자이자 보고서를 함께 쓴 이들의 이름도 모두 있는데, 그들이 없었다면 이 연구를 진행하지도 못했을 것이다.

이 장에서는 동네 환경이 5~12세 아동의 발달에 미치는 영향뿐만 아니라, 이런 환경이 보호 요인으로 작용해서 적어도 일부 아이들의 경우 빈곤한 지역에서 자라더라도 역경에 대한 회복력을 키울 가능성이 있는지 조사한 발달 연구 결과를 공유한다. 그리고 그 과정에서 가족 밖에서의 경험이 아이의 미래 발달에 영향을 미치는지 여부와 그 방법으로까지 연구 범위를 확대한다. 또 사는 동네가 미치는 영향을 중재하기 위해 양육이 하는 역할도 평가할 것이다. 그리고 하나 더 중요한 부분은, 동네의 절대적 단점과 상대적 단점을 구별해서 아동 발달에 어떤 쪽이 더 중요한지 알아보는 것이다. 이 문제를 다룰 때는 부유한 이웃 옆에 사는 게 빈곤한 아동에게 영향을 미치는지 여부와 어떤 식으로 영향을 미치는지 확인할 것이다.

이게 특히 중요한 이유는 빈곤한 가정에서 자란 아이들을 경제적으로나 교육적으로 혜택받은 가정에서 자란 아이들과 섞어두는 게 그들의 발달에 가장 이롭다는 일반적인 가정 때문이다. 하지만 정말 그럴까? 차차 보게 되겠지만, 어떤 사회학 이론은 그렇지 않다는 걸 시사한다. 게다가 혜택받은 가정의 아이들과 그렇지 않은 아이들을 섞어두는 게 불우한 환경에서 자라는 아이에게는 좋다고 하더라도, 그렇게 섞여 지내는 상황이 가족이 제공하는 자원이라는 측면에서 더 운이 좋은 아이들에게는 어떤 영향을 미치는지도 궁금해해야 하지 않을까?

이런 문제를 조사할 때는 특히 두 가지 추가적인 고려 사항에 각별히 주의를 기울였다. 첫째는 가족이 사는 곳은 가족 자체에 크게 좌우된다는 점이다. 경제적 자원이나 다른 관련 자원이 많은 가족은 대부분 선택 가능한 대안의 범위가 넓다. 이는 "선택 효과"가 환경효과(이 경우 동네 효과)로 가장될 수 있다는 뜻이다. 본 장의 맥락상 선택이라는 말은 피험자의 가족이 특정 유형의 동네에서 선택적으로 발견된다는 얘기다. 이는 그들이 해당 지역을 선택하거나, 어떤 지역에서 살아야만 하는 상황이거나, 제한된 자원 때문에 특정 지역에서만 살 수 있기 때문이다. 보육 노출이나 경험과 마찬가지로, 누군가가 거주하는 동네는 무작위로 할당된 게 아니다. 여기서 드러나는 과학적 위험은, 사는 동네가 미치는 명백한 영향이 사실은 거주 지역을 결정하는 데 많은 영향을 미치는 가족 자원의 기능일 수 있다는 것이다. (가족 자원과 동네는 자주 혼동된다.) 따라서 우리 연구에서는 동네가 미치는 실제 영향과 그 동네에 사는 가족의 영향을 다시 분리해야만 했다.

또 동네의 특성을 측정하기 위해 다른 연구자들이 이용한 전통적인 전략을 넘어설 필요가 있다는 것도 인식했다. 사실 우리는 연구 대상인 아이의 부모에게 사는 동네에 대해 물어보는 걸 망설였다. 우리가 그 동네에 대한 편파적인 시각을 갖게 될까 봐 걱정했기 때문이다. 예를 들어, 우울하고 불안하고 화가 난 부모는 자기가 사는 동네를 객관적으로 바라보기보다는 부정적 측면에서 특징지을 거라고 쉽게 상상할 수 있다. 이런 우려를 고려해, 주관이 개입할 여지가 적은 두 가지 측정 방법을 이용했다. 첫째, 정교한 지리적 매핑 소프트웨어를 이용해, 한 민간 기업이 환경 위험 연구에 참여한 아이들이 사는 지역에서 마케팅 목적으로 수집한 사회경제적 정보와 경제 정보를 활용할 수 있는 행운을 누렸다. 또 많은 비용과 노력을 들여서, 환경 위험 연구의 피험자와 같은 지역에 살지만 연구에 참여하지는 않는 사람 수천 명을 대상으로 그 지역의 생활의 질적 특징을 조사했다. 앞으로 보게 되겠지만, 이 두 가지 방법은 동네 연구의 핵심인 실증적 질문에 답하는 데 매우 유익한 것으로 판명되었다.

## 반사회적 행동에 대한 관심

★

　　　　　가난한 동네에서 자란 아이들은 고등학교를 졸업할 가능성이 낮고, 감옥에 갈 확률이 높으며, 부유한 동네에서 자란 또래보다 건강 관련 문제를 많이 겪을 수 있다는 등의 사실은 잘 알려져 있다. 하지만 우리가 환경 위험 연구를 시작할 때는, 동네가 아이들의 발달에 어떤 영향을 미치는지에 대해서는 아직 알려지지 않은 부분이 많았다. 특히 이 주제에 관한 기존의 사회학적·발달적 연구는 대부분 사회적·정서적 기능보다는 신체 건강(예: 유아 사망률, 출생 시 체중, 천식)과 학업 성취(예: 시험 점수, 학습 준비도, 학교 성적)를 목표로 했다. 게다가 대부분의 기존 연구는 아이보다 부모의 통제에 더 자유로운 청소년이 동네의 영향을 받기 쉽다는 견해를 바탕으로, 청소년에게 초점이 맞춰졌다. 원칙적으로 그들은 자기가 사는 동네를 자유롭게 돌아다닐 수 있기 때문이다. 이런 상황을 고려해, 우리의 동네 연구는 그보다 나이가 어린 아이들의 반사회적 행동 발달에 초점을 맞췄다.

우리가 연구한 반사회적 행동에는 타인과 재산에 물리적 또는 심리적 피해를 초래하는 공격적이고 불량한 행위가 모두 포함된다. 이런 행동은 다른 사람의 권리를 침해하고 때로는 법까지 위반한다. 그래서 환경 위험 연구에 참여한 아동이 5세, 7세, 10세, 12세가 되었을 때, 거짓말이나 부정행위, 욕설이나 상소리, 도둑질, 무단결석, 급한 성미, 다른 사람을 향한 신체적 공격 같은 행동을 하는지 알아보기 위해 부모와 교사에게 설문지 작성을 부탁해 이들의 특성을 파악했다. 이 측정은 8장에서 설명한 보육의 영향을 연구하기 위해 아이들이 더 어렸을 때 진행한 것과 방식이 매우 흡사하다. 동네 연구에서 반사회적 행동에 대한 보다 신뢰할 수 있고 강력한 지표를 만들기 위해, 각 측정 연령대의 부모 보고서와 교사 보고서를 합쳤다. 이번에도 독자들은 우리가 일반적인 주제에 대한 다량의 정보를 처리할 때는 "분리"보다 "병합"을 택한다는 걸 알 수 있을 것이다.

우리가 답을 얻으려 했던 첫 번째 실증적 질문은 해당 동네에 사는 가족들의 경제적 구성에 관한 것이었기 때문에, 그 동네의 사회경제적 지위SES를 알아내야 하는 과제에 직면했다. 다행히 한 민간 기업이 전국 인구 조사와 광범위한 소비자 연구 데이터베이스에서 얻은 400개 이상의 측정 결과를 바탕으로 주거 지역을 분류하고 그 데이터를 무료로 제공해준 덕분에 이 문제가 해결되었다. 지역을 설명하고 분류하는 데 사용된 측정 내용에는 거주자의 평균 학력, 실업률, 한부모 가구 비율, 주거 유형(예: 공공 주택 대 개인 주택), 자동차 소유 비율 등이 포함되어 있다. 이 회사 데이터를 통해 5개의 동질적인 동네 유형으로 구분할 수 있었고, 소득 수준이 높고 대규모 단독 주택과 편의시설이 많은 "부유한 성취자" 지역부터 정부 보조금으로 지은 저소득층 주택단지가 대부분이고 소득이 낮은 가족이 살며 실업률이 높고 한부모 가정이 많은 "곤궁한" 지역에 이르기까지 다양한 측정 기준을 확보할 수 있었다. 환경 위험 연구에 참여한 가족 가운데 약 4분의 1이 이런 동네 범위의 양 극단에 거주했다. 첫 번째 동네 연구에서는 5가지 유형의 동네 가운데 일부를 통합하기로 하고, 상위 2개를 합쳐서 "고SES 지역", 하위 2개를 합쳐서 "빈곤 지역", 나머지 그룹을 "중SES 지역"이라고 부르기로 했다. 여기에서는 사는 동네가 아이의 반사회적 행동에 미치는 영향을 알아내기 위해 차원적 방법과 범주적 방법을 통합한 방식을 채택했다는 사실에 주목하자.

## 초기 결과

동네 연구를 통해 나온 첫 번째 결과는 우리 예상 그리고 틀림없이 많은 독자들의 예상과도 일치했다. 거주하는 동네의 SES와 아이들의 반사회적 행동 사이에 단계적인 용량-반응 관계가 존재했고, 이는 우리가 공격적이고 불량한 행동을 측정한 4개 연령 모두에서 사실임이 입증되었다. 즉, 동네 SES가 감소하면 5세, 7세, 10세, 12세 아동의 평균적인 반사회적 행동 수준이 증가했다(표 9-1). 데이터에는 주목할 만한 발달 추세도 드러났다. 나이가 들면서 빈곤한 지역에 사는 아이들과 부유한 지역에 사는 아이들 사이의 행동 격차가 더 벌어진 것이다. 5세부터 12세 사이에 남자는 43퍼센트, 여자는 57퍼센트나 증가했다. 하지만 흥미롭게도 이는 빈곤한 지역에 사는 아이들이 더 반사회적으로 변했기 때문이 아니었다. 그보다는 고SES와 중SES 지역에 사는 아이들이 행동이 개선되는 정상적인 궤도를 겪으면서, 5세부터 12세 사이에 반사회적 행동이 줄어들었기 때문이다. 하지만 "빈곤한" 지역에서 자란 남자아이들은 이 기간 동안 비행과 공격적인 행동이 전혀 개선되지 않았다. 그들은 12세가 되어도 5세 아이처럼 여전히 나쁜 행동을 했다. 그러므로 경제적으로 불리한 지역에서 자란 아이들은 인생의 첫 10년과 두 번째 10년 동안 점점 더 반사회적으로 변한다기보다, 행동을 억제하는 법을 배우는 것이 일반적인 발달 추세인 나이가 되어서도 계속 그런 식으로 행동하려는 성향을 억제하는 능력이 부족한 듯하다.

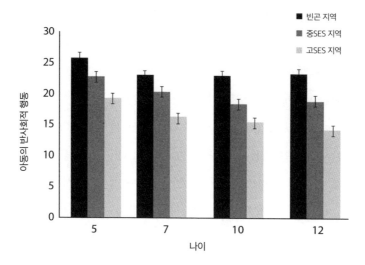

| 표 9-1 | 거주 지역의 사회경제적 지위SES에 따른 5세, 7세, 10세, 12세 때의 평균적인 반사회적 행동 수준.

C. L. Odgers, A. Caspi, M. A. Russell, R. J. Sampson, L. Arseneault, T. Moffitt(2012). '지지적인 양육은 거주 지역의 사회경제적 불균형이 5~12세 아동의 반사회적 행동에 미치는 영향을 중재한다', 〈발달과 정신병리학〉, 24, 705-721, 그림 2. 허가하에 게재.

## 선택 효과?

사는 동네가 반사회적 행동에 기여한다는 증거가 드러났는데, 이 결과에 대한 명백한 대안적 설명도 존재한다. 즉, 동네 자체가 영향을 미치는 게 아니라 아이들의 가족이 문제라는 것이다. 이런 경우, 동네가 미치는 진정한 영향보다 가짜 선택 효과를 감지하게 될 것이다. 그런 선택 효과를 진짜 동네 효과와 구분하기 위해, 통계적으로 배제시킬 필요가 있는 데이터 보관소의 여러 측정값에 의지했다. 가정 사정에는 가족의 사회경제적 단점, 아빠와 엄마의 반사회적 행동 이력, 가족의 정신 건강 문제 이력, 자녀의 신체적 학대 여부, 자녀의 가정 폭력 노출 등이 포함된다. 아이가 5세 때 얻은 가족

SES 측정값은 부모의 학력, 가장의 직업적 지위, 가계 소득, 정부 보조금 수령 여부, 정부 보조 주택 거주 여부, 차량 소유 여부 등을 기준으로 측정했다.

아이들이 5세 때 진행된 가정 방문에서는, 쌍둥이들의 엄마가 반사회적 행동에 관한 체크리스트를 작성해서 본인이나 남편이 지금까지 반사회적인 행동을 한 적이 있는지에 대한 정보를 제공했다. 12세 때 진행된 가정 방문 때는, 모든 엄마에게 약물 사용 문제, 알코올 문제, 우울증, 정신질환, 자살 시도 경험 등을 물어보고 혹시 아이들과 유전적으로 가까운 친척(쌍둥이 친부모의 친부모와 형제자매) 중에 그런 사례가 있는지도 묻는 등 더 많은 질문을 던졌다. 아이들이 5세, 7세, 10세 때 엄마와 진행한 표준화된 임상 인터뷰를 통해 쌍둥이 중 한 명 혹은 두 명 모두 학대를 당했는지 여부를 판단할 수 있었다. 우리에게 보고된 실제 학대 사례 중에는 10대 형제자매에게 폭행당해서 법원 판결까지 나온 사건, 성냥 때문에 화상을 입은 사건, 자녀를 방임하거나 학대하는 부모 때문에 골절 등의 부상을 입은 사건, 신체적 학대로 인해 지역 아동 보호 팀에 정식으로 등록된 사건 등도 있었다. 이런 인터뷰에서 엄마들이 솔직하게 대답하지 않을 거라고 생각할 수도 있지만, 아이들이 12세 된 해에 만났을 때에는 그들도 우리 연구팀을 신뢰할 수 있다는 걸 알고 있었다. 물론 우리는 집에 방문할 때마다 학대가 의심될 경우 법에 따라 아동 보호 센터에 보고해야 한다고 설명해둔 상태였다. 마지막으로, 아이가 5세, 7세, 10세일 때 엄마들에게 본인이나 파트너가 상대방을 발로 차거나 칼로 위협하는 등 가정 폭력에 해당되는 12가지 신체적 행위를 했는지 물어보는 방식을 이용해 가정 폭력 수준을 평가했다. 앞으로 드러나겠지만, 우리는 동네 유형 분류가 왜 아이들의 반사회적 행동과 관련이 있는지 실제로 설명할 수 있는 가족 요인과 과정을 측정하고 고려하기 위해 많은 노력을 기울였다. 단순히 가족 SES를 통제하는 것만으로는 충분하지 않다고 여겼기 때문이다.

그렇다면 "이런 가족-선택 요인과 힘을 모두 고려한 뒤에도 거주하는 동네의 빈곤 상태가 아이들의 반사회적 행동을 예측하는가?"라는 실증적인 질문을 던졌을 때 어떤 답이 나왔을까? 답은 "그렇다"였다. 우리가 고려한 가족 요인도 예상대로 12세 아동의 반사회적 행동을 종합적으로 예측하긴 했지만, 거주하는 동네의 사회경제적 불이익도 마찬가지였으며 이 경우 다른 예측 변수의 영향을 넘어서는 수준이었다. 다시 말해, 빈곤한 동네에 사는 아이들이 그보다 덜 빈곤한 동네의 아이들보다 반사회적인 이유는 단순히 가족이 제 기능을 하지 못하기 때문이 아닌 것이다. 게다가 더 취약한 지역에 사는 아이들은 반사회적인 행동을 더 많이 할 것이라고 예측할 수 있기 때문에 그들이 사는 동네의 사회적, 경제적 특징도 중요했다. 결국 선택 효과는 우리가 연구 초기에 발견한 동네 효과를 충분히 설명하지 못한다.


## 영향 메커니즘

★

　　　잠재적으로 영향을 미칠 수 있는 다양한 가족 요인을

모두 고려한 후에도 동네 특성이 아이들의 발달에 영향을 미친다는 사실을 알아낸 것과 그 이유를 정확히 이해하는 건 별개의 문제이므로, 가족 외부에서의 경험과 노출이 "어떻게" 중요해졌는지가 우리의 다음 관심사가 되었다. 구체적으로 우리는 "빈곤한 동네가 어떻게 아이들의 반사회적 행동에 영향을 미치는가?"라고 물었다.

분명히 말하는데, 사는 동네의 취약성이 젊은이의 비행과 공격적 행동으로 이어지는 데 책임이 있는 단일한 메커니즘이 존재한다고 가정하는 건 실수일 것이다. 여자아이들의 사춘기 발달에 대한 가족의 영향을 논의할 때(7장) 얘기한 것처럼, 사실 발달의 모든 측면은 여러 요인에 의해 결정되므로 우리가 한 가지 요인이나 영향원에 초점을 맞춘다고 해서 그 이외의 다른 요인은 없다는 뜻으로 해석해서는 안 된다. 생물학적 부분에서는 스트레스 생리학이 취약한 동네와 반사회적 행동을 연결시키는 데 영향을 미칠 수 있다. 18장에서는 거주 지역의 취약성과 관련해서는 아니지만, 그런 "생물학적으로 내재된" 문제를 중점적으로 다룰 예정이다. 또 "사회적으로 내재된" 범인이 그런 역할을 할 수도 있는데, 아마도 가장 눈에 띄는 건 아이와 같은 동네에 사는 또래 집단일 것이다. 이런 가능성은 우리가 이 장 첫머리에서 소개한 토머스 엄마의 견해와 일치한다. 육아 방식도 고려할 가치가 있는데, 동네의 취약성이 반사회적 행동에 영향을 미치는 영향 메커니즘을 고려할 때는 여기에 초점을 맞추려고 했다. 이렇게 환경 위험 연구 데이터를 이용해 동네의 영향을 조사하는 발달 연구를 확대하면서, 동네의 취약성이 지지적인 육아를 먼저 약화시키는 바람에 반사회적인 행동이 조장되었다는 가설을 테스트했다.

이 문제를 테스트하기 위해 양육의 두 가지 측면인 엄마의 따뜻한 태도와 세심한 관찰 정도를 측정했다. 전자는 아이들이 10세 때 가정에 방문해서 엄마들을 대상으로 실시한 "5분 음성 샘플"이라는 방법에 의존했다. 엄마들은 쌍둥이 각각에 대해 5분씩 얘기해 달라는 요청을 받았다. 이에 저항감을 느끼는 엄마들에게는 "사람들 많은 곳에 데려갈 때 어떤 기분이 드는가?"라든가 "아이가 좀 달라졌으면 하는 부분이 있는가?" 같은 질문을 던져서 대답을 유도했다. 이 부모들이 한 말을 녹음해서 나중에 엄마가 자녀에게 표현하는 따뜻함이라는 측면을 평가했다. 평가 작업은 가족(또는 다른 쌍둥이)에 대해 아무것도 모르는 훈련된 평가자가 각 쌍둥이에 대해서 개별적으로 수행했다. 엄마의 따스함에 대한 평가는 목소리 톤과 말하는 내용, 특히 아이에 대한 연민과 공감이 깃든 내용을 기반으로 했다. 엄마가 한 말에서 아이에 대한 열의와 관심, 즐거움의 증거가 확실하게 드러나면 따뜻함 점수가 매우 높았다. 그에 반해 아이에 대한 이해와 동정, 관심, 열의가 별로 없거나 실망감 같은 걸 드러내면 점수가 매우 낮았다. 엄마의 음성 표본이 이런 양극단 사이의 어딘가에 해당되면 부모로서의 따뜻함을 나타내는 점수도 마찬가지였다.

10세 때의 가정 방문에서는 아이가 나가 있을 때 엄마가 아이의 행동을 얼마나 면밀히 관찰했는지에 대한 정보도 수집했다(이번에도 쌍둥이마다 개별적으로). 10가지 질문을 통해 아이가 어울리는 친구를 엄마가 아는지, 여가시간에 아이가 어디에 가는지를 아는지, 집에서 나갈 때 허락을 받아야 하는지, 아이가 집 밖에 있는 동안 뭘 하는지를 아는지 등을 조사했다. 엄마가 긍정적으로 답한 문항이 많을수록 관찰 점수가 높았다.

양육 관행이 12세 때 반사회적 행동에 동네의 취약성이 기여하는 수단으로 작용했는지 여부를 살펴본 결과, 그게 사실이라는 걸 알아냈다. 빈곤한 지역에 사는 엄마들은 자녀를 양육하는 태도가 따뜻하거나 지지적이지 않고 자녀를 잘 관찰하지도 않기 때문에, 아이들의 행동이 더 반사회적이라는 사실이 입증되었다. 실제로 이런 양육 과정을 통계적으로 고려하자(즉, 통제하자) 이전에 발견됐던 동네의 취약성이 아동의 비행과 공격적인 행동에 미치는 영향이 완전히 사라졌다! 동네의 취약성이 아동의 반사회적 행동을 예측하고 거기에 영향도 미친 이유는 동네가 육아에 미치는 악영향 때문인 것이다. 비유하자면, 벽에 있는 조명 스위치를 누르면 머리 위에 달려 있는 조명이 켜지는데 이는 스위치와 조명을 연결하는 전선을 통해서 전기가 흐르기 때문이다. 따라서 중간에서 매개하는 역할을 하는 전선의 효과를 배제시키면(전선을 자르는 등) 스위치를 켜도 더 이상 마법처럼 실내가 밝아지지 않는다. 이 비유에서 스위치는 사는 동네, 전선은 양육 방식, 불빛은 아이의 반사회적 행동을 나타낸다.

## 상대적 박탈감

★

미국의 많은 지역에서는 경제적으로 어려운 가정과 부유한 가정이 물리적으로 분리되어 있다. 그 결과, 가장 부유한 동네와 가장 빈곤한 동네는 대부분 별로 가까이 있지 않다. 한 동네는 선로 이쪽에 위치하고, 다른 동네는 저쪽에 위치하는 식이다. 물론 철도 선로가 경제적으로 차이 나는 주거 지역을 가르는 유일한 구분선은 아니다.

미국에도 가난한 이들과 부유한 이들이 비교적 가까운 곳에 사는 지역이 있긴 하지만, 영국의 경우 특히 수도이자 가장 큰 도시인 런던을 비롯한 많은 도시에서는 이런 일이 훨씬 흔하다. 우리가 이 글을 쓰기 바로 며칠 전에, 런던의 24층짜리 고층 아파트에서 끔찍한 화재가 발생했다. 자정이 지나서 발생한 불이 무서운 속도로 건물을 휩쓸었고 그 결과 수많은 사망자가 발생했다. 사건 현장에서 정확히 무슨 일이 일어났는지 밝혀내고 이런 비극이 다시는 일어나지 않도록 도와줄 교훈을 얻기 위해 대대적인 조사가 진행되었다. 미국에서 나온 거의 모든 뉴스 보도는 이 공공 주택 사업(지방 의회(즉, 정부)가 관리하기 때문에 "공영 주택 단지"라고 부른다)이 영국에서 가장 비싼 주택들에 둘러싸여 있다는 사실을 언급했다. 영국 정부는 1970년대 초부터 가난한 시민들을 부유한 시민들과 멀리 떨어진 곳에 격리시키기보다 부유한 가정과 가난한 가정을 가까운 곳에 두려고 노력하면서 특히 이 제도가 가난한 가정에 도움이 될 것이라고 추정했다.

이런 조치는 경제적으로 어려운 가정이 훨씬 부유한 이웃들과 멀리 떨어져 살지 않고 나란히 함께 살았을 때의 영향을 연구할 수 있는 좋은 기회를 제공해줬다. 이 문제를 조사하기 시작하면서 두 가지 가능성이 떠올랐다. 도시 계획자들의 기대와 일치하는 한 가지 가능성은, 부유한 이웃과 어깨를 나란히 하고 사는 것이 가난한 가정, 특히 아이들에게 도움이 되리라는 것이다. 아이들은 자라는 동안 계획적이고, 매일 출근하며, 자기 재산을 돌보고, 학업 성취에 의욕이 있는 협조적인 아이들을 키우는 사람들과 정기적으로 접촉하게 된다. 반면 매일 자기보다 혜택 받은 이웃을 보면 얼굴에 흙칠을한 듯한 기분이 들기 때문에 의기소침해지거나 심지어 분노를 느낄수도 있다. "못 가진 사람들"과 "가진 사람들"을 계속 비교하다 보면박탈감과 그로 인한 역효과가 커진다.

이런 경쟁 가설과 이에 따른 "상대적 박탈감"의 영향을 평가하기위해 이미 설명한 몇 가지 측정값에 의지했다. 처음에는 "빈곤 지역"으로 분류된 지역에 살고, 가족이 경제적 어려움을 겪고 있는 아이들에게만 초점을 맞췄다. 후자를 나타내는 지표는 가장의 학력이 부족하고 비숙련 직종에서 일하거나 직업이 아예 없는 가정, 공영 주택 단지에 사는 가정 등이다. 상세한 지리 소프트웨어를 사용해서각 가족의 주거지를 파악한 덕분에 주변에 부유한 집들이 있는 빈곤지역에서 사는 빈곤 가정 어린이와 그렇지 않은 어린이를 구별할 수있었다. 이 연구는 환경 위험 연구에 참여한 가난한 아이들 가운데4분의 3이, 전체 이웃의 25퍼센트 이상이 잘사는 것으로 분류된 동네에 살고 있었기 때문에 가능했다.

더 주목할 만한 점은, 적어도 반사회적인 행동과 관련해서는 슬프게도 도시 계획자들의 생각이 잘못되었다는 것이다. 엄마와 교사가 작성한 보고서(통합)에 따르면, 5세 때 부유한 이웃들에게 둘러싸여서 산 저소득층 아이는 저소득층 밀집 지역에서 산 환경 위험 연구 동료들보다 반사회적인 행동을 많이 했다(표 9-2). 7세, 10세, 12세때의 반사회적 행동을 집중적으로 조사했을 때도 똑같은 결과가 나

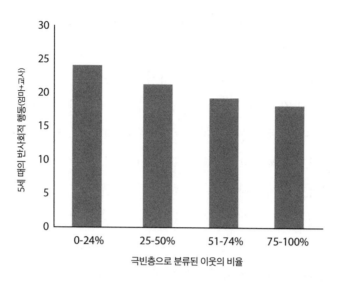

**| 표 9-2 |** 빈곤하게 사는 이웃 가정의 비율에 따른 5세 어린이의 평균적인 반사회적 행동 수준.

C. L. Odgers, S. Donley, A. Caspi, C. J. Bates, T. E. Moffitt(2015)의 연구 결과 재구성. '부유한 이웃들과 같은 동네에 살 경우, 저소득층 소년의 반사회적 행동이 늘어날 것으로 예측된다', 〈아동 심리학-정신의학 저널Journal of Child Psychology and Psychiatry〉, 56, 1055-1064, 그림 3. © 2015 Association for Child and Adolescent Mental Health.

왔다. NICHD 조기 보육 및 청소년 발달 연구(8장)에서와 마찬가지로, 우리 데이터는 대규모 보육시설이든 거주하는 동네든 아이 주변에 있는 광범위한 사람들이 미치는 영향을 지적했다.

그러나 이번에도 부유한 이웃의 수와 그들과의 근접성 이외에 이런 결과를 설명할 수 있는 요인이 있는지 알아보기 위해 결과에 의문을 제기해야 했다. 우리는 앞서 설명한 가족과 이웃의 다양한 특성(특히 가족 SES), 엄마와 아빠의 반사회적 행동 이력, 동네의 빈곤 정도 그리고 아직 언급하지 않았지만 이웃 지향적인 사회학 연구에서는 중요하게 고려하는 두 가지 추가적인 교란 요인인 집합적 효능과 이웃 문제의 영향을 배제시켜서 이 문제를 해결했다. 현재 하버드 대학에서 이웃 문제를 연구하는 사회학자 롭 샘슨Rob Sampson 이 추천한 가족 거주 지역의 이 두 가지 특징은 환경 위험 연구에 참여한 가족과 같은 거리에 살거나 같은 아파트 단지에 사는 (협조적인) 이웃에게 우편 발송한 설문지를 이용해 측정했다. 이 조사에서는 아이들이 학교를 빠지고 길거리를 돌아다니거나 동네 건물에 스프레이 페인트로 낙서를 하는 경우에 이웃이 다양한 방식으로 개입할 수 있다고 생각하는지 같은 질문을 포함시켜 동네의 사회적 응집력과 통제 능력을 파악했다. 또한 설문 응답자들이 사람들이 기꺼이 이웃을 도우려고 하는지, 자기 지역이 굳게 단결되어 있다고 여기는지 등에 대해서도 평가했다.

이웃 문제를 평가하기 위해 주민들이 공공장소의 쓰레기나 깨진 유리, 폐기물, 황폐해진 건물, 버려진 차, 빈 상점, 가로등 혹은 창문을 부수거나 벽에 낙서를 하는 공공 기물 파손처럼 동네에서 벌어지는 각종 무질서와 범죄를 심각한 문제로 여기는지 묻는 질문을 설문지에 포함시켰다. 이렇게 혼란스러운 가족과 이웃 요인의 영향을 모두 배제한 뒤에도, 한 가지 중요한 예외 외에는 이미 보고한 결과가 그대로 유지되었다. 빈곤한 지역에 거주하는 가난한 집 아이의 주변에 부유한 가족들이 살 경우, 그렇지 않을 때보다 반사회적 행동을 더 많이 한 것이다(5세부터 12세까지). 이 결과에서 한 가지 예외가 있다면, 교란 요인을 통계적으로 제어하면 상대적 박탈감의 영향이 남자아이들에게만 나타나고 여자아이에게는 나타나지 않는다는 것이다.

조사를 하다가 이 지점에 이르자 "전반적으로 '빈곤한' 지역에 사는 가난하지 않은 가정의 아이들은 어떨까? 이들도 빈곤층이 모여 사는 곳보다 경제적 상황이 다양한 가족들이 있는 곳에서 살면 악영향을 받을까?"라는 의문이 들었다. 이 의문에 대한 답은 "아니요"였다. 아마 당연한 일이겠지만, 부유층과 빈곤층이 섞인 지역에 사는 부유한 가정 아이들의 경우, "상대적 풍요"를 느낄 수 있는 곳보다 오히려 빈곤층이 밀집된 곳에 사는 경우에 반사회적 행동을 더 많이 하는 것으로 나타났다. 이번에도 앞서 통제했던 이웃과 가족 요인이 미치는 영향을 통계적으로 배제시켜 봤지만, 결과는 그대로였다. 다시 말해, 예상과 다르게 가난한 아이, 특히 남자아이에게는 가난하지 않은 가족 가까이에 사는 것보다 빈곤층이 밀집된 지역에 사는 것이 더 나은 반면, 가난하지 않은 가정의 아이에게는 그 반대가 나왔다. 그러므로 가난한 가정에서 자란 남자아이들은 상대적 박탈감 때문에 반사회적인 행동을 많이 하는 반면, 경제 형편이 괜찮은 집에서 자란 아이가 가난한 가족이 많은 동네에 사는 경우에는 불이익 집중 현상 때문에 발달이 저해되었다. 빈곤한 이웃이 많이 살거나 적게 사는 혼합 거주 지역에 살 때 아이들이 받는 영향은 가족이 부유한지 가난한지에 따라 달라진다.

왜 주변에 부유한 가족이 적은 것보다 많은 것이 빈곤 가정에서 자라는 아이들의 발달에 악영향을 미치는 거냐고 물을 수도 있다. 사회적 격차와 건강에 대한 수십 년간의 연구를 통해, 지위가 높은 사람과 자주 접촉하는 것이 지위가 낮은 사람의 심리적 행복과 건강에 부정적 영향을 미칠 수 있다는 결과가 나왔다. 실제로 우리가 가진 데이터를 보면, 한 세대 전에 베를린 장벽이 무너지고 소련이 붕괴되었을 때 러시아인들이 겪은 경험을 관찰한 내용이 떠오른다. 이런 역사적 변화가 일어나기 전에는 문 앞에 나가 사방을 둘러봐도 똑같이 가난한 사람들만 보였기 때문에, 자원이 제한된 궁핍한 삶도 그럭저럭 견딜 수 있었다. 그러나 냉혹한 자본주의가 장악하자, 남들보다 훨씬 큰 실의에 빠진 이들이 생겨났다. 이제 몇몇 이웃은 자기보다 훨씬 형편이 좋아졌기 때문이다. 여전히 혜택을 받지 못하는 러시아인들은 본인들의 실제 경제 상황이 전혀 변하지 않았음에도 상대적 박탈감 때문에 더 살기 힘들어진 듯한 기분을 느꼈다. 개중에는 상황이 좋아진 이들도 있었지만, 남들만큼은 아니었다. 다시 말해, 여전히 가난한 이들은 모두 자기처럼 가난해야 기분이 좋아졌고 몇몇 사람이 남보다 많이 가지면 우울해했다.

반사회적 행동과 관련한 오래된 이론에 따르면, 방금 강조한 사회적 비교뿐만 아니라 불공평하고 목표가 막힌 기분 때문에 개인이 비행을 저지를 수도 있다. 이런 심리적 경험은 스트레스와 부정적 감정(예: 부러움과 적개심)을 일으킬 뿐만 아니라 가까운 곳에서 "부정직한 수익"을 올리는 것도 좋아 보이게 할 수 있다. 범죄학자들은 이를 "기회 이론"의 관점에서 언급한다. 경제적으로 혼합된 지역사회에서는 부유한 이웃 같은 고가치 표적이 눈에 잘 띄고 언제나 접근 가능하기 때문에 청소년 범죄를 조장할 수 있다. 영국에서 "트레이너"라고 부르는 값비싼 운동화나 노트북 컴퓨터, 최신 스마트폰처럼 다른 아이들이 가진 물건을 살 여유가 없는 사람이 이를 간절히 원하는 경우에는 특히 범죄가 일어날 확률이 높을 것이다.

이런 가능성을 고려하다 보면, 왜 여학생에게는 상대적 박탈감이 작용하지 않느냐고 묻게 된다. 한 가지 이유는 부모들이 남자아이보다 여자아이를 더 면밀히 감시하기 때문에 혼자 동네 거리에 나갈 확률이 낮아서일지도 모른다. 그리고 일반적으로 남자아이가 여자아이보다 재산 범죄에 연루될 가능성이 높다는 사실도 무시해서는 안 된다. 여기에는 또래 집단 내에서 명성이 높아지는 것 외에는 실제로 얻을 게 없는 공공 기물 파손이나 재산 파괴도 포함된다. 따라서 연구 피험자가 청년기에 진입해서, 중등학교 수료, 정신 건강, 노동 참여 같은 다른 결과가 연구의 초점이 될 때는 여자들에게도 상대적 박탈감의 영향이 명확하게 드러날 수도 있다. 시간이 지나봐야 알 수 있기에, 우리는 환경 위험 연구에 참여한 아이들이 더 자랄 때까지 기다려야 한다. 과수 재배자에 대한 비유를 한 번 더 떠올려주길 바란다. 나무에서 과일을 수확하려면 나무를 심고 비료를 주고 물도 충분히 주고 해충 피해를 입지 않도록 주의하면서 오랫동안 기다려야 한다.

## 이웃의 역경에 대한 회복력

★

취약한 환경에서 자란 것이 반사회적 행동을 예측하고 또 남자아이들은 특히 상대적 박탈감이 미치는 악영향에 민감하긴 하지만, 우리가 고려하는 상황적 위험에 노출된 아이들이 모두 그 위험에 굴복한다고 해석해서는 안 된다. 동네 문제와 관련해서도 결정론적 효과가 아닌 확률론적 효과를 얘기해야 한다. 따라서 아이들을 이런 역경에서 보호하는 요소, 이웃의 역경을 이겨낼 회복력을 키워주는 환경이 뭔지 밝혀내는 게 매우 중요하다.

이 문제를 다룰 때, 경제적 취약 계층의 집중 같은 구조적 특징을 넘어 인간발달에 영향을 미치는 동적인 생태 요인을 밝히고자 하는 "에코메트릭스ecometrics"라는 새로운 분야에 의지했다. 에코메트릭적 고려를 통해, 빈곤한 동네에서 자란 아이들 중 일부는 적어도 반사회적 행동이라는 측면에서 왜 예상보다 괜찮은 모습을 보이는지 설명할 수 있는 지역 수준의 사회적 과정에 집중하게 되었다. 특히 이웃끼리의 사회적 응집 수준을 가리키는 "집합적 효능"이 공익을 위해 개입하려는 의지와 결합되면 회복력을 높일 수 있다는 생각에 흥미를 느끼게 되었다. 집합적 효능이라는 개념은 시카고에서 진행된 연구에서 나온 것인데, 고급스러운 고층 아파트에는 부족하지만 가난한 아프리카계 미국인들이 사는 동네, 특히 영향력 강한 교회가 이끄는 동네에서는 많이 볼 수 있다.

공동체 내에서의 집합적 효능의 수준은 공동체 구성원 개개인의 특성으로 축소할 수 없다. 집합적 효능은 비공식적인 사회적 통제와 사회적 응집력이 결합되어 공동체 구성원끼리 서로를 보살피고 특히 청소년에게 문제가 생겼을 경우 대신 개입하려는 의지를 말한다. 이러한 집단 지향성은 아동과 청소년의 일탈 행동을 억제하고, 더 큰 인프라에서 자원을 추출하고 공동체 내에 존재하는 사회적 자본(개인의 기술과 능력)을 동원하는 공동체의 능력을 반영한다.

환경 위험 연구를 위해 가정 방문을 했던 연구자들이 들려주는 두 가지 대조적인 이야기는 집합적 효능의 개념을 잘 보여준다. 가정 방문 연구원은 업무 수행을 위해 각자 맡은 동네에 도착하자마자 비슷한 상황을 목격했다. 두 동네에서 모두, 10~12세 정도 되는 남자아이들이 한 아이를 둘러싸고 괴롭히는 모습을 목격한 것이다. 그중 한 동네에서는 괴롭힘이 일어나는 거리 쪽에 사람이 몇 있었지만 다들 길을 건너 반대편으로 가버렸다. 지금 벌어지고 있는 일에 관여하고 싶지 않은 게 분명했다. 하지만 다른 동네에서는 길을 가던 차가 속도를 줄이더니 운전사가 창밖으로 소리쳤다. "그 아이를 가만 내버려 둬. 경찰을 부를 거다." 그러자 괴롭히던 아이들이 뿔뿔이 흩어졌고 피해자인 아이도 조금 전까지 자기를 둘러싸고 괴롭히던 소년들에게 방해를 받지 않고 자리를 뜰 수 있었다.

우리는 동네의 특성을 파악하기 위해, 환경 위험 연구에 등록된 아이가 아니라 근처에 사는 어른들을 대상으로 설문조사를 실시했다는 사실을 기억하자. 피험자들이 8~9세가 되었을 때, 환경 연구에 참여한 1,116개 가족 각각과 같은 동네에 사는 15개 가정에 설문지를 발송했고 그 결과 거의 1만 7천 개에 달하는 설문지를 돌려받았다! 우리가 발송한 우편 설문지에는 작성한 설문지를 반송할 수 있도록 반송용 우표를 붙여놓은 봉투가 들어 있었다. 평균적으로 각 연구 참여 가족에 대해 3개의 설문지를 받았다. 응답자들은 대부분 그 동네에 5년 이상 거주한 사람들이기 때문에 그곳을 잘 알았다.

앞서 얘기한 것처럼, 사회적 통제 및 사회적 응집력과 관련된 설문 응답을 통해 집합적 효능을 지수화했다. 사회적 통제에 관해서는 아이들이 잘못된 행동을 할 때(예를 들어, 학교를 빠지거나, 스프레이 페인트로 낙서를 하거나, 어른에게 무례한 태도를 보일 때 등) 이웃이 다양한 방식으로 개입할 수 있다고 생각하는지를 물었다. 사회적 응집력과 신뢰는 그 동네가 "굳게 단결되어 있는지", 사람들을 믿을 수 있는지, 이웃끼리 잘 어울리고 같은 가치관을 공유하고 있는지 등을 묻는 질문을 통해 지수화했다.

집합적 효능이 회복력을 증진시키는 효과가 있는지 없는지 평가하기 위해, 먼저 집합적 효능이 5세 아동의 반사회적 행동과 향후 5년간의 행동 변화를 예측했는지 확인했다. 결과는 거주하는 동네의 집합적 효능이 클수록 학교에 입학한 첫해에 반사회적 행동을 덜 하고, 5세에서 10세 사이에 학교를 다니면서 반사회적인 행동이 빠르게 개선(즉, 감소)되는 것으로 나타났다.

그러나 회복력과 관련해서 이보다 더 중요한 질문은, 가족과 공동체의 교란 요인을 배제한 뒤에도 집합적 효능의 발달상 이점이 부유한 지역보다 취약한 지역에서 더 확실하게 작용하는지 여부였다. 이는 아이들이 학교에 입학할 무렵의 반사회적 행동을 예측할 때는 사실로 드러났다. 다시 말해, 결핍을 생태적으로 측정할 수 있는 환경에서만 집합적 효능이 중요하다는 얘기다. 빈곤 지역에서 집합적 효능이 크면, 예상했던 결핍의 역효과는 집합적 효능이 낮을 때에 비해 감소했다. 그러나 경제적으로 유리한 동네에서는 (혹은 시간의 흐름에 따른 반사회적 행동의 변화와 관련해서는) 이런 관찰 결과가 유지되지 않았다. 즉, 공동체의 사회적 응집력과 통제 수준이 높은 편일 때 환경이 미치는 역효과로부터 (어느 정도) 보호를 받는 건 빈곤한 환경에서 자란 아이들뿐이라는 것이다.

물론 이는 주민 모두가 똑같이 빈곤한 상태이더라도 지역적 빈곤의 영향이 동네 전체에 똑같이 미치지는 않는다는 걸 분명히 보여준다. 적어도 아이들이 학교에 입학할 때쯤에 드러내는 반사회적 행동 수준과 관련해, 일부 빈곤한 동네는 다른 동네에 비해 주민들에게 박탈감을 안겨주는 식으로 기능하지 않는데, 이는 집합적 효능의 차이를 반영하는 것이다. 결과적으로 이런 취약한 동네에서 성장한 아이들의 행동도 마찬가지다.

방금 얘기한 동네 연구를 끝냈을 때도 우리가 미처 하지 않은 연구를 진행했더라면 좋았을 거라는 생각을 했는데, 이 경우에는 아이들의 학교 경험에 관한 연구였다. 집합적 효능이 높은 빈곤 지역의 아이들이 학교에 입학할 무렵에 집합적 효능이 낮은 빈곤 지역의 또래들보다 반사회적 행동을 덜한 것으로 나타난 걸 보면, 이 두 그룹의 아이들이 다닌 학교 분위기도 달랐을 거라고 예상할 수 있다. 가난하지만 집합적 효능이 높은 동네에 사는 아이들을 가르치는 학교의 교사들은, 가난하고 집합적 효능도 낮은 동네에 사는 아이들이 다니는 학교 교사들보다, 수업에 집중하는 시간은 길고 교실에서의 행동을 관리하는 데 소비하는 시간은 적을까? 만약 그렇다면, 이 동네들은 학교 교육의 효과도 다를까? 안타깝게도 환경 위험 연구는 이런 문제를 다룰 수 있는 위치가 아니지만, 이는 실증적 관심을 쏟을 가치가 있는 문제다.

# 결론

★

       사람들, 특히 자녀를 둔 부모가 살 곳을 정할 때(그들에게 선택의 여지가 있다고 가정할 때) 동네가 중요한 선택 기준이 된다는 걸 고려하면, 가족이라는 미세 환경을 넘어 세상이 미치는 영향에 초점을 맞춘 이 발달 연구에서 취약한 동네 환경이 아이들의 반사회적 행동과 관련이 있다는 사실을 알아낸 것도 별로 놀라운 일은 아닐 것이다. 거주하는 동네가 일상생활의 질이나 자녀의 발달 방식에 별다른 영향을 미치지 않는다면, 어떤 동네에 사는지를 그토록 중요하게 여기는 사람이 이렇게 많을 리가 없다. 이런 관찰에도 불구하고, 우리는 기존에 동네 효과와 관련해서 진행된 대부분의 발달 연구가 청소년기의 다른 발달 측면에 초점을 맞췄다는 점을 고려해, 동네 효과가 청소년기 이전과 사회 정서적 발달에 명확한 영향을 미치는지 입증하는 방향으로 연구를 진행했다.

    우리는 환경 위험 연구의 일환으로 진행한 동네 연구가 "에코메트릭스" 분야에 몇 가지 기여를 했다고 생각한다. 첫째, 5세 정도의 어린아이도 아이의 반사회적 행동을 결정짓는 요인을 이해할 때 지역 박탈이 중요하다는 걸 보여줬다. 이는 가족과 공동체의 여러 교란 요인을 고려할 때도 마찬가지이며, 우리가 식별한 영향이 아이들이 사는 곳이 무작위로 할당된 게 아니라는 사실에서 비롯된 단순한 통계적 산물이 아님을 뜻한다. 아이들이 성장하는 지역과 관련해서는 가족 요인이 차이를 만들지만, 아이들이 얼마나 많은 공격과 비행을 저지르는가 하는 문제에서는 단순히 가족의 강점과 약점만이 아니라 동네 자체가 중요하다.

이런 관찰 외에도 세 가지 장점에 대한 검토와 고려 사항이 더 있다. 첫째, 가족과 이웃은 완전히 독립적으로 영향을 미치지 않는다. 이와 관련해 지역 박탈이 아이들이 받는 양육 방식을 통해 중요한 발달적 마법 혹은 저주를 건다는 걸 알아냈다. 아이들이 빈곤한 지역에 살면서 부모의 따뜻함이나 관찰도 제한적으로 경험한다면 반사회적인 사람이 될 가능성이 가장 높다. 이는 물론 취약한 동네에 사는 빈곤 가정의 부모라도 동네 구성을 보고 예상했던 것보다 더 따뜻한 양육과 관찰을 제공한다면, 자녀가 반사회적으로 행동할 가능성이 낮아진다는 걸 뜻한다. 결국 회복력의 관점에서 볼 때, 지지적 양육은 취약한 동네에서 성장했을 때 예상되는 역효과를 약화시키는 보호 요인 기능을 한다.

또한 적어도 남자아이들의 경우, 가장 중요한 것은 사는 동네가 얼마나 빈곤한가가 아니라 상대적 취약성이라는 것도 확인했다. 취약 가정의 남자아이가 부유한 가정의 아이들과 가까운 곳에서 살 경우, 5~12세에 비행을 저지르거나 공격적인 행동을 할 가능성이 더 높았다는 걸 기억하자. 이는 많은 도시 계획자의 믿음에 이의를 제기하는 관찰 결과다. 일반적으로 빈곤 가정의 아동과 부유한 가정의 아동을 섞어두면 전자에게 더 이익이 된다고 가정했다. 물론 이 장에서 소개한 연구가 영국과 웨일스에서 수행되었다는 사실을 고려하면, 미국이나 뉴질랜드, 혹은 다른 곳에서도 동일한 결과가 나올지는 알 수 없다.

우리의 상대적 박탈감 연구에서 제기된 이 난제(경제적 형편이 다양한 이들이 모인 동네[그리고 학교]를 개발해야 하는지 여부)에 대한 해결책을 방금 얘기한 최종 결과에서 찾을 수 있을지도 모른다. 빈곤한 공동체가 모두 똑같은 건 아니다. 그들의 "에코메트릭스"는 서로 다르며, 어떤 곳은 지역사회 구성원들이 자기가 사는 곳에 투자를 하지만 어떤 곳은 투자가 부족하거나 전혀 없기도 하다. 그러나 우리 연구는 동네의 계량 경제학적 특징을 판가름하는 요소는 무엇이고, 어떻게 해야 공동체의 집합적 효능을 높일 수 있는지는 알아내지 못했다. 이는 부유한 동네보다 빈곤한 동네에 특히 중요하다. 집합적 효능이 회복력을 길러줘서 반사회적 행동이 예상보다 줄어드는 효과가 나타나는 건 빈곤한 동네뿐이기 때문이다. 우리는 아이들이 어떻게, 그리고 왜 그런 식으로 발달하는지에 대한 개인차를 연구하는 발달학자일 뿐이므로, 이는 공동체 역학에 대해 우리보다 잘 아는 사회학자나 역학자가 고민해야 할 문제라고 생각한다. 그러니 그쪽 전문가들에게 맡기자.

# 집단 괴롭힘

우리가 환경 위험 연구의 일환으로 영국 맨체스터 외곽에 사는 10 세 쌍둥이 형제 조슈아와 잭의 집을 방문했을 때, 조슈아는 학교에서 다른 남자아이들에게 괴롭힘을 당한다며 계속 불평을 털어놨다. 조슈아와 잭은 이란성 쌍둥이인데 조슈아는 잭보다 체구가 훨씬 작다. 둘은 엄마와 함께 공영 주택에 살았고, 영국의 공영 주택은 미국의 비슷한 거주 구역만큼 위험하지 않다. 하지만 조슈아는 자기를 약골에 별로 똑똑하지도 않고 친구도 없다면서 놀리는 소년들에 대한 불평을 멈출 수가 없었다. 불행히도 잭은 별로 도움이 되지 않았다. 사실 그는 자신의 쌍둥이 형제를 옹호해준 적이 한 번도 없었고, 때로는 남들과 같이 놀리기까지 했다. 조슈아의 엄마가 두 아들에게 모두 휴대폰을 사줄 정도로 부유했다면, 조슈아의 고통이 더 심해졌을 거라고 생각할지도 모른다. 조슈아는 갈수록 집에 혼자 있는 시간이 길어지고 있는데, 그런 상황에서도 계속 괴롭힘을 당해 고통이 더 심해질 수 있기 때문이다.

슬프게도 집단 괴롭힘은 영국이나 미국 혹은 서구 세계 대부분의 지역에 사는 많은 아이에게 특이한 경험이 아니다. 2008~2009년에 미국 국립교육통계센터에서 실시한 국가 범죄 피해자 조사에서 나온 학교 범죄 보충 자료를 보면, 미국의 12~18세 학생 중 7백만 명(전체 학생의 28퍼센트) 이상이 학교에서 집단 괴롭힘을 당했다고 보고했다. 영국의 전국아동학대방지협회는 2011년에 전체 어린이의 25퍼센트가 집단 괴롭힘을 당했다고 보고했다. 특히 이는 2004년에 13퍼센트였던 전 세계 집단 괴롭힘 추정치보다 높은 수치다. 이런 수치 차이는 집단 괴롭힘이 증가했음을 가리키는데, 현재 사이버 폭력이 많은 어린이와 청소년의 삶에서 차지하는 비중을 고려하면 충분히 가능해 보인다. 아니면 세계 다른 지역보다 영어권 국가에서 집단 괴롭힘이 훨씬 빈번하게 발생하는 것일 수도 있는데, 그것도 가능한 일일 듯하다.

의미상 집단 괴롭힘은 아동이나 청소년이 자기보다 힘이 센 또래들에게 반복적으로 괴롭힘과 굴욕을 당해 자신을 방어하기 어려운 상황을 말한다. 집단 괴롭힘의 종류는 매우 다양하다. 예전에는 괴롭히는 쪽이 피해자를 때려눕히거나 외모를 놀리면서 다른 이들의 환호를 받는 등 직접 얼굴을 마주한 상황에서 벌어졌지만, 요즘에는 상황이 달라졌다. 사이버 폭력은 한 명 또는 여러 명의 가해자가 피해자에게 악의적인 문자 메시지를 보내 반복적으로 괴롭히는 가상 세계의 유행병이 되었다. 이런 식의 괴롭힘 때문에 심지어 피해자들이 자살한 경우도 있다. 돌이켜 생각해보면 자기가 괴롭힘을 당하거나, 다른 아이를 괴롭히거나, 집단 괴롭힘이 벌어질 때 가만히 앉아만 있었던 기억이 떠오르는 사람이 많을 것이다. 확실히 뒤의 두 가지 경험은 자랑할 만한 게 못 된다.

이 문제를 논의하는 동안, 연구진 두 사람은 어릴 때 괴롭힘을 당했던 본인들의 잊기 힘든 경험을 떠올릴 수밖에 없었다. 테리 모피트는 매일 방과 후에 노스캐롤라이나에 있는 가족 농장으로 돌아가기 위해 장시간 버스를 타고 가는 동안, 토퍼라는 소년이 자기를 괴롭혔던 일이 아주 쉽게 떠올랐다. 테리를 밀치고, 들고 있던 책을 떨어뜨리고, 두들겨 패겠다고 위협하는 게 그의 일상이었다. 게다가 테리 옆에 앉는 사람도 다 그렇게 해버리겠다고 위협했다. 테리의 남편인 애브샬롬 카스피도 캘리포니아주 산타크루즈에서 이민자 소년으로 살면서 괴롭힘을 당했던 일을 떠올렸다. 학교 운동장에서 농구를 하던 애브샬롬이 점프 슛을 시도할 때마다 제리라는 남자가 배를 주먹으로 때리곤 했다. 제리는 자기 부하 같은 놈과 함께 방과 후에도 같은 행동을 하겠다고 으름장을 놓곤 했다. 이 두 명의 불량배는 시도 때도 없이 학교 출입구 중 한 곳에 나타나 애브샬롬을 때리겠다고 위협하거나 실제로 때렸다. 이 때문에 애브샬롬은 봄 학기 내내 마지막 수업 시간만 되면 어느 출구가 가장 좋은 탈출로를 제공해줄지 알아내기 위해 애썼다. 그런데 이 글을 쓰기 직전에 제리의 이름을 검색해본 우리는 산타크루즈에서 촬영된 그의 머그샷을 우연히 발견했다(경찰에 체포된 적이 있다는 얘기다). 또 테미를 괴롭히던 사람은 일찍 죽었다는 사실도 밝혀졌다. 이런 실제 결과는 이 책의 주제와도 일치한다.

집단 괴롭힘과 관련한 발달 연구에 초점을 맞춘 이 장에서는 성장기의 경험, 특히 가족 외부의 또래들과 한 경험이 발달에 영향을 미치는지 여부와 그 방법을 살펴본다. 환경 위험 연구에서 수집한 데이터에 의지해 집단 괴롭힘 경험과 관련한 두 가지 의문을 검토할 것이다. 첫 번째는 집단 괴롭힘이 피해자에게 미치는 영향에 관한 것이고, 두 번째는 괴롭힘을 당해서 생긴 부정적인 결과가 피해자가 성장한 가족 유형을 통해서 완충되거나 완화될 수 있는지에 관한 것이다. 두 번째 사안을 살펴보다 보면, 앞에서 강조한 회복력 문제와 발달 경험의 확률론적 영향과 결정론적 영향이 향후 기능에 영향을 미친다는 생각으로 되돌아가게 된다.

초등학교 때 당한 집단 괴롭힘 피해에 관한 연구를 진행할 때, 아이가 7세, 10세일 때는 엄마와의 인터뷰를 이용했고, 12세 때는 아이들 본인과의 인터뷰에 의지했다. 이를 통해 아이가 집단 괴롭힘에 노출된 일에 대한 통찰을 얻었다. 엄마들에게는 다른 아이가 비열하고 기분 상하는 말을 하는 것, 아이를 놀리면서 비열하고 기분 나쁜 별명으로 부르는 것, 아이를 완전히 무시하면서 친구 그룹에서 배제시키거나 고의로 활동에서 제외시키는 것, 아이를 때리거나 발로 차거나 밀치는 것, 아이에 대해 거짓말을 하거나 헛소문을 퍼뜨리는 것, 기타 이와 유사하게 남을 상처 주는 행동이 모두 집단 괴롭힘의 예라고 설명했다. 이렇게 설명한 뒤, 엄마들에게 쌍둥이 자녀 중 어느 한 명이라도 앞서 묘사한 방식으로 대우받은 적이 있는지 물어봤다. 쌍둥이들과 한 명씩 따로 인터뷰를 할 때는 다른 아이에게 괴롭힘을 당했는지 물었다. 엄마와 인터뷰를 할 때든 아이와 인터뷰를 할 때든, 괴롭힘을 당한 적이 있다고 한 응답자에게는 당시 무슨 일이 있었는지 설명해 달라고 요청했다. 우리는 이런 정보를 바탕으로 이 장에서 소개한 조슈아의 집단 괴롭힘 경험에 대해 알게 되었다.

괴롭힘의 영향과 관련해 우리가 알게 된 사실을 공유하기 전에, 전에는 미처 생각해보지 않은 질문을 숙고해봐야 한다. 왜 요즘 들어 이렇게 집단 괴롭힘에 관심이 집중되는 걸까? 다른 사람들과 마찬가지로 우리도 집단 괴롭힘이 부모, 교사, 정책 입안자 그리고 아이들 본인이 특히 걱정하는 "핫한" 주제가 되었기 때문에 이것이 아이들의 발달에 미치는 영향을 조사하기로 한 것이다. 하지만 왜 그런 걸까? 사실 집단 괴롭힘은 오래전부터 존재하던 현상이다. 예전에는 어린 시절의 일상적인 한 부분, 어떤 면에서는 통과의례처럼 보이기도 했다. 그렇다면 오늘날 집단 괴롭힘이 이렇게 심각한 문제가 된 이유는 뭘까?

우리가 이런 의문을 제기하는 이유는 집단 괴롭힘이 중요한 이슈가 되어서는 안 된다고 생각하기 때문이 아니라, 단지 지금 이 문제에 쏟아지는 관심과 우려의 양이 수십 년 전과는 확연히 달라 보여서다. 한 가지 가능성은, 오늘날의 성인들은 과거보다 (가족당 자녀 수가 줄고, 따라서 동생을 보호해줄 손위 형제 수도 줄어든) 자기 자식에게 더 집중한다는 점이다. 몇 세대 전만 해도 아이들은 부모의 시야 밖에서 많은 시간을 보냈고, 괴롭힘을 당했다고 불평을 해도 부모는 하루하루 살아가는 데 너무 바빠서 그 문제에 많은 시간을 들이거나 신경을 써주지 못하는 경우가 많았다. 심지어 부모가 "내가 예전에 그랬던 것처럼, 너도 이 문제를 직접 해결해야 한다"고 말했던 게 기억날 수도 있다.

또 하나의 가능성은 학자나 부모가 아이들의 행복을 형성하는 요인이나 힘을 과거보다 잘 이해하게 되었다는 것이다. 그래서 우리는 부모가 자녀를 양육하는 방식뿐만 아니라 그 너머로도 시야를 넓혀야 한다. 또래들과의 경험도 중요하기 때문이다. 주디스 해리스는 1998년에 5장에서 잠깐 언급한 《양육 가설》이라는 유명한 책을 발표했다. 이 책은 부모와 학자들 가운데 또래와의 경험이 발달에 미치는 중요성을 제대로 이해하지 못하는 이가 너무 많다고 지적했다. 양육의 역할은 지나칠 정도로 강조하면서, 친구와 또래가 아이의 발달과 행복에 미치는 힘과 영향에 대한 이해는 부족하다는 것이다. 본서의 이 부분에서 발달에 미치는 가족의 영향과 더불어 가족 이외의 부분에까지 초점을 맞춰 주로 또래들 사이에서 발생하는 경험을 살펴보는 것도 바로 이런 이유에서다. 이 장에서는 집단 괴롭힘, 11장에서는 대마초 이용에 대해 살펴볼 것이다.

그런데 집단 괴롭힘 문제를 무대 중심으로 이동시킨 건 아마 소셜 미디어일 것이다. 필자들이 자랄 때처럼 아이들이 얼굴을 맞대고 있을 때만 괴롭힘을 당하는 경우는 이제 없다. 오늘날에는 최악의 괴롭힘이 이메일과 문자 메시지를 통해 진행되며, 너무나 많은 아이가 자주 집단 괴롭힘에 가담하고, 심지어 전에는 절대 그러지 않았을 아이들까지 가담하곤 한다. 사이버 폭력에 의한 심리적 고통은 남에게 밀쳐지거나 맞아서 생기는 육체적 고통보다 훨씬 더 큰 상처가 될 수 있는 것도 사실이다. 결국 집단 괴롭힘과 그것이 아이들에게 미치는 영향이 표면화된 것은 아마 이런 요인과 힘이 합쳐졌기 때문일 것이다.

# 집단 괴롭힘의 영향

★

집단 괴롭힘을 연구하면서, 괴롭힘이 피해자에게 미치는 영향에 대한 세 가지 조사를 개별적으로 진행했다. 첫 번째는 아이들의 정서와 행동 문제에 미치는 영향, 두 번째는 자해, 세 번째는 과체중에 미치는 영향을 평가했다. 이를 하나씩 차례대로 살펴보자.

## 감정과 행동 문제

10세, 12세 때 집단 따돌림이 정서와 행동 문제에 미치는 영향을 평가하기 위해, 아동의 행동에 대한 엄마와 교사의 보고서를 살펴봤다. 정서적 문제를 평가하는 행동 관련 체크리스트에는 "자주 운다", "지나치게 죄책감을 느낀다", "걱정이 심하다" 같은 항목이 포함되었다. 행동 문제 척도에는 비행(예: 도둑질)과 공격성(예: "자주 싸운다")에 관한 항목이 포함되었다. 이런 행동은 보육의 영향을 다룬 8장과 동네 문제를 살펴본 9장에서 언급한 것과 같다. 환경 위험 연구와 NICHD 조기 보육 및 청소년 발달 연구에서 동일한 측정 도구를 사용했기 때문이다. 측정의 신뢰성과 정확성을 높이기 위해, 이웃 연구에서 그랬던 것처럼 이번에도 집단 괴롭힘 연구와 관련된 부모와 교사의 보고서를 종합했다.

이 책을 통해 분명히 밝힌 것처럼, 시간의 흐름에 따라 아이들을 연구하면서 그들의 발달에 영향을 미치려고 하지 않는 비실험적 관찰 연구에는 항상 "역逆인과성"의 위험이 존재한다. 이는 측정된 몇몇 가정적 "결과"가 의심되는 영향원과 관련이 있는 것으로 드러날 때 발생하는데, 실은 예상 결과가 예상되는 인과적 요소에 영향을 미치기 때문에 그런 것일 수도 있다. 우울하고 자신을 억누르는 아이가 무심코 다른 사람의 괴롭힘 행동을 유발할 가능성을 생각해보자. 이 경우, 그 아이는 괴롭힘의 영향만 받는 게 아니라 괴롭힘이 발생하는 데 영향을 미친다. 집단 괴롭힘 가해자들은 언제나 강한 아이보다는 약한 아이를 괴롭히기 때문에 이는 드문 일이 아니다. 하지만 오해가 없도록 분명히 말하는데, 우리는 괴롭힘을 당하는 게 피해자의 잘못이라고 말하려는 게 아니다.

역인과성이 존재할 가능성을 고려하면 우리가 가정한 것처럼 집단 괴롭힘이 아이들이 미래에 겪을 정서적·행동적 문제를 예측하고, 겉으로는 다른 원인이 있는 것처럼 보이더라도 이전부터 존재한 문제 행동이 집단 괴롭힘의 원인일 수 있다는 걸 이해해야 한다. 그래서 우리는 아이들이 초등학교에서 괴롭힘을 겪기 전부터 존재했던 문제 수준을 고려했다. 그래야만 괴롭힘을 유발하고 미래의 발달에 계속 문제를 일으키는 본인 행동의 영향을, 집단 괴롭힘이 아이의 적응 문제에 미친 영향으로 오해하는 일이 없다. 물론 상호 효과를 통해 집단 괴롭힘 과정을 특징짓는 것도 가능하다. 이는 아이들이 받는 괴롭힘에 우연히 영향을 미치는 정서적 문제를 수반하는데, 이걸 고려하더라도 집단 괴롭힘은 그런 문제를 더 악화시킨다. 그러니까 인과적 영향이 아동 문제에서 집단 괴롭힘으로, 그리고 집단 괴롭힘에서 다시 (더 심해진) 아동 문제로, 이렇게 양방향으로 작용할 수 있다는 얘기다.

다른 장에서 그랬던 것처럼, 집단 괴롭힘에 아동 효과만 존재하는 상황에서 괴롭힘의 영향을 추론하는 위험을 줄이기 위해, 집단 괴롭힘이 10~12세 아이의 문제에 미치는 영향을 평가하기 전에 아이들을 5세 때 환경 위험 연구에 처음 등록시키면서 측정한 문제를 통계적으로 통제했다. 이 과정에서 초등학교 때 괴롭힘을 당한 아이들은 괴롭힘을 당하지 않은 아이보다 감정적, 행동적 문제가 더 많았다는 걸 알게 됐다. 실제로 분석을 진행한 방식을 고려하면, 집단 괴롭힘을 당한 경험이 5~12세에 정서적, 행동적 문제가 증가하는 데 기여했다는 결과가 나왔다.

괴롭힘을 당하면 단순히 고통스럽기만 한 게 아니라 정서적, 행동적 문제도 커진다는 걸 인식해야 한다. 문제가 많은 아이들은 우정을 쌓고 유지하거나 학교에서 잘 지내는 게 남들보다 어렵기 때문에, 집단 괴롭힘의 심리적, 행동적 결과는 그 자체로 아이들에게 부정적인 영향을 끼친다. 따라서 정서적, 행동적 문제를 야기하는 집단 괴롭힘은 발달 기능의 하향곡선의 일부가 되어 발달의 많은 측면에 단계적으로 영향을 줄 수 있다. 이런 발달 현실을 깨달은 우리는 집단 괴롭힘의 영향을 살펴보는 연구의 두 번째 단계로 넘어가서, 이번에는 아이들이 고의적으로 자신에게 상처를 내는 자해 행동에 초점을 맞췄다.

## 자해

앞에서 집단 괴롭힘이 너무 심하고 고통스러운 나머지 자살한 아이들도 있다는 얘기를 했다. 이런 가슴 아픈 상황에 대한 책임은 누구에게 있을까? 그들은 범죄를 저지른 걸까? 이런 문제를 생각하다가 자해에 관심을 집중하게 되었다. 우리는 언론에 널리 보도된 일화적인 증거처럼, 집단 괴롭힘이 자살할까지는 아니더라도 아이들이 자해를 하는 것과 관련이 있는지 알고 싶었다. 다행히 쌍둥이를 키우는 가족이 1천여 가구 이상 참여한 환경 위험 연구 같은 대규모 연구에서도 자살은 우리가 신뢰도 있는 조사를 할 수 없을 만큼 드물게 발생한다. 우리는 아이들의 자해 문제를 평가할 때 자살 시도도 포함시켰다.

12세 때 진행한 대면 인터뷰의 일환으로 아이들의 자해 문제를 측정하면서, 엄마들에게 쌍둥이 중 어느 한쪽 혹은 둘 다 지난 6개월 사이에 고의적으로 자해를 하거나 자살을 시도한 적이 있는지 물어봤다. 윤리적 문제를 고려하면 아이들에게 직접 자해에 관한 질문을 할 수는 없었다. 그런 질문을 통해 아이들 머릿속에 위험한 생각을 심어주고 싶지 않았기 때문이다. 자해 행동의 예로는 팔을 칼로 베거나 깨무는 행위, 머리카락을 뭉텅이로 뽑는 행위, 벽에 머리를 부딪치는 행위, 목을 졸라 자살을 시도하는 것(예: 목매달기) 등이 있다. 전체 표본의 3퍼센트 가까이가 자해를 한 것으로 확인되었고, 이런 행동을 할 가능성은 남자아이나 여자아이나 비슷했다.

집단 괴롭힘이 자해 행위에 미치는 영향을 조사하기 위한 첫 단계로, 12세 이전에 또래들에게 집단 괴롭힘을 자주 당한 것이 12세 때의 자해 위험 증가와 관련이 있는지 알아봤다. 이와 관련해서는 전체 샘플을 고려하든, 남자아이와 여자아이를 따로 고려하든, 자해에 관한 엄마의 보고서에 의지하든, 아동의 보고서에 의지하든 상관없이 모든 경우에 다 사실인 것으로 드러났다(표 10-1).

하지만 지금까지 진행한 많은 연구에서와 마찬가지로, 우리가 관찰한 증거를 통해 집단 괴롭힘이 실제로 자해를 유발한다는 결론을 내리기 위해서는 단순한 연관성을 기록하는 것 이상의 뭔가가 필요했다. 어쩌면 자해는 그와 관련된 다른 사건 때문에 벌어진 일일수도 있다. 그런 대안적인 설명 요소를 "제3의 변수"라고 한다는 걸 기억하자. 우리는 집단 괴롭힘과 아동 학대가 공존하는 경우가 많고 자해는 문제 있는 육아와 관련된 경우가 많다는 걸 알고 있었기 때문에, 아동의 학대 경험을 통해 집단 괴롭힘의 영향을 설명할 수 있는지 알아봤다. 만약 그렇다면, 우리가 기록한 집단 괴롭힘의 영향은 거짓일 것이다. 성인에 의한 신체적, 성적 학대와 관련된 정보는 아이가 5세, 7세, 10세, 12세 때 엄마와 진행한 면담을 통해 얻었다. 중요한 사실은, 아동 학대를 감안하더라도 이전에 기록한 집단 괴롭힘이 자해에 미치는 영향은 그대로라는 것이다. 즉, 집단 괴롭힘이 학대의 영향 이상으로 자해에 기여했다는 얘기다.

대안적인 설명 요인과 관련해서는 아동 학대만 살펴본 게 아니다. 집단 괴롭힘 자체보다 아이의 정신 건강 문제가 자해 행동에 영향을 미칠 수 있다는 걸 인정했다. 앞서 논의한 첫 번째 집단 괴롭힘 연구 결과에서 강조한 것처럼, 5세 때의 정서 및 행동 문제에 관한 측정치가 환경 위험 연구 데이터 보관소에 있었기 때문에, 이미 감

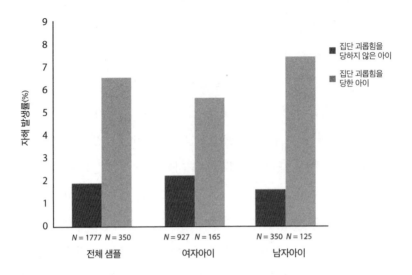

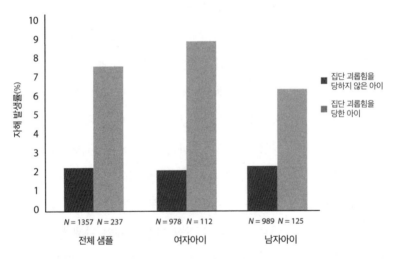

| 표 10-1 | 자주 괴롭힘을 당한 아이와 괴롭힘을 당하지 않은 아이의 12세 당시 자해 발생률을 엄마(위)와 아이(아래)가 직접 보고한 집단 괴롭힘 상황을 토대로 정리.

H. L. Fisher, T. E. Moffitt, R. M. Houts, D. W. Belsky, L. Arseneault, A. Caspi(2012)의 연구 결과 재구성. '사춘기 초기의 집단 괴롭힘 피해와 자해 위험', 〈BMJ〉, 344, e2683, 그림. CC-BY-NC.

지된 집단 괴롭힘의 영향에 대한 두 번째 대안 설명을 조사할 수 있었다. 이런 점들을 고려해도, 집단 괴롭힘은 여전히 자해를 예측했다. 집단 괴롭힘은 그보다 먼저 존재한 심리적 장애에 대응해서 발생한 게 아니며, 따라서 집단 괴롭힘보다 기존의 심리적 문제가 자해에 더 영향을 미친 것도 아니다.

5세 때의 지능은 어떨까? 괴롭힘을 당하는 아이는 다른 아이보다 지능이 떨어지고, 그걸 통해 괴롭힘이 자해에 미치는 영향을 설명할 수 있을까? 이 세 번째 대안적 설명 요소도 집단 괴롭힘이 자해에 미치는 악영향을 온전히 설명하지 못한다.

가족은 어떤가? 어쩌면 아이들은 집 안에서 일어나는 학대 이외의 다른 문제 때문에 자해를 하는 걸지도 모른다. 그러니 자해가 또래의 괴롭힘 때문이라고 간주하는 건 본질적으로 그 원인을 통계적 상관관계로 잘못 돌리는 것이다. 가족 요인이 집단 괴롭힘에 영향을 미쳤을 가능성을 조사하기 위해, 이 장 첫머리에서 얘기한 조슈아와 잭의 경우처럼 한 가족인 동성 쌍둥이 중 한 명만 괴롭힘을 당하고 다른 한 명은 괴롭힘을 당하지 않은 경우를 비교해봤다. 이 방식은 기본적으로 가족의 경제적 빈곤이나 부모의 정신질환, 가정 폭력, 직계 가족과 대가족 구성원 중에 자살을 시도하거나 실제 자살한 이가 있는지 여부 등 자해와 관련된 수많은 잠재적 결정 요인을 통제한 것인데, 이런 접근법을 이용해도 집단 괴롭힘이 자해를 예측하는 건 여전했다. 같은 가정에서 자란 쌍둥이의 경우 잠재적으로 영향을 미칠 수 있는 가족 요인이 똑같으므로, 이들이 공유한 경험이나 노출은 집단 괴롭힘과 관련된 그들 사이의 차이점이 될 수 없다.

지금까지 제시된 연구 결과만 보면, 왜 어릴 때 또래의 괴롭힘에 자주 노출되면 고의적인 자해 위험이 증가하는지 의아할 것이다. 집단 괴롭힘을 자주 겪으면 심한 고통을 느낀다고 알려져 있다. 집단 괴롭힘을 정서적 문제와 연관시킨 우리의 첫 번째 연구 결과를 떠올려보자. 하지만 왜 괴롭힘을 당하는 아이들은 이런 감정에 대처하기 위해 운동이나 대화 같은 다른 대처 전략보다 자해를 선택하는 걸까? 한 가지 가능한 이유는 12세 아이들은 성인처럼 술이나 담배를 이용한 자기 치료, 헬스클럽에서의 운동, 과도한 음식 섭취 등의 방법으로 고통을 줄일 수 있는 기회가 부족하다는 것이다. 아이들은 자신의 고통을 다른 사람에게 이야기하려는 시도가 고통 완화에 효과적이지 않다는 사실이 판명되거나 관심을 얻기 위해 더 과감한 행동이 필요해지자 자해를 시도한 것일 수도 있다. 이 마지막 설명과 같은 상황은 아이들이 학대 가정 또는 방임 가정에서 자라거나, 속마음을 얘기하면 "벌을 받을까" 두렵거나, 주변에 자신에게 공감해주는 양육자가 없는 경우에 더 가능성이 높다.

### 과체중

지금까지 고려한 증거는 어린 시절에 겪은 집단 괴롭힘이 10대에 막 접어든 12세 아이에게 미치는 부정적 영향을 보여준다. 이번에도 우리는 이 책의 중심인 종적 연구의 중요한 장점 중 하나를 알리고 싶다. 그건 바로 어떤 시점에 기록된 아동기의 부정적 경험으로 인한 부작용이 나중에 때가 되면 분명하게 드러나는지 조사할 수 있는 능력이다. 환경 위험 연구의 경우에는 10대가 끝날 무렵인 18

세 때 그런 영향이 나타났는지 살펴봤다는 뜻인데, 이 글을 쓰는 현시점 기준으로 아이들을 18세 때까지 추적 관찰했기 때문이다.

집단 괴롭힘에 초점을 맞춘 발달 연구의 세 번째 단계에서는 청소년의 체중, 특히 그들이 과체중인지 여부를 조사하기로 했다. 의학적 기준에 따르면, 현재 미국 성인의 3분의 2 이상이 과체중이다. 집단 괴롭힘을 당한 경험과 관련해 과체중에 초점을 맞추는 건 여러 이유로 중요하다. 과체중은 심장혈관계 질환, 제2형 당뇨병, 암 발생 위험을 증가시킬 뿐 아니라 대인관계, 학교, 직장 등에서의 사회적 차별과도 관련된다. 식이요법이나 행동 변화 등 과체중일 때 이용 가능한 개입 방식이 장기적으로 효과가 있다는 확실한 증거가 부족하기 때문에, 잠재적으로 변경 가능한 위험 요소를 예방 대상으로 식별하는 게 중요하다. 집단 괴롭힘을 당한 피해자가 과식을 통해 자가 치료를 시도하거나 생리학적 수준에서 신진대사가 느려져 과체중이 될 수 있기 때문에 집단 괴롭힘은 그런 위험 요소 중 하나일 수 있다. 그래서 비록 괴롭힘이 체중에 미치는 영향을 예시하면서 잠재적 영향력이 있는 프로세스를 다룰 위치에 있지 않음에도, 집단 괴롭힘이 과체중에 미치는 영향을 평가하기 시작했다.

우리가 과체중에 집중하게 된 또 하나의 요인은 인생 초반에 스트레스를 받은 사람들은 체질량이 과도하게 늘어날 수 있다는 증거였다. 아동 학대를 받은 경험이 있는 사람은 성인기에 비만이 될 위험이 높고, 학대를 받지 않은 사람에 비해 평생 신체질량지수BMI가 빠르게 증가한다는 증거를 생각해보자. 이때도 초등학교 시절에 집단 괴롭힘을 당한 경험과 고등학교 졸업 무렵의 과체중 상태를 결부시키는 연관성이 감지되면, 과거 학대를 당한 경험 같은 대안적 설명은 제외시켜야 한다는 걸 알고 있었다.

아이들이 괴롭힘 당한 경험을 알아내기 위해, 초등학교에 다니던 7세 때와 10세 때는 엄마와 인터뷰를 했고, 중학생이 된 12세 때는 엄마와 아이를 각기 따로 인터뷰했다. 엄마와 아이에게 얻은 정보를 종합한(일괄) 결과, 초등학교와 중학교 때 집단 괴롭힘을 가끔 혹은 전혀 겪지 않은 "비피해자"(피험자의 59퍼센트), 초등학교 또는 중학교 때 자주 괴롭힘을 당했지만 두 발달 기간에 모두 피해를 입지는 않은 "일시적 피해자"(28퍼센트), 초등학교와 중학교 때 모두 자주 괴롭힘을 당한 "만성 피해자"(13퍼센트), 이렇게 세 그룹으로 구분할 수 있었다. (저자인 모피트와 카스피를 앞에서 얘기한 어린 시절의 경험을 바탕으로 구분하면, 이들은 둘 다 일시적 피해자에 해당된다.) 18세가 된 피험자들을 만났을 때는 그들의 키와 몸무게를 재서 BMI를 계산했다(킬로그램 단위로 측정한 체중을 미터 단위로 측정한 키의 제곱값으로 나눈다[kg/m²]). 과체중은 미국 질병통제예방센터의 기준에 따라 정의했다. BMI가 본인의 연령-성별 그룹에서 상위 15퍼센트에 속하는 피험자들은 과체중으로 분류되었다. 또 허리둘레를 엉덩이둘레로 나눠서 그들의 허리-엉덩이 비율도 계산했다. 우리는 아이들이 12세 때 측정한 BMI 수치도 갖고 있었다.

집단 괴롭힘과 과체중 사이에 간단한 통계적 관계가 존재하는지 여부를 확인하면서 조사를 시작했는데, 실제로 존재했다. 괴롭힘을 당한 아이는 18세 때 과체중일 가능성이 다른 아이들보다 높았고, 용량-반응 방식으로 따지면 괴롭힘을 많이 당한 아이일수록 더 심한 과체중 상태와 체계적으로 결부되었다(표 10-2). 게다가 만성적으로 괴롭힘을 당한 아이들은 괴롭힘을 당한 모든 아이 가운데 BMI가 가장 높았고, '일시적' 혹은 '만성적'으로 괴롭힘을 당했다고 분류된 아이들은 비교군인 비피해자보다 허리-엉덩이 비율이 높았다. 이 후자의 발견과 관련해, 허리둘레(허리-엉덩이 비율을 계산할 때 기초가 되는 척도)가 크다는 건 과체중임을 보여줄 뿐만 아니라 대사 문제와 관련된 구체적 위험을 나타낸다는 사실을 알아야 한다. 내장 지방은 건강이 좋지 않을 때 특히 치명적이기 때문이다. (내장 지방은 복부의 "피하" 지방보다 피부 아래 더 깊숙한 곳에 저장되며, 간과 췌장, 신장을 비롯해 주요 장기를 실제로 감싸고 있는 젤 같은 형태의 지방이다.)

우리는 여느 때처럼 이 결과에 이의를 제기하려고 했다. 그래서 먼저 집단 괴롭힘과 동시에 발생한 학대부터 고려했다. 우리가 찾아낸 증거에 따르면 괴롭힘을 당하는 아이는 그렇지 않은 아이보다 학대 받을 가능성이 크고, 학대는 남들보다 큰 허리-엉덩이 비율이나 과체중 가능성이 높은 것과 관련이 있음(여자아이들의 경우에만)이 드러났기 때문에 이 변수가 중요했다. 이런 관찰에도 불구하고, 학대받은 이력을 대안적인 설명 요인(즉, 제3의 변수)으로 고려한 뒤에도 괴롭힘 당하는 것과 과체중은 여전히 관련성이 있었다. 즉, 집단 괴롭힘은 학대의 영향과 무관하게 과체중을 예측했다.

그다음에는 집단 괴롭힘-과체중 결과와 관련해 심리사회적 위험과 아동의 특성을 고려하는 다른 대안적 설명으로 관심을 돌렸다. 이는 집단 괴롭힘을 당하는 것이 사회경제적 취약성과 식량 불안정(심리사회적 위험), 열악한 정신 건강 상태(정서 및 행동 문제), 5세 때

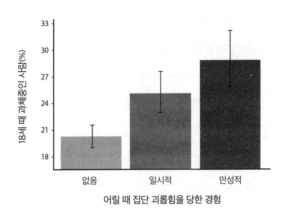

| 표 10-2 | 어릴 때 집단 괴롭힘을 당한 이들 가운데 18세 때 과체중인 사람의 비율.

J. R. Baldwin, L. Arseneault, C. Odgers, D. W. Belsky, T. Matthews, A. Ambler, A. Caspi, T. E. Moffitt, A. Danese(2016). '어린 시절의 집단 괴롭힘 피해와 청년기의 과체중: 코호트 연구', 〈정신신체의학Psychosomatic Medicine〉, 78, 1094-1103, 그림 1A.

의 낮은 IQ, 때 이른 사춘기 발달 등과도 관련이 있기 때문에 중요하다. 주목할 만한 사실은, 정서적 문제만 제외하면 괴롭힘을 당하는 것과 관련된 이 문제들이 모두 과체중을 예측했다는 것이다. 이런 잠재적 교란 요인의 영향을 고려해도, 12세까지 집단 괴롭힘을 당했으면 여전히 18세 때 과체중이 되리라고 예측할 수 있었다. 앞서와 마찬가지로, 집단 괴롭힘은 심리사회적 위험이나 아동의 특성이 미치는 영향과 무관하게 과체중을 예측했다.

그런데 과체중보다 집단 괴롭힘 피해가 먼저 발생했는지 아니면 과체중이 괴롭힘을 당하게 된 "선택" 요인으로 작용했는지 하는 의문이 여전히 남는다. 즉, 여기에서도 역인과성을 찾을 수 있을까? 괴롭힘을 당한 결과 과체중이 된 게 아니라, 과체중이 먼저 존재했고 이것이 괴롭힘을 당한 원인이었던 건 아닐까? 중요한 건, 그렇지 않은 듯하다는 것이다. 12세 때 집단 괴롭힘을 당한 아이는 다른 아이들보다 과체중이거나 BMI가 높거나 허리-엉덩이 비율이 높을 가능성이 크지 않았다. 따라서 적어도 환경 위험 연구에 참여한 쌍둥이들의 경우, 체중과 관련된 특징이 먼저 존재해서 이것이 집단 괴롭힘의 원인이 되었다고 믿을 만한 근거는 거의 없었다. 또 하나 눈에 띄는 건, 아동기의 몸무게를 고려한 뒤에도 어릴 때 괴롭힘을 당한 것과 18세 때 과체중이 된 것 사이의 연관성은 그대로 남아 있었다. 이는 각 아이의 출생 시 체중과 그 아이의 쌍둥이가 과체중인지 여부를 기준으로 과체중이 될 수 있는 유전적 위험의 영향을 배제했을 때도 마찬가지였다.

결국 집단 괴롭힘은 아이들에게 부정적 영향을 미쳤으며, 이번에는 18세 때 진행된 체중 관련 측정을 통해 이 사실을 발견할 수 있었다. 즉, 집단 괴롭힘을 당한 아이들은 과체중이 될 위험이 높아진다는 걸 알아낸 것이다. 또 하나 중요한 건, 우리 연구 결과가 또래 집단에 의한 집단 괴롭힘 피해에만 국한되어 있고 그와 동시에 발생한 성인에게 당한 학대는 설명하지 않았다는 것이다. 그리고 괴롭힘을 당하는 아이들은 가족의 경제적 빈곤이나 식량 불안정, 아동의 정신 건강 상태, 인지 능력, 사춘기 발달 같은 잠재적 교란 요인과는 무관하게 과체중이 될 위험이 더 크다는 걸 기억하자. 마지막으로, 괴롭힘을 당한 아이들은 그 당시에는 과체중이 아니었지만 청년기가 된 뒤 어릴 때의 체중이나 기존의 유전적, 태아적 상태와 무관하게 과체중이 된 걸 보면, 이 연관성은 모든 인과 추론에 중요한, 가정된 시간적 우선성과 일치한다. 그러니까 집단 괴롭힘을 당하기 전부터 과체중이었던 게 아니라, 괴롭힘을 당한 뒤에 과체중이 된 것이다.

이런 연구 결과를 바탕으로, 괴롭힘을 당하는 아이들이 과체중이 되지 않도록 방지하고 지원하기 위한 노력을 기울여야 한다. 이런 노력은 식습관(예: 정크 푸드)과 활동(운동의 중요성)에 초점을 맞출 수 있다. 이 방법이 효과적이라면, 집단 괴롭힘이 자해와 정서적, 행동적 문제에 미치는 영향을 살펴본 이전 연구의 핵심인 아이들의 정신 건강에도 이로울 것이다.

## 집단 괴롭힘에 대한 회복력

★

지금까지 여러 장, 특히 1장에서 생물학의 모든 분야와 마찬가지로 인간발달도 결정론적 과학이 아니라 확률론적 과학이라는 사실을 강조했다. 양자역학을 제외하면 물리학은 전형적인 결정론적 과학이기 때문에, 물리력이 작용하는 방식을 설명하는 법칙이 존재한다. 이를 이용해 결정론의 이점을 보여주는 두 가지 사례인 교량이나 고층 건물 같은 대담한 건축물을 지을 수 있는 것이다. 확률론은 1장에서 설명한 것처럼 어떤 원인이나 영향이 인간발달에 피할 수 없는 영향을 미치는 게 아니라, 가능성이 있긴 하지만 확실하지는 않은 영향을 미친다는 뜻이다. 따라서 다른 상황이나 요인에 따라 예상되는 결과를 얻을 수도 있고 그렇지 않을 수도 있다. 예를 들어 우리는 흡연이 폐암 발생 위험을 높이고, 비보호 성관계가

에이즈 위험을 증가시키긴 하지만, 이런 행동을 하는 사람들이 모두 확률적으로 그런 결과를 맞이하지는 않는다는 걸 안다. 이것이 현재의 맥락에서 의미하는 바는, 비록 집단 괴롭힘이 아동기의 정신 건강 문제와 자해, 청년기의 과체중 위험을 증가시킨다고 하더라도 괴롭힘을 당한 아이들이 모두 이런 일을 겪는 건 절대 아니라는 것이다. 이런 관찰은 역경에 직면했을 때의 회복력 문제에 주의를 환기시키며, 괴롭힘을 당한 아이들이 우리가 기록한 또래의 가혹한 대우와 관련된 발달 위험에 굴복하지 않도록 보호할 수 있는 요인이나 과정에 대한 질문을 제기한다. 그래서 집단 괴롭힘에 관한 연구의 마지막 단계에서는 이 문제를 다뤘다.

방금 제기된 질문에 답하기 위해 가장 먼저 기울인 노력은, 자해에 초점을 맞췄던 두 번째 집단 괴롭힘 연구를 확대해서 괴롭힘을 당한 아이 중 자해를 한 아이와 하지 않은 아이에게는 어떤 차이가 있는지 알아내는 것이었다. 괴롭힘을 당한 아이의 90퍼센트 이상이 자해 행위를 하지 않는데도 불구하고 우리가 본 자해 아동의 절반이 집단 괴롭힘을 당했다는 사실을 생각하면, 이는 특히 중요한 문제처럼 보인다. 그렇다면 괴롭힘을 당하고 자해를 한 아이와 괴롭힘을 당했지만 자해를 하지 않은 아이의 차이점은 무엇일까?

우리는 괴롭힘을 당한 아이들 중 자해 행위를 한 아이는 괴롭힘을 당한 다른 아이들보다 직계 가족이나 대가족 구성원 중에 자살을 시도했거나 실제 자살한 사람이 있을 가능성이 높다는 걸 알아냈다. 또 괴롭힘을 당한 뒤 자해를 한 아이는 어른에게 신체적으로 학대당했을 가능성도 높다. 이 두 가지 가능성에 대한 정보는 엄마들과 인터뷰를 하면서 얻은 것이다. 아이들의 정신 건강 상태도 중요했다. 실제로 집단 괴롭힘을 당했을 때 자해를 한 아이는 자해하지 않은 아이들보다 진단 가능한 행동장애와 우울증, 정신 이상 증상을 겪을 가능성이 높았다. 적어도 자해의 경우, 집단 괴롭힘을 겪어도 회복력을 발휘할 수 있는 것은 정신적으로 더 건강하고, 가족 중에 자살을 시도한 사람이 없으며, 신체적 학대를 수반하지 않는 방식으로 양육된 결과다.

이런 결과를 확인한 우리는 정서적, 행동적 문제 발달과 관련한 초기의 집단 괴롭힘 연구로 돌아가서, 괴롭힘을 당할 때의 회복력에 관한 조사를 확대하기로 했다. 이때 우리가 품은 의문은, "이런 심리적 어려움과 관련해, 왜 집단 괴롭힘을 당한 아이들 가운데 일부는 다른 아이들보다 악영향을 덜 받는가?"였다. 회복력과 관련된 프로세스를 밝히기 위한 이 두 번째 노력에서는, 지지적인 가족 관계는 다른 많은 역경 속에서도 보호 기능을 발휘한다는 광범위한 이론과 증거를 고려해 가족에게만 초점을 맞추기로 했다. 예상대로 지지적인 가족 환경이 아이들을 집단 괴롭힘의 영향으로부터 보호한다는 사실이 입증되면, 건전한 가족 기능 증진을 위한 개입을 추진할 수 있기 때문에 우리에게도 매우 중요한 문제였다. 그래서 집단 괴롭힘을 당한 아이들이 집에서 따뜻한 양육을 받고 형제자매 관계가 좋으며 집안의 전반적인 분위기가 정돈되어 있고(혼란스럽지 않고 체계적이라는 뜻) 정서적으로 지지를 받으면, 괴롭힘과 관련된 적응 문제가 발생할 가능성이 낮을 것이라는 가설을 세웠다.

엄마의 따뜻한 태도를 평가하기 위해, 9장에서 소개한 아이들이

5세와 10세 때 녹음한 5분 음성 샘플에 의존했다. 이걸 녹음할 때 엄마에게 쌍둥이 각각에 대해 5분 동안 얘기해 달라고 부탁하고, 녹음한 내용을 엄마가 자녀에게 표현하는 따뜻함이라는 측면에서 각 쌍둥이마다 따로 평가했다. 평가할 때는 목소리 톤과 내용, 특히 아이에 대한 연민과 공감이 깃든 내용을 기반으로 했다. 또 쌍둥이들의 형제자매 관계가 얼마나 다정한지 평가할 때도 엄마들에게 의존했다. 그래서 "쌍둥이가 서로를 사랑하는가?"라든가 "쌍둥이가 서로를 위해 착한 일을 하는가?" 같은 질문을 던졌다. 가족의 분위기에 대한 평가는 가정을 직접 방문한 연구진이 관찰한 내용을 바탕으로 이루어졌다. 이들은 집이 깨끗한지, 아이가 그린 그림이 집에 전시되어 있는지, 집안에 "행복한 느낌"이 감도는지, 혼란스럽거나 지나치게 시끄러운지 등에 초점을 맞췄다.

이런 측정을 바탕으로, 괴롭힘을 당한 아이들 가운데 그들이 겪은 괴롭힘을 고려해서 예상한 것보다 정서적, 행동적 문제가 적은 아이가 누구인지 알아내는 작업을 진행했다. 그리고 이 평가 결과를 우리가 가설을 세웠던 가족 회복력 요인과 연결시켰다. 예상대로, 괴롭힘을 당한 아이들 가운데 엄마가 따뜻한 태도를 보여주고 형제 관계가 가깝고 힘이 되어주며 가족 간의 분위기가 긍정적인 아이는, 그들이 개인적으로 겪은 괴롭힘의 심각성을 감안해서 예상한 것보다 문제가 적음을 발견했다(표 10-3). 이런 가족 과정이 괴롭힘에 대한 회복력을 높일 수 있다는 증거는 5세 때 측정한 아이의 IQ와 적응 문제, 가족의 사회경제적 취약성 수준을 고려한 뒤에도 그대로 유지되었다.

중요한 건, 우리가 고려한 세 가지 가족 요소가 역경에 직면한 아이들의 회복력에 기여했다는 점이다. 엄마의 태도가 따뜻하다는 평가를 받을수록, 또 형제자매가 배려심 있고 사려 깊다는 평가를 받고 가정환경이 긍정적일수록, 괴롭힘 당하는 아이들이 겪는 문제가 적었다. 요컨대 집단 괴롭힘을 당하는 아이들 가운데 매우 지지적인 가정에서 자란 아이는, 또래들에게 똑같이 가혹한 대우를 받으면서 지지적인 분위기가 부족한 가정에서 자란 아이들에 비해 정서적, 행

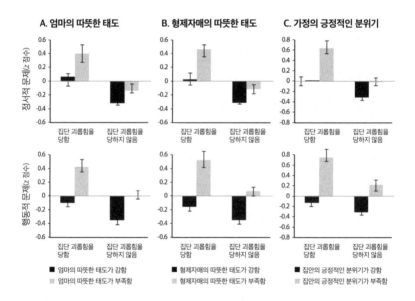

| 표 10-3 | 엄마의 따뜻한 태도(A), 형제자매의 따뜻한 태도(B), 긍정적인 집안 분위기(C)가 강하거나 약한데 따라 집단 괴롭힘을 당한 아이와 괴롭힘을 당하지 않은 아이의 정서적·행동적 문제가 어떻게 달라지는지 살펴본 결과, 가족의 지지가 강할 경우 집단 괴롭힘을 당한 아이의 문제가 감소하는 것으로 나타났다.

L. Bowes, B. Maughan, A. Caspi, T. E. Moffitt, L. Arseneault(2010)의 연구 결과 재구성. '가정은 집단 괴롭힘에 맞설 수 있는 정서적, 행동적 회복력을 키워준다: 환경적 영향의 증거', 〈아동 심리학-정신의학 저널〉, 51, 809-817, 그림 1. © 2010 The Authors.

동적 문제가 적었다.

전체적으로 볼 때, 집단 괴롭힘을 당한 뒤 겪는 자해와 적응 문제와 관련된 개인차(즉, 누가 악영향을 더 받고 덜 받는지)를 제대로 이해하기 위한 우리의 연구 결과는 가족의 중요성을 강조한다. 이 결과는 집단 괴롭힘을 당하는 아이들이 겪는 어려움을 줄이기 위한 학교 기반의 중재 프로그램에 가족을 포함시키는 게 중요하다는 사실도 강조한다. 그리고 중재 대상, 특히 가족 구성과 가족 관계의 지지 기능에 주의를 환기시킨다. 집단 괴롭힘을 당한 아이를 도울 자원이 부족하다면, 지지해주는 가족이 있는 아이를 선별해서 가족이 집단 괴롭힘의 스트레스에 대처하는 데 필요한 지원을 제공할 수 있게 해야 한다. 이와 반대로, 집단 괴롭힘을 당한 아이들 가운데 가족의 지지가 부족하고, 집에서 학대를 받았으며, 가족 중에 자살을 시도한 이력이 있고, 정신 건강 문제를 겪는 아이는 아마도 빨리 치료를 받는 게 좋을 것이다. 이들은 제대로 발달하지 못할 위험이 가장 크고, 심지어 자신에게 위해를 가할 수도 있다. 집단 괴롭힘을 당하는 자녀가 괴롭힘의 확률적 결과에 굴복할 가능성을 줄일 수 있는 방향으로 변화시키기가 가장 어려운 게 바로 이런 아이의 가족들이다.


# 결론

★

집단 괴롭힘에 대해 살펴본 우리의 발달 연구 내용을 모두 읽은 뒤, 어떤 사람은 우리가 발견한 사실들이 모두 상식에 기초해서 이미 잘 알고 있는 내용이라고 결론지을 수도 있다. 우리도 이 평가에 어느 정도는 동의한다. 그렇긴 해도 상식이 틀릴 수도 있다는 지적은 중요하다. 그런 가능성을 몇 가지 생각해보자.

집단 괴롭힘이 아이들의 행복에 좋지 않다는 건 당연한 얘기지만, 우리 조사 결과가 다르게 나올 수도 있었다. 이전 세대의 많은 어른은 집단 괴롭힘에 대한 오늘날의 걱정을 폄하하고, 그게 장기적으로 해롭다는 생각을 비웃으면서 이를 어린 시절의 정상적인 부분이라고 주장한다. 특히 앞 단락에서 얘기한 상식과 다른 상식을 가진 몇몇 사람은 괴롭힘 자체가 문제가 아니라 괴롭힘과 관련된 다른 요소들이 문제라고 주장할 수도 있다. 즉, 다른 문제 때문에 생긴 인과적 영향을 괴롭힘 탓으로 잘못 해석하고 있다는 것이다. 사실 우리가 처음에 감지한 집단 괴롭힘의 영향과 관련해 여러 대안적 설명을 고려한 이유도 바로 이런 현실적이고 상식적인 가능성 때문이었다. 예를 들어, 가정에서의 학대가 집단 괴롭힘과 문제 기능을 예측하므로 이것이 괴롭힘 당하는 아이가 겪는 문제의 진짜 원인일 수도 있지만, 우리는 그게 사실이 아니라는 걸 알아냈다. 즉, 괴롭힘의 영향에 대한 가장 합리적인 대안적 설명을 고려해도, 집단 괴롭힘은 여전히 12세 때와 18세 때의 기능 부진을 예측했다(12세 때는 정서적·행동적 문제와 자해, 18살 때는 과체중).

이는 초등학교 때 집단 괴롭힘을 당하기 전에 아동이 지니고 있던 능력이나 문제가 미치는 영향에도 동일하게 적용된다. 상식선에서 보면 아이들이 12세 때 겪는 어려움이나 18세에 과체중이 되는 건 괴롭힘 자체 때문이 아니라고 생각할 수도 있다. 집단 괴롭힘보다 먼저 존재했던 감정, 행동, 몸무게 문제가 괴롭힘을 당하는 데 기여했고, 따라서 이것이 괴롭힘과 부정적인 발달 결과 사이에서 발견된 연관성에 책임이 있다는 것이다. 이렇게 보면 집단 괴롭힘은 아이들이 겪는 어려움의 원인이 아니라는 결론에 도달한다. 그러나 이 역시 사실이 아닌 것으로 판명되었다. 출생 시 체중을 고려하고 5세 때의 IQ나 심리적 어려움, 심지어 체중이 미치는 영향까지 다 배제해도 집단 괴롭힘의 영향은 그대로 남아 있었다. 요는 대안적 설명까지 고려하고 평가하면서 집단 괴롭힘의 영향에 대한 가설을 신중하게 조사해야 상식의 경쟁 버전을 평가할 수 있다는 것이다.

집단 괴롭힘을 겪을 때의 회복력에 대한 연구 결과도 마찬가지다. 5세 때 아이들이 한 문제 행동이 문제가 있는 가족 관계에 기여했거나 이런 관계를 조성했다는 점을 고려하면, 지지적인 가족이 괴롭힘 당하는 아이에게 회복력의 원천이 된다는 사실을 입증하지 못할 수도 있다. 하지만 이 역시 우리가 발달에 대한 호기심을 집단 괴롭힘이라는 주제로 돌렸을 때 발견한 사실과 다르다. 또래에게 괴롭힘 당하는 불행을 겪은 뒤에도 애정 넘치고 조화로운 가정에서 자라는 행운을 누린 사람은 5세 때의 정서적, 행동적 문제를 고려하더라도 괴롭힘으로 인한 부정적인 영향이 감소했다. 그러니 여기서도 상식적인 개념이 틀렸다는 사실이 입증된 셈인데, 이는 우리처럼 실증적인 조사를 해봐야만 판단할 수 있는 것이다.

결국 우리 연구를 통해 얻은 교훈은 두 가지다. 첫째, 집단 괴롭힘은 단기 및 장기적인 악영향이 있는데, 합리적인 여러 대안적 설명으로도 완전히 해명이 불가능하다. 둘째, 지지적인 가족은 아이가 괴롭힘을 당할 때 보호해주거나 회복력을 높이는 방향으로 영향력을 발휘한다. 그러므로 물론 괴롭힘을 당하지 않는 게 가장 좋지만, 혹시라도 괴롭힘을 당하게 될 경우 아이를 정서적으로 뒷받침해주는 제대로 기능하는 가정에서 자란 아이가 회복이 빠르다. 특히 피해가 큰 경우는 또래들에게 괴롭힘을 당하는데 자신을 지지해주지 않는 가정환경에서 자라는 "이중 위험" 상태다. 이런 (상식적인?) 관찰은 집단 괴롭힘을 미연에 방지하고 괴롭힘으로 인한 부정적인 결과를 줄이기 위해 개입 대상을 강조하는 일이 중요하다는 걸 보여준다. 또한 발달의 확률론적 본질을 다시금 명확히 한다. 집단 괴롭힘 때문에 부정적 발달 결과가 나올 위험이 높아지더라도 그런 위험은 완화 가능하기 때문에 반드시 실현되는 건 아니다. 마지막으로, 회복력에 대한 조사 결과는 아이의 행복을 결정하는 여러 요인과 관련된 중요한 사항을 강조한다. 일부에서 그런 것처럼 양육 방식을 비롯한 가족의 영향을 또래의 영향과 비교하는 건 실수다. 결국에는 둘 다 중요하다.

# 일찍부터 시작해서 꾸준히 지속되는 대마초 흡연

"많이 발전하셨군요, 아가씨"는 현대적이고 해방된 여성들의 마음을 사로잡기 위해, 여성을 위해 특별히 디자인된 담배를 피우는 멋진 모습을 보여주는 1970년대 담배 광고의 핵심 문구였다. 여기에 "아가씨"를 대마초(세상에서 가장 널리 사용되는 불법 약물)로 바꾸면, 우리가 살면서 목격한 대마초에 대한 인식을 정확하게 포착할 수 있다. 지난 세기의 마지막 몇 십 년과 그 이전에는 대마초(마리화나)가 단순히 향정신성 약물일 뿐만 아니라 미국 전체와 전 세계 대부분 지역에서 불법 약물이었다. 이 약은 그 해악이 널리 알려져 있기도 한데, 아마 대마초를 사용하면 머리가 이상해지고 인생을 망치고 심지어 자살까지 하게 된다고 주장한 1936년도 고전 영화 「리퍼 매드니스Reefer Madness」에 가장 극명하게 드러나 있을 것이다. 하지만 오늘날에는 미국 내의 여러 주에서 의사의 처방만 있으면 대마초 판매와 사용이 합법이고, 콜로라도, 워싱턴, 오리건, 캘리포니아, 우루과이, 네덜란드 같은 곳에서는 성인들이 레크리에이션용으로 사용하는 것까지 완전히 합법이다. 따라서 본 장의 제목은 "많이 발전하셨군요, 메리 제인"이 될 수도 있었다. (혹시 모르는 사람을 위해 설명하자면, "메리 제인"은 20세기 중후반에 대마초의 동의어였다.)

대마초의 위험한 영향에 대한 무시무시한 이야기를 무시하는 이가 많지만, 이 향정신성 물질이 직장과 가정에서의 정상적인 생활은 물론이고 정신 건강과 심리적 기능에도 전반적인 영향을 미치는가 하는 의문이 생긴다. 이는 물론 술과 코카인, 레크리에이션 목적으로 소비되는 다른 많은 화학물질에도 해당되는 얘기다. 하지만 안타깝게도 미국과 다른 나라 정부에서 오랫동안 대마초의 영향을 체계적으로 조사하지 못하도록 제한했기 때문에, 이는 해결하기 어려운 의문이었다. 그래서 대마초는 몸에 해롭다고 주장하는 게, 그 말이 사실인지 아니면 오늘날 많이들 옹호하는 것처럼 실제로 의학적 이익이 있는지 알아내는 것보다 더 적절해 보였다. 하지만 다행스럽게도 최근 미국에서 상황이 바뀌어 앞으로 수십 년 동안은 대마초가 인간의 건강과 발달에 어떤 영향을 미치는지에 대한 새로운 연구가 쏟아져 나올 것이다.

우리가 더니든 연구의 일환으로 대마초 사용이 미치는 영향을 조사하는 발달 연구를 시작했을 때는 정신 건강에 부정적인 영향을 미친다는 증거가 몇 가지 있었다. 실제로 전 세계에서 수집된 증거는 대마초 사용이 조현병 같은 임상적으로 중요한 정신질환 발생에 상당한 위험을 내포하고 있음을 보여주었다. 사실 우리가 대마초의 영향에 대한 연구를 시작했을 때, 스웨덴에서 코호트 전체를 대상으로 진행한 대규모 연구에서 18세 때 대마초를 과도하게 사용하면 말년에 조현병 발생 위험이 600퍼센트나 증가한다는 사실을 밝혀냈다! 조현병 진단의 중심은 정신질환 증상이다. 정신질환은 생각과 감정이 지나치게 손상되어 개인이 현실과 접촉하지 못할 때 발생한다. 증상 중에는 실제가 아닌 것을 보고, 듣고, 믿는 망상증도 포함될 수 있다. 환각도 정신질환 증상 중 하나다.

발달학자인 우리는 개인이 대마초를 사용하기 시작한 시기가 중요한지에 대해 의문을 품지 않을 수 없었다. 그게 이 주제에 대한 초기 연구에서 다룬 첫 번째 의문이다. 사실 가족 이외의 요인이 발달에 미치는 영향을 다룬 파트에 이 장을 배치한 이유는, 대부분이 청소년기에 또래들과 어울리면서 처음 대마초를 접하기 때문인데, 개중 일부는 그 뒤에도 꾸준히 피운다. 더니든 연구 데이터에서도 기존 연구 결과와 마찬가지로, 청소년기에 대마초를 사용하면 청년기인 26세에 조현병 증상을 겪을 확률이 높아진다는 사실이 드러났다. 그리고 우리의 첫 번째 조사를 통해 이미 알려진 것과 관련된 증거 세 가지가 새롭게 추가되었다.

첫 번째 증거는 대마초를 처음 사용하기도 전인 청소년기 이전에 정신질환이 발생했을 가능성에 관한 것인데, 이는 기존에 검증되지 않은 내용이다. 만약 대마초를 사용하기 전부터 정신질환 증상이 존재했다면, 대마초 사용과 조현병 증상을 연관시킨 우리 연구와 기존의 다른 연구들은 "역인과성"을 보여준 것일 수 있다. 즉, 대마초 사용이 정신질환을 유발한 게 아니라 정신질환 때문에(아마도 자가 치료를 위해) 대마초를 사용하게 된 것일지도 모른다는 얘기다. 더니든 연구 같은 전향적 연구만이 서로 연관성이 있다고 생각되는 요인들의 "시간 순서", 즉 대마초 사용과 정신질환 증상 중에 어느 게 먼저인지를 밝힐 수 있다. 이는 우리가 피험자들을 대상으로 표준 정신과 면담을 반복적으로 실시한 덕분에, 정신질환 증상 발생과 대마초 사용의 시간 순서를 파악할 수 있기 때문이다. 예상 원인인 대마초 사용이 예상 결과인 정신질환 증상보다 실제로 선행했다는 걸 보여줄 수 있는 게 중요한데, 이는 어떤 약물의 영향이나 여러 경험의 영향을 평가하려고 할 때도 마찬가지다. 대마초 사용의 영향을 이해하는 데 있어 우리가 첫 번째로 한 기여는, 역인과성이 대마초 사용과 정신 건강 문제의 연관성을 설명하지 않는다는 걸 알아낸 것이다. 10대 때 또래들과 함께 대마초를 사용한 피험자는 사용하지 않은 이들에 비해, 대마초 사용 시작 전에 조현병 증상이 존재할 가능성이 높지 않았다.

우리의 두 번째 중요한 발견은 대마초 사용 시기에 대한 관심을 불러일으켰기 때문에 발달적으로 유의미했다. 즉, 15세부터 대마초를 사용하면 17세 이후에 사용하기 시작했을 때보다 조현병과 관련된 결과가 발생할 위험이 커졌다. 이 결과는 뇌가 여전히 발달 중인 상태에서 대마초를 사용하면 문제적 영향이 생길 수 있음을 시사했다. 우리가 이 연구를 수행할 당시에는 현재 잘 알려져 있는 사실(뇌, 특히 계획을 세우거나 충동적인 행동을 조절하는 데 중요한 기능을 하는 전두엽 피질은 청소년기는 물론이고 20대에도 계속 발달한다는 사실)을 신경과학계에서 아직 확실하게 밝혀내지 못한 상태였다.

우리의 세 번째이자 마지막 발견은 대마초 사용이 정신 건강에 미치는 영향의 특수성에 관한 것이었다. 어린 나이부터 대마초를 사용한 청소년들은 사용하지 않은 이들에 비해 대마초의 영향을 받지 않은 상태에서도 정신질환 증상을 겪을 가능성이 높았다. 하지만 우울증에 걸릴 위험이 커지지는 않았다. 이번에도 이는 뇌에서 뭔가 독특한 일이 벌어지고 있다는 걸 암시했다.

대마초의 영향과 관련해 우리가 알아낸 것들을 더 얘기하기 전에(이제 부정적 영향을 적어도 한 가지는 기록했으니까) 아주 명확하게 밝혀야 할 게 있다. 우리 연구는 결코 대마초 사용의 부정적 영향을 밝히거나 그게 건강, 부, 행복에 나쁘다는 사실을 증명하기 위한 게 아니다. 대마초 흡연의 위험성에 대한 주장을 반증하기 위한 것도 아니다. 우리가 수행한 대부분의 건강 관련 연구처럼, 이 물질의 소비가 신체, 심리, 행동 발달에 영향을 미치는지 여부와 그 방법에 관심이 있는 공중보건 지향적인 발달과학자의 입장에서 대마초의 영향 문제에 접근했을 뿐이다. 대마초 사용과 합법화를 지지하거나 반대하는 사람이 이 연구 결과를 이용할 수 있는지 여부에 관계없이, 경험론자인 우리는 증거가 어떤 식으로 나오든 신경 쓰지 않고 항상 결과를 정직하고 공개적으로 보고한다. 보육 문제를 다룬 8장에서 얘기한 것처럼, 우리를 관련 데이터의 신중한 분석에 기초해서 일기 예보를 전하는 기상캐스터라고 생각하면 된다. 우리가 비가 올 거라고 예보하는 건 햇빛을 싫어하기 때문이 아니다. 또 내일 날이 맑을 거라고 예보한다고 해서 비를 싫어한다고 생각해선 안 된다. 우리는 그저 데이터가 나타내는 바를 순수하고 단순하게 전달할 뿐이다.

# 정신 건강과 청소년기를 넘어

★

　　　더니든 연구에 참여하는 사람들이 나이가 들자, 우리는 지속적인 대마초 사용이 청소년기 이후의 정신 건강뿐만 아니라 전반적인 발달에도 악영향을 미치는지 궁금해졌다. 그래서 발달 연구의 후속 단계에서는 청소년기에 시작된 대마초 사용뿐만 아니라 성인기까지 계속 이어진 대마초 사용에 대해서도 연구했다. 이번에는 정신질환에 집중하지 않고 신경심리적 기능의 변화, 구체적으로 말하자면 13세부터 38세까지의 기능 저하 쪽으로 주의를 돌렸다. 신경심리적 기능은 무엇보다 뇌의 처리 과정과 관련이 있는 것으로 알려진 인지 능력을 가리킨다. 따라서 우리가 측정한 결과는 뇌 영상 연구(더니든 연구 피험자들이 45세이던 2019년에 완료했지만, 아직 분석은 이루어지지 않은 상태다)처럼 뇌 기능을 직접적으로 다룬 건 아니며, 뇌 처리 과정의 결과물인 심리적 기능에 관한 것이다. 신경심리적 기능의 변화 척도는 13세와 38세 때 평가한 지능과 기억력을 바탕으로 했다. 또 시각 정보 처리, 청각 언어 학습, 정보 처리 속도, 지각적 추론, 언어 이해도도 평가했는데, 전부 피험자가 38세 때 측정했다.

　우리는 이 신경심리적 측정 결과가 뇌 기능을 어느 정도까지는 반영해줄 것이라고 자신했다. 우리 팀의 신경심리학자인 테리 모피트가 연로한 아버지가 시력에 당황스럽고 불안한 여러 변화가 생기면서 서서히 시력을 잃어갈 때 본인이 뛰어난 뇌 과학자라는 사실을 증명했기 때문이다. 모피트의 아버지를 진찰한 나이 든 시골 의사는 특별히 이상한 점은 없고 그냥 정상적인 노화 과정이라고 결론지었지만, 모피트는 납득이 가지 않았다. 여러 증상을 종합해볼 때, 뇌의 특정 부분에 종양이 있는 것 같다고 의심했다. 아니나 다를까, 모피트의 주장대로 듀크 대학 병원에서 뇌 스캔을 해본 결과, 그녀의 예상대로 종양이 시신경을 압박하고 있었다. 그리고 놀랍도록 간단한 수술(비강을 통해 뇌로 기기를 넣는 방식)을 통해 종양을 제거할 수 있었다!

우리의 예측 변수인 지속적인 대마초 사용에 대한 측정은 피험자가 18세, 21세, 26세, 32세, 38세 때 진행한 인터뷰에 의지했다. 지속적인 대마초 사용 여부는 대마 의존성에 대한 공식적인 정신의학적 기준을 충족한 총 측정 횟수(방금 나열한 다섯 번 중)를 통해 정의했다. 이 기준을 충족하려면, 피험자가 대마초 사용에 대한 부적응적 패턴을 나타내서 일상생활에 임상적으로 심각한 장애를 유발하거나 고통을 느껴야 하며, 이런 상황이 3개월 동안 다양한 조건에서 나타나야 한다. 여기에는 원하는 효과를 얻기 위해 대마초 양을 대폭 늘려야 하는 필요성(도취감에 대한 내성), 대마초를 피우지 않을 때 불편함을 느끼는 금단 반응(금단 증상), 대마초 사용을 줄이거나 끊으려고 노력했지만 실패한 경험, 대마초 사용 때문에 중요한 사회적·직업적 활동과 여가 활동을 포기하거나 줄인 경우(예: 취업 면접에 가지 않음) 등이 포함된다. 이런 기준을 염두에 두고, 피험자들이 대마 의존적이라고 진단받은 면접 횟수에 따라 점수를 매겼다. 따라서 점수는 0점에서 5점 사이가 된다.

우리는 뭘 발견했을까? 첫째, 지속적으로 대마초 의존성을 보인 사람은 13세부터 38세까지 25년의 연구 기간 동안 남들보다 IQ가 더 큰 폭으로 감소했다. 대마초를 전혀 사용하지 않은 피험자들은 이 기간 동안 IQ가 소폭 상승했다(평균 1점 미만). 그러나 측정 시에 한 번, 두 번 그리고 세 번 이상 대마초 의존 상태로 판명된 이들은 각각 평균적으로 약 1.5점, 약 2.5점 그리고 거의 6점의 IQ 감소를 보였다. 그래서 다른 장에서 다른 종류의 발달 경험과 환경 노출의 영향을 다뤘을 때처럼 여기에도 용량-반응 관계가 존재한다는 걸 감지했다. 노출 정도, 즉 대마초 의존도가 증가함에 따라 그 영향의 규모, 즉 IQ 감소폭도 증가했다. IQ가 5점 이상 하락한 게 별로 많은 것처럼 느껴지지 않을 수도 있지만, 개인의 역량에 미치는 결과가 전혀 없는 건 아니다. 특히 또래들은 하락폭이 그보다 적거나 전혀 하락하지 않거나 심지어 소폭 상승한 상황이므로 더 그렇다. 또 피험자들을 잘 아는 정보원에게 설문지를 발송해서 피험자의 기억력과 주의력 문제를 물어봤는데, 이 데이터는 일상생활에서도 대마초 사용자의 인지 문제가 다른 사람들 눈에 뚜렷이 보인다는 걸 알려준다.

이번에도 피험자에 대해 수집한 데이터를 추가로 조사해서, 초기 발견을 더 깊이 이해하려고 노력했다. 어쩌면 우리가 기록한 지능 저하는 대마초 흡연 때문이든 아니면 다른 이유 때문이든, 대마초를 계속 피운 사람들이 남들보다 교육을 덜 받은 단순 효과로 인한 것일 수도 있다. 대마초 사용이 인지 기능에 미치는 좀 더 직접적인 신경생물학적 영향과는 다른 이런 실제적인 가능성을 고려해본 결과, 연구 결과에 대한 그럴듯한 대안적 설명을 확인해봐야겠다고 느꼈다. 결과만 얘기하자면, 지속적인 대마초 사용이 시간이 지나면서 IQ 변화에 미치는 영향은 지속적인 대마초 사용자의 교육 기간이 짧기 때문이라는 게 입증되지 않았다. 우리는 이런 결과에 놀랐다. 대마초가 성취동기를 약화시키고 교육적 야망을 감소시킬 수 있다는 점을 고려하면, 확실히 가능성 있는 설명처럼 보였기 때문이다. 이 말은 지속적인 대마초 사용이 성취동기나 교육적 야망에 영향을 미치지 않았다는 게 아니라, 단지 그것이 대마초 사용과 25년간 측정한 지능 감소를 연관시키는 (유일한) 이유 또는 메커니즘이 아니라는 것이다.

이제 지속적인 대마초 사용이 지능 저하를 초래하는 이유가 교육적 성취가 제한되어서만이 아니라는 걸 알았기 때문에, 신경심리학적 평가 쪽으로 관심을 돌렸다. 조사 대상이 특정 인지 능력일 때 동일한 용량-반응 패턴이 나타난 건 아마 놀랄 일이 아닐 것이다. 이는 피험자들이 13세 때 측정한 IQ를 고려한(즉, 통계적으로 통제한) 뒤에도 마찬가지였다. 이 과정은 우리 연구 결과가 10대 시절에 IQ가 낮았던 이들이 38세에도 지능이 많이 하락하는 게 아니라는 걸 확실히 하기 위해 필요했다. 13세 때 측정한 IQ의 영향을 배제하자, 대마초를 계속 피운 사람일수록 중년기에 아이디어를 머릿속에 담아두고 가동시키는 작업 기억력, 문제를 해결할 때 정보를 처리하는 능력, 구어와 문어를 이해하는 능력 등이 손상된다는 증거가 드러났다. 이는 전화 통화나 조리법 따라하기, 컴퓨터 게임 등 일상생활의 많은 측면에 영향을 미치는 중요한 실제 능력이기도 하다.

이번에도 우리는 이것이 지속적인 대마초 사용 이외의 요인, 그러니까 우리 같은 관찰 연구에서 얻은 결과 해석을 늘 힘들게 하는 "제3의" 변수나 교란 변수로 인한 결과가 아니라는 걸 확인하기 위해 이 연구 결과에 도전했다. 이를 통해 지속적인 대마초 사용이 신경심리적 기능에 미치는 악영향이, 피험자(대마초 사용자)들이 38세에 더니든 연구 프로젝트 사무실에 찾아와 테스트를 받기 전 24시간 내내 혹은 1주일 내내 대마초에 취해 있어서 생긴 결과인지 확인했다. 즉, 우리 연구 결과가 피험자들이 대마초 "숙취"에 시달린 결과물이 아닌가 하는 것이다. 확인 결과, 최근에 대마초에 취한 건 우리 연구 결과를 설명하지 못하기 때문에, 우리 결과는 최근의 대마초 흡연으로 인한 일시적 혹은 단기적 영향이 아니라 지속적인 사용으로 인한 영구적 영향을 발견한 것이라고 봐야 한다. 또 담배나 마약, 알코올 의존증, 조현병이 이런 결과의 원인이 된 것도 아니다. 이런 요인을 고려해도 대마초가 중년기의 신경심리 기능에 미치는 악영향은 그대로였다.

대마초 사용의 영향에 관한 이전 연구에서 발견한 사실, 즉 15세가 되기 전부터 대마초를 피운 사람의 경우 정신질환 증상이 나타날 위험이 가장 크다는 사실을 떠올리면, 피험자들이 대마초를 피우기 시작한 나이가 다시 궁금해진다. 앞서 강조한 부정적 영향과 관련해, 지속적인 사용자가 청소년기에 대마초를 피우기 시작했는지 아니면 그 후에 피우기 시작했는지가 중요할까? 이 질문에 대한 답은 "그렇다"였다. 우리 연구 결과는 성인기에 대마초를 시작한 피험자들은 지속적인 대마초 사용의 영향을 받지 않았다는 걸 보여준다. 다시 말해, 지속적인 대마초 사용이 신경심리 기능에 미치는 영향에 대한 연구 결과는 청소년기에 대마초 사용을 시작한 지속적 사용자들이 "주도한" 결과였다. 이번에도 이 증거는 여전히 발달 중인 뇌와 관련된 발달 취약 기간이 존재한다는 걸 가리키는 듯하다.

# 지속적인 대마초 사용과 실제 기능

★

     심리학자들이 세심하게 통제된 테스트 조건에서 실시한 공식 테스트에서 신경심리적 기능 저하나 제한이 나타나는 것과, 지속적인 대마초 사용이 현실 세계와 일상생활에까지 영향을 미치는지 여부를 알아내는 건 별개의 문제다. 방금 요약한 결과를 숙고해본 결과, 지속적인 대마초 사용이 신경 기능 저하에 기여한다면 이 영향이 성인의 경제적·사회적 성공까지 저해할 수도 있겠다는 생각이 들었다. 이것이 지속적인 대마초 사용의 장기적 영향에 관한 세 번째 연구에서 다룬 문제인데, 인생 성공의 유전성에 대해 얘기하는 13장에서 다시 이 주제로 돌아올 것이다.

     또 38세까지 계속 대마초를 피운 이들과 관련된 다음 대마초 연구에서는 중년에 드러나는 경제적·사회적 문제에 초점을 맞췄다. 먼저 38세가 된 피험자의 직업 상태를 그들 부모의 직업 상태와 비교해서 사회적 이동성을 살펴봤다. 부모가 피험자보다 더 명망 있는 직업을 가지고 있다면(아빠는 의사고 딸은 사무보조인 경우나, 엄마는 회계사고 아들은 자동차 정비공인 경우 등) 이는 사회적 지위가 하향 이동한 것이다. 그와 반대되는 경우는 상향 이동이 될 것이다.

     그다음에는 재정적 어려움을 조사했다. 38세 피험자들과 인터뷰를 하면서 그들의 총 순자산, 부채 문제, 기본적인 경비 지불 곤란 등에 대한 정보를 수집했다. 그리고 공식적인 행정 기록을 조회해서 알아낸 복지 혜택 수급 정보와 신용 등급을 조회해서 알아낸 신용도 등의 정보를 이용해 이 내용을 보완했다. 마지막으로, 피험자들의 사회적 기능을 알아보기 위해 직장 내에서의 문제와 부부, 연인 관계를 물어봤다. 직장 문제와 관련해서는 피험자가 일자리를 얻기 위해 거짓말을 하거나, 예고 없이 직장을 그만두거나, 동료와 갈등을 빚거나, 휴식 시간을 허용된 것보다 길게 갖거나, 일부러 천천히 일하거나, 직장에서 돈을 훔치거나, 근무일수와 근무 시간을 실제보다 많이 신고하는 등의 행동을 했는지에 관한 정보를 수집했다. 부부, 연인 관계와 관련해서는, 피험자에게 정서적 친밀감과 신뢰가 있는지, 신체적 학대를 하는지, 그들 자신이나 파트너가 상대를 통제하려 하는지(일이나 공부, 가족과의 만남을 금지하는 등), 파트너 스토킹을 하는지 등에 대해 물어서 그들이 맺고 있는 관계의 전반적인 질이 어떤지 살펴봤다.

기존 연구에서 드러난 지속적인 대마초 사용이 신경심리 기능에 미치는 영향을 감안하면, 이들이 겪는 경제적·사회적 문제도 동일한 삶의 경험과 관련이 있음이 증명될 거라고 생각하는 게 논리적일 것이다. 피험자의 대마초 사용 기간이 길수록 중년기에 사회경제적 지위의 하향 이동, 경제적 어려움, 직장 내에서의 문제, 갈등이 심한 부부, 연인 관계를 경험할 가능성이 커진다. 이번에도 그 결과는 대마초 사용의 지속성과 문제 기능의 정도를 연결하는 용량-반응 관계를 드러냈다(대마초를 많이 피울수록 영향도 커진다).

그다음에는 뭘 했을까? 그야 당연히 이 연구 결과에 의문을 제기했다! 어쩌면 지속적인 대마초 사용에 따른 부작용은 겉으로는 이런 경험의 결과로 보이지만 실제로는 다른 요인(어린 시절의 불우한 사회경제적 조건이나 유년기에 정신질환을 앓은 이력, 한부모 가정에서 성장한 경험,

알코올 중독 혹은 가장 주목할 만한 원인으로 청소년기에 대마초를 피우기 시작한 것 등) 때문일지도 모른다. 추가적인 연구 결과는 이런 대안적인 설명 요인 가운데 어떤 것도 18세부터 38세까지의 지속적인 대마초 사용에 따른 부정적 영향을 해명하지 못하는 것으로 드러났다. 아마 가장 눈에 띄고 놀라운 사실은, 대마초를 계속 피우는 습관이 사춘기가 아니라 발달 후기에 시작되어도 중년기의 경제적·사회적 기능이 떨어지는 것과 관련이 있다는 게 증명되었다는 것이다. 실제 기능에 미치는 이런 결과는 연구실에서 심리 평가 테스트를 이용해 신경심리적 기능을 측정하면서 알아낸 결과와 다소 달랐다. 이런 발달 결과와 관련해, 청소년기에 대마초를 피우면 기능이 저하될 위험이 증가한다는 걸 기억하자.

더 놀라운 점은 지속적인 대마초 사용이 알코올 의존증만큼, 아니 때로는 그보다 더 강하게 경제적·사회적 문제와 연관되어 있다는 것이다. 경제적 어려움과 관련해서는 대마초 의존이 알코올 의존보다 어려움을 잘 예측하는 반면, 사회적 지위의 하향 이동이나 직장에서의 반사회적 행동, 관계 갈등 등에 있어서는 두 가지 유형의 의존성이 동일한 수준으로 연관되어 있었다. 이런 결과를 고려하면, 더니든 연구 피험자와 전 세계의 많은 사람 중에는 대마초 의존보다 알코올 의존증으로 고통받는 이들이 더 많다는 사실을 인식하는 게 중요하다. 이는 알코올 의존으로 인한 인구 부담이 대마초 의존에 의한 것보다 사회에 더 큰 부담을 안겨줄 가능성이 있다는 얘기다. 그러니 결과적으로 알코올 섭취보다 대마초 사용에 더 많은 제한이 있었던 이유를 묻는 것도 이상하지만은 않다.

# 신체 건강은 어떤가?

★

     일찍부터 시작해 지속적으로 대마초를 사용하면 심리적, 행동적 기능의 여러 측면에 악영향을 미친다는 걸 알게 된 후, 대마초 연구의 마지막 단계를 위해 신체 건강 쪽으로 관심을 돌렸다. 사실 이 연구에서는 대마초 흡연과 담배 흡연의 영향을 대조해 보려고 했다. 그래서 18세, 21세, 26세, 32세, 38세 때 측정한 대마초 사용 빈도와 의존도를 다시 이용하면서 동일한 연령대의 담배 사용에 대해서도 평가했다. 신체 건강과 관련해서는 26세와 38세 때 본인이 직접 보고한 신체 건강 상태뿐만 아니라 치주 건강, 폐 기능, 체내 염증, 대사 건강에 대한 실험실 평가에도 의존했다.

    청년기-성인기-중년기의 연구 결과를 얘기하기 전에, 이전 연구에서 얻은 몇 가지 건강 관련 결과부터 강조해야겠다. 첫째, 18세와 26세 때 측정한 결과를 보고 처음으로 대마초 흡연이 폐 기능에 악영향을 미친 것이라고 생각했지만, 결국 이는 담배 흡연과 "제3의" 교란 변수인 과체중으로 인한 것임이 드러났다. 대안적인 설명 요소를 고려하는 관행이 없었다면 우리는 이 사실을 발견하지 못했을 것이다. 둘째, 놀랍게도 32세 때 확보한 증거에 따르면 대마초를 피우는 사람이 피우지 않는 사람보다 폐활량이 큰 것으로 나타났다! 왜 그럴까? 어쩌면 대마초의 향정신성 효과를 많이 누리기 위해 대마초 연기를 폐에 "머금고 있는" 버릇에서 비롯된 것일지도 모른다는 생각이 든다.

    심각한 폐 질환과 관련이 있고 때로는 사망에 이르기도 하는 베이핑vaping(전자담배 모양의 전자기기를 이용해서 액상 형태의 대마초를 흡입하는 것-옮긴이)과 씹는 대마초의 경우에도 이게 사실로 판명되는지 알아보면 흥미로울 것이다. 베이핑 방식으로 대마초를 사용하면 연기를 많이 들이마시지 않고, 씹는 대마초의 경우에는 연기를 전혀 흡입하지 않기 때문이다. 이런 조건으로 진행된 향후 연구에서 대마초 사용과 남들보다 큰 폐활량 사이의 연관성이 입증되지 않는다면, 더니든 연구에서 왜 그런 관계가 드러났는지에 대한 우리의 추론이 힘을 얻을 터였다.

이런 배경 지식을 가지고 38세 때 드러난 건강 관련 결과로 돌아가보자. 가장 눈에 띄는 결과는, 담배의 영향과는 대조적으로, 심지어 지속적인 대마초 의존조차 신체 건강과는 거의 무관한 것으로 판명되었다는 점이다. 사실 여러 건강 평가 가운데 치주 건강만 대마초 사용과 부정적 방식으로 관련이 있는 것으로 밝혀졌다. 구체적으로 말하면, 여러 해 동안 치과 검진을 반복한 결과, 대마초를 피운 사람은 38세 때의 치주 건강 상태가 남들보다 나빴고, 26세부터 38세까지 치주 건강이 큰 폭으로 악화된 것으로 밝혀졌다. 이런 결과는 담배 "흡연량", 즉 12년의 연구 기간 동안 사용한 담배 양을 통제한 뒤에도 마찬가지였다. 그러나 대마초 사용이 중년기의 폐 기능에 해로운 영향을 미친다는 증거를 발견하지는 못했지만, 대마초를 자주 피우는 사용자들은 기관지염 증상이 있다고 인정했고 대마초 흡연을 중단하면 그런 증상이 나아졌다고 말했다는 데 유의해야 한다.

대마초 사용이 전반적인 신체 건강과 무관하다는 사실이 입증되었지만, 담배 사용과 관련해서는 결코 그렇지 않다. 담배를 피우

면 폐 기능이 저하되고, 전신 염증이 증가하며, 38세 때의 신진대사
도 떨어지고, 26세부터 38세 사이에 신체 건강이 더 큰 폭으로 저하
된다. 담배와 대마초 소비는 둘 다 흡연과 관련이 있거나 적어도 더
니든 연구 피험자들이 자랄 때는 그랬는데, 이 두 가지 유형의 흡연
이 신체 건강에 현저하게 다른 위험을 초래한다는 건 분명하다. 이
런 결론을 내리는 건 대마초 흡연이 치주 건강에 미치는 악영향이나
대마초를 끊으면 기관지염 증상이 확실히 개선된다는 사실을 축소
하려는 게 아니라, 흡연하는 이 두 가지 물질이 신체 건강에 미치는
장기적인 영향을 동일시해서는 안 된다는 점을 분명히 하려는 것이
다. 실제로 우리는 왜 담배를 피우는 건 용인하면서 대마초 흡연은
오랫동안 용납할 수 없는 불법 행위로 간주해 온 건지 다시 한 번 의
아해졌다.

## 일반 결론

★

　　　　더니든 연구에서 또래들과 시작한 대마초 사용의 영향
을 밝히기 위해 대마초를 연구하는 과정에서 발견한 사실 가운데 가
장 먼저 언급해야 할 것은, 우리가 아직까지 명시적으로 규정하지
않은 내용이다. 이 주제와 관련된 모든 연구에서, 우리는 성인이 어
쩌다 가끔 레크리에이션 목적으로 대마초를 사용하는 게 해롭다는
증거를 발견하지 못했다. 하지만 어떤 즐거움을 얻든 간에, 대마초
의 영향에 대한 장기적인 조사 결과는 청소년이 대마초를 피우거나

장기간에 걸쳐 매일 사용하는 사람의 경우 잠재적으로 문제가 생긴다는 사실을 쉽게 넘겨서는 안 된다는 걸 보여준다. 특히 우리가 얘기한 첫 번째 연구 결과는 청소년기에 대마초를 피우기 시작한 사람은 정신 건강과 신경심리 기능이 손상된다는 걸 보여준 반면, 후속 연구에서는 청소년기에 대마초를 피우기 시작했든 아니든 상관없이 대마초를 지속적으로 피우는 사람들은 거의 전부 경제적, 사회적 기능에까지 유해한 영향이 있다는 훨씬 일반적인 결과가 나왔다. 반면 그와 동시에, 치주 건강을 제외하면 신체 건강의 여러 측면에서는 지속적인 대마초 사용의 부작용을 거의 감지할 수 없었다.

어떤 이들은 우리가 기록한 실제적 악영향이 대마초를 피운 이들이 불법 약물을 사용한 혐의로 체포된 탓에 생긴 간접적 결과라고 주장할지도 모른다. 즉, 중요한 건 대마초 흡연, 심지어 지속적인 흡연이 아니라 그 일로 인해 법원과 얽히게 되는 것이란 거다. 이런 주장에 발맞춰, 한때 대마초를 사용한 것으로 유명한 버락 오바마Barack Obama 대통령은 "대마초는 해를 끼치지 않는다. 해를 끼치는 건 대마초 사용으로 인해 생긴 전과 기록이다"라고 주장한 적도 있다. 글쎄, 사실 오바마 대통령의 이 주장도 평가해 봤는데, 근거가 부족한 주장임을 알게 되었다. 지속적인 대마초 사용이 실생활에 미치는 결과를 분석한 내용에서 약물 관련 범죄로 유죄 판결을 받은 피험자들을 모두 제외시켜도 결과는 변하지 않았다. 경찰에게 체포되지 않은 대마초 사용자들도 중년기에 사회적 지위가 낮아지고 재정과 가정생활의 성과가 좋지 않은 것으로 나타났다.

대마초와 관련된 이런 연구 결과에서 특히 당혹스러운 부분은,

오늘날 이용 가능한 대마초는 THC(대마초의 "도취" 효과를 담당하는 향정신성 성분) 함량 면에서 38세의 피험자들이 청소년기나 청년기에 사용한 것보다 훨씬 강력하다는 점이다. 앞에서도 얘기한 것처럼, 메리 제인은 그동안 많은 발전을 이루었는데 그게 꼭 좋은 것만은 아닌 것 같다. 이 새로운 현실이 신체 건강에 미치는 영향은 제한적일 수도 있지만, 정신 건강과 신경심리적 기능, 일과 가정생활에는 영향을 미칠 것으로 보인다.

이런 관찰에 비추어볼 때, 21세기에 15세 혹은 38세가 된 사람들 가운데 일찍부터 훨씬 강력한 대마초를 피우거나 성인이 된 뒤에도 계속 피운 사람들의 경우, 한 세대 이상 전에 살던 사람들과 같은 방식으로 영향을 받을 것인가 하는 의문이 제기되어야 한다. 더니든 연구 결과에서 드러난 사실과 앞서 암시한 바를 고려하면, 우리는 그렇지 않을 거라고 생각한다. 그리고 1970년대와 80년대에는 뇌 기능, 특히 전두엽 피질이 20대에도 계속 발달한다는 사실을 몰랐지만 이를 알고 있는 지금에서 보면, 우리 연구 결과가 21세기의 조기 대마초 사용과 지속적인 사용의 부작용을 과소평가하는 걸 수도 있다고 생각한다.

이 장을 마무리하기 전에 우리 연구 결과가 전하는 메시지에 반대하는 강력한 힘이 남아 있다는 사실을 지적해야겠다. 청소년기부터 대마초를 사용한 사람이든 중년기까지 계속해서 대마초를 많이 사용하는 사람이든 간에, 그들에게서 눈에 띄는 심리적·사회적 문제는 전부 대마초 사용(적어도 지속적인 사용)과 관련이 있다는 걸 알아야 한다. 사람들은 자기가 받아들이기 힘든 연구 결과를 보고한 "메신

저를 공격하는" 성향이 있다. 그래서 실생활에 미치는 영향에 관한 세 번째 연구 결과를 발표하는 게 좀 두려웠다. 우리가 학술지에 제출한 연구 논문을 읽은 몇몇 평론가들은 연구 방법과 측정값에 근본적인 결함이 있어서라기보다 그 결과가 전하는 메시지와 우리의 근본적인 동기가 우려된 탓에 이 과학 보고서를 거부하는 것 같았다.

우리가 처음에 신체 건강에 관한 데이터를 발표하려고 할 때도 똑같은 일이 일어났다. 문제는 우리가 대마초 사용에 반대하는 과학적 증거를 부당하게 만들어서 대마초의 부정적 영향을 과장하는 게 아니라, 그와 반대되는 일을 하고 있다는 것이다. "대마초가 건강에 나쁘지 않다고 말하면 안 된다. 그러면 더 많은 이가 대마초를 사용하게 될 것이기 때문이다"라는 게 우리가 접한 정서였다. 대마초의 영향에 관한 연구의 경우, 과학자들이 대마초의 부정적 영향을 발견하지 못하면 욕을 먹게 마련인 듯하다. 우리는 대마초 반대 단체와 대마초 찬성 단체 양쪽 모두에게 비난과 찬양을 받은 적이 있다.

보육 연구를 중점적으로 다룬 8장에서 분명히 얘기한 것처럼, 우리는 연구를 평가하는 이런 방식에 심각한 문제가 있다고 생각한다. 과학자인 우리는 잘 설계된 실증적 조사와 거기에서 공정하게 도출된 결과를 통해 사람들을 기분 좋게 하거나 나쁘게 하는 게 우리 일이라고 생각하지 않는다. 우리 일은 연구 결과가 어떻게 나오든, 열린 마음으로 받아들일 준비를 하는 것이다. 또 하나 중요한 건, 때로 인기 없는 연구 결과를 보고한 이들을 책망하는 모습을 볼 수 있는데 그러면 안 된다는 것이다. 기상캐스터가 내일 비가 올 거라고 말한다고 해서 그가 햇빛을 싫어하는 건 아니라는 사실을 기억하자! 고품질 연구에서 나온 과학적 발견에 대해서도 동일한 평가가 적용되어야 한다. 우리는 많은 사람이 원하거나 믿고 싶어 하는 것(심지어 건전한 과학적 조사에서 도출되기를 바라는 것)과 냉정하게 수집해서 평가한 데이터가 실제로 드러내는 것을 구별해야 한다.

결론적으로 중요한 정책 관련 사항을 하나 제시하겠다. 이제 대마초는 많은 지역에서 합법적 혹은 준합법적이기 때문에 청소년이 대마초를 구하는 게 극도로 어려워져야 하고, 청소년기부터 중년기까지 계속 사용할 경우 사회적·경제적 성공에 부정적인 영향을 받을 수 있다는 사실에 다들 경각심을 가져야 한다. 대마초의 합법화가 실제로 이 목표를 실현할 가능성이 있어 보인다. 결국 대마초를 합법화하는 이유 중 두 가지는 젊은이에게 대마초를 판매하는 범죄 집단의 기반을 약화시키고 대마초를 스스로 끊을 수 없는 이들을 치료하기 위한 기금을 마련하는 것이다. 합법화가 이 두 가지 측면에서 모두 성공하기를 바란다.

유전학

Is Smoking in Our Genes?

# 흡연은 우리 유전자에
# 새겨진 습관일까?

미국과 많은 서양 국가에서는 담배 흡연이 예전보다 훨씬 감소했지만, 여전히 많은 곳에서 문제가 되고 있는데 아마 그중에서도 가장 심한 곳은 중국일 것이다. 흡연은 비용이 많이 들뿐더러 매우 만연한 공중보건 문제다. 〈이코노미스트Economist〉는 2017년에 전 세계 연간 흡연 비용을 1조 4000억 달러로 추정했는데, 이 비용의 거의 40퍼센트가 개발도상국, 즉 경제적 여유가 가장 없는 나라에서 지출되었다고 보도했다. 미국 질병통제예방센터는 21세기 초에 흡연으로 인해 미국에서 40만 명 이상의 사망자와 950억 달러의 생산성 손실이 발생했다고 밝혔다.

그렇다면 왜 미국처럼 교육 수준이 높고 발전된 기술 사회에 사는 사람들이 담배를 계속 피우는 걸까? 특히 요즘에는 담배를 피우려면 추운 날씨나 혹독한 더위에도 밖에 서 있어야 하는 경우가 많은데 말이다. 앞서도 말했듯이 담배를 피우면 폐암과 심혈관 질환이 발생할 가능성이 높아져 사망 위험이 커지기 때문에, 예전부터 흡연이 건강에 해롭다는 증거에는 논쟁의 여지가 없었다. 사실 40년 전에도 그 증거는 충분히 설득력이 있어서, 우리 저자 중 한 명의 아버지는 필터가 없는 카멜Camel 담배를 하루 한 갑씩 피우던 30년 묵은 습관을 포기하셨다. 그가 담배를 끊지 않았다면 과체중인 상태로 90살까지 살 수 있었을 거라고는 상상하기 어렵다.

담배가 돈벌이용 작물이고 가격도 저렴했던 노스캐롤라이나의 시골에 살던 다른 10대들처럼 17세부터 담배를 피우기 시작한 테리 모피트가 하루 한 갑씩 피우던 담배를 26세에 끊은 것도 건강에 대한 염려 때문이었다. 거의 평생 동안 담배를 피웠던 테리의 할아버지가 폐암으로 사망하자, 그녀는 "멋있어" 보이는 걸 포함해 흡연의 단기적 이득이 무엇이든 간에 장기적 대가가 너무 크다는 걸 깨달았다. 리치 폴턴도 "죽음의 막대기"라고 부르던 담배를 (아주) 오랫동안 피웠지만, 그의 아내가 "담배를 끊을 때까지 아이는 안 낳겠다"고 선언하자 결국 정신을 차렸다. 4명의 저자 중 애브샬롬 카스피만 계속 담배를 피우는데, 그는 니코틴에 중독되지 않았고, 가끔씩만 담배를 즐기며, 담배를 피우지 않는 날도 있고, 주기적으로 쉽게 끊기도 하는 "사회적 흡연자"다.

이런 개인적 경험 때문에 왜 사람들이 계속 담배를 피우는지 제대로 이해하기 위한 발달 연구를 진행하게 되었다. 발달과 환경적 요인이 변화를 가져온다는 데는 논란의 여지가 없을 것이다. 니코틴에 중독된 사람들은 대부분 또래의 압력 때문에 청소년기에 흡연을 시작한다. 이는 주로 사회적으로 수용되길 바라거나, 평판을 높이려 하거나, "어른이 되려고" 하거나 혹은 10대 시절의 저자들처럼 "멋있어" 보이고 싶기 때문이다. 하지만 환경적 요인이 중요함을 보여주는 가장 좋은 증거는(특히 젊은이들의 경우) 담배 가격 상승과 흡연율 감소를 연결하는 연구에서 나온 것일 수도 있다. 그러나 이 주제를 다루는 이 장에서 보게 되겠지만, 적어도 담배를 처음 피워본 사람 가운데 누가 금세 푹 빠져서 니코틴에 중독되는가 하는 부분에 있어서는 유전도 중요한 역할을 한다.

요새는 인간의 기능 중 어떤 부분이 유전자에 의해 영향을 받는 것으로 밝혀졌다는 보도가 대중 매체나 소셜 미디어에 올라오지 않고 넘어가는 날이 거의 없다. 과학 보고서를 기반으로 한 미디어 스토리의 주제는 조현병이나 자폐증 같은 정신장애, 외로움 같은 심리 현상, 위험 감수 같은 행동 문제가 되기도 한다. 많은 부분에서 유전학 연구자들이 과학의 망원경을 어디로 향하든 거의 모든 표현형phenotype에 기여하는 유전자의 역할에 대한 증거를 발견하는 듯하기 때문에, 이는 충분히 예상할 수 있는 일이다. 표현형은 개인의 관찰 가능한 특성을 가리킨다. 여러분의 키, 성적 취향, 흡연 여부 등이 모두 표현형이다. 유전자 구성이 거의 모든 표현형의 특성에 기여한다는 광범위한 증거를 감안하면, 뉴스로서 가치가 진짜 있는 건 유전적 영향의 증거가 드러나지 않는 표현형이 확인되었을 때다!

표현형이 적어도 부분적으로는 유전된다는 사실은 자주 오해를 산다. 그런 오해 중 하나는 DNA가 운명이라는 것이다. 여러분이 X에 대한 유전자를 가지고 있다면 X가 발달할 것이다. 이야기 끝. 하지만 반드시 그럴 필요가 없는 이유가 여럿 있다. 가장 중요한 건 유전자형과 표현형을 연결하는 생물학적(때로는 심리적, 행동적) 사건의 긴 사슬이 존재한다는 것이다. 유전자가 하는 일은 (그들의 중요성을 경시하려는 건 아니지만) 단백질을 암호화하거나 생성하는 것인데 이는 곱슬머리나 수학적 재능, 성적 기호가 만들어지는 시작점에 불과하다. 유전적 영향이 이 경로를 따라 이동하는 동안 너무나 많은 일이 일어나기 때문에, 유전적 가능성이 실현되지 않는 경우도 많다. 여기서 우리는 결정론이 아닌 확률론을 다루고 있다. 심지어 유전자형과 표현형의 연관성에 대한 통계적 증거가 있어서 유전의 영향을 암시할 때에도, 전자와 후자가 정확히 어떻게 관련되는지는 여전히 수수께끼로 남아 있고 이는 과학자들도 인정하는 바다. 이는 알 수 없는 부분이라거나 그 과정의 어떤 단계도 밝혀지지 않았다는 얘기가 아니라, 유전자형이 표현형으로 발전하는 복잡한 경로, 특히 인간처럼 복잡한 유기체의 경로를 보여주는 완전한 지도가 아직 없다는 뜻이다.

이는 특히 기질, 자제력, ADHD, 사춘기 시기, 집단 괴롭힘, 대마초 사용, 흡연 등 이 책의 주제인 매우 복잡한 표현형의 경우에 더욱 그렇다. 과학계에서 드문 일은 아니다. 흡연이 건강, 즉 생물학적 기전에 어떤 영향을 미치는지 정확히 이해하기 훨씬 전부터 흡연이 통계적으로 다양한 질병과 관련이 있다는 증거가 있었다. 예측 변수가 실제로 결과와 실증적인 관련이 있다는 게 밝혀지기도 전에, 유전자 같은 예측 변수와 흡연 같은 추정 결과를 연결하는 생물학적 또는 심리적·행동적 과정을 깊이 파고드는 게 왜 타당한 일인지

의아할 수도 있다. 우리는 이 책에서 논의한 모든 연구와 관련해, 조사 중인 예측 변수-결과의 연관성을 해명하는 발달 프로세스를 밝히기 전에 관심 예측 변수가 실제로 관심 결과를 예측하는 데 성공했는지 여부부터 판단했다. 결국 초기 분석에서 변수 A가 변수 C를 예측하지 않는 것으로 밝혀졌다면, 가설대로 변수 B가 변수 A와 C를 연결하는 메커니즘으로 작용하는지 여부는 평가할 필요조차 없지 않겠는가.

유전자형과 표현형을 연결하는 복잡한 사건 사슬을 언급할 때, 이 사슬이 몸속이나 마음속에서 일어나는 생물학적 과정으로만 구성되어 있다는 느낌을 전하면 오류가 발생한다. 유전자형을 표현형으로 바꾸는 복잡한 영향 사슬에서 환경 노출과 경험이 중요한 연결고리 역할을 할 수 있기 때문이다. 이와 관련해 2장에서 초기 기질의 발달적 유산에 대해 얘기하면서 소개한 "적소 추구"와 "유발적 영향"이라는 발달 과정을 기억하자. 적소 추구 아이디어의 핵심은 개인이 자신의 개발 주체, 즉 능동적 기능을 가진 유기체라는 사실을 인식하는 것이다. 그들은 발달 경험이나 환경 노출을 수동적으로 받아들이기만 하는 게 아니라, 자기도 모르는 사이에 설계자와 엔지니어 역할까지 한다.

지능과 이혼의 유전성은 그런 과정의 예를 보여준다. 적소 추구 사례에서, 특정 유전자를 가진 사람은 다른 유전적 구성을 가진 이들보다 읽거나 배우는 걸 더 흥미롭고 재미있고 매력적이라고 여기기 때문에 유전과 지능은 잘 어우러질 수 있다. 결과적으로 그들은 단순히 유전자에 어떤 능력이 새겨져 있는 게 아니라, 도서관에 가거나 학교에서 수업에 집중하도록 유도하는 유전자 때문에 지적 발달이 촉진되어 더 똑똑해지는 것이다. 이혼의 경우, 개인의 유전자가 다른 사람을 제대로 판단하지 못하는 데 기여해서 부적절하고 문제가 있는 상대를 선택하거나, 유전자가 논쟁적이거나 우울하거나 의사소통 능력이 떨어지는 성향에 영향을 미칠 수도 있다. 그리고 이런 사회적, 정서적 과정을 통해 유전자형과 표현형이 연결된다. 여기서 중요한 점은 유전자형과 표현형을 연결하는 매개 과정이 어떤 이유로 인해 발생하지 않으면(예를 들어, 학교 교육이 존재하지 않거나 이혼이 금지된 경우 등), 문제의 유전적 영향이 완전히 실현되지 못한다는 것이다. 이 경우 유전자는 운명이 될 수 없다. 따라서 유전적 영향을 다루는 이런 경우에도 발달은 결정론적이지 않고 확률론적이라는 걸 다시금 확인하게 된다.

고려해볼 만한 가치가 있는 다른 간접적 과정은 유발적 과정이다. 요새는 어디에 가느냐보다(책을 보러 도서관에 가거나 문제 있는 짝을 찾기 위해 술집에 가는 등) 다른 사람들이 개인의 행동에 어떻게 반응하고 이런 반응을 통해 개인의 발달과 기능이 어떻게 이루어지느냐가 더 중요하다. 지능이라는 주제로 돌아가서, 유전적 이유로 학습에 대한 욕구가 남들보다 큰 아이에 대해 생각할 수 있다. 이 아이는 이런 성향 때문에 방과 후에 음악, 미술, 언어, 컴퓨터 기술 등 과외 수업을 많이 받을 것이다. 그리고 이런 경험이 추가적인 인지 자극을 제공해 결과적으로 더 많은 지식을 얻게 된다.

이혼의 경우에도 이런 유발적 과정이 작동하는 모습을 쉽게 상상할 수 있다. 유전적 이유 때문에 성적 욕구가 강하고, 심지어 성적 다양성까지 추구해서 외도를 여러 번 하는 바람에 배우자가 이혼 절차를 밟기 시작한 사람들을 생각해보자. 다시 말하지만, 이혼은 유전적 구성의 직접적인 기능이 아니라 유전자형의 영향을 받은 심리적, 행동적 성향이 다른 사람의 반응을 야기해서 개인의 표현형에 기여하게 되는 것인데, 이 경우에는 이혼한 상태가 그의 표현형이 된다.

유전이 운명이 될 필요는 없다는 이 개념은 매우 중요한 문제이고 유전적 영향에 대한 보도는 자주 오해를 불러일으키는데, 유전적 이유 때문에 지적 호기심이 많은 두 사람의 경우를 살펴보자. 한 명은 그런 성향에 호의적으로 반응하는 부모를 뒀지만, 다른 한 명의 부모는 가난하고 스트레스를 많이 받고 교육 수준이 낮은 탓에 질문을 많이 하는 아이의 행동에 짜증을 내면서 가혹하게 반응한다. 이혼의 경우에는 남들 못지않게 외도를 하려는 의욕이 넘치지만, 다른 이들과 멀리 떨어진 외딴 농장에 살기 때문에 그런 야망을 실현할 기회가 없는 사람을 생각해보자.

적어도 유전자형이 표현형으로 발전하기 위해서는 특정한 상황적 조건이 필요하다는 걸 보여주는 이 사례들은 유전자가 환경적 맥락에서 작동한다는 걸 분명히 한다. 그러므로 표현형이 유전적 연관성이 있다는 증거 또한 유전적 구성만 중요하다는 걸 의미하지는 않는다. 인간의 발달과 행동 가운데 유전적 영향에서 자유로운 건 거의 없듯, 환경적 영향에서 완전히 벗어난 것도 거의 없다. 정확한 정도는 설명해야 하는 현상(표현형)에 따라 달라질 수 있지만, 양육과 천성이 모두 작용한다. 이런 천성-양육의 상호 작용이 14장과 15장의 주요 주제가 될 것이다.

홉연의 유전성에 대한 연구 결과의 서곡으로 발달학자들이 유전적 영향을 어떻게 연구하는지 살펴보기 전에, 유전적 영향을 고려할 때 맥락의 중요성과 관련해 반드시 알아야 하는 중요한 사항이 하나더 있다. 유전적 영향을 기록한 모든 증거는 달리 입증된 바가 없는이상 연구 대상이 된 모집단에 한정된다는 점이다. 그러므로 어떤장소와 시기에 지능이나 이혼이 유전과 관련 있다는 사실이 밝혀졌다고 해서, 다른 장소나 시기에도 반드시 그럴 거라는 뜻은 아니다(적어도 같은 정도로는). 누군가가 (이혼이 유전될 수 있다는 증거를 보고) "이혼은 우리 유전자에 새겨져 있다"고 과장되게 주장하더라도, 그게 인류 역사의 모든 시점에서 전 세계 모든 곳에 사는 모든 사람에게 사실인 건 아니다. 이혼을 허용하지 않는 사회에서 어떻게 유전적으로 이혼이 형성될 수 있겠는가? 알코올 섭취가 불법이고 알코올을구할 수도 없는 나라에서 어떻게 알코올 중독이 유전될 수 있다는걸 증명할 수 있겠는가? 풍요로운 미국 사회에서는 지능이 유전될가능성이 매우 높지만 경제적으로 빈곤한 사회에서는 유전성이 훨씬 낮다는, 결정적이지는 않지만 암시적인 증거가 있는데, 이는 아마 후자의 상황에는 지능을 꽃피울 수 있는 조건이 존재하지 않아서유전적 차이의 표현이 제한되기 때문일 것이다. 천성은 양육에 따라달라진다는 걸 절대 잊지 말자.

# 유전적 영향 연구

★

　　　　　인간의 발달과 기능 형성에 유전자가 하는 역할을 밝히는 과정에서, 과학자들은 좋은 일이든(예: 지능) 나쁜 일이든(예: 범죄) 상관없이 계속해서 발전하는 도구에 의존해 왔다. 실제로 신체 건강뿐만 아니라 심리적, 행동적 발달에 관한 연구에서도 "정량적 행동 유전학"과 "분자 유전학"이라는 두 가지 조사 경향을 식별할 수 있다. 이 가운데 두 번째 "경향"은 유전자를 실제로 측정한다. 이는 우리가 진행한 가장 흥미로운 발달 연구 중 하나였으며 본 장과 13~15장의 핵심 주제가 될 것이다. 반면, 정량적 행동 유전학은 개별 유전자를 측정할 수 있는 기술이 존재하기도 전에 등장했다. 이 조사 방법이 이후에 등장한 방법이 구축될 수 있는 토대를 제공했으니, 먼저 이것부터 살펴보겠다.

## 행동 유전학

　유전자를 측정하지 않고 어떻게 유전적 영향을 기록할 수 있을까? 실제로 이걸 할 수 있는 방법이 몇 가지 있다. 이걸 이해하려면 생물학과 유전학의 몇 가지 기본 사항을 기억해야 하는데, 가장 중요한 건 생물학적으로 가까운 친척일수록 공통된 유전자를 많이 공유한다는 것이다. 여기서 얘기하는 건 인간이 서로 다른 모습이 될 수 있는 유전자를 말하는 것인데, 놀랍게도 이 유전자들은 인간 전체 게놈의 5퍼센트에 불과하다! 제이 벨스키와 그의 형제 같은 일란성 쌍둥이는 인간이 서로 다른 모습으로 발달하게 하는 유전자를

100퍼센트 공유하는 반면, 부모와 자녀, 친형제자매(그리고 이란성 쌍둥이) 같은 1차 관계는 유전자의 50퍼센트를 공유한다. 손자와 조부모, 조카와 삼촌 같은 2차 관계는 이런 유전자의 25퍼센트를 공유한다. 3차 관계인 사촌은 인간이 서로 다른 모습으로 발달하는 유전자의 12.5퍼센트를 공유하고 있다. 부모와 입양된 아이는 이런 유전자를 공유하지 않으며, 입양된 아이와 양부모가 낳은 친자식의 경우에도 마찬가지다. 이런 기초적인 이해를 바탕으로 하는 행동 유전학은, 표현형이 유전된다면 공통된 유전자를 많이 가진 사람끼리는 서로 더 비슷해지고 유전적 연관성이 적은 사람들은 덜 비슷하다는 개념에 바탕을 두고 있다.

그러므로 표현형이 유전 가능하다면, 일란성 쌍둥이는 이란성 쌍둥이보다 표현형이 더 유사할 것이라고 예상할 수 있다. 또 친부모와 친자녀의 유사성이 양부모와 양자의 유사성보다 크고, 형제나 부모 같은 1차 관계는 삼촌이나 이모 같은 2차 관계보다 더 유사하며, 사촌 같은 3차 관계보다는 더 유사할 것이다. 유전적 영향을 조사하기 위한 이런 기본적인 접근 방식은 1800년대 후반에 찰스 다윈Charles Darwin의 사촌인 프랜시스 골턴Francis Galton 경이 발명했다.

이 장 첫머리에서 얘기한 것처럼, 유전적 관련성에 기초한 유사성 패턴은 우리가 생각할 수 있는 거의 모든 표현형 연구에 반복적으로 기록되어 있다. 다시 말해 어디서나 유전적 영향을 확인할 수 있다는 것인데, 이는 사람들 사이의 차이가 전적으로 유전에 의한 것이라는 얘기가 아니라(양육도 당연히 중요하다) 그만큼 유전적 영향이 널리 퍼져 있다는 뜻이다. 솔직히 21세기에는 이 문제와 관련해 논란의 여지가 없어야 한다. 인간의 발달과 건강과 복지를 연구하는 이들이 관심 있는 대부분의 현상에서 유전자가 유일한 영향원은 아니라는 주장 또한 마찬가지다.

## 분자 유전학

공유한 유전자 수준이 다른 사람들(일란성 쌍둥이 대 이란성 쌍둥이, 친형제 대 입양 형제, 1차 관계 대 2차 관계)을 비교하는 행동 유전학 연구에서 가장 좌절감을 안겨주는 문제 중 하나는, 유전성의 증거가 존재하고 고려해야 하는 유전자 변이가 수백만 가지인데도 불구하고, 어떤 특정 유전자가 잠재적으로 어떤 영향을 미치는지 알 수 없다는 것이다. 그래서 결국 일종의 "블랙박스"적인 이해로 귀결된다. 유전적 구성은 중요하고 그것 때문에 개인 간 기능 차이가 생기는데, 우리가 말할 수 있는 건 그게 전부라는 것이다.

20세기 말에 실제로 유전자를 측정할 수 있는 기술이 발전하면서 발달학자들이 얻을 수 있는 유전적 통찰에 급진적인 변화가 생겼다. 이 유전자형 분석 기술 덕분에 본 장과 13장에 보고된 것과 같은 유전자형-표현형 연구에서 특정 유전자와 특정 심리 및 행동 현상을 연결할 수 있게 되었다. 또한 유전자 측정비가 갈수록 저렴해지면서 분자 유전학 연구가 일련의 단계와 시기를 거쳐 왔다는 것도 알아야 한다. 그래서 유전자형-표현형 연구의 첫 번째 시기에는 표현형의 기본적인 생물학("생물학적 타당성")에 대한 이해를 바탕으로, 특정 표현형에 영향을 미치는 것으로 추정되는 단일 "후보" 유전자에 초점을 맞췄다.

그런데 실제 유전자를 측정하는 염기 서열 분석 비용이 저렴해지고 갈수록 많은 분석이 가능해지자, 유전자와 표현형을 연결하려는 노력이 다양한 유전자 변형에 초점을 맞추게 되었고, 그에 따라 많은 유전자에 기초한 "다유전자성 위험 점수"가 만들어졌다. 특정 표현형(본 장의 흡연과 13장의 교육적 성취와 인생 성공)을 예측하려면 이런 다유전자 점수를 구성할 때 정확히 어떤 유전자를 결합시켜야 하는지는 규모가 매우 큰 게놈전체연관연구GWAS를 통해 결정되었다. 이런 유전적 "발견" 연구에는 특정 표현형과 관련된 유전적 데이터와 정보를 가진 수천, 아니 수만에서 수십만에 이르는 개인이 참여했다. 생물학적 통찰에 의해 유도되지 않는 "이론 독립적인" 통계적 방식에서는, 표현형이 부족한 대조군과 비교했을 때 수천 혹은 수백만 개의 유전자 변형 가운데 조사 중인 표현형(예: ADHD) 사례에 통계적으로 더 빈번하게 나타나는 건 무엇인지를 물었다. GWAS가 분명하게 밝혀낸 건 유전적 영향이 복잡하다는 것이다. 우리가 관심 있는 거의 모든 표현형이 매우 많은 유전자의 영향을 받고, 이 많은 유전자 각각이 매우 작은 영향을 미친다. 결국 한 번에 하나의 유전자에 집중하는 건 별로 의미가 없다는 얘기다.

이 책의 구성, 특히 유전적 영향에 초점을 맞춘 본 장과 13~15장의 구성을 보면, 본 장과 13장은 GWAS 기반 연구에 초점을 맞추고 14장과 15장은 후보 유전자 기반의 연구에 초점을 맞추는데, 이 순서는 실제로 유전자 연구가 진행된 방식이나 우리가 직접 유전자 연구를 수행한 순서와는 반대된다. GWAS 관련 연구에 앞서 후보 유전자 연구를 진행한 우리와 다른 연구진은 "역사적인" 기준 틀을 이용해 연구 내용을 설명하면서 먼저 있었던 일부터 얘기하는 게 맞지 않았을까? 이 질문에 답하자면, 두 가지 연구가 서로 다른 실증적 질문을 고려했기 때문에 우리는 역사적 사실보다는 개념적 고찰의 인도를 받는 게 더 중요하다고 생각했다.

우리가 먼저 논의할(본 장과 13장에서) 후기 유전학 연구와 초기 유전학 연구(뒤에 살펴볼 반사회적 행동과 우울증에 관한 연구) 사이의 핵심적 차이는 조사의 초점과 관련이 있다. GWAS 연구는 유전자형-표현형의 연관성을 다루는 반면, 우리와 다른 연구진의 후보 유전자 연구는 유전자-환경의 상호 작용을 다룬다. 후자는 유전자 변형이 어떤 표현형의 변화를 예측하는지 묻는 게 아니라, 개인의 유전자 구성에 따라 실제로 환경적 영향(지금까지 이 책의 핵심 주제였던)이 달라지는지를 묻는다는 점에서 전자와 다르다. 이 문제는 좀 더 복잡하기 때문에 나중으로 미뤄뒀다.

우리의 주된 관심사인 흡연의 유전성으로 돌아가기 전에, 역사적 사실 두 가지만 더 살펴보자. 지금까지 다중 유전자에 기초한 다유전자성 위험 점수를 이용해서 유전자-환경 상호 작용을 조사하려면 GWAS와 관련된 유전자형-표현형 연구를 할 때보다 규모가 큰 표본이 필요하기 때문에 매우 어렵다는 게 입증되었다. 그럼에도 인간발달과 건강에 대한 유전학 연구가 후보 유전자 중심의 연구 수준을 넘어섰다는 걸 인정해야 한다. 이는 이미 강조한 바 있는 놀라운 발견, 즉 개별 유전자의 영향이 그 자체로는 얼마나 작은지 밝혀졌기 때문이다.

# 흡연 유전자형과 표현형 연결

★

　　　　다양한 유전자를 측정하고 다유전자성 위험 점수를 만드는 기술이 발전함에 따라, 더니든 연구는 매우 규모가 큰(우리 표본 크기가 부끄러워질 정도로 엄청난 크기의 표본을 보유한) 연구의 GWAS 결과를 바탕으로 질문을 던질 수 있게 되었다. 더니든 연구는 수만 혹은 수십만 개의 유전자 변형 가운데 어떤 것이 특정 표현형과의 연관성이 가장 높고 낮은지 입증해야 하는 GWAS "발견" 연구를 수행하기에는 규모가 너무 작았다(1천 명의 피험자가 있음에도). 하지만 유전과 인간-발달 표현형 사이의 관계를 조사하기 위해, 다른 연구진이 진행한 대규모 GWAS 연구에서 드러난 결과를 바탕으로 각 피험자에 대한 다유전자성 위험 점수를 만들기에는 이상적인 상황이었다. 우리는 이런 식으로 흡연의 유전성을 조사하기 시작했다. 피험자에 대한 유전자 정보를 이용할 수 있게 된 덕분에, GWAS "발견" 연구를 기반으로 각 피험자의 다유전자성 위험 점수를 계산해서 성인의 하루 흡연 횟수를 예측할 수 있는 특정 유전자를 알아냈다.

　　그런데 흡연의 유전성을 조사할 때, 처음에는 주로 돈 때문에 제한을 받았다는 사실을 밝힌다. 우리 본인의 다유전자성 위험 점수를 만들 때 기반으로 삼은 흡연 GWAS를 통해 흡연과 관련된 유전자 변이가 매우 많다는 걸 알아냈지만, 더니든 연구 초기에는 제한된 수의 유전자만 분석했고 그중 6개만 GWAS에서 흡연과 관련이 있었다. 이런 제약이 생긴 건 우리가 유전 연구를 처음 시작할 때는 유전자 분석 비용이 너무 비쌌기 때문이다. 그래서 흡연과 관련된 우리의 다유전자성 위험 점수는 GWAS에서 확인된 모든 유전자 변이가 아니라 6개의 유전자 변이에만 기초한 것이다. 13장에서 얘기하겠지만, 유전자 분석 가격이 상당히 낮아져서 피험자의 유전자를 더 많이 분석할 수 있게 된 덕분에 수백만 개의 유전자 변이에 기초한 다유전자성 위험 점수를 만들 수 있었다!

성인이 하루에 피우는 담배 양과 관련해 제한적인 "다유전자성 위험 점수"만 가지고 있긴 했지만, 우리는 여러 방법을 통해서 흡연의 유전성에 대한 발견 연구를 확대하려고 애썼다. 첫째, 발달학자인 우리는 흡연의 유전성 문제를 발달적 관점에서 다루고 싶었다. 그래서 흡연의 유전성 연구에서, 성인의 흡연량과 관련해 이전에 확인된 (우리의 다유전자성 점수를 구성하는) 유전자 표지 6개가 청소년 흡연을 공통적으로 예측하는지 여부를 확인하고자 했다.

이 문제는 두 가지 이유에서 매우 중요하다. 첫째, 대부분의 흡연자는 사춘기에, 대개 또래의 압력 때문에 흡연 습관이 생긴다. 둘째, 공중 보건의 관점에서 유전적 위험의 영향을 방해하기 위한 개입은 수년 혹은 수십 년 동안 니코틴에 중독된 뒤가 아니라 니코틴 의존성이 생기는 초반에 가장 효과적일 것이다. 또 하나 중요한 사실은, 성인기의 표현형과 관련된 유전자가 반드시 청소년기에도 동일한 표현형과 관련되는 게 아니라는 것이다. 즉, 중년기 성인의 흡연이나 다른 표현형과 관련된 유전자와 청소년기의 표현형과 관련된 (모든) 유전자가 반드시 동일한 게 아니다. 믿기 어렵겠지만 사실이다. 따라서 성인 GWAS에서 확인된 흡연 관련 유전자가 뉴질랜드 청소년의 흡연과도 관련이 있는지 여부는 아직 답이 나오지 않은 문제였다.

흡연의 유전성을 연구하는 과정에서 기존 연구를 확장시킨 두 번째 방법은, 흡연 습관 발달에 매우 중요한 다양한 흡연 표현형을 구별하고 조사하는 것이었다. 차차 설명하겠지만, 우리는 유전자 6개로 구성된 다유전자성 흡연 점수가 피험자들이 청소년기와 성인기에 매일 피우는 평균적인 담배 개수를 예측할 수 있는지 묻는 걸 넘어서, 흡연의 다른 지표도 고려하기로 했다. 우리가 지금 강조하는 표현형 중에 중증 흡연으로 급속히 진행되는 건 특히 성인기에 니코틴 의존 위험이 높아진다는 신호이기 때문에 매우 중요하다. 이 시점에서 알아야 할 것은(아마 인생의 다양한 시기에 대해 언급한 이전 단락 내용의 연장선이겠지만), 하나의 유전자 세트가 한 가지 흡연 표현형(예: 담배를 피우기 시작한 것)을 형성하는 데 어떤 역할을 했다고 해서 그게 반드시 흡연과 관련된 다른 표현형(예: 니코틴에 중독되는 것)의 일부 혹은 전부를 형성하지는 않는다는 것이다. 성인기 흡연과 관련된 유전자가 청소년기 흡연을 예측하는지 여부에 대한 실증적 의문과 마찬가지로, GWAS에서 도출한 다유전자성 위험 점수를 통해 성인이 하루에 피우는 담배 개수를 이용해 다른 흡연 표현형을 예측할 수 있다고 가정하는 건 불가능하다. 이는 청소년기는 물론이고 성인기에 측정한 표현형이라도 힘들다.

흡연의 유전성에 대한 연구를 확대하기 위한 세 번째 방법은 청소년기 흡연에 대한 표현형 척도가 이미 확립된 성인기 흡연의 유전적 영향을 설명할 수 있는지 평가하는 것이었다. 예를 들어, 흡연을 시작한 초반에 흡연량에 영향을 미친 유전자가 수십 년 뒤에 하루 한 갑 또는 두 갑씩 피우는 습관을 유지하는 데 영향을 미치는 유전자와는 다를 가능성을 생각해보자. 따라서 청소년기와 성인기의 흡연과 관련된 유전자가 완전히 동일하지 않을 가능성이 남아 있다.

그렇다면 이 근본적인 발달 문제를 탐구하는 건 기초과학의 관점에서만 중요한 게 아니다. 우리가 연구 중에 발견한 사실이 흡연을 예방하거나 억제하기 위한 개입에 영향을 미칠 수 있기 때문에 응용과학에도 중요하다. 청소년기의 흡연 표현형이 성인-GWAS에서 파생된 우리의 다유전자성 위험 점수와 관련이 있고, 성인기 흡연에 대한 동일한 다유전자성 점수의 영향을 설명하는 경우가 이에 해당된다. 이는 성인 흡연자의 GWAS에서 이미 확인된 유전자를 이용해, 흡연자가 될 위험성이 높은 사람을 그가 실제로 흡연자가 되기 전인 청소년기나 그보다 더 일찍부터 식별할 수 있음을 의미하기 때문이다. 실제로 흡연을 예방하거나 줄이는 걸 목표로 하는 프로그램에서는 이런 발견을 이용해 흡연자가 될 위험이 가장 높은 10대(높은 다유전자성 흡연 점수 때문에)를 찾아낼 수 있다. 물론 그러려면 청소년기에 흡연 유전자와 흡연 사이의 관계가 충분히 강해서 그런 표적화가 효과적이고 효율적이라는 걸 증명할 수 있어야 한다.

## 성인기에 흡연을 예측하는 유전자가 청소년기에도 흡연을 예측하는가?

★

우리는 오랫동안 더니든 연구 피험자들을 추적하면서 그들의 담배 흡연(및 다른 위험 감수) 행동에 관한 자세한 질문을 여러 번 반복해서 던졌기 때문에, 6개의 유전자로 구성된 다유전자성 위험 점수와 연관시킬 수 있는 다양한 흡연 관련 "결과"를 만들어낼 수 있었다. 실제로 피험자들이 32세와 38세가 되었을 때, 우리의 다유전자성 점수가 청소년기와 성인기의 흡연과 어떻게 연관되는지 평가할 수 있도록 흡연 표현형을 두 세트 만들어서 구분했다. 흡연의 유전성 연구의 첫 단계에서 우리가 초점을 맞췄던 흡연과 관련된 "결과"가 무엇인지는 연구 내용을 얘기하는 동안 차차 명백해질 것이다.

우리가 발견한 첫 번째 사실은 이 다유전자성 흡연 점수로는 피험자 가운데 흡연자와 비흡연자를 구분할 수 없다는 것인데, 이는 흡연자가 흡연을 시작한 나이도 마찬가지였다. GWAS 연구에 기초해서 우리가 조합한 6개의 유전자는 이 유전자(및 다른 유전자들)를 이용해 성인이 하루에 피우는 담배 개수는 예측할 수 있지만, 피험자 가운데 담배를 피우는 사람과 피우지 않는 사람, 젊을 때부터 피운 사람과 나이 들어서 피운 사람을 식별하지는 못한다는 걸 보여준다. 적어도 더니든 연구에서는 말이다. 이런 결과는 앞서 얘기한 것처럼 서로 다른 유전자가 흡연의 다양한 측면(예: 흡연자 대 비흡연자, 중독되는 속도, 흡연량 등)에 영향을 미칠 수 있다는 사실을 강조한다.

이런 부정적인 결과를 맞이한 우리는, 흡연 습관의 발달을 조명하기 위해 특정한 시점에 흡연을 시작한 사람들에게만 관심을 돌리게 되었다. 그렇게 하자, 흡연의 유전적 위험이 높은 피험자(즉, 다유전자성 위험 점수가 높은 사람)는 담배를 일단 피우기 시작하면 하루에 20개비 이상 피우는 수준으로 진행될 가능성이 높고, 똑같이 흡연을 시작했지만 다유전자성 점수가 낮은 동료들에 비해 빨리 이런 수준에 도달한다는 걸 알게 되었다. 즉, 우리 다유전자성 점수는 누가 흡연을 시도할지 시도하지 않을지는 예측하지 못하지만, 흡연 중독의 발달상은 예측할 수 있었다.

담배를 한 개비라도 피워본 사람 가운데 15세 때까지 "매일" 흡연자로 "전환"된 이들의 비율은 20퍼센트 정도고, 이런 "조기 전환"을 겪은 피험자들은 하루에 담배를 한 개비씩이라도 피우기까지 걸린 시간이 긴 사람들에 비해 다유전자성 점수가 높았다. 흡연자의 10퍼센트는 18세 때까지 하루에 담배를 20개비씩 피우게 되었는데, 이는 과도한 흡연이 빠르게 진행되었다는 뜻이다. 또한 이들은 이렇게 높은 흡연 수준에 도달하기까지 오래 걸린 사람들보다 다유전자성 지수에서 더 높은 점수를 받았다. 요약하자면, 다유전자성 점수가 높을수록 처음 담배를 피운 뒤 흡연 습관이 천천히 드는 게 아니라 일찍부터 빠르게 몸에 밴다.

성인기에 담배를 피우는 건 어떨까? 한 가지 성인 표현형(하루에 피우는 담배 개수)을 기반으로 GWAS에서 도출한 다유전자성 점수가 더니든 연구에서 다른 성인 흡연 표현형을 예측할 수 있을까? 확인 결과, 예측 가능한 것으로 드러났다. 다유전자성 점수가 높을수록 38세까지 누적된 "담배 소비량"이 더 많을 것으로 예측되었다(담배 소비량은 하루에 피우는 담배 개수를 20[한 갑의 개수]으로 나눈 다음, 38세까지 이 비율로 담배를 피운 햇수를 곱한 값이다). 유전적 위험이 큰 피험자들은 흡연을 시작한 때로부터 흡연 "중독"에 대한 표준적인 기준(아침에 일어나자마자 담배를 피워야 하고, 감기나 독감에 걸렸을 때도 담배를 피워야 하며, 매일 많은 양의 담배를 피우는 등의 증상을 기준으로 한다)을 충족하기까지 몇 년이 걸렸는지를 통해 정의하는 니코틴 의존 가능성도 더 높았다(표 12-1). 또한 다유전자성 점수가 높은 이들은 만성적인 니코틴 의존성을 드러냈고, 인생에서 더 오랜 기간 동안 의존성 기준을 충족했다. 다유전자성 점수가 높은 사람은 스트레스에 대처하는 수단으로 흡연에

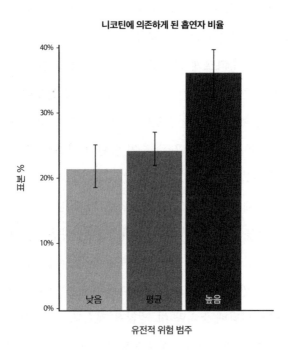

니코틴에 의존하게 된 흡연자 비율

| 표 12-1 | 흡연 경험이 있는 피험자 가운데 유전적 위험도가 낮음, 평균, 높음 수준일 때 니코틴에 의존하게 되는 비율.

D. W. Belsky, T. E. Moffitt, T. B. Baker, A. K. Biddle, J. P. Evans, H. Harrington, R. Houts, M. Meier, K. Sugden, B. Williams, R. Poulton, A. Caspi(2013)의 연구 결과 재구성. '다유전자성 위험과 지속적인 중증 흡연 및 니코틴 의존으로의 발달 진행', 〈미국의사협회 정신의학회지〉, 70, 534-542, 그림 4B. 허가하에 게재. © 2013 American Medical Association. All rights reserved.

나는 어떻게 지금의 내가 되었는가

의존할 가능성이 가장 높았고, 18~32세에 금연 노력에 실패할 가능성이 가장 높았으며, 30대에 금연할 가능성은 가장 낮았다(표 12-2).

분명히 우리는 청소년기와 성인기에 흡연의 일부 측면(특히 흡연을 시작한 뒤의 발달상)이 유전자의 영향을 받는다는 증거를 갖고 있다(더니든 표본의 경우).

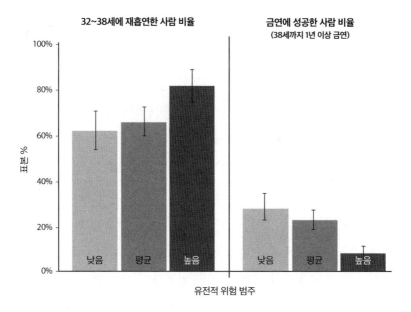

| 표 12-2 | 유전적 위험도가 낮음, 평균, 높음 수준일 때 32~38세에 금연했다가 다시 담배를 피우게 된("재흡연") 피험자 비율(왼쪽 패널)과 38세까지 최소 1년 이상 금연에 성공한("중단") 피험자 비율(오른쪽).

D. W. Belsky, T. E. Moffitt, T. B. Baker, A. K. Biddle, J. P. Evans, H. Harrington, R. Houts, M. Meier, K. Sugden, B. Williams, R. Poulton, A. Caspi(2013)의 연구 결과 재구성. '다유전자성 위험과 지속적인 중증 흡연 및 니코틴 의존으로의 발달 진행', 〈미국의사협회 정신의학회지〉, 70, 534-542, 그림 4C. 허가하에 게재.

# 청소년 흡연이 성인 흡연의
# 유전적 위험을 설명하는가?

★

우리의 다유전자성 흡연 점수와 청소년기와 성인기의 여러 흡연 표현형 사이의 연관성을 고려해, 흡연 유전성 연구의 다음 단계에서는 발달과 관련된 핵심적인 질문으로 돌아갔다. 바로 GWAS 연구에서 성인 흡연과 관련된 유전적 위험이 청소년 흡연을 설명하는가 하는 질문이다. 이는 우리 연구의 기반으로 삼은 성인 흡연에 관한 GWAS 연구에서 다루지 않은 중요한 문제라는 걸 기억하자. 우리는 이 문제를 다루면서 흡연과 관련된 유전적 위험이 높은 청소년들을 흡연 예방 프로그램에 참여시키는 게 타당한지에 대한 통찰을 얻기를 바랐다.

당면한 발달 문제를 해결하기 위해, 38세까지 피운 흡연량, 니코틴 의존 증상, 피험자와 인터뷰를 할 때 그들이 금연 노력에 실패했다고 보고한 햇수 등을 기준으로 흡연 문제를 반영하는 새로운 성인 흡연 척도를 만들었다. 이번에도 우리가 측정하고자 하는 흡연 문제와 관련된 지표를 "함께 묶었다." 예상대로 다유전자성 점수가 높은 사람은 성인기에 흡연 문제를 더 많이 겪었다. 가장 중요한 건, 다유전자성 위험 점수와 성인 흡연을 연결하는 이런 연관성이 두 가지 청소년 흡연 표현형으로 거의 다 설명될 수 있다는 것이다. 즉, 하루에 적어도 담배를 한 개비 이상 피우는 상태로 빨리 전환해 "매일" 흡연자가 되고, 어느새 담배를 하루 20개비 이상 피우는 습관이 빠르게 자리를 잡아 중독성 흡연자가 된다. 이런 결과는 성인에 대한

GWAS 발견 연구에서 확인된 성인 흡연의 유전적 기초가 GWAS 연구가 지적한 것보다 훨씬 일찍부터 작동한다는 걸 보여준다. 흡연 GWAS가 성인 흡연의 유전성에 초점을 맞추고 있긴 하지만, 이 연구는 청소년 흡연 발달과 관련해서도 유용한 정보를 제공해줬다.

## 결론

★

　　기존의 GWAS 발견 연구를 기반으로 만든 다유전자성 흡연 위험 점수가 흡연자가 된 사람과 그렇지 않은 사람을 구분하지 못한 건, 흡연의 유전성을 조사하는 발달 연구를 시작할 때 예상했던 것과 거의 비슷한 결과다. 이는 기존의 GWAS 발견 연구에서 식별된 유전자(우리가 다유전자성 위험 점수의 기준으로 삼았던 것)가 흡연의 시작점이 아니라 성인의 하루 흡연량을 예측했기 때문이다. 그러니까 우리 다유전자성 위험 점수에 포착된 유전적 위험은 젊은 사람이 담배를 피우기 시작하는 성향이 아니라 니코틴에 대한 신체 반응을 반영하는 듯하다. 이 후자의 표현형과 관련된 유전자가 존재한다면, 그게 어떤 건지 알아내야 한다. 청소년은 친구들의 흡연 권유에 반응해 흡연을 시도하는 경우가 많다는 걸 생각하면, 어쩌면 또래의 압력에 대한 취약성과 관련이 있을지도 모른다.

　　우리 다유전자성 점수가 니코틴 중독에 대한 민감성을 드러낸다는 견해는 흡연 행동의 발달 진행이 이 점수와 관련이 있음을 입증하는 결과와 일치한다. 담배를 피우기 시작한 사람들 중에 유전적 위험이 더 높은 사람은 중증 흡연과 니코틴 의존이 빠르게 진행되었고, 계속해서 중증 흡연자와 니코틴 중독자가 될 가능성이 높았으며, 다유전자성 점수가 낮은 흡연자에 비해 담배를 끊는 데 더 많은 어려움을 겪었다. 우리가 아직 언급하지 않은 놀라운 발견 하나는, (매일이 아니라) 가끔씩 담배를 피우지만 생리학적으로 니코틴에 중독되지 않은 애브샬롬 카스피 같은 "사회적 흡연자"가 모든 피험자 가운데 다유전자성 흡연 점수가 가장 낮다는 것이다. 심지어 담배를 한 번도 피워본 적이 없는 이들보다도 낮았다. 이런 결과는 우리의 다유전자성 점수가 담배를 피워보라는 사회적 압력에 대한 민감성보다는 니코틴에 의존하게 될 가능성이 높은 사람을 식별한다는 걸 다시 한 번 강조한다. 그렇다면 요즘 누가 애브샬롬 카스피에게 담배를 피우라고 압박하는 걸까?

흡연과 관련된 우리의 유전자형-표현형 연구 결과는 다른 연구팀이 보고한 내용과 일치하는데, 우리 연구는 흡연을 시작한 때로부터 매일 흡연으로의 전환, 중증 흡연으로의 진행, 니코틴 의존성, 중년기의 금연 노력 등 흡연 행동 발달과 특정 유전적 위험의 관계를 추적한 첫 번째 연구였다. 물론 더니든 연구의 장기적 특성과 흡연 행동을 여러 번 반복해서 측정한 덕분에 가능했던 것이고, 기존 연구는 그게 불가능했기 때문이다. 이런 독특한 상황 덕분에, 성인 흡연 문제에 미치는 유전적 영향이 흡연을 처음 시작해 중증 흡연으로 진행되는 청소년기의 경로를 통해 매개 또는 파생된다는 것도 알게 되었다. 즉, 앞서 말한 것처럼 성인 흡연의 유전성은 10대 때 이미 작동하고 있는 것이다. 따라서 유전적 구성과 관련된 이유로 중년기에 담배를 많이 피우는 사람은 20년 혹은 그 이전에 흡연 습관이 급속히 발달한 결과로 그렇게 된 것이다.

이런 실증적 관찰 결과는 담배를 시험적으로 피워본 일부 청소년의 경우 금세 만성적 흡연자가 되어 니코틴에 의존하게 된다는 소아과 의사의 견해와 일치한다. 이런 개인을 조기에(실험적 흡연과 그 뒤의 의존성이 발생하기 전에) 식별하는 건 오늘날 적절하고 실현 가능한 공공 보건 목표로 보인다. 사실 우리 연구는 두 가지 다른 방법도 시도해볼 만한 가치가 있음을 시사한다. 첫째, 10대들의 유전자형을 파악해서 그들이 실험적 흡연을 시작하기 전에 담배에 중독될 개인적 위험성을 알려주면, 담배를 끊는 게 가장 힘든 이들이 애초에 담배에 중독되지 않도록 할 수 있다(그러면 돈도 엄청나게 절약된다). 흡연이 더 이상 "멋지지 않다"는 사실과 중독된 흡연자들이 평생 담배에 쓰는 돈이 얼마나 되는지(수천 달러에 이른다) 보여주는 메시지를 함께 전달하면 더 도움이 된다. 둘째, 청소년의 유전적 구성에 대한 동일한 정보를 초기에 소규모로 사용해서 고위험군 청소년을 식별한 뒤 그들을 대상으로 집중적인 흡연 예방 치료를 진행할 수 있다. 초기 시도가 효과적이라면 그런 노력을 확장할 근거가 될 것이다.

그러나 독자들은 이런 선별과 표적화가 효과적이지 않을 수 있다는 것도 알아야 하는데, 흡연 표현형을 예측하는 다유전자성 점수의 역량이 주목할 만한 수준이긴 하지만 제한적이기 때문이다. 이는 성인기 흡연량과 관련해 GWAS가 식별한 다른 유전자를 기반으로 만든 다유전자성 점수의 경우에도 마찬가지였다. 광범위한 노력을 기울이기보다 소규모 실험을 위한 아이디어만 발전시키는 게 편한 것도 이 때문이다. 그렇긴 해도 다유전자성 위험 점수를 다른 알려진 위험(부모나 형제자매, 친구가 담배를 피우는 것, 담배를 피우는 나이 든 아이들처럼 되고 싶어 하는 것, 흡연에 대한 또래의 압력을 많이 겪는 것 등)과 결합시켜서 사용하는 방법도 있다. 다유전자성 점수에 유전적 요인과 환경적 요인에 기초한 환경 위험 점수를 더하면, 유전 정보만 이용했을 때보다 위험에 처한 청소년을 식별하는 데 더 강력한 힘을 발휘할 게 분명하다.

경험상 일부 사람들은 아무리 실험을 위해서라도 개인을 선별하기 위해 유전 정보를 사용하거나 흡연의 다유전자성 지수에서 높은 점수를 받은 이들을 차별적으로 대우하면서 흡연 예방 프로그램에 우선적으로 참여시키는 데에 반대할 것이다. 대부분 이해할 수 있는 반응이지만, 우리는 수십 년 전에 있었던 우생학 운동의 추악한 역사에 근거를 둔 유전자 오용에 대한 두려움이 과장되어 있다고 생각한다. 이런 반대에 부딪쳤을 때 반드시 던져야 하는 질문은, 왜 유방암 유전자 검사를 받는 건 괜찮고 흡연 같은 행동(유방암 유전자인 BRCA와 비슷한 암 발생 위험이 있는)과 관련된 유전자 검사는 안 되냐는 것이다. 심각한 질병에 대한 유전자의 예측력이 더 크기 때문이라는 게 가장 합리적이고 설득력 있는 주장인데, 나중에 행동에 대한 유전자의 예측 능력이 커진다면, 그때 가서 더 확실한 증거를 바탕으로 대상을 정하는 게 좋을 것이다.

그러나 아무리 더 뛰어나고 확실한 증거가 생겨도 그것만으로는 충분하지 않다고 하는 사람도 여전히 많을 것이다. 육체는 유전자의 영향을 받지만 정신이나 행동은 그렇지 않다고 생각하면서 몸과 마음, 행동을 구별하는 이들이 너무나 많다. 우리는 그런 잘못된 구분을 뛰어넘어야 한다고 강력히 주장한다. 장과 뇌를 연결하는 미주신경을 통해 장 박테리아가 심리적 기능에 영향을 미친다는 증거도 나왔다. 그러니 몸과 마음, 즉 몸과 행동이 근본적으로 다르다고 여기는 건 인간, 유전학, 인간발달과 관련해 심각하게 시대에 뒤떨어진 사고방식으로 보인다. 마음과 몸을 이원화하는 태도는 이미 옛날에 버렸어야 한다. 우리는 완전히 다른 규칙을 따르는 분리된 부분으로 이루어진 개인이 아니라 체계적으로 통합된 유기체를 다루고 있다.

# 인생 성공의 유전성?

12장에서는 수천 명, 심지어 수만 혹은 수십만 명의 개인에게서 얻은 전체 게놈 스캔을 이용해 측정한 수천, 수백만 개의 유전자 변이가 우리가 관심 있는 표현형과 관련이 있는지 또 어떻게 관련되어 있는지 조사하는 GWAS(게놈전체연관연구)를 소개했다. 이와 관련해, 더니든 연구(12장)에서 흡연의 유전성을 연구할 때도 수만 명의 성인이 참여한 기존 연구에서 찾은 유전자에 의존했다는 걸 기억하자. 하나의 연구에 GWAS를 수행할 수 있을 만큼 많은 참가자가 포함되는 경우는 별로 없기 때문에, 대부분의 "발견" 연구에서는 피험자의 DNA를 수집하는 동시에 흡연 같은 관심 분야의 표현형 데이터를 따로 수집한 여러 조사팀이 협력한다. 따라서 GWAS를 수행할 때는 여러 조사팀이 수집한 데이터를 관례대로 합쳐서 전체 게놈 분석을 진행할 수 있을 만큼 규모가 큰 표본을 만든다. 관련 연구 결과를 발표하는 보고서의 저자가 매우 많은 것도 이 때문이다.

인생 성공과 유전의 관계를 조사한 발달 연구를 중심으로 진행되는 본 장의 목적을 위해서는 GWAS의 중요한 특징 두 가지를 강조해야 한다. 첫 번째 특징은 수천 또는 수백만 개의 유전자 변이와 특정 표현형의 연관성을 통계적으로 평가하는 전체 게놈 연구를 수행할 수 있는 크기의 표본을 만들기 위해 결합시킨 여러 연구의 성격과 복잡성이 서로 다르다는 것이다. 따라서 공통된 DNA 측정값과 흡연 같은 특정 표현형을 기준으로 결합시킬 수는 있지만, 이들 연구는 다른 표현형이나 측정되지 않은 환경 노출 부분이 크게 다르다. GWAS에 기여한 하나의 데이터 세트가 신체 건강에 대한 정보는 많지만 정신 건강 정보는 부족할 수 있고, 다른 데이터 세트는 그와 반대일 수 있다. 그러므로 특정 표현형의 GWAS를 수행할 때 사용한 연구 세트를 결합시켜서 다른 표현형에 대한 GWAS를 수행하는 건 불가능하기 때문에, 한 가지 결과와 관련된 유전자가 다른 결과와도 관련이 있는지는 판단할 수 없다. 앞으로 보게 되겠지만, 성공의 유전성을 연구할 때 동일한 유전자 세트와 연결시킬 수 있는 다양한 표현형을 이용해 이런 문제를 해결한 것이 더니든 연구의 주요 강점이 되었다. 하지만 그건 좀 더 나중에 살펴볼 문제다.

GWAS와 관련해 알아둬야 하는 두 번째 중요한 사항은, 유전자형-표현형의 연관성을 조사하는(즉, 어떤 유전자 변이가 특정 표현형과 연관되어 있는지 알아보기 위한) 모든 연구는 기본적으로 상관관계가 있다는 것이다. 그리고 인간발달을 연구하는 모든 이는 교육 초반부터 "상관관계는 인과관계가 아니다"라는 말을 주문처럼 왼다. 우리가 이 책에서 다양한 주제를 다루면서 찾아낸 연관성에 계속 이의를 제기한 것도, 연구 결과에 대한 대안적인 설명을 배제하기 위해서다. 일례로 니코틴에 빨리 중독되는 사람과 그렇지 않은 사람을 구분하는 유전자를 찾아내기 위한 유전자형-표현형 연구에서 하나 또는 몇 개의 후보 유전자에 초점을 맞추든, GWAS처럼 수천 혹은 수백만 개의 유전자 변이에 초점을 맞추든, 실제로 인과적 영향을 미치는 유전자를 찾아냈다고 간주할 수는 없다. 식별된 유전자 중 일부가 문제의 표현형과 상관관계를 보이는 이유는, 그 유전자가 실제로 인과적 영향을 미치는 다른 유전자와 통계적 또는 물리적으로 밀접한 관련(즉, 게놈과 아주 가까운 위치에 존재)이 있어서일지도 모른다.

결국 게놈의 작용과 특히 특정 유전자가 특정 표현형에 인과적으로 영향을 미치는지 여부나 그 방법을 이해하려면 GWAS 이외의 다른 도구가 필요하다. 많은 부분에서 이는 단지 시작일 뿐이며, 잠재적으로 과학자들에게 유전자형과 표현형을 연결하는 데 관여하는 생물학적 메커니즘에 대한 통찰력을 제공한다. 예를 들어, 전체 게놈 연구에서 발견된 유전자 일부가 염증 진행 과정에서 어떤 역할을 한다거나 신진대사와 관련이 있다는 사실이 다른 연구를 통해 밝혀지면, 조사자들은 유전자형이 표현형으로 발전하는 생물학적 과정을 자세히 조사할 때 "현미경의 성능을 강화하려면" 어디를 봐야 하는지에 대한 통찰을 얻게 된다.

밝혀진 바와 같이, (12장에서 논의한) 일부 GWAS가 식별한 "니코틴 중독 유전자"는 누가 빠른 시일 내에 일상적인 흡연자가 되어 하루 한 갑씩 담배를 피우거나 담배를 끊기 힘든 상태가 되는지 알아내는 데 인과적 역할을 하지 않을 수도 있다. 또 GWAS 발견에 기초해서 해당 유전자를 그런 쪽으로 언급할 경우(그것이 인과적 역할을 한다고 하더라도), 사실을 명확히 밝히는 동시에 오해의 소지가 생길 수도 있다. 우리가 이런 말을 하는 이유는 현재 유전자형-표현형의 연관성과 관련된 두 가지 사실을 잘 알고 있어서다. 첫째, 전체 게놈 연구는 조사한 거의 모든 표현형과 관련한 유전자를 대량으로 식별하기 때문에, 만약 그것이 실제로 표현형에 인과적 영향을 미친다면(그냥 상관관계만 있는 게 아니라) 많은 유전자가 문제의 표현형에 아주 작은 영향만 미친다고 믿을 이유가 더 많아진다. 표현형이 단일 유전자 또는 극소수의 유전자하고만 연관되어 있는 경우는 극히 드물며, 특히 이 책의 핵심인 표현형(발달 결과)의 경우에는 더욱 그렇다. 그러므로 헌팅턴병처럼 단일 유전자의 돌연변이로 인해 발생하는 매우 희귀한 질병은 인간발달을 연구하는 이들에게 가장 관심 있는 표현형에 유전자가 미치는 영향을 보여주기에 좋은 모델은 아니다.

유전자형과 표현형의 관계에 있어서 두 번째로 중요한 점은 많은 유전자, 심지어 대부분의 유전자가 여러 다양한 표현형과 체계적으로 연관되어 있다는 것이다. 다면발현은 이런 생물학적 현실을 가리키는 과학 용어다. 이 말의 의미는 흡연 GWAS에서 확인된 것으로 추정되는 "흡연 유전자"가 완전히 다른 표현형에 초점을 맞춘 다른 전체 게놈 연구에서도 나타날 수 있다는 것이다. 예를 들어, 니코틴 중독과 관련된 유전자가 다른 물질에 중독된 상태와도 관련이 있을 거라는 생각은 쉽사리 떠올릴 수 있다. 하지만 비록 이게 사실로 증명되더라도, 그런 명백한 "중독 유전자"가 중독과 무관한 표현형과도 관련이 있을 가능성을 배제해서는 안 된다는 걸 알아야 한다.

다면발현 현상은 왜 인간의 게놈이 그 존재가 처음 밝혀졌을 때 많은 이가 생각했던 것보다 훨씬 적은지(총 유전자 수) 설명할 수 있다. 결국 특정 유전자가 많은 표현형에 영향을 미친다면, 호모 사피엔스를 조립하고 발전시킬 때도 모든 유전자가 하나의 표현형에만 영향을 줄 때처럼 많은 유전자가 필요 없을 것이다. 비유하자면, 건축업자가 현관 데크를 만들기 위해 망치가 한 자루 필요하고, 지붕에 판자를 까는 데도 한 자루, 주방 카운터를 설치하는 데도 또 한 자루가 필요하다면, 그의 도구 상자에는 망치 한 자루로 이 세 가지 일을 다 할 수 있을 때보다(그리고 불난 집에서 개를 구하기 위해 창문을 깨는 등의 일까지 할 때보다) 더 많은 도구가 있어야 할 것이다.

개별 유전자의 작은 영향과 그것이 여러 표현형에 미치는 잠재적인 영향을 고려하다 보면, 이 장에서 중점적으로 살펴볼 발달 연구의 핵심인 인생 성공의 유전성과 관련된 문제가 제기되는데, 여기에 도달하기까지 시간이 좀 걸리긴 했다. 그런데 하나의 표현형과 관련이 있어서 그렇게 꼬리표가 붙은 유전자("흡연 유전자"처럼)가 실은 다른 여러 표현형과도 연관이 있으니 이런 식("흡연 유전자")으로 이름을 붙이는 게 유익한 동시에 오해를 불러일으킬 수도 있지 않을까? 예를 들어, GWAS를 통해 이혼한 사람 수천 명과 이혼하지 않은 사람 수천 명의 전체 게놈을 비교해서 이혼과 관련된 873개의 유전자 변이를 확인했다고 가정해보자. 이제 이렇게 특징적인 유전자를 "이혼 유전자"라고 부르고 싶다는 생각이 들 텐데, 이는 충분히 이해할 만하다. 그런데 이 873개의 유전자 변이 중 상당수가 따지는 걸 좋아하는 사람과 싫어하는 사람, 실직한 사람과 실직하지 않은 사람, 항상 지는 팀에만 내기를 거는 사람과 이기는 팀에만 내기를 거는 사람을 구별한다면 어떨까? 이런 결과는 어떤 사람이 다른 사람보다 이혼할 가능성이 높은 이유(따지는 걸 좋아하고, 직장에 계속 다니지 못하며, 문제 있는 짝을 골랐기 때문에)를 설명하는 데 도움이 되는 것 외에, 문제의 유전자 세트를 "이혼 유전자"라고 부르는 게 적절한가 하는 의문도 제기한다. 다시 말해, 다면발현을 고려하면 특정 유전자가 특정 표현형과 연관되어 있다 하더라도, 이 모든 유전자가 하나의 표현형하고만 배타적으로 연관되어 있다고 생각하는 건 논리적이지 않다는 것이다.


## 교육적 성취 유전자?

★

이런 생각을 하다 보니 교육적 성취에 대한 GWAS 연구에서(하나 이상의 발견 연구에서) 교육을 많이 받은 사람과 적게 받은 사람을 구별하는 것으로 확인된 유전자에 대해 궁금증이 생겼다. 구체적으로 말하자면 "교육적 성취" 유전자에 대한 연구가 그 유전자와 연관되거나 영향을 미치거나 반영하는 것들을 제대로 특징짓지 못한 건 아닐까 궁금해진 것이다. 특히 정규 교육을 마친 뒤에는 그 사람이 이수한 교육 기간뿐만 아니라 인생 성공의 다른 여러 측면과도 관련이 있지 않을까? 그렇다면 그걸 "교육 유전자"라고 부르는 건 현대 유전학의 핵심 원리인 다면발현을 반영하지 못하고 오해의 소지가 있다는 뜻이다. "교육적 성취" 유전자로 추정되는 것이 교육 기간을 고려한 뒤에도 인생 성공의 다른 측면을 예측한다면 더 그럴 것이다. 하지만 안타깝게도 교육적 성취에 대한 GWAS 연구는 이 문제를 다루기에 적합하지 않았다. 교육적 성취에 대한 GWAS 연구를 위해서 결합시킨 연구와 거기 참여한 수천 명 모두에 대해 인생 성공의 지표로 간주할 수 있는 동일한 비교육적 표현형을 측정한 게 아니기 때문이다. 그 연구 피험자들이 대답한 질문은 그냥 "당신의 최종 학력은 무엇인가?" 정도였다. 교육 성취도의 변화와 관련된 유전자를 찾으려는 GWAS에는 현재 100만 명 이상의 참가자가 포함되어 있는데, 이는 DNA를 수집한 연구를 비롯해 사실상 거의 모든 연구에 참여한 이들이 "최종 학력"에 체크만 하면 됐기 때문에 가능한 일이다.

여기서 더니든 연구가 등장해, 교육 성취도 유전자로 추정되는 것이 교육 기간을 통제한 뒤에도 교육 기간보다 훨씬 많은 걸 예측하는지 판단할 수 있는 기회를 제공한다. 12장에서 얘기한 초기의 흡연 유전성 연구를 수행할 때보다 이용 가능한 피험자의 유전 정보가 훨씬 많아졌기 때문에, 모든 더니든 연구 피험자에 대해 "교육 성취도" 추정을 위한 다유전자성 점수를 만들고 이 다중 유전자 지수가 단순히 교육적 성취만 예측하는 게 아니라 인생 성공의 다른 여러 측면도 예측하는지 판단할 수 있었다. 이를 위해 2백만 개 이상의 유전자 변이로 구성된 다유전자성 점수를 만들었고, 각 변이마다 여러 대규모 GWAS 발견 연구에서 교육 성취도를 예측한 정도를 반영하기 위해 특별히 가중치를 부여했다.

교육적 성취에 대한 유전적 발견이 학교 교육을 넘어 성공과 관련된 결과를 예측하는지 판단하는 것에 더하여, 우리는 성공의 유전성에 초점을 맞춘 이 연구에서 발전 문제를 다루기 위해 두 가지 후속 질문도 던졌다. 첫째, 최종적인 학업 성취나 궁극적인 삶의 성공보다 앞서 진행된 어린이, 청소년, 청년의 기능 방식이 다유전자성 "교육 성취도" 점수와 관련이 있는가? 그러니까 10대 시절 마지막과 그 이후의 학업 성취도를 예측하는 다유전자성 점수가 그보다 훨씬 일찍 드러난 기능까지 예측할 수 있는가? 이는 12장에서 다뤘던 것과 거의 똑같은 발달 문제인데, 12장에서는 성인기의 흡연을 예측하는 유전자가 청소년기 흡연도 예측할 수 있는지 물었다. 둘째, 성인기의 성공과 관련된 유전자가 훨씬 일찍 드러나는 표현형을 예측한다면, 그런 어린 시절의 특성이 유전자형이 표현형으로 발전하는 과정을 설명하는 데 도움이 될까? 즉, 그것이 유전자와 성인기의 성취 및 성공을 연결하는 인생 성공 경로의 일부인가? 12장에서 다유전자성 흡연 점수가 청소년 흡연에 대한 유전적 영향을 통해 성인 흡연 표현형과 연관된다는 걸 알게 되었을 때도 이 문제를 다루었다.

방금 제기된 두 가지 문제는 발달이 진행되는 "방식"을 알고 싶어 하는 기초과학의 관점뿐만 아니라 응용과학의 관점에서도 중요하다. 유전자가 예측 마법을 발휘하는 것처럼 보이는 발달–행동 경로가 확인되면 그 경로가 개입 대상이 될 수 있는데, 특히 유전자 구성이 인생의 여러 부분에서 성공하는 데 도움이 되지 않는 것처럼 보이는 아이들에게는 그런 개입이 필요할 것이다. 이는 수많은 유전학적 암 연구를 뒷받침하는 논리이기도 하다. 먼저 암과 관련된 유전자를 찾은 다음, 유전자형과 암 표현형을 연결하는 (생물학적인) 경로를 밝혀내고, 이 경로를 약물로 공략해서 유전적으로 암에 걸리기 쉬운 이를 예방하거나 치료한다. 유전적으로 암에 걸릴 위험이 높은 사람들의 경우 웰빙을 향상시키는 검증된 모델을 발달과 행동에 적용할 수 있는 것이다. 이 경우 개입 대상은 생리적이거나 생화학적인 부분이 아니라 심리적이고 행동적인 부분일 수 있다. 물론 이 분석은 앞 장에서 마지막으로 얘기한 개념으로 되돌아간다. 마음과 몸을 이원화하는 사고를 뛰어넘어 마음과 행동이 완전히 다른 규칙을 따르지는 않는다는 걸 이해해야 한다.

## 교육적 성공을 넘어

★

　　　우리 발달 연구자(그리고 지금은 유전학 연구자)들이 더니든 연구 피험자 각각에 대한 다유전자성 "교육 성취도" 점수를 손에 넣은 뒤, 인생 성공의 유전성 연구를 위해 해야 할 다음 작업은 학교 교육과 그 이후의 성공에 대한 척도를 만드는 것이었다. 학업에서의 성공은 피험자가 38세 생일까지 획득한 최고 학위로 측정했다. 이는 중요한 척도였는데, GWAS 연구원들이 교육적 성취 유전자를 반영하기 위해 고려한 우리의 다유전자성 점수가 더니든 연구에서 교육 수준을 예측하지 못한다면 연구를 계속할 근거가 없어 종료해야 했기 때문이다.

다행히 이는 문제가 되지 않았다. 원래의 GWAS 발견 연구의 경우처럼, 다유전자성 점수가 높은 피험자는 38세까지 정규 교육을 더 오래 받은 반면 점수가 낮은 피험자는 교육 기간이 짧았다(표 13-1). 사실 이 두 변수 사이에서 발견된 연관성은 보통 수준이었고, 원래의 GWAS 발견 연구와 거의 같은 정도였다. 연관성이 보통 수준이므로 다유전자성 지수가 교육적 성취의 압도적 결정 요인(혹은 예측 변수)이라고 추론해서는 절대 안 된다. 분명히 유전적 구성 이외의 요인도 중요하다. 우리의 다유전자성 점수와 교육적 성취를 구성하는 수백만 개의 유전자들 사이의 관계는 결정적이지 않고 확률적이다.

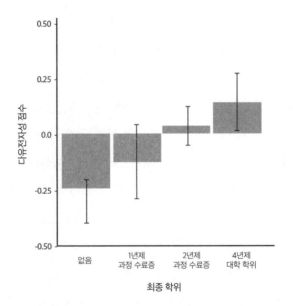

| **표 13-1** | 다유전자성 점수와 교육적 성취도 사이의 연관성. 성취도가 높을수록 다유전자성 점수가 높다는 걸 보여준다.

D. W. Belsky, T. E. Moffitt, D. L. Corcoran, B. Comingue, H. Harrington, S. Hogan, B. S. Williams, R. Poulton, A. Caspi(2016)의 연구 결과 재구성. '성공의 유전학: 교육적 성취와 연관된 단일 염기 다형성이 인생 경로 발달과 어떻게 관련되는가', 〈사이컬러지컬 사이언스〉, 27, 957-972, 그림 1a. © 2016 The Authors. 세이지 출판사의 허가하에 게재.

발견 연구의 결과를 복제한 뒤, "교육적 성취"의 다유전자성 점수를 이용해 학교를 졸업한 뒤의 성공을 예측하는 조사 계획의 다음 단계를 실행할 수 있었다. 이를 위해 각기 다른 몇 가지 구성 요소의 측정값을 기반 삼아 복합적인 척도를 두 개 만들었다. 그중 하나인 성인 성취도는 38세 때 수집한 다양한 정보에 기초했는데, 일부는 피험자가 직접 작성한 설문지를 이용했고, 친구나 친척이 작성한 피험자에 대한 설문지, 피험자와의 인터뷰, 행정 기록에서 수집한 정보도 이용했다. 따라서 성인 성취도 측정은 피험자의 직업적 명성(예: 의사가 간호사보다 더 명망 있는 직업이다), 연간 소득, 총 자산(예: 현금, 주식, 집, 자동차), 신용 문제, 청구서 연체 여부, 사회 복지 혜택을 받은 기간, 공식적인 신용 점수를 기반으로 했다. 이를 통합해서 이 종합 지수에서 높은 점수를 받으면 인생에서 더 성공한 것이고 낮은 점수를 받으면 성공 정도가 부족한 것으로 봤다.

예상했던 대로, 다유전자성 "교육적 성취" 지수가 더 일반적인 성인의 성취도 예측한다는 걸 알아냈다. 38세까지 다유전자성 점수가 남들보다 높은 피험자는 점수가 낮은 사람에 비해 더 명망 높은 직종에 취업하고, 더 높은 소득을 올리며, 더 많은 자산을 축적하고, 청구서를 지불하는 데 어려움이 적고, 사회 복지 혜택에 덜 의존하며, 더 높은 신용 점수를 받을 가능성이 컸다.

이런 결과를 얻은 우리는 학교 졸업 후의 성공을 나타내는 두 번째 척도인 사회적 이동성으로 관심을 돌렸다. 이 표현형 결과는 피험자 부모의 직업적 위신과 피험자의 교육, 직업, 성인 성취도를 비교한 것이다. 대부분의 피험자는 그 세대에 속한 다른 사람들과 마찬가지로 부모보다 높은 수준의 사회 계층으로 상향 이동하는 반면, 일부는 부모보다 낮은 사회 계층으로 하향 이동했다. 이와 관련해, 더니든 연구에 참여한 두 중년 남성(이 책 전체에서 그런 것처럼, 그들의 신분을 보호하기 위해 이름을 바꿨다)을 생각해보자. 대학을 졸업한 피터는 회계사로 취직했다. 그의 아빠는 고졸이었고 공장에서 일했기 때문에 피터는 상향 이동을 경험했다. 이와 달리 소매점 점원인 찰스의 부모는 교사였기 때문에 그는 하향 이동한 셈이다.

우리가 앞서 보고한 내용을 고려하면, 이제 다유전자성 교육 및 성인 성취도 지수라고 불러야 할 이 점수가 사회적 이동성까지 예측했다는 건 놀라운 일이 아닐 것이다. 다유전자성 점수는 교육 성취도만이 아니라, 교육 성취도와 성인 성취도와 사회적 이동성을 가리키는 지표라는 게 입증되었다. 피험자가 어린 시절에 속했던 사회 계층을 고려해도, 다유전자성 점수가 높은 사람은 고등교육 학위를 받고 점수가 낮은 또래보다 더 명망 있는 직종에 취업했다.

특히 중요한 건, 이렇게 인생에서의 성공을 예측하는 다유전자성 점수의 힘이 사회 계층이 낮거나 중간이거나 높은 가정에서 자란 아이 모두에게 똑같이 적용된다는 것이다. 아이의 시작점(성장하는 동안 아이 가족이 속한 사회적 지위)에 관계없이 각 사회 계층 내에서 다유전자성 점수가 높은 사람은 상향 이동을 경험할 가능성이 높고 점수가 낮은 사람은 하향 이동성이 높았다. 그 결과, 저SES 출신이면서 다유전자성 점수가 높은 피험자는 다른 저SES 피험자에 비해 사회경제적 사다리를 올라갈 확률이 높다. 반면, 고SES 출신이면서 다유전자성 점수가 높은 피험자는 고SES 출신이면서 다유전자성 점수가 낮은 이들에 비해 사회 계층이 하락할 위험이 적기 때문에 자기가 태어난 상류 계층에 계속 머무를 것이다.

솔직히 말해서, 소위 말하는 교육적 성취 유전자가 학교 졸업 이후의 인생 성공을 예측하지 못했다면 충격적이었을 것이다. 순전히 논리적이고 사회학적인 관점에서 보면, 다유전자성 지수가 교육적 성공을 예측하고 교육적 성공이 인생 성공의 많은 특징을 예측한다면 당연히 다유전자성 지수가 학교 졸업 뒤의 인생 성공을 예측할 가능성도 매우 높다. 실제로 이런 추론 분석은 교육적 성취 유전자가 인생 성공을 예측하는 이유는 교육에서의 성공이 인생 성공을 촉진하는 역할을 하기 때문임을 시사한다. 적어도 산업화 이후의 현대 서구 사회에서는 이를 인간발달의 대수학적 법칙으로 간주할 수도 있다. 교육적 성취 유전자를 나타내는 도미노 A가 쓰러지면서 실제 교육 성취도를 나타내는 도미노 B를 넘어뜨리고, 이것이 다시 인생 성공을 가리키는 도미노 C를 넘어뜨리는 식이다.

그런데 이게 다일까? 교육적 성취 유전자는 오직 교육적 성취의 결과로만 인생 성공을 예측할까? 비유적으로 표현해, 도미노 B를 없앤 상태에서 도미노 A를 쓰러뜨리면 도미노 C는 어떻게 될까? 우리는 인생 성공을 예측할 때, 교육적 성취를 통계적으로 제어해서 그 영향을 배제시키는 방법으로 실험을 해봤다. 그리고 "도미노 B가 없는 상태에서도 도미노 A가 쓰러지는 충격으로 테이블이 심하게 흔들려서 도미노 C가 넘어지거나 최소한 많이 흔들릴 수 있는가?" 하는 은유적인 질문을 던졌다. 답은 "그렇다"이다. 교육적 성취를 통제한 상태에서도, 다유전자성 점수는 여전히 성인 성취를 예측했다.

그러나 중요한 건, 이런 예측 조건하에서는 다유전자성 지수의 예측력이 사실상 반으로 줄었다는 점이다. 이는 소위 교육 유전자가 성인의 성취를 예측하는 방법 중에 교육의 역할도 분명히 포함되지만, 그게 전부는 아니라는 얘기다. 이제 인생 성공에 관한 연구를 확대해서 인생 성공을 위한 유전의 역할을 좀 더 자세히 살펴보자.

## 인생 초반의 다유전자성 연관성

★

지금까지 다면발현을 기록하고 이에 따라 문제의 유전자 세트를 "교육적 성취" 유전자로 분류하는 것의 문제점을 강조한 연구 결과도 흥미롭긴 하지만, 발달학자인 우리에게 가장 흥미로운 건 유전자형에서 표현형으로 발달하는 경로와 관련된 문제였다. 그래서 성공의 유전성을 조사하는 연구의 두 번째 단계는 "심리적, 행동적, 사회적 수준에서 유전자형이 어떻게 표현형으로 발전하는가?"라는 질문에 답할 수 있도록 설계했다. 이 문제를 해결하기 위한 첫 번째 단계로, 유아기와 청소년기, 심지어 성인기의 성취도 교육적 성취와 인생 성공을 반영하는 우리의 다유전자성 점수와 관련이 있는지 확인했다. 만약 관련이 있다면 그것이 우리의 도미노 비유에서 "B" 후보가 될 수 있고, 그러면 유전자와 인생 초반에 드러난 기능 사이의 연관성이 이미 기록된 유전자와 인생 성공의 연관성을 해명하는 데 도움이 되는지 조사할 수 있다. 우리는 유전자 측정값이 성인 발달과 연관되는 방식을 설명하는 가능성 있는 경로를 조사하기에 좋은 위치에 있었다.

발달 과정을 잘 이해하기 위해, 우리는 아이들이 3세부터 18세가 될 때까지 확보한 많은 측정치에 의지해서 조사망을 다소 넓게 펼쳤다. 그리고 이걸 유전자형과 성인 표현형을 연결할 수 있는 가능한 중재자, 즉 도미노 B로 개념화했다. 그 결과, 다유전자성 점수가 높고 따라서 인생 성공 가능성도 큰 아이들은 아주 어릴 때부터 또래들과 다르다는 걸 발견했다. 다유전자성 점수는 어릴 때 기어 다니기, 걷기, 뛰어오르기 같은 운동 이정표를 달성한 나이와는 무관하다는 사실이 입증되었지만, 언어와 관련된 다른 발달 이정표는 피험자의 유전적 구성과 관련이 있었다. 구체적으로 말해, 다유전자성 점수가 높은 피험자는 점수가 낮은 사람보다 말을 일찍 시작했고, 문장으로 의사소통(두 개 이상의 단어를 이용하는 것)을 시작한 나이도 좀 빨랐다. 다유전자성 점수가 높은 사람은 남들보다 어릴 때 독서 기술을 습득했다. 실제로 7~18세 사이에 반복적으로 시행한 테스트 성적을 보면, 다유전자성 점수가 높은 아이는 읽기 실력이 뛰어날 뿐만 아니라 시간이 지날수록 독서 실력이 빠르게 향상되어 (테스트에서) 남들보다 어린 나이에 최고 읽기 성적을 달성한 것으로 나타났다.

뉴질랜드 교육부가 모든 학생을 대상으로 실시한 표준 시험 점수를 비롯해 학교에서 본 공식 시험 기록을 프로젝트 연구실로 가져오라고 요청했을 때도, 다유전자성 점수가 높은 사람은 15세, 16세, 17세에 치른 시험에서 점수가 낮은 또래에 비해 좋은 성적을 거두었는데 이는 아마 당연한 일일 것이다. 다유전자성 점수가 높은 피험자들은 18세 때 실시한 설문조사와 인터뷰에서도 더 높은 수준의 교육, 특히 대학 진학을 열망하는 등 이런 조사 결과와 일치하는 증거를 보여줬다. 그들은 또 의사나 엔지니어 등 더 권위 있는 "전문" 직종에서 일하고 싶어 했다.

유전자에서 인생 성공으로 이어지는 그럴듯한 경로를 그릴 때 흥미로웠던 부분, 아니 적어도 별로 뻔하지 않았던 부분은 성인기의 지리적 이동성과 관련된 발견이었다. 앞으로 얘기할 결과를 고려하면, 뉴질랜드인에게는 해외 근무 경험이 흔하다는 사실을 알아야 한다. 피험자 가운데 3분의 1 이상이 38세까지 최소 12개월 동안 외국에서 일했는데, 가장 흔한 목적지는 호주였다. 그러나 뉴질랜드 사람들이 "빅 OEoverseas experience(해외 경험)" 중에서도 가장 높이 치는 건 호주 이외의 국가에서 일해 본 경험이다. 다유전자성 점수가 높은 피험자들은 OE를 가질 확률이 높았고, 38세까지 호주 이외의 나라에서 일할 가능성도 다유전자성 점수가 낮은 이들보다 높았다.

"계획성"에 초점을 맞춰보니, 다유전자성 점수가 높은 사람과 낮은 사람의 해외 경험 차이는 우연도 아니고 그들에게 닥친 임의의 기회를 통해 얻은 결과도 아니었다. 피험자가 32세, 38세 때 그들을 잘 아는 친구나 친지에게 보낸 설문지를 통해, 다유전자성 점수가 높은 사람일수록 돈을 잘 관리한다는 걸 알게 되었다. 실제로 피험자들이 30대 때 진행한 재정 상황과 관련한 인터뷰에서도 똑같은 사실이 드러났다. 따라서 유전자 구성은 언어나 학문과 관련된 기술이나 자격만 예측하는 게 아니다.

연구 결과는 다유전자성 점수가 높은 피험자의 뛰어난 기술과 성공이 짝짓기까지 확장된다는 걸 보여준다. 유전적 구성을 통해 진지한 관계를 맺고 있는 피험자와 그렇지 않은 피험자를 구별할 수는 없었지만, 그런 관계를 맺고 있는 사람들 가운데 다유전자성 점수가 높은 사람은 점수가 낮은 이들에 비해 대학 학위가 있고 전 국민 중 위소득보다 높은 소득을 올리는 사람과 파트너가 될 가능성이 높았다. 분명한 건, 다유전자성 점수가 높은 사람들은 사회적으로 유리한 위치에 있는 짝을 만나, 교육과 직업적 성취를 통해서 쌓은 자신의 사회경제적 이점을 더욱 강화했다는 것이다. 그렇다면 유전적, 교육적, 직업적으로 부유한 사람이 관계 면에서도 더 부유해지는 것이다!

## 유전자형에서 표현형으로

★

"교육적 성취"와 관련이 있다고 추정되는 다유전자성 점수가 성인기 인생 성공의 다양한 측면을 예측할 뿐 아니라 인생 초반의 인지 능력, 동기 부여, 사회적·재정적 기능의 많은 측면과 연관되어 있다는 사실을 안다고 해서, 후자가 전자의 수단인지 여부를 판단할 수는 없다. 다시 말해, 다유전자성 점수와 관련 있는 아동기, 청소년기, 심지어 성인기의 능력이 유전자형이 표현형으로 발전하는 경로라는 사실이 입증되었는가? 은유적으로 표현하자면 도미노 B가 유전자형을 나타내는 도미노 A와 인생 성공을 나타내는 도미노 C를 연결시키는지 여부가 우리 발달 모험가들의 관심사였다. 그리고 조사 중인 개인적 특성이 유전적 구성과 인생 성공의 여러 측면을 연결시키는 수단으로 기능한다는 사실이 밝혀질 경우, 이 문제가 잠재적인 개입 대상을 식별하는 데 매우 중요하다고 생각했다.

이런 생각을 염두에 둔 채, 유전자형과 표현형을 연결하는 세 가지 가능성 있는 중재자 세트에 초점을 맞췄다. 지능이 우리 연구 결과의 많은 부분의 원인일 수 있다는 명확한 가능성을 감안하여 표준화 검사로 측정한 인지 능력, 자제력 같은 비인지 능력, (3장에서 자세히 얘기한 것처럼) 인생 성공에 있어서는 지적 능력보다 더 중요할 수 있다는 증거가 계속 늘어나고 있는 대인관계 능력이 그것이며, 양호한 건강 상태는 유전적 구성이 인생 성공에 영향을 미치는 수단이 될 수 있다는 가능성을 고려해서 마지막으로 신체 건강도 꼽았다.

이런 기능 영역에 대한 측정값을 확보한 우리는 "중간 표현형"(도미노 B)을 고려할 경우 다유전자성 지수(도미노 A)가 인생 성공(도미노 C)을 예측하는 방식을 설명할 수 있는지 물었다. 이 문제를 해결하기 위한 첫 단계로, 다유전자성 지수가 앞 단락에서 설명한 개인적 특성과 확실하게 연관되어 있는지 판단해야 했다. 결과는 다유전자성 지수가 신체 건강을 제외한 인지 능력과 비인지 능력을 모두 예측했다는 걸 보여줬다. 이는 기존의 관찰과 일치되는 결과로, 다유전자성 점수가 높은 피험자는 5살, 7세, 9세, 11세에 실시한 IQ 테스트에서 다유전자성 점수가 낮은 피험자에 비해 좋은 성과를 거뒀다. 전자에 속하는 아이들은 13세까지 지적 발달 속도가 더 빠르다는 것도 밝혀졌다. 다유전자성 지수에서 높은 점수를 받은 피험자들은 다유전자성 점수가 낮은 이들에 비해 생애 첫 10년 동안 충동, 감정, 행동을 관리할 때 자제력을 많이 발휘하는 것으로 관찰 보고되었다. 마지막으로, 3세, 5세, 7세, 9세 때 다유전자성 점수가 높은 사람은 낮은 사람보다 친절하고, 자신감 있고, 협력적이며, 의사소통 능력이 뛰어나서 전반적인 대인관계 기술이 우수하다는 평가를 받았다. 이는 이러한 인지 기술과 비인지 기술 지표가 (신체 건강 지표는 해당되지 않더라도) 유전자형이 표현형이 되는 방식을 매개하거나 설명하는 데 도움이 되는 그럴듯한 "중간 표현형"임을 의미한다.

밝혀진 바와 같이, 이런 인지 및 비인지적 "중간 표현형"은 통계적으로 매개체 역할을 해서 다유전자성 지수가 인생 성공에 미치는 영향(즉, 유전자 → 인지/비인지 기술 → 인생 성공)을 설명하는 데 도움이 되었다. 그 과정에서 유전자형이 표현형으로 발전할 수 있는 가능성 있는 발달 경로도 밝혀냈다. 실제로 인지 능력, 자제력, 대인관계 기술이 유전적 구성과 교육적 성취를 결부시키는 연관성의 약 60퍼센트를 차지했고, 그중 거의 50퍼센트는 성인 성취와도 연결되었다. 우리의 관찰 연구 결과는 중간 표현형을 보다 나은 방향으로 수정할 경우 인생 성공이 증가한다는 사실을 결정적으로 입증하지는 못했지만, 확실히 그 방향을 가리키고 있다.


# 결론

★

이런 얘기를 처음 들어본다면, 인생, 아니 적어도 인생의 생물학은 확실히 불공평한 듯하다. 우리가 인생 성공의 유전성을 조사한 발달 연구의 핵심 결론으로 이를 제시하는 이유는, 누구도 자기 부모를 선택할 수는 없지만 부모에게 물려받은 유전자 덕에 우리 중 어떤 사람은 다른 이들보다 인생을 유리하게 시작할 수 있기 때문이다. 지금까지 살펴본 것처럼, 생물학적 유전은 어린 시절에 언어 능력과 읽기 능력이 남들보다 일찍 빠르게 발달하고, 청소년기에는 교육적으로나 직업적으로나 앞으로 성취하게 될 것들에 대해 높은 포부를 품으며, 청년기에는 해외 유학이나 해외 근무 경험을 쌓고, 중년기에는 재정 계획을 잘 세우면서 교육적으로나 경제적으로나 유리한 위치에 있는 파트너와 관계를 맺을 가능성을 증가 혹은 감소시킨다. 이와 동일한 유전자가 유년기의 인지 능력과 비인지 능력의 발달 가능성에도 영향을 미치는 듯하다. 가장 중요한 건 이런 개인적 속성이 자기가 선택하지 않은 특정 부모를 둔 덕에 특정 유전자 구성을 가지게 된 사람이 직업적, 경제적, 사회적으로 성공하고 사회적 지위가 상향 이동하게 되는 것에 어느 정도 책임이 있는 듯하다는 점이다.

방금 확인한 여러 관찰 내용을 보면 생명현상은 운명이라고 생각하고 싶은 유혹이 들긴 하지만, 그렇게 생각해서는 안 되는 이유가 두 가지 있다. 첫 번째는 유전자 구성의 예측력과 관련이 있고, 두 번째는 개입을 위한 우리 연구의 함축적 의미와 관련이 있다. 차례대로 살펴보자.

### 유전자 예측의 한계

인생 성공을 예측하고 GWAS 발견 연구와 더니든 연구에서 교육적 성취를 예측한 일련의 유전자가 교육적 성공하고만 관련이 있는 게 아니라 그보다 훨씬 많은 걸 예측한다는 사실을 증명하긴 했지만, 사실 우리 다유전자성 지수의 예측력은 강력하다기보다 제한적이다. 다시 말해, 우리의 다유전자성 지수를 구성하는 유전자 집합으로는 교육, 직업, 재정, 관계 성공과 관련된 많은 부분을 설명할 수 없다. 중요한 건, 다유전자성 지수를 이용해서 유전자형이 표현형이 되는 발달 경로를 밝히기 위해 집중했던 많은 "중간 표현형"을 예측하는 능력 또한 마찬가지라는 점이다.

우리 예측력이 제한적이라고 판명된 이유는 적어도 두 가지가 있다. 하나는 다유전자성 지수를 만들 때 유전자와 교육적 성취를 연결하는 연구에만 기초했다는 것이다. 따라서 유전자와 성인 성취 및 사회적 이동성 결과를 연결하는 GWAS 발견 연구가 존재했거나 우리가 유전자형이 표현형과 어떻게 관련되는지 밝히기 위해 연구한 중간 표현형이 있었다면, 다유전자성 지수에 추가적으로 확인된 유전자를 모두 포함시켜서 예측력을 높일 수 있었을 것이다.

그러나 발견 연구에서 아무리 많은 유전자를 확인했더라도, 여러 다양한 표현형에 대한 GWAS 연구 결과에서 우리의 다유전자성 예측이 제한적인 두 번째 이유를 찾을 수 있다. 지금까지 조사된 거의 모든 표현형을 예측하는 유전자의 힘만으로는 사람들이 기능하고 발달하는 다양한 방식을 다 설명할 수 없다는 것이다. 사실 유전학의 가장 큰 난제 중 하나는, 12장에서 얘기한 유전자 측정을 하지 않는 행동 유전학 연구를 통해 전체 표현형의 약 50퍼센트가 유전 가능하다는 게 증명되었지만, 다유전자성 점수로도 설명할 수 있는

나는 어떻게 지금의 내가 되었는가

394

바로 그 표현형의 비율 변화는 대부분 한 자릿수로 유지된다는 것이다! 학술 문헌에서는 이런 차이를 "사라진 유전력" 문제라고 부른다. 쌍둥이, 입양, 기타 가족 연구에서는 유전이 훨씬 다양한 변이의 원인임을 암시하는데, 왜 수백만 개의 유전자 변이에 기초해서 만든 다유전자성 점수는 개인 간의 차이를 거의 설명하지 못하는 걸까?

우리 조사에서 중점을 둔 인생 성공이나 중간 표현형의 일부 또는 전체에 관한 GWAS 발견 연구를 수행하고 그 결과를 우리 다유전자성 점수에 포함시켰더라도, 사람들이 발전하고 기능하는 방식에는 여전히 유전자만으로는 설명할 수 없는 수많은 변이가 존재할 거라고 가정할 수 있다. 그러니까 중요한 건, 유전 정보만 사용해서 인생 성공을 비롯한 거의 모든 발달 측면을 예측하는 능력에 한계가 있다는 건, 인간발달의 거의 모든 부분에 기여하는 유전적 구성과 전혀 관련이 없는 비유전적 요인이 다수 존재할 가능성이 높다는 것이다. 그렇다면 유전자는 적어도 우리가 중점적으로 살펴본 표현형에 대해서는 확률적으로 영향을 미친다. 유전자에 대해서만 알면, 주목할 만하긴 하지만 제한적인 예측력만 얻을 수 있다.

## 개입 시사점

생명현상이 운명이라고 결론짓지 않는 첫 번째 이유가, 인간의 기능과 발달에서 관찰할 수 있는 모든 변이를 설명하는 유전의 힘이 결국 제한적이라는 사실이라면, 두 번째 이유는 무엇일까? 12장에서 얘기한 것처럼 유전적 영향의 모든 추정치는 특정 모집단에 국한되는데, 이는 연구한 시기와 장소, 사람에 따라 달라진다는 뜻이다.

이는 우리 연구 결과가 1970년대 초반의 12개월 사이에 태어나 20세기 말에서 21세기 초에 중년으로 성장한 뉴질랜드 사람에게만 국한된다는 뜻으로 읽힐 수도 있지만, 우리가 말하려는 건 그게 아니다. 우리 연구 결과가 좁은 기준 범위를 훨씬 뛰어넘어 일반화될 것이라고 예상할 수 있는 이유가 많기 때문이다. 확실한 건, 우리 다유전자성 점수의 기반이 된 유전적 "발견" 연구는 뉴질랜드가 아닌 서구의 다른 나라에서 진행되었다. 이는 적어도 우리가 사용한 다유전자성 지수를 이용해 교육 성취도(그리고 다른 많은 특성)를 예측하는 능력이 원래의 발견 연구나 우리의 인생 성공 연구가 언제, 어디서 수행되었는지에 따라 제한을 받지는 않는다는 뜻이다.

그렇다면, 유전적 영향의 추정치가 모집단에 특정된다는 사실을 강조하는 게 왜 중요할까? 그건 우리가 알고 있는 세계만이 존재 가능한 것이 아니기 때문이다. 그래서 유전적 영향의 매개와 관련한 우리 발견이 중요한 것이다. 앞서도 반복적으로 얘기했듯이, 이런 결과는 언어와 읽기 능력, 자제력, 대인관계 기술을 촉진하는 비유전적 방법을 찾아서 구현할 수 있다면(유전적 구성 때문에 인생 성공이 제한되는 위험에 처한 이들을 대상으로 삼을 수도 있다) 우리 연구에서 감지된 유전적 영향이 바뀔 수 있다는 중요한 사실을 암시한다. 사실 그런 세상에서는 유전의 영향이 상당히 줄어들 수도 있다. 예를 들어, 인생 성공에 대한 유전적 영향을 매개하는 것으로 확인된 "중간 표현형" 기술을 발전시키기 위해(특히 유전적 구성 때문에 인생 성공이 제한될 위험에 처한 아이들의 경우) 여러 효과적인 노력을 기울이는 사회를 상상해보자. 그러면 유전적 구성 때문에 인생 성공 가능성이 제한적이었던 사람들이 훨씬 큰 성공을 경험할 가능성이 대폭 커진다. 이 경우 "인생–성공" 유전자를 많이 가진 사람도 결국 다른 이들과 비슷하게 발달하게 되므로, 인생 성공을 예측하는 유전자의 힘은 줄어든다.

이 분석은 유전자가 운명이 될 필요는 없으며 발달은 결정론적인 게 아니라 확률적이라는 사실을 다시금 명확히 한다. 또한 암 발생 경로가 확인되면 약리적 방법을 통해 암 유전자의 영향에 대응할 수 있는 것처럼, 인지 능력과 비인지적 기술 등을 발전시키는 발달 개입을 통해 인생 성공을 제한하는 유전자의 영향에 대항하는 것도 가능해야 한다고 믿는다.

## 14

Child Maltreatment, Genotype, and Violent Male Behavior

# 아동 학대, 유전자형,
# 폭력적인 남성 행동

인생에는 한 가지 원인에서 비롯되는 일은 거의 없다. 이와 관련해, 부모는 왜 그런 식으로 아이들을 기르는지를 중점적으로 살펴본 5장을 마무리하면서 여자아이가 아동기와 청소년기에 양육된 방식이 그들의 장래 자녀 양육 방식에 대한 예측적 통찰을 제공하긴 하지만 양육은 "다양한 요인에 의해 결정된다"고 얘기했던 걸 기억하자. 다시 말해 양육 행동은 세대 간에 전이되는 것처럼 보이지만(우리 최신 연구에서 이것이 환경적 영향으로 가장한 유전적 영향은 아니라는 걸 밝혀냈지만) 어릴 때 양육된 방식이 미래의 양육 방법을 형성하는 유일한 힘은 아니다. 아이의 기질과 행동, 부모가 자기 파트너와 맺은 관계의 질, 직장에서 겪는 스트레스와 긴장 같은 것도 육아 방식에 영향을 미칠 수 있다.

이와 관련해, 7장에서 NICHD 조기 보육 및 청소년 발달 연구에 참여한 여자아이들의 때 이른 성적 성숙은 청소년기의 성적 행동과 관련이 있고 이때 소년, 특히 나이 많은 소년의 존재도 중요하다는 얘기를 했다. 더니든 연구의 여성 피험자 가운데 남들보다 조숙하면서 남녀공학에 다닌 경우처럼 이 두 가지 요인이 동시에 발생하면, 13세부터 올바른 행동 규범을 위반하고 15세에는 비행 행동에 가담할 가능성이 특히 높았다. 그러나 신체적으로 성숙한 소녀가 여학교에 다니는 경우에는 그런 때 이른 성숙의 부작용이 나타나지 않았다. 그러니까 여학교는 회복력을 높이는 등 보호 요인으로 기능한 반면, 남자아이들과 같이 학교에 다니는 것은 조기 성숙이 여학생의 문제 행동에 미치는 영향을 증폭시켰다. 본 장과 15장에서는 유전적 영향과 환경적 영향에 초점을 맞춰서 발달과 회복력의 다중 결정 요인에 대한 연구를 확대할 것이다. 그리고 무엇보다 이 두 가지 영향이 어떻게 상호 작용해서 본 장에서 논의할 반사회적 행동과 15장의 우울증 같은 인간발달을 형성하는지 집중적으로 살펴볼 예정이다.

이 장에서는 유전 관련 정보, 특히 단일 후보 유전자에 대한 정보를 유년기에 추가해서 유년기의 경험이 인생 후반의 기능을 형성하는지 여부와 그 방법에 대한 연구를 더 발전시킬 것이다. 12장에서 흡연의 유전성(12장)과 인생 성공의 유전성(13장) 연구에 정보를 제공한 GWAS에서 파생된 다중 유전자(또는 다유전자성) 접근법과 후보 유전자 접근법을 구별했다는 사실을 기억하자. 또 12장에서 다유전자성 유전자 접근법(우리 연구 프로그램과 폭넓은 인간발달 분야에서 초기에 후보 유전자 연구가 진행된 뒤 등장한)을 집중적으로 다룬 뒤, 유전적 영향을 연구하기 위한 전략을 제시할 때 순서를 바꾼 이유에 대해서 얘기한 내용도 기억하자. 12장과 13장에서는 유전자형-표현형의 관계를 밝히기 위해 나중에 등장한 다유전자성 접근법을 사용했지만, 14장과 15장에서는 유전자-환경 상호 작용GXE, 즉 발달 경험과 환경 노출이 발달에 영향을 미치는지 여부에 따라 유전적 변이의 영향이 입증되는 것을 조명하기 위해 초기에 등장한 후보 유전자 방법을 사용한다.

## 반사회적 행동의 결정 요인

★

　　　　반사회적 행동도 다른 여러 발달 요소와 마찬가지로 잘 연구되고 있으며, 다양한 요인의 영향을 받는 것으로 알려져 있다. 그래서 성인기에 나타나는 반사회적 행동의 발달 기원을 조사하면서 집중적으로 살펴볼 환경적 요인과 유전적 요인을 선택할 때, 이 주제에 관한 선행 연구에 의지해서 우리를 인도해줄 지침을 구했다. 특히 우리는 발달 형성에 있어 유전자와 환경이 상호 작용하거나 함께 작동하는 방식에 관심이 있었기 때문에, 두 가지 부류의 학술 문헌을 따로 참조해야 했다. 이런 영향력의 근원을 조사하는 이들은 다른 근원은 고려하지 않는(자세한 부분까지는) 경향이 있기 때문이다(유전만 고려하고 환경은 고려하지 않거나, 환경만 고려하고 유전은 고려하지 않는다).

　환경적인 면에서, 아동 학대는 반사회적 행동의 확고부동한 상관관계이자 예측 변수임이 밝혀졌다. 그러나 이를 학대받은 아이는 모두 반사회적인 성인이 된다는 뜻으로 받아들여서는 안 된다. 5장에서 얘기한 것처럼, 아동 학대의 세대 간 전이의 "고리를 끊는" 문제를 다룬 유익한 학술 문헌도 있다. 그걸 보면 왜 어떤 아이는 아동학대의 예상 영향에 굴복하는 데 반해 어떤 아이는 그러지 않는지 설명할 수 있다. 사실 학대받은 아이는 나중에 범죄를 저지를 위험(확률적으로)이 50퍼센트 증가하지만, 대부분의 학대받은 아동은 비행을 저지르지도 성인 범죄자가 되지도 않는다.

우리는 더니든 연구에 참여한 제임스와 아서(가명)라는 두 소년의 사례를 통해, 학대받은 아이들이 모두 같은 방식으로 발달하는 건 아니라는 사실(확률론적 발달의 또 다른 사례)을 다소 극적으로 깨닫게 되었다. 두 사람 다 신체적 학대가 발생할 가능성이 가장 높은 가정에서 자랐다. 두 소년의 부모는 알코올과 관련된 문제가 있었고, 집안에는 규칙적인 일상보다 무질서와 혼란만 가득했다. 부모들은 이 소년들을 가혹하게 대했을 뿐만 아니라 폭력까지 휘둘렀다. 하지만 어떤 이유에서인지 우리가 이런 양육 환경에서 나타날 것이라고 예상했던 행동 문제가 발생한 건 제임스뿐이었다.

방금 얘기한 두 소년의 경우나 아동 학대의 영향에 관한 연구 문헌에도 명백하게 드러나 있는, 학대가 남성의 반사회적 행동에 미치는 "일관성 없는" 영향을 어떻게 설명할 수 있을까? 우리는 아동 학대에 노출된 어떤 아이는 반사회적이 되고 어떤 아이는 그렇지 않은 이유를 설명하는 데 유전학이 도움이 될 수 있을지 궁금했다. 사실 단일 후보 유전자를 사용해 첫 번째 GXE 연구에 착수한 것도 이런 가능성 때문이었다. 이는 실제 유전자를 측정하는(쌍둥이, 부모와 자녀,

부모와 입양 자녀 등 개인의 관련성에 대한 행동-유전적 특성에 초점을 맞추는 게 아니라) 분자 유전학이라는 과학의 세계로 들어서는 첫걸음이었다. 우리는 인간발달에 대한 또 다른 모험을 시작했다. 12장에서 후보 유전자와 다유전자성 연구를 설명하고 구분할 때 규정한 사실을 되새겨보자. 유전자가 발달에 미치는 영향을 조사하는 첫 번째 연구를 진행할 때는 유전자 측정 비용이 12장과 13장에서 논의한 다유전자성 연구를 수행할 때보다 훨씬 비쌌다. 그래서 우리가 분석하고 집중해서 살펴볼 수 있는 유전자 수가 제한되었다.

GXE 연구에 포함시킬 유전자를 선택할 때, 우리는 모노아민 산화효소 A 유전자(이하 MAOA라고 함)의 촉진자에서 기능적 다형성多形性을 선택했다. MAOA 유전자는 X 염색체에 위치한다. 남자는 X 성염색체가 하나뿐이고 다른 하나는 Y인 반면, 여성에게는 X 염색체가 2개 있다. 이런 복잡한 요소와 반사회적인 행동을 하는 성향은 남자 쪽이 더 크다는 사실 때문에, 유전 정보를 바탕으로 한 이 연구에서는 남자들에게만 집중하게 되었다. 기능적인 면에서 MAOA 유전자는 MAOA 효소를 암호화하는데, 이 효소는 노르에피네프린(NE), 세로토닌(5-HT), 도파민(DA) 같은 신경 전달 물질을 대사해서 (즉, 분해해서) 활동을 중지시킨다. 신경 전달 물질은 신경 세포 사이에서 신호를 전달하는 분자다. 우리 연구에 중요한 MAOA 활동의 유전적 결함(이 유전자의 특정 변이 또는 버전으로 인한 낮은 수준의 효소)이 생쥐나 인간의 공격성과 관련이 있다는 사실은 이미 다른 연구진을 통해 밝혀져 있었다. 사실 이것이 우리의 첫 번째 GXE 연구를 위해 이 "후보" 유전자를 선택한 이유다. 다음 단락에서 얘기하겠지만, 기존 증거는 이 특정 유전자를 통해 어릴 때 학대를 당한 사람들 중 누가 반사회적 성인이 되고 누가 그렇지 않은지 설명하는 게 "생물학적으로 타당하다"는 걸 보여준다.

MAOA 다형성에 초점을 맞춘 증거를 더 검토하기 전에, 이 책에서 논의하는 두 가지 GXE 연구(본 장과 15장에서)에서 단일 후보 유전자에 집중한 방식이 2000년대에 그런 연구를 진행한 방식과 일치한다는 사실을 다시금 명확히 해야겠다. 전체 게놈 GWAS 방법은 그로부터 10년 뒤에나 등장했다. 더니든 연구팀이 처음으로 유전자 측정을 이용하기 시작했을 당시에는, 유전자 표지를 하나씩 수작업으로 확인하는 식으로 유전형 분석이 진행됐다. 그 무렵인 1990년대 후반에, 후보 유전자 표지와 정신질환의 연관성에 대한 몇몇 연구 결과가 재현되지 않는다는 걸 알아차리기 시작했다. 한 조사팀에서 화려한 팡파르를 울리며 보고한 내용을 다음 팀에서는 발견하지 못한 것이다. 따라서 어떤 조사팀은 특정 유전자의 개인 간 변이가 특정 표현형과 체계적으로 관련되어 있다고 발표한 반면, 일부 후속 조사에서는 동일한 관계를 입증하는 데 실패했다.

우리는 연구 참가자가 정신질환을 앓게 된 사회적, 환경적 원인에 차이가 있을 경우, 연구 전반에 걸쳐 이런 불일치가 발생할 수 있다고 추론했다. 환경적 원인(예: 아동 학대, 스트레스가 심한 생활, 독성 노출 등) 때문에 정신질환이 발생할 수 있다는 사실은 예전부터 알려져 있었지만, 유전자형-표현형 연구에서 후보 유전자를 검사하기 위해 서두르던 초기에는 이런 잘 알려진 사실을 고려하지 않았다. 우리는 MAOA를 반사회적 행동과 관련이 있는 유망한 후보 유전자로 선택한 다음, 피험자가 아동 학대를 받은 경우에만 위험 또는 비위험을 가리키는 MAOA 상태를 통해 그들이 반사회적인 인물이 될지 예측할 수 있다는 가설을 시험했다. 우리 목표는 환경을 고려하면 후보 유전자 연구 결과의 재현성이 높아지는지 확인하는 것이었다. 그 이듬해에 세로토닌 수송 유전자, 생활 스트레스, 우울증에 대한 연구(15장)를 하게 된 것도 이런 생각이 바탕이 된 것이다.

앞에서도 얘기한 것처럼, 14장과 15장에서 논의하는 연구는 GWAS 기반 유전 연구가 12장과 13장에서 얘기한 다유전자성 점수를 이용해 유전이 인간에게 미치는 영향을 조사하기 위한 선택 전략으로 자리 잡기 10년 전에 수행한 것이다. 그래서 우리가 공유하는 GXE 연구 내용이 다소 "구식"이긴 해도, GWAS 연구와 더불어 인간 발달의 유전학 연구가 지금까지 어떻게 변화해왔고 앞으로도 계속 변화하리라는 걸 보여주기 때문에, 이렇게 지면을 할애해서 얘기하는 것이다. 12장에서 명확하게 밝혀진 내용을 간단히 요약하면, 먼저 쌍둥이와 입양 연구를 이용해 행동-유전 조사를 진행했는데, 이 연구는 유전자를 측정하지 않고 공유 유전자를 대용물로 활용해 밀접하게 관련된 개인(예: 부모-자녀, 형제-자매, 입양 자녀)이 서로 얼마나 유사한지 살펴본 것이다. 그다음이 후보 유전자 연구였고, GWAS 관련 연구는 그 이후에 진행되었다. 그다음으로 등장한 것이 16장의 핵심 주제인 후성유전학이다. 앞으로 뭐가 또 등장할지는 계속 지켜봐야 한다.

반사회적 행동의 결정 요인을 밝히기 위해 MAOA 연구의 "생물학적 타당성"을 강조한 증거를 다시 살펴보면, 설치류 연구 또는 "동물 모델"이 유익하다는 사실이 입증된다. MAOA를 암호화하는 유전자가 "녹아웃된"(미생물학자가 게놈에서 이 유전자를 제거한) 쥐의 생물학적 특징은 공격성이 증가하고 뇌의 NE, 5-HT, DA 수준이 높아지는 것이다. 또 하나 중요한 사실은, 이 과정을 거꾸로 적용하면 공격성이 줄어든다는 것이다. 그리고 더 주목할 만한 점은, 인간 연구에서 MAOA가 공격적인 행동에 미치는 영향을 시사했다는 것이다. 네덜란드의 한 단일 가족 혈통에서 MAOA 효소를 생성할 수 없는 희귀한 유전적 상태를 발견한 덕에 매우 유용한 정보를 얻게 되었는데, 이는 인간의 유전자가 "녹아웃"된 상태다. 그리고 이 가계 출신의 남자들은 여러 세대에 걸쳐 폭력적인 행동으로 악명이 높았다. 이런 관찰은 MAOA 유전자의 고활성 변이가 아닌 저활성으로 인한 낮은 수준의 효소가 폭력적인 행동에 영향을 미칠 수 있음을 시사했다. 하지만 우리가 학대와 MAOA에 초점을 맞춘 GXE 연구를 시작했을 때는, 이 독특한 네덜란드 가족을 통해 얻은 증거에도 불구하고 인간 대상 연구에서 MAOA와 공격적인 행동 사이의 연관성을 아직 확증하지 못한 상태였다.

그래도 우리 같은 발달 탐정들이 아동 학대와 MAOA 모두 반사회적인 행동과 변덕스러운 관련이 있다는 두 가지 관찰 결과를 종합한 결과, 다음과 같은 GXE 가설을 제시할 수 있었다. 즉, 어릴 때 학대받은 경험이 있고 특정한 MAOA 유전자 변이가 있는 남성은 폭력적 성향이 발달할 가능성이 가장 높았다. 다시 말해, 학대 경험과 특정 유전자형이라는 두 가지 위험 조건이 함께 존재하면 성인기에 폭력을 휘두를 가능성이 가장 높다는 것이다. 이는 정신병리학 연구에서 "병적 소질-스트레스 가설"이라고 하는 것의 한 형태다. 병적 소질이란 문제가 발생할 위험이 있는 근본적 또는 잠재적 "취약성"을 말하는데, 이 가설에 따르면 특정 스트레스를 경험하거나 직면할 때만 그 문제가 발생한다. 이런 이유 때문에 병적 소질-스트레스 가설을 (보육의 영향에 대해 얘기한 8장에서 그랬던 것처럼 사용자들이 이해하기 쉽도록) "이중 위험 가설"이라고 부르기도 한다.

우리 연구에서 관심을 둔 병적 소질은 유전자 구성, 특히 MAOA 유전자가 고활성이 아닌 저활성 변이되는 것이고, 스트레스는 자라면서 아동 학대를 겪는 것이다. 그러니까 이 두 가지 조건이 모두 충족되지 않으면 근본적인 취약성이나 병적 소질이 자극받거나 실현되지 않을 것이므로, 성인 폭력이 나타나지 않을 거라고 예상했다. "손바닥도 마주쳐야 소리가 난다"는 속담과 비슷한 상황인 것이다. 스트레스나 병적 소질 중 한 가지 조건만 존재한다면 예상하는 효과 (폭력)가 생기기에 불충분하다. 두 가지가 다 필요하다.


## 유전자 변이

★

12장에서 분명히 밝힌 것처럼, 호모 사피엔스가 가지고 있는 대부분의 유전자는 사는 장소나 인종, 민족 등에 상관없이 모두 동일하다. 그래서 인간은 모두 두 개의 눈과 두 개의 팔, 두 개의 다리, 폐와 심장을 가지고 있는 것이다. 하지만 유전자 중 일부(약 5퍼센트)는 사람마다 다른데, 이를 뜻하는 용어를 다형성이라고 한다.

MAOA 변이의 경우 해당 유전자 때문에 MAOA 효소가 발현되는 정도에 따라 낮은 활성도와 높은 활성도로 분류하며, 활성 상태에 따라 앞서 얘기한 신경 전달 물질을 적게 혹은 많이 분해한다. 유전자 활성도가 낮아서 MAOA 효소 활동이 제한된 사람의 경우, 위협에 과민 반응하므로 위험을 인식하면 적대적인 방식으로 반응할 가능성이 있다. MAOA 활성도가 높은 사람은 그와 반대되는 행동을 보일 것으로 추정된다. 따라서 성장하는 동안 아동 학대에 노출되고 MAOA가 저활성 변이된 남성 피험자는 반사회적인 성인이 될 가능성이 가장 높을 것이라고 예측했다.

## 아동 학대 측정

★

다행히 더니든 연구 피험자 대부분은 아동 학대를 겪지 않았지만, 개중에는 학대받으며 자란 아이도 있었다. 피험자가 어릴 때는 행동 관찰과 부모의 보고서를 통해, 성인이 된 뒤에는 어릴 때의 양육에 대해 본인이 직접 작성한 소급 보고서를 이용해 생애 첫 10년(3~11세) 동안 아동 학대를 받은 증거를 확인했다. 우리는 정확한 정보에 입각해서 어떤 피험자가 어릴 때 학대를 당했는지 판단하기 위해, 다년간 수집한 다양한 정보 출처를 활용했다. 학대 상태를 최종적으로 판단하는 데 필요한 정보를 제공해준 가장 초기의 관련 측정치부터 살펴보자.

2장, 3장, 5장에서 얘기한 것처럼, 3세 어린이를 평가할 때는 엄마와 자녀가 상호 작용하는 모습을 관찰했다. 여기에는 엄마들이 계속해서 아이에게 부정적인 방식으로 영향을 미치고, 아이를 대할 때 가혹한 태도를 취하고, 아이를 거칠게 다루고, 아이를 도와주려는 노력을 하지 않는 등 문제가 있는 특정 양육 행동을 얼마나 했는지 평가하는 작업도 포함되었다. 총 8개 등급이 있는데, 엄마들이 이와 같은 행동을 두 가지 이상 할 경우 거부적인 양육 태도로 분류했더니 전체의 16퍼센트가 이 기준을 충족했다.

아이들이 7세와 9세 때는, 부모가 아이를 때리거나 어떤 도구를 이용해 매질하는 등 열 가지 가혹한 징계를 가한 적이 있는지 여부를 체크했다. 1970년대에 적어도 영어권 국가에서는 신체적 체벌이 요즘보다 훨씬 광범위하게 실행되었기 때문에, 부모들은 그런 양육 방식을 보고하는 데 있어 전반적으로 거리낌이 없었다. 하지만 아무리 그 시대의 정서와 문화를 고려한다고 해도 유별나게 가혹한 육아 방식은 눈에 띌 수밖에 없다. 5장에서 자녀를 학대하는 부모가 "매질이 뭐가 문제인가? 우리 부모님도 날 때리면서 키웠지만 난 잘 컸다" 같은 말로 자기 행동을 정당화하는 경우가 많다는 얘기를 했다. 가혹한 양육 척도에서 상위 10퍼센트에 속하는 점수를 받은 부모들은 비정상적으로 가혹한 것으로 분류되었다.

가정 붕괴 경험도 반사회적 행동과 연관이 있다. 전체 표본의 6퍼센트가 생애 첫 10년 동안 주 양육자가 두 번 이상 바뀐 경험이 있는데, 이들은 분열적인 양육자 변화를 겪은 것으로 분류되었다. 또 피험자들이 26세 때 학대 피해 경험에 대한 인터뷰를 하자, 전체의 3퍼센트가 11세 이전에 지속적인 멍이나 부상을 초래하는 심각한 신체적 체벌(예: 가죽 끈이나 전기 코드로 부푼 자국이 남을 정도로 때리는 것 등)을 여러 번 겪었다고 보고했다. 우리는 이들을 신체적 학대 피해자로 분류했다. 26세 때 진행한 인터뷰 가운데 생식 건강을 다룬 다른 부분에서는 원치 않는 성적 접촉에 대해서도 후향적으로 평가했다. 피험자 중 5퍼센트는 다른 사람이 자기 생식기를 만지거나, 다른 사람의 생식기를 만지도록 강요당하거나, 11세 이전에 강간 미수 혹은 강간을 당했다고 보고했기 때문에 성적 학대 피해자로 분류되었다 (전체 표본의 5퍼센트).

이런 학대 관련 정보를 입수한 상태에서, 생애 첫 10년 동안 학대를 경험한 횟수를 계산해 각 아동의 누적 노출 지수를 얻었다. 결국 부모에게 거부당하는 것으로 판단되거나, 비정상적으로 가혹한 체벌을 받거나, 주 양육자가 두 번 이상 바뀐 경험이 있거나, 신체적 또는 성적 학대를 겪은 아이일수록 아동 학대 피해자로 판단될 가능성이 높았다. 밝혀진 바에 따르면, 피험자 중 3분의 2는 학대를 당한 경험이 전혀 없고, 4분의 1은 학대를 한 차례 정도 경험했으며, 10퍼센트는 두 번 이상 학대당한 경험이 있었다. 우리는 첫 번째 그룹을 "학대 경험 없음", 두 번째 그룹은 "약간의 학대 경험", 세 번째 그룹은 "심한 학대 경험"으로 분류했다.


## GXE 상호 작용 테스트

★

아동 학대 이력과 MAOA 다형성이 상호 작용해서 반사회적 행동을 예측하는 방식에 대한 병적 소질-스트레스 가설 혹은 이중 위험 가설을 테스트할 때, 우리 연구에는 이전 연구에 비해 세 가지 중요한 이점이 있었다. 첫째, 임상 표본이나 특수 표본(폭력 범죄로 유죄 판결을 받은 범죄자 등)을 가지고 시작하는 유전자 연구와 달리, 우리는 대표성 있는 일반 모집단을 연구했다. 덕분에 1장에서 후향적 연구가 아닌 전향적 연구를 수행할 때의 효용성을 설명하면서 얘기한 것처럼, "특수" 표본이 연구의 중심이 될 때 생길 수 있는 예측 변수와 결과 변수의 연관성이 왜곡되는 걸 피할 수 있었다. 둘째, 앞서 말한 것처럼 우리 표본은 피험자의 3~11세의 유년기에 관한 자세한 정보를 전향적으로 수집해서 환경적 역경과 관련된 이력을 잘 드러냈다. 앞에서 분류한 세 가지 학대 그룹의 유전적 구성에는 차이가 없다는 사실에 주목하자. 만약 차이가 있다면, 해석적인 문제가 발생했을 것이다. 아이의 유전적 구성이 학대당할 가능성에 영향을 미친 상황에 대처해야 할 수도 있기 때문이다. 이런 상황에서는 유전자-환경의 상관관계가 GXE 상호 작용으로 잘못 해석될 위험이 있다.

우리 연구의 세 번째 주요 강점은 예측하려고 했던 결과와 관련이 있다. 반사회적인 행동은 다양한 발달 기간에 걸쳐 엄격하게 측정되었다. 사실 반사회적 행동은 복잡한 표현형이며, 그걸 측정하기 위해 사용한 다양한 방식에도 나름의 장점과 단점이 있다. 그래서 우리는 각 피험자가 반사회적 행동에 관여하는 정도를 평가할 때 네 가지 다른 측정 세트에 의존했다. 피험자의 청소년기에는 11세, 13세, 15세, 18세 때 훈련된 평가자가 진행한 표준화된 임상 인터뷰를 기반으로 한 행동장애에 대한 공식적인 정신과 진단에 의존했다. 이 연령대 중 언제라도 공식적인 정신과 진단을 받은 피험자는 행동장애가 있는 것으로 간주했다. 폭력 범죄에 대한 유죄 판결을 평가할 때는 호주와 뉴질랜드 경찰의 협조를 받아서 얻은 법정 기록에 의지했다. 남성 피험자의 11퍼센트가 26세까지 일반 폭행, 흉기로 상해하려는 의도가 있는 가중 폭행, 가정 폭력, 과실치사, 강간 같은 강력 범죄로 유죄 판결을 받아, 총 유죄 판결 건수가 174건에 이르렀다. 26세 때는 피험자들을 대상으로 폭력과 관련된 항목이 포함된 표준 성격 평가를 실시한 뒤, 이를 이용해 폭력 성향 지표를 만들었다. 이 평가지 예시에는 "화가 나면 금방 누군가를 때린다", "가끔 누군가를 육체적으로 해치는 걸 좋아한다" 같은 항목이 들어 있었다. 마지막으로, 피험자가 26세 때 친구나 친척이 그들의 폭력적인 행동에 대해 제공한 정보에 의지했다. 피험자를 잘 아는 정보 제공자들은 "분노 조절에 문제가 있다", "자기 문제를 남 탓으로 돌린다", "나쁜 짓을 하고도 죄책감을 느끼지 않는다", "올바른 시민이 아니다" 같은 일곱 가지 주요 증상에 대한 질문을 받았다.

피험자의 폭력 성향에 관한 네 가지 정보가 모두 통계적으로 상당한 관련이 있는 것으로 판명된 것은, 그들의 기본적인 성향이 동일하다는 걸 분명히 알려준다. 우리는 "분할론자"가 아니라 "통합론자"이기 때문에, 이걸 이용해 반사회적 행동에 대한 종합 지수를 만들었다. 이 요약 지수는 피험자가 청소년 행동장애 진단 기준을 충족하는지, 폭력 범죄로 유죄 판결을 받았는지, 본인이 보고한 폭력 성향 점수가 전체 표본 중 최상위권에 속하는지, 정보 제공자가 알려준 반사회성 인격장애 증상이 전체 표본 중 최상위권에 속하는지 등을 반영한다.

통계 분석 결과는 우리의 GXE 가설을 강하게 뒷받침해 주었다. 실제로 반사회적 행동의 종합 지수에 초점을 맞추든, 처음에 통합한 네 가지 요소 각각에 따로 초점을 맞추든 상관없이 동일한 결과를 보였다. 표 14-1과 14-2는 피험자가 어릴 때 학대를 당한 게 확실

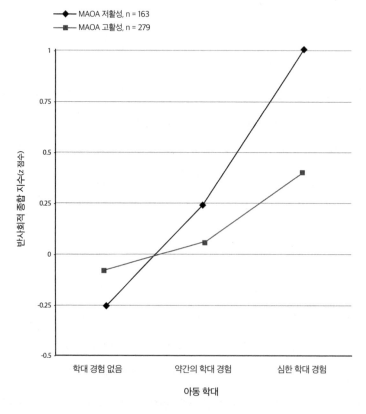

| 표 14-1 | 아동 학대와 MAOA 유전자형에 따른 반사회적 행동의 평균 수준.

A. Caspi, J. McClay, T. E. Moffitt, J. Mill, J. Martin, I. W. Craig, A. Taylor, R. Poulton(2002)의 연구 결과 재구성. '학대 아동의 폭력 주기에서 유전자형의 역할', 〈사이언스〉, 297, 851-854, 그림 1. AAAS의 허가하에 게재.

할수록 반사회적 행동이 더 심하며(즉, 심한 학대 경험 > 약간의 학대 경험 > 학대 경험 없음), 이런 용량-반응 관계는 우리 연구에 영향을 미친 병적 소질-스트레스 가설/이중 위험 가설이 예측한 것처럼, MAOA 유전자가 고활성 변이된 사람보다 저활성 변이된 사람의 경우에 특히 두드러졌다. 사실 반사회적 행동을 측정한 방식에 상관없이, 저

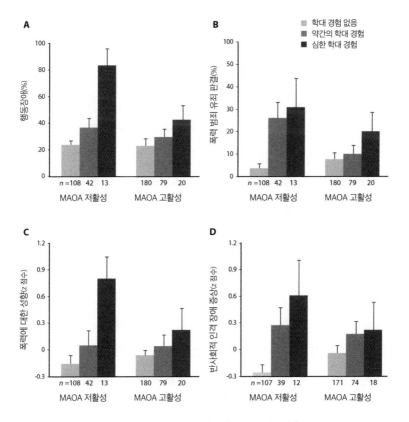

| 표 14-2 | MAOA 유전자형에 따른 아동 학대와 반사회적 행동 유형간의 연관성.

A. Caspi, J. McClay, T. E. Moffitt, J. Mill, J. Martin, I. W. Craig, A. Taylor, R. Poulton(2002)의 연구 결과 재구성. '학대 아동의 폭력 주기에서 유전자형의 역할', 〈사이언스〉, 297, 851-854, 그림 2A&B. AAAS의 허가하에 게재.

활성 MAOA 유전자 변이와 학대 경험(특히 심한 학대)의 조합이 가장 많은 문제 기능을 낳았다.

## 결론

★

　　방금 강조한 GXE 상호 작용과 발달의 확률론적 특성을 기록하는 것 외에도(학대받은 남자아이가 모두 자라서 반사회적인 사람이 되는 건 아니므로), 유전학과 환경을 동시에 연구한 발달 모험에서 얻은 두 가지 추가적인 결과를 명확히 정리해야 한다. 첫째, 아동 학대가 저활성 MAOA 변이를 가진 남성에게 특히 문제가 되는 것으로 판명되긴 했지만, 아동기에 학대를 겪었다는 사실만으로도 유전적 구성에 관계없이 더 높은 수준의 반사회적 행동을 예측할 수 있다. 그러나 다시 한 번 말하지만, 학대받은 아이가 모두 반사회적인 청년으로 발달한 건 아니다. 하지만 중요한 건(이는 고려해야 할 두 번째 추가 발견인데) 이런 학대의 일반적인 영향이 유전자 구성에는 해당되지 않는다는 것이다. 따라서 피험자가 MAOA 저활성 변이와 고활성 변이 중 어느 쪽을 가지고 있는지 아는 것만으로는 폭력적인 행동 측면에서 남성을 구별할 수 없다. 그러므로 남성 피험자들이 반사회적으로 행동하게 된 건 주로 특정한 양육 이력과 특정한 유전자형이 동시에 존재했기 때문이다.

　따라서 저활성 MAOA 변이가 있으면, 약간의 학대 혹은 심한 학대를 겪은 사람이 반사회적이고 폭력적인 행동을 할 위험이 증폭되는 듯하다. 실제로 남성 출생 코호트에서 저활성 MAOA 유전자형과 학대 경험이 결합된 사람은 전체의 12퍼센트밖에 안 됐지만, 이들이 코호트 전체의 폭력 범죄 유죄 판결 중 거의 절반(44퍼센트)을 차지했다. 즉, 문제의 "이중 위험"을 겪은 남자들은 다른 피험자들보다 강간, 강도, 폭행을 4배나 많이 저질렀다는 얘기다. 또 코호트 남성 가운데 저활성 MAOA 유전자형이 있고 심한 학대를 당했던 사람의 85퍼센트는 어떤 형태로든 반사회적인 행동을 보였다(표 14-2에 표시된 네 가지 개별 결과에 반영되어 있는 것처럼).

학대 경험이 반사회적 행동으로 발전하는 이유와 방법을 설명하기 위해 수많은 생물학적, 심리적 과정이 제시되었다. 이런 가설은 주로 호르몬, 뇌 구조와 처리 과정, 위협에 대한 민감성, 공격적이거나 비행을 저지르거나 폭력적인 경향이 있는 사람들과 시간을 보내는 성향 등을 강조한다. 하지만 이 가운데 아동 학대가 훗날 범죄 행위로 진행되는 과정을 설명할 수 있는 결정적인 증거는 없다. 이젠 다들 알고 있는 것처럼, 어떤 젊은이는 나중에 그런 식으로 바뀌지만, 그렇지 않은 젊은이도 많다. 우리 연구는 학대받은 아이들의 유전적 차이 때문에 그런 차이가 생길 수 있다는 걸 보여준다. 더니든 연구에서는 확실히 그랬다.

유전자가 운명을 결정 짓는 게 아니라는 걸 보여주기 위해, 피험자에게 "위험" 유전자(즉, 저활성 MAOA 변이)가 있어도 어릴 때 학대를 받지 않았다면, 위험도가 낮은 유전적 변이가 있는 사람들보다 폭력적이거나 반사회적인 행동을 할 가능성이 크지 않다는 걸 강조해야 한다. 사실 표 14-1의 왼쪽 끝부분을 살펴보면, 위험도가 높은 저활성 유전자 변이가 있고 학대를 받지 않은 사람은, 위험도가 낮은 고활성 유전자 변이가 있으면서 마찬가지로 학대를 받지 않은 사람에 비해 반사회적 결과 점수가 더 낮다는 걸 알 수 있다. 우리가 강조하는 작은 차이를 고려하면, 이 관찰에 너무 많은 의미를 부여하는 건 실수일 것이다. 하지만 이 작은 차이가 GXE 상호 작용에 관한 많은 연구에 생산적인 정보를 제공한 병적 소질-스트레스 또는 이중 위험 모델을 대신할 방안을 생각하도록 자극을 주는 건 사실이다.

우리가 어디로 향하는지 알아내려면, 단순히 아동 학대 같은 형태의 문제성 양육이 존재했느냐 아니냐에만 초점을 맞추지 말고, 지지적인 육아까지 고려했을 경우 그래프가 어떤 모양이 될지 생각하면서 표 14-1을 다시 살펴봐야 한다. 각 그래프의 가로축이 세로축 왼쪽으로 더 늘어나고, 왼쪽으로 이동할수록 긍정적이고 지지적인 양육이 된다고 상상해보자. 그러면 가로축의 왼쪽 끝은 매우 섬세하고 지지적이고 보호적인 양육을 나타내고 오른쪽 끝은 심한 학대를 나타낼 것이다. 이제 이렇게 조정된 사항을 염두에 두고, MAOA 저활성 그룹과 고활성 그룹의 그래프 선을 왼쪽 아래로 계속 연장시켜 보자. 그러면 어떻게 될까? 이는 환경적 역경에만 초점을 맞추면 절대 밝혀낼 수 없는 결과인데, 유전적 이유로(저활성 하위 그룹에 속해) 학대의 악영향에 가장 취약한 사람은 반대로 긍정적인 양육을 통해 가장 큰 이익을 얻을 수 있기 때문에 이 경우 반사회적 행동이 최소화된다. 우리가 사고 실험을 통해 제안한 이런 내용이 사실이라면, 병적 소질-스트레스 또는 이중 위험 모델은 GXE 상호 작용의 절반만 보여주므로 오해의 소지가 있다는 뜻일 수 있다.

어떤 사람은 역경에 취약할 수 있고, 어떤 사람은 양육 방식이나 "좋은 쪽으로든 나쁜 쪽으로든" 환경적 영향에 민감할 수 있다. 즉, 환경이 미치는 부정적 영향과 긍정적 영향에 다 민감한 것이다. 결국 우리 사고 실험에서, 활성도가 낮은 MAOA를 가진 사람은 심한 학대를 당할 경우에 가장 반사회적인 행동을 하지만 반대로 특별히 정성어린 보살핌을 받으면 반사회적 행동을 가장 적게 할 것이다. GXE와 사람-X-환경 상호 작용에 대한 전반적인 생각에 영향을 미치는 새로운 학설이 이런 가능성을 강조한다. 어떤 아이는 웰빙을 저해할 것으로 예상되는 환경적 영향과 웰빙을 촉진할 것으로 추정되는 환경적 영향에 다른 아이보다 민감하기 때문에, 이를 "차별적 민감성" 관점이라고 부른다.

제이 벨스키는 환경의 영향에 대한 아이들의 민감성이 저마다 다르다는 개념을 제안했는데, 소아과 의사이자 공중 보건 연구원인 W. 토머스 보이스W. Thomas Boyce가 2019년에 펴낸《난초와 민들레The Orchid and the Dandelion》라는 책에서 이 개념을 자세히 탐구했다. 책 제목은 두 가지 유형의 어린이를 가리킨다. 난초 어린이는 매우 민감해서 자신의 발달 경험(예: 지지적인 양육과 비지지적인 양육)이나 환경 노출(예: 빈곤과 풍요)에 매우 큰 영향을 받는다. 난초처럼 이들도 잘 돌보면 번성하지만 그렇지 않으면 죽는다. 그와 정반대 성향인 민들레 어린이는 자신의 발달이나 양육 경험에 거의 영향을 받지 않는 듯하고, 심지어 전혀 영향을 받지 않을 수도 있다. 우리는 모든 아이를 둘 중 하나로 분류할 위험이 있는 이런 유형적 접근법을 좋아하지 않는다. 표 14-1과 14-2는 환경 영향이나 발달 가소성에 대한 민감도의 기울기나 연속성을 인식할 수 있는 보다 미묘한 관점을 알려준다. 간단히 말해 어떤 아이는 극도로 민감한 반면, 덜 민감하거나 전혀 민감하지 않은 아이도 있다는 것이다.

지지적인 육아는 고려하지 않고 문제적 육아에만 집중한 우리 조사 방식을 생각하면, 차별적 민감성 프레임워크에 대한 변화도 접근법gradient approach이 더니든 연구 피험자들에게도 적용되는지는 알 수 없지만, 독자들이 발달에 대해 남들과 다른 생각을 가졌으면 하는 마음에 이 문제를 강조한다. GXE 상호 작용을 조사하는 연구를 시작할 때는 우리도 그렇게 했다. 구체적으로 말해, 우리가 진행하는 것과 같은 연구에 참여한 아이들 가운데 유전적 구성(또는 기질 같은 다른 요인) 때문에 역경에 처했을 때 가장 형편없는 기능을 보인 아이들이 지지적이거나 인지 자극이 많은 양육 환경을 경험하면 최고의 발달을 이룰 수 있다는 가능성을 인정한 것이다.

이 장을 마무리하면서, GXE 연구의 한계에 대해 한 번 더 생각해 보자. 12장과 13장에 제시된 기존의 유전성 연구(흡연과 인생 성공)와 달리, 15장처럼 아동 학대가 우울증에 미치는 차별적 영향을 조사하는 GXE 연구에서는 단일 "후보" 유전자에 초점을 맞췄다. 앞서 말한 것처럼 우리는 MAOA 다형성을 선택했는데, 이는 MAOA 다형성이 환경 노출(우리 경우에는 학대)과 상호 작용해서 성인의 반사회적 행동을 예측하는 것이 생물학적으로 타당함을 보여주는 동물과 인간의 증거 때문이었다. 그러나 이런 선택을, 웰빙을 저해하는 학대 행위와 상호 작용할 수 있는 게 MAOA 다형성뿐이라는 의미로 받아들여서는 안 된다. 12장에서 얘기했듯이 대부분의 표현형은 수많은 유전자의 영향을 받는데, 각각의 유전자가 미치는 영향은 작지만 그 어떤 것도 진리와 멀리 떨어져 있지는 않다. 그렇다면 앞으로의 과제는 GWAS 연구를 기반으로 반사회적 행동과 관련된 다양한 유전자를 포함시키고, 여기서 파생된 다유전자성 점수도 MAOA처럼 학대와 상호 작용해서 반사회적 행동을 예측하는지 알아보는 것이다.

## 15

Life Stress, Genotype, and Depression in Young Adulthood

# 청년기의 스트레스, 유전자형, 우울증

우울증은 우리가 느끼고, 생각하고, 행동하는 방식에 부정적인 영향을 미치는 흔하고 심각한 질병이다. 다행히 치료 가능한 질병이기도 하다. 우울증은 슬픔을 느끼게 하거나 기쁨을 느끼지 못하게 한다. 또 정서적으로나 육체적으로 다양한 문제를 야기해 직장과 집에서 원활히 기능할 수 있는 능력을 감소시킨다. 우울증 증상은 경미한 것부터 심각한 것까지 다양하다. 슬프거나 우울한 기분, 한때 좋아하던 활동에 대한 흥미나 즐거움을 잃음, 식욕 변화, 다이어트를 하지 않았는데 체중이 감소하거나 증가함, 잠이 들거나 계속 자는 게 어렵거나 잠을 너무 많이 잠, 에너지 손실 또는 피로 증가, 손을 비틀거나 이리저리 왔다 갔다 하는 등 아무 의미 없는 기능 장애적 신체 활동이 증가하고 움직임과 말이 느려짐, 자기가 가치 없는 사람이라고 여기거나 죄책감을 느낌, 생각하거나 집중하거나 결정을 내리기가 어려움, 죽음이나 자살을 생각함 같은 증상이 한 가지 이상 포함될 수 있다.

슬프게도 우울증은 우리 주변에 만연해 있다. 2015년에는 미국 성인 인구의 거의 7퍼센트에 달하는 1,600만 명이 지난 1년 사이에 주요 우울증을 겪었다. 미국 정신의학 협회는 심각한 우울증을 "2주 이상 기분이 우울하거나 관심사와 즐거움이 사라지고, 수면, 식사, 기운, 집중력, 자아상에 문제가 생기는 등 기능적인 변화를 반영하는 증상을 최소 네 가지 이상 겪는 것"이라고 정의한다. 또 사회생활이나 직업, 일상생활의 다른 중요한 영역에 임상적으로 심각한 고통이나 장애가 동반되어야 한다. 주요 우울증은 미국인의 삶에서 가장 많은 시간을 빼앗고, 정신적·행동적 장애를 겪으면서 보낸 시간 중 가장 많은 시간을 차지한다. 게다가 비용도 많이 든다. 1999년부터 2012년까지 미국인의 항우울제 섭취 비율이 6.8퍼센트에서 12퍼센트로 증가했다. 글로벌 우울증 치료제 시장은 2020년까지 160억 달러 이상의 가치가 있을 것으로 예상되는데, 여기에는 대마초, 알코올, 기타 비처방 약물을 통한 자가 치료는 포함되지 않는다.

우울증 유병률과 불편함을 고려하면 우울증 치료뿐만 아니라 그 원인 파악을 위해 큰 노력을 기울이는 건 당연하다. 후자는 본 장에서 논의할 과학 연구의 핵심이기도 한데, 14장에서 얘기한 것처럼 유전자의 환경별GXE 상호 작용 관점에서 살펴볼 것이다. 아동기와 청소년기의 경험이 후기 발달에 미치는 영향에 대한 우리의 관심사를 눈에 띄게 수정한 본 장에서는 성인기 경험, 특히 부정적이거나 스트레스를 받는 생활 사건에 초점을 맞춘다. 그런 경험이 우울증을 축발하는 역할을 할 수 있다는 건 잘 알려져 있다. 이런 사건은 다양한 형태를 취할 수 있다. 고용과 관련해서는 사업 실패나 해고로 직장을 잃는 것, 재정 부분에서는 투자 결과가 나쁘거나 청구액을 지불할 자금이 부족해서 빚을 지게 된 것, 사회생활 면에서는 친밀한 관계가 파탄나거나 사랑하는 사람의 죽음을 겪는 것 등이다. 또 집에 불이 나거나 다른 이유로 노숙자가 되는 등 주거지와 관련된 사건도 우울증을 축발할 수 있다. 물론 암이나 다른 말기 질병 진단을 받거나 몸이 심각하게 쇠약해지는 등 건강과 관련된 부정적인 사건도 있다.

우울증을 예측할 수 있는 부정적인 생활 사건의 영향력은 14장에서 다룬 아동 학대가 남성의 폭력적인 행동에 미치는 영향과 비슷하다는 사실이 밝혀졌다. 심각한 인생 사건이 우울증에 미치는 영향에 관한 연구 결과는 일관성이 없을 뿐 아니라, 모든 사람이 똑같은 역경에 똑같이 반응하지 않는다는 건 잘 알려진 사실이다. 여기서도 우리는 결정론적 효과가 아닌 확률론적 효과를 다루게 된다. 이런 관찰 결과를 보니 더니든 연구 피험자들이 26세 때 실시한 인터뷰가 기억나는데, 당시 샬롯과 올리비아(가명)라는 두 여성에게 그들의 사회적 관계에 대해 물었다. 둘 다 최근에 남자친구와 이별했고, 둘 다 상대방에게 차인 상태였다. 연인관계가 몇 년 동안 지속되었기 때문에 이 젊은 여성들은 장기적인 미래, 어쩌면 결혼할 가능성도 있다고 믿고 있었다. 그런데 샬롯은 그 경험 때문에 정서적으로 황폐해져서 우리가 더니든 연구에 참여한 26세 젊은이들을 대상으로 진행한 표준 정신과 인터뷰에서 주요 우울증에 대한 기준을 충족한 반면, 올리비아는 이 스트레스 요인에 대한 회복력이 있음을 증명했다. 그녀도 물론 관계가 잘 풀리지 않은 것에 실망했지만 깊은 실의에 빠지지는 않았다. 샬롯과 달리 올리비아는 앞으로 자기를 사랑해줄 남자를 절대 찾지 못할 것이고 어쩌면 평생 혼자 살아야 할지도 모른다는 생각을 하지 않았다. 실제로 올리비아는 "바다에는 물고기가 많다"고 말하면서 다소 낙관적인 태도를 보였다.

이런 관찰은 심각하고 부정적인 생활 사건이 우울증의 "위험 요소"라는 걸 분명히 한다. 하지만 인과관계의 측면에서 생각하면, "위험 요소"라는 용어 자체는 중요하지만 자주 오해되는 사실을 전달한다. 그러니 8장과 14장에서 강조한 내용을 다시 살펴보자. 가까운 관계가 파경을 맞거나 하면 우울해질 확률이 높지만, 반드시 그렇게 되는 건 아니다. 실제로 그런 위험은 일반적으로 다른 위험 조건이 공존할 때만 실현된다는 걸 알고 있다. 예를 들어, 어떤 관계가 원치 않는 방향으로 끝난 것과 직장을 잃거나 사랑하는 사람의 죽음 같은 또 다른 심각한 생활 사건이 겹치면 우울증에 걸릴 확률이 높아진다.

14장에서 소개한 정신병리학의 소질-스트레스(또는 이중 위험) 모델을 통해 정보를 얻은 우리 연구에서는, 심각한 생활 사건의 축적뿐 아니라 유전적 구성의 차이로 어떤 사람은 역경에 굴복하는 반면 다른 사람은 그렇지 않을 가능성에 대해 조사했다. 다시 말해, 유전자형은 여전히 소질(체질)이며, 살면서 부정적인 생활 사건을 많이 겪으면 우울증에 걸리기 쉽게 한다. 하지만 역경이 발생하지 않으면 그런 취약성이 실현되지 않거나 실현될 가능성이 낮아진다. 이번에도 우리는 우울증이 촉발되려면 "손바닥도 마주쳐야 소리가 난다"(부정적인 생활 사건 같은 역경과 특정한 유전적 구성)는 이론을 세웠다. 그러니까 이렇게 일관성 없이 감지되는 우울증의 상관관계가 모두 GXE 상호 작용을 연구하는 우리 발달 탐정들에게 단서인 셈이다.

## 어떤 유전자인가?

★

14장에서는 MAOA 다형성에 초점을 맞춘 GXE 상호 작용에 관한 초기 연구를 다시 검토했는데, 이는 폭력적 행동과 관련된 이론과 증거 때문이었다. GWAS 기반의 다유전자성 점수가 "확실한" 전략으로 자리 잡기 전인(이것도 12장에서 자세히 얘기했다) 2000년대에 이런 상호 작용을 조사하는 후보 유전자 연구를 진행할 때는, MAOA가 청년기에 발생하는 우울증의 원인을 연구하기에 적절한 후보가 아니었다. 그래서 또 다른 다형성인 세로토닌 수송체(5-HTTLPR이라고도 한다)에 초점을 맞췄다. 세로토닌 수송체는 짧은 형태(s)와 긴 형태(l)의 두 가지 버전이 있다. 우리는 모두 부모에게서 그런 대립 유전자 변이체를 하나씩 물려받는다. 그래서 결과적으로 HTTLPR은 ss나 ll, sl의 형태를 취할 수 있다. 양쪽 부모에게서 동일한 대립 유전자(이 경우 l 또는 s)를 물려받은 사람은 "동형접합체"라 하고, 각각 하나씩 물려받아서 sl인 사람은 "이종접합체"라 한다.

우리가 우울증의 원인에 대한 연구를 하면서 5-HTTLPR을 유전적 핵심으로 선택한 이유는 그 기능성에 대한 증거와 이것이 스트레스에 대한 반응을 완화(즉, 수정)한다는 걸 보여주는 연구 때문이다. 세포 수준의 기능을 살펴보면, 짧은 대립 형질은 뇌의 뉴런 두 개를 연결하는 시냅스에서 신경 전달 물질인 세로토닌의 "흡수"를 감소시키고, 긴 대립 형질은 세로토닌 흡수를 증가시킨다. 그러니까 이 두 가지 변이는 뇌의 시냅스에 이 신경 전달 물질이 얼마나 오래 남아 있는가에 차별적으로 영향을 미친다. 오래 남아 있을수록 세로토닌의 진정 효과가 크다고들 생각한다. 그렇다면 짧은 대립 형질을 가진 사람, 특히 그걸 두 개나 가진 사람은 세로토닌의 진정 효과 혜택을 많이 못 받으므로 우울증에 걸릴 위험이 높다는 걸 시사하는 듯하다.

이런 추측 외에도, 세로토닌 수송체의 다형성 변이가 우울증과 관련이 있다고 믿는 실증적인 이유가 있다. 사실 앞에서 얘기한 짧은 대립 형질을 우울증과 직접 연결시키는 일관성 없는 증거를 보완하는 게 있으니, 바로 세로토닌 수송체의 변이가 스트레스와 상호작용해서 우울증과 유사한 행동이나 우울증과 관련된 생리적 반응을 유도한다는 반복적 징후다. 이와 관련해 먼저 동물 연구부터 살펴보자. 짧은 대립 형질이 하나 또는 두 개 있는 쥐는 긴 대립 형질 두 개를 가진 쥐에 비해 스트레스를 받았을 때 스트레스 호르몬이 많이 증가하고 두려워하는 행동도 많이 보이지만, 스트레스가 없는 상황에서는 유전형으로 인한 이런 정서적, 생리적 기능 차이가 나타나지 않는다. 이번에는 매우 사회적인 원숭이 종인 히말라야원숭이에 대한 연구를 살펴보자. 이 연구는 짧은 대립 형질을 가진 동물이 스트레스가 심하고 사회적으로 고립된 환경에서 자라면, 긴 대립 형질을 가진 동형접합체보다 세로토닌 활성이 감소하는 걸 보여준다. 하지만 이렇게 유전적 구성이 다른 원숭이들을 자랄 때 한 우리에 넣자, 신경 전달 물질의 차이가 관찰되지 않았다. 마지막으로, 인간의 신경 영상 연구는 짧은 대립 형질이 하나 또는 두 개인 사람은 동형의 긴 대립 형질만 있는 사람에 비해 스트레스에 반응하는 뇌 부위인 편도체의 신경 활동이 많다는 걸 보여준다. 어느 경우에나 유전적 변이 때문에 행동과 생리 기능에 차이가 나타나지만, 이는 스트레스가 심한 상황에서만 그렇다. 이는 당연히 GXE 상호 작용의 증거다.

우리는 우울증 원인을 조사하는 이 연구를 시작할 당시에 이용할 수 있었던 증거를 바탕으로, 5-HTTLPR 변이 때문에 스트레스를 받는 상황에서 정신병리학적 반응이 완화되는 것이라고 생각했다. 그래서 짧은 대립 형질 두 개를 보유한 피험자가 스트레스가 심한 생활 사건들을 겪으면 우울증에 걸리거나 우울증 증상을 보일 가능성이 가장 높고, 짧은 대립 형질이 하나 있는 사람도 짧은 대립 형질이 전혀 없는 사람(ll 보유자)에 비하면 그럴 가능성이 높을 거라는 구체적인 가설을 세웠다. 또 앞서 인용한 연구와 일관되게, 피험자가 부정적인 생활 사건을 겪지 않으면 우울증 측면에서는 s와 l 보유자 사이에 차이가 없을 거라고도 예측했다. 다시 말해, 부정적인 생활 사건에 대한 노출 범위가 증가하면(그런 사건이 전혀 없는 상황부터 하나, 둘, 셋, 네 가지 이상으로 증가) ss, sl, ll 보유자 사이의 우울증 차이가 점점 더 뚜렷해질 테고, 특히 스트레스가 극심한 상황이 발생하면 s 보유자는 ll 보유자보다 심한 정신질환 증상을 보일 것이다.

# GXE 상호 작용 테스트

★

우리 예측을 테스트하기 위해, 피험자들의 유전자형을 확인한 다음 데이터 보관소에 수집해둔 부정적인 생활 사건과 우울증에 대한 정보를 찾았다. 그리고 부정적인 인생 사건에 대한 노출과 경험을 평가하기 위해 생활사 달력이라는 걸 개발했다. 이는 피험자들이 자기 인생의 타임라인을 연 단위와 월 단위로 되짚어보면서, 우리와 마지막으로 만난 뒤 본인에게 있었던 일을 검토하는 과정이다. 이는 본인에게 이런저런 일이 있었느냐고 묻거나 일정 기간 동안 어떤 문제가 발생하지 않았느냐고 묻는 것보다 인생 경험에 대한 정보를 수집하는 데 훨씬 정확한 방법이라는 게 입증되었다. 그래서 26세가 된 피험자들과 만났을 때, 21세 생일부터 26세 생일까지 최근 5년 동안의 생활사 달력을 작성하게 했다.

이들이 보고 및 기록한 사건 가운데 고용 문제(장기 실업, 정리 해고, 회사 이전으로 인한 실직, 해고 등), 재정 문제(빚 때문에 재산 압류, 식비나 생활비 부족, 의료비 부족, 공과금 납부 어려움 등), 주거 문제(노숙이나 잦은 거주지 변경), 건강 문제(한 달 이상 지속되는 심한 신체적 질병, 장애를 유발하는 부상 등), 관계 문제(신체적 폭력을 가하는 사람과 관계를 맺고 있거나 같이 살던 친한 사람과의 결별) 같은 부정적이거나 스트레스가 심한 사건을 식별했다. 전체적으로 볼 때, 피험자의 30퍼센트는 과거 5년 동안 스트레스가 심한 생활 사건을 전혀 겪지 않았고, 25퍼센트는 한 번, 20퍼센트는 두 번, 11퍼센트는 세 번, 15퍼센트는 네 번 이상 겪었다.

우울증을 평가할 때는 26세 때 실시한 표준 정신과 인터뷰에 의존했는데, 이 인터뷰는 생활 사건 정보를 수집할 때 관여하지 않은 사람이 진행했다(사전 지식 때문에 판단이 치우치는 일이 없도록 하려고). 이 인터뷰는 최근 12개월 동안 경험한 우울감에 초점을 맞췄다. 이전에 정의한 것처럼, 주요 우울증에 대한 공식적인 정신과 진단과 함께 우울증 증상(예: 잠을 잘 수 없다, 항상 걱정이 많다 등) 가짓수를 지속적으로 측정했다. 전체 피험자의 17퍼센트(여성 58퍼센트, 남성 42퍼센트)는 전년도에 주요 우울증 기준을 충족했다. 이 비율은 같은 연령과 성별에 대해 미국에서 기록된 비율과 비슷하다.

주요 우울 장애의 진단 결과와 우울증 증상 가짓수에 대한 GXE 가설을 따로따로 테스트하는 것 외에 자살 성향도 조사해보니, 피험자의 3퍼센트가 우울증 증상을 겪으면서 자살 시도를 하거나 계속 자살을 고민했다고 보고했다. 마지막으로, 피험자들이 26세 때 그들을 잘 아는 주변인들에게 우편으로 설문지를 보내서 피험자에 대한 정보를 얻었는데, 이때 무엇보다도 "우울하고, 비참하고, 슬프고, 불행하다고 느낌", "아무도 그들을 사랑하지 않는다고 느낌", "외로워 보이는 모습", "자살에 대한 이야기" 등 네 가지 증상을 평가해 달라고 요청했다. 그렇게 해서 우울증의 네 가지 지표인 우울증 증상 가짓수, 주요 우울증 진단, 자살 생각이나 시도 횟수, 친구나 가족의 우울증 평가를 손에 넣었다.

이런 데이터를 확보했으니 이제 GXE 가설을 시험할 준비가 거의 다 되었지만, 그전에 부정적인 생활 사건을 많이 겪거나 적게 겪은 피험자들이 유전적으로 서로 다른지 확인해야 했다. 이들이 유전적으로 서로 다르다면(예를 들어, 짧은 대립 형질 동형접합체인 이들이 다른 사람보다 부정적인 생활 사건을 많이 겪었다면) 14장에서 얘기한 유전자-환경 상관관계의 가능성이 높아지고 또 선택 효과도 발생할 수 있다. 사실 짧은 대립 형질이 있거나 없는 피험자들이 부정적인 생활 사건에 대한 경험 면에서도 차이가 있다면, 우리는 GXE 조사를 진행할 수가 없었다. 하지만 다행히 그렇지는 않았다. 어떤 사람의 5-HTTLPR 유전자형을 안다고 해서 그의 부정적인 인생 경험에 대한 통찰을 얻을 수는 없었다. 유전자형은 환경과 독립적이기 때문이다.

우리 가설을 직접 시험하기 위한 첫 번째 단계에서는 가설을 뒷받침하는 결과가 나왔다. 부정적인 생활 사건을 많이 겪을 경우, l 대립 형질이 2개인 사람보다 s 대립 형질(ss 또는 sl)을 가진 사람이 우울증 증상을 더 많이 겪게 될 것으로 예측된 것이다. 이는 그들이 21세 때 측정한 우울증 증상의 영향을 고려해도(즉, 통계적으로 배제) 마찬가지였다. 이 후자의 결과는 26세에 나타나는 우울증 증상에 대한 GXE 예측을 통해, 예전에 앓은 우울증이 훗날의 우울증을 초래했다고 여길 수는 없다는 것이다. 사실 이는 스트레스가 심한 인생 사건을 많이 겪으면, 짧은 대립 형질을 가진 이들은 21세부터 26세까지 우울증 증세가 증가한다는 걸 예측했다는 뜻이다. 표 15-1의 A에서 알 수 있듯이, ss 동형접합체의 경우 부정적인 인생 사건과 심한 우울증 증상 사이의 연관성이 가장 강해서 역경에 가장 취약하고, ll 동형접합체는 이런 연관성이 가장 약해 역경에 처해도 회복할 수 있으며, sl 동형접합체는 이 두 그룹 중간에 위치한다. 분명한 건, s 대립 형질이 많을수록 부정적인 생활 사건을 많이 겪었을 때 그 악영향이 커진다는 것이다.

또 하나 주목할 만한 건, 우리가 주요 우울증이 발생할 위험(표 15-1의 B), 자살에 대해 생각하거나 시도할 가능성(표 15-1의 C), 피험자에 대해 잘 아는 정보 제공자의 우울증 증상 보고(표 15-1의 D) 등 우울증을 측정하는 다양한 방법을 고려할 때 동일한 패턴의 결과가 나왔다는 점이다. 모든 경우에 s 대립 형질 보유자, 특히 ss 동형접합체는 ll 동형접합체보다 부정적인 생활 사건의 악영향을 많이 받는 것으로 판명되었다. 하지만 피험자들이 스트레스성 생활 사건을 전혀 혹은 거의 보고하지 않았을 때는 우울증에 유전적 차이가 드러나지

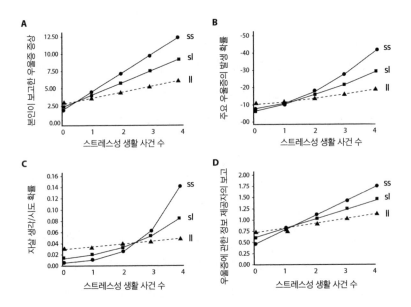

| **표 15-1** | 5-HTT 유전형(s = 짧은 대립 형질, l = 긴 대립 형질)에 따른 스트레스성 생활 사건 수(21~26세)와 16세 때의 우울증 관련 결과의 연관성.

A. Caspi, K. Sugden, T. E. Moffitt, A. Taylor, I. W. Craig, H. Harrington, J. McClay, J. Mill, J. Martin, A. Braithwaite, R. Poulton(2003). '생활 스트레스가 우울증에 미치는 영향: 5-HTT 유전자의 다형성에 의한 조절', 〈사이언스〉, 301, 386-389, 그림 1. AAAS의 허가하에 게재.

않았다. 따라서 우울증을 측정하는 방법에 상관없이, 고전적인 병적 소질-스트레스와 관련된 GXE 상호 작용이 나타났다.

## 가능성 있는 대체 설명

★

처음 나온 GXE 결과가 아무리 확실하다 해도, 우리는 s 대립 형질 보유자가 우울증에 미치는 부정적인 생활 사건의 악영향에 더 민감하게 반응하는 것이 다른 이유 때문일 수 있다는 사실을 인정했다. 이는 부정적인 생활 사건을 비교적 많이 겪은 피험자들이 유전적으로 서로 다르고 그 사실이 스트레스성 생활 사건의 노출에 영향을 미쳐도 우리가 공유한 결과가 그대로 나오기 때문이다. 만약 그렇다면, 환경 스트레스에 대한 척도가 사실은 환경 척도로 "가장한" 유전적 구성 척도일 수도 있다는 얘기다. 이런 사고 실험을 생각해 보자. 많이 먹는 사람이 적게 먹는 사람보다 몸무게가 많이 나간다는 사실을 알아냈는데, 많이 먹는 게 유전적 구성 때문임이 밝혀졌다고 가정하자. 그렇다면 유전적 구성은 무시하고 경험적 지표로만 식사 척도를 개념화하는 건 실수일 것이다.

이 특정 유전적 요인이 스트레스성 생활 사건과 관련이 없다는 걸 깨닫고는 잘못 지정된 5-HTTLPR은 배제시켰지만, 우리가 측정하지 않은 다른 유전자가 여전히 존재할 가능성은 남아 있다. 만약 그렇다면, 우리 연구 결과는 GXE 상호 작용이 아니라 유전자-X-유전자GXG 상호 작용의 결과물일 것이다. 우리가 추정한 환경 지수

("E")가 사실은 G, 유전 척도이기 때문이다. 우리가 유전성 연구 프로그램 초기에 우울증 연구를 진행할 때는 가능한 모든 유전자에 대한 측정값이 없었기 때문에 이 문제를 직접 해결할 수 없었다.

그러나 대체 GXG의 가능성을 간접적으로 평가할 수는 있겠다는 생각이 들었다. 대체 GXG 설명이 우리의 명확한 GXE 결과의 원인이 되려면 주요 우울증이 발생한 뒤에 부정적인 생활 사건이 벌어지더라도 우울증을 예측할 때 그 생활 사건이 5-HTTLPR과 상호 작용해야 한다. 이는 예측(나중에 생길 어떤 일을 미리 예상하는 것)이 아니라 과거의 어떤 일(우울증)을 예측하는 미래의 환경적 경험(부정적인 생활 사건)을 반영한 것이기 때문에, 논리적으로 불가능한 사후 예측 사례가 될 것이다. 그러나 우리의 생활 사건 척도가 환경 스트레스를 제대로 반영했고 유전적 구성의 위장된 지표가 아니라면, 우울증과 관련된 생활 사건이 발생한 타이밍이 중요할 것이다. 실제로 예측 변수와 결과는 인과관계와 일치하는 방식으로 "일시 정렬"될 텐데, 그러면 예상되는 원인인 생활 사건이 예상되는 결과인 우울증보다 먼저 발생하게 된다. 다시 말해, 우리가 이미 알아낸 것처럼 먼저 발생한 생활 사건이 유전자 구성과 상호 작용해서 나중에 발생할 우울증을 예측한다면, 그리고 아직 확실히 밝혀지지는 않았지만 나중에 발생한 생활 사건이 먼저 발생한 우울증을 사후 예측하기 위해 유전적 구성과 상호 작용하지 않는다면, GXE 증거에 대한 우리의 해석을 뒷받침하는 결과가 나올 것이다.

이 후자의 문제를 실증적으로 해결하기 위해 원래의 통계 분석을 다시 실시했는데, 이번에는 26세 때 측정한 우울증 대신 18세와

21세 때 측정한 우울증을 설명할 결과로 사용했다. 이 두 가지 추가 분석에서, 아마도 G를 반영하는 듯한 나중에 일어난 생활 사건이 5-HTTLPR과 상호 작용해서 먼저 발생한 우울증을 사후 예측하는지 확인했다. 결과는 나중에 발생한 사건이 유전적 구성과 상호 작용해서 이전에 발생한 우울증을 진단하지 않았다는 점에서 우리의 원래 GXE 해석과 일치했다. 이런 무위 결과를 원래의 GXE 결과와 함께 고려하자, 우리가 GXE로 가장한 GXG 상호 작용을 다룬 게 아니라는 확신을 얻을 수 있었다.

## 결론

★

    GXE 상호 작용을 조사하는 두 번째 연구에서, 환경과 유전의 영향을 따로 조사한 기존 연구가 정신 건강을 예측하는 데 일관성이 없는 것으로 판명된 한 가지 이유는, 유전적 구성 때문에 남들보다 역경의 영향에 민감한 사람이 있기 때문이라는 증거를 추가로 발견했다. 이런 관찰은, 유전자를 이런저런 질병이나 정신질환과 관련해서가 아니라 잠재적인 환경 영향에 대한 민감성과 관련해서 생각할 때 더 큰 과학적 발전이 이루어질 가능성이 높아지기 때문에 중요하다. 이는 14장 마지막 부분에서 소개한 차별적 민감성의 관점과도 일치하는 견해다. 이런 관점은 어떤 사람은 긍정적 또는 부정적인 환경 노출과 발달 경험에 남들보다 민감할 수 있다는 가능성을 제기했다. 그러니 과학이 어떤 질병이나 병폐를 "암호화"하는 것으로 추정되는 유전자뿐만 아니라, 독소나 생활 스트레스 요인 같은 환경의 공격이나 또는 양질의 교육이나 긍정적인 생활 사건 같은 지원에 대응하는 방식을 형성하는 유전자까지 식별하려고 하는 모습을 상상해보자. 이런 유전자를 식별할 수 있다는 사실이 입증된다면, 역경에 굴복할 가능성이 가장 높은 사람을 찾아내 그 상황을 예방하거나 풍요로운 상황에서 이익을 얻을 가능성이 높은 사람을 찾아내 그 상황을 강화할 수 있다.

우리나 다른 사람들이 보기에 여러 생활 사건에 대한 노출과 5-HTTLPR 짧은 대립 형질 보유자를 연결하는 GXE 결과가 아무리 흥미롭고, 또 연구 결과가 정신병리학의 오래된 이론인 병적 소질-스트레스 모델과 일치한다고 해도, 우리 GXE 연구에 이의를 제기하는 사람이 전혀 없었던 건 아니다. 이 결과를 실제 상황에서 활용할 수 있다고 시사하기 전에 다른 연구진이 우리 연구 결과를 재현할 수 있어야 한다고 분명히 밝혔는데도, 우리는 걷잡을 수 없이 밀려드는 비판의 물결과 맞닥뜨렸다. 비판 중에는 꽤 합리적인 내용도 있었지만(완벽한 과학 연구는 드물다) 대부분은 비과학적 요인에 자극을 받은 비판인 듯했다. 그런 비판에 맞서 우리를 옹호해준 많은 동료는, 유전자에만 집중한 연구(유전자형-표현형 연구)가 대부분 실패한 지점에서 환경의 중요성을 강조하는 우리 비공식 유전학자들이 성공을 거뒀기 때문에 공격을 당한 것이라고 생각했다. 게다가 우울증에 영향을 미치는 건 유전적 요인만이 아니라 GXE의 상호 작용이라는 걸 보여준 우리 연구 결과는 유전이 운명이 아니라는 걸 다시금 증명했는데, 이는 몇몇 사람들의 지적 성취를 뒤흔드는 관찰이었다.

우리 논문이 발표된 후 몇 년 동안 많은 추가 연구가 진행되었다. 많은 이가 분명히 깨닫게 된 한 가지 사실은, 생활 사건이나 5-HTTLPR, 우울증과 관련된 GXE 상호 작용 연구의 문제가 이제는 잘 알려진 후보 유전자 연구의 한계(12장 내용 참조)와 관계가 있다는 것이다. 또한 우리처럼 생활사 달력 데이터 수집 방법을 이용해서 신중하고 면밀한 인터뷰를 진행한 게 아니라 체크리스트에만 의존하는 바람에 스트레스성 생활 사건을 잘못 측정한 것과도 관련이 있다.

우리 연구 결과를 되짚어보니, 계속 조사해봐야 할 문제가 최소 두 가지 더 있었다. 하나는 환경 노출과 관련이 있었고, 다른 하나는 유전자형 문제였다. 전자와 관련해서는, 짧은 대립 형질을 가지고 있으면 스트레스가 심한 생활 사건에 여러 번 직면했을 때 우울증에 걸릴 확률이 높아진다는 증거를 고려할 때, 성인기뿐만 아니라 어린 시절에도 역경이 비슷한 방식으로 작용하는지 궁금했다. 그래서 14장에서 설명한 아동 학대 척도를 활용해서, 주요 우울증 발생 위험을 예측할 때 이것도 5-HTTLPR과 상호 작용하는지 확인해봤다. 표 15-2에서 명확하게 알 수 있는 것처럼, 여기에서도 기본적으로 스트레스가 심한 생활 사건과 관련된 이전 조사 결과가 그대로 반영되었다(표 15-1의 B). 이는 청년기에 우울증에 걸릴 위험과 관련해 어떤 개인(5-HTTLPR 짧은 대립 형질 보유자)은 두 가지 다른 삶의 단계에서 겪은 두 가지 역경(어린 시절의 학대와 청년기의 스트레스성 생활 사건)에 더 민감하다는 것을 의미한다.

두 번째로 궁금한 건 역경에 직면했을 때 우울해질 위험이

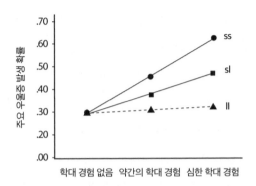

| 표 15-2 | 5-HTT 유전형(s = 짧은 대립 형질, l = 긴 대립 형질)에 따른 아동 학대(3~11세)와 성인 우울증(18~26세)의 연관성.

A. Caspi, K. Sugden, T. E. Moffitt, A. Taylor, I. W. Craig, H. Harrington, J. McClay, J. Mill, J. Martin, A. Braithwaite, R. Poulton(2003). '생활 스트레스가 우울증에 미치는 영향: 5-HTT 유전자의 다형성에 의한 조절', 〈사이언스〉, 301, 386-389, 그림 2. AAAS의 허가하에 게재.

5-HTTLPR하고만 관련이 있고, 어릴 때 학대당한 경험 때문에 나중에 폭력성이 커지는 남성과 연관된 것으로 밝혀진 다른 후보 유전자와는 관련이 없는지 여부였다(14장). 즉, MAOA 다형성은 우울증을 예측할 때, 5-HTTLPR이 부정적인 생활 사건과 상호 작용할 때처럼 이중 위험 방식으로 스트레스가 심한 생활 사건과 상호 작용했는가? 결과는 그렇지 않다는 걸 보여주었다. 즉 스트레스를 많이 받는 여러 생활 사건에 노출되었을 때 우울증에 굴복하는 유전적 특수성이 존재하는 것이다.

본 장의 많은 부분에서는 청년기에 우울증을 앓는 것과 관련해 5-HTTLPR 짧은 대립 형질 보유자가 역경에 처했을 때 보여주는 불균형한 취약성을 강조했지만, 그 결과가 회복력에 대해서 얘기하는 내용도 놓치지 말아야 한다. 14장에서 얘기했듯이, 역경의 부정적 영향에 굴복하지 않도록 개인을 보호하는 요인이나 힘과 관련해서는 좋은 친구를 사귀는 것 같은 환경적 요인이나 높은 IQ와 유머감각 같은 개인적 특성에 집중하는 경우가 많다(물론 이건 불합리한 게 아니다). 본 장과 14장에서 다룬 GXE 연구에서 분명하게 드러나는 건 유전적 구성도 고려해야 한다는 것이다. 더니든 연구 피험자들의 경우, 긴 5-HTTLPR 대립 형질을 하나 혹은 두 개 가지고 있으면 청년기의 부정적인 생활 사건과 아동기의 학대가 미치는 "우울증 유발" 효과에 상대적으로 면역이 되는 듯하다. 이런 결과를 생각하면, 부모님을 선택할 수 없다는 사실이 너무나 안타까울 것이다!

## 16

Epigenetics, or Genes as Dependent Variables

# 후성유전 또는
# 종속 변수로서의
# 유전자

지금까지 이 책의 15개 장을 거치는 동안, 아이들 수천 명의 성장 발
달 과정을 추적한 연구 결과를 설명하면서 되도록 어려운 과학 용어
를 쓰지 않으려고 노력했다. 하지만 본 장의 제목에서 분명히 드러
나듯, 이제 그 관행에서 약간은 벗어날 필요가 있다. 과학적 용어로
표현하자면, 아동기 초기의 기질 같은 몇몇 요인이나 아동기 중기에
집단 괴롭힘을 당하는 등의 경험이 발달의 일부 측면(예: 반사회적 행
동이나 우울증 등)을 예측하고 어쩌면 발달에 영향을 미칠지도 모른다
는 사실과 그 방식을 조사할 때, 여기서의 예측 변수를 독립 변수라
고 하고 예측되는 결과를 종속 변수라고 한다. 이는 예측되는 현상
(예: 공격성 정도)이 독립 변수(예: 괴롭힘을 당하거나 당하지 않음)에 따라 달
라진다는 가정에 기초한다.

12~15장에서 논의한 모든 유전 연구에서는, 인간발달을 독립적

인 구조로 생각할 때 흔히 그러는 것처럼 유전자를 어떤 표현형의 예측 변수로 간주했다. 앞서 살펴본 것처럼, 유전자는 12장(흡연)과 13장(인생 성공)에서처럼 단독으로 기능하거나 14장(아동 학대)과 15장(스트레스성 생활 사건)에서처럼 어떤 환경 조건과 상호 작용해서 예측 변수 역할을 할 수 있다. 사실 유전자는 대부분 "제1 원인"으로 간주되는데, 이는 유전자가 수정되는 순간부터 존재해서 모든 표현형의 발달보다 선행하기 때문이다. 그러므로 유전자는 유일한 영향원은 아닐지 몰라도 개인이 발달하는 방식 대부분에 영향을 미치는 것으로 생각된다. 그러나 이 장에서는 발달 경험과 환경 노출이 실제로 유전자 기능에 영향을 미쳐서, 마치 제1 원인인 독립 변수가 종속 변수로 바뀌는 듯한 마법 같은 가능성을 생각해볼 것이다! 인간발달을 연구하는 이들이 볼 때, 이는 유전자가 심리적 현상과 행동적 현상에 영향을 미치는 방식에 대한 다소 급진적인 견해다. 실제로 이는 환경의 영향을 연구하는 후성유전학이라는 완전히 새로운 유전학 분야를 정의하는 역할을 했다.

후성유전학은 인간발달을 연구하는 이들에게도 비교적 새로운 분야지만, 실제로는 상당한 역사를 가진 탐구 분야다. 한때 생명의 가장 큰 미스터리 중 하나였던 걸 이해하는 데 핵심적인 역할을 하기도 한다. 눈과 귀, 다리뼈 혹은 심장 세포는 자기가 다른 종류의 세포가 아닌 바로 그 세포가 되어야 한다는 걸 어떻게 "알고" 있을까? 왜 심장 세포는 눈에 나타나지 않고, 왜 심장에는 눈 세포가 없는가? 발생학자들은 이런 의문에 대한 답이 유전자의 발현 차이와 관련이 있다는 걸 오래전부터 알고 있었다. 어떤 세포가 이두근이나 대퇴골

이 아닌 심장 근육으로 발달하는 건, 특정 유전자가 켜지고 발현되면서 단백질 생성을 자극해 유전 영향 과정을 촉발하는 반면, 다른 유전자는 유전 영향의 단백질 생성 과정에 영향을 미치지 않기 위해 꺼져 있기 때문이다. 이는 신체의 모든 세포가 동일한 알파벳 유전자를 가지고 있지만 특정 "단어"(신체 부위)의 "철자"를 쓸 때는 특정한 "문자"만 사용하는 것과 비슷하다. 은유적으로 표현하면, 특정한 문자만 입력해서 심장이라는 단어를 만들고, 다른 문자를 입력해 이두근을 만들고, 또 다른 문자로 대퇴골을 만드는 식이다. 이 모든 일이 태아가 발달하는 발생기(배아기)에 진행된다. 수정란이 자궁 내벽에 착상한 직후의 이 짧은 기간 동안 신체의 모든 부분이 정의되는 것이다.

발생학적 후성유전학의 관점에서 보면, 세포는 일단 심장, 이두근, 대퇴골 세포로 정의되면 그 뒤에는 (암이 발생하지 않는 한) 아무것도 변하지 않는다. 따라서 오래된 세포가 죽기 전에 새로운 대체 세포를 만들기 위해 분열할 때, 모든 "딸" 세포는 "부모" 세포와 동일한 알파벳 명령을 물려받는다. 그러므로 후속 세대의 심장, 이두근, 대퇴골 세포 유전자는 1세대와 똑같은 방식으로 발현된다. 최근까지 후성유전학에 대해 우리가 알고 있는 사실은, 특정한 유전자가 켜지고 발현되면서 다른 유전자는 영구히 꺼지는 발생기(배아기)에, 개인의 유전자를 완전히 보완한 특정 세포가 신체의 독특한 부분을 구성한다는 것이다.

그러나 21세기 초에 정말 획기적인 이론이 등장하면서 이렇게 확립되어 있던 후성유전학의 견해에 근본적인 이의를 제기했다. 캐나다 맥길 대학의 마이클 미니Michael Meany가 이끄는 연구팀은 "어미" 쥐가 갓 태어난 "새끼"를 대하는 방식이 새끼의 유전자 발현에 영향을 미쳐서, 새끼 쥐가 자라는 동안 덜 불안한 모습을 보이게 된다는 걸 알아냈다. 어미가 갓 태어난 새끼를 많이 핥아주고 털 손질을 많이 해줄수록, 쥐의 스트레스에 대한 생리적 반응을 담당하는 것으로 알려진 특정 유전자의 발현이 꺼져서 갈수록 불안감이 줄어들었다. 좀 더 구체적으로 말하면, 어미가 새끼를 많이 핥아주거나 털을 다듬어줄수록 스트레스 관련 유전자에 붙어 있는 메틸기methyl group가 화학적으로 "꺼져서" 결과적으로 새끼가 스트레스에 강해지는 것이다. 유전자 발현에 영향을 미치는 다른 방법도 있지만, 인간을 대상으로 한 연구 중에는 유전자 발현을 차단하는 이 DNA 메틸화 과정에 대한 연구가 가장 많이 이루어져 있기 때문에 본 장에서도 여기에 초점을 맞춘다. 하지만 메틸화는 후성유전이나 유전자 발현의 동의어가 아니다. 그보다는 유전자 발현을 조절하는 여러 후성유전체 메커니즘 중 하나이며, 따라서 발달 경험과 환경 노출의 영향을 받아서 표현형 발달에 영향을 미칠 수 있다.

미니의 연구가 인간발달 연구자들에게 안겨준 흥분은 설명하기 힘들 정도다. 저명한 한 학자는 매달 수천 명의 심리학자와 행동 과학자들에게 발송되는 미국 심리과학 학회지에, 육아가 유전자 발현에 미치는 영향과 그것이 다시 심리와 행동 발달에 미치는 영향에 대한 글을 기고하기도 했다. 그러나 이 학자는 해당 연구가 인간에게 미치는 잠재적인 영향에 너무 흥분한 나머지, 문제의 연구가 쥐를 대상으로 진행되었다는 사실을 알리지 않았다! 이렇게 쥐에 관한 연구 결과가 인간에게도 적용되는 것처럼 (필요한 주의를 기울이지 않은 채) 함부로 일반화하는 건 드문 일이 아니다. 또 2009년 6월 26일자 〈뉴스위크Newsweek〉에서 이 설치류 연구와 그것이 인간발달 과정에서 의미하는 바를 표지 기사로 다룬 것도 주목할 만하다. 그 이유는 쉽게 알 수 있다. 오랫동안 인정되어 온 것처럼 유전자만 발달에 영향을 미치는 게 아니라(제1 원인인 독립 변수로서), 이제 양육 같은 발달 경험도 DNA 메틸화에 영향을 주어 유전자 발현과 결과적으로 인간발달에까지 영향을 미칠 수 있는 것처럼 보인다. 유전자가 종속 변수가 된 것이다! 유전자는 여전히 발달에 영향을 미치는 원천이지만, 이제 발달 경험이나 환경 노출 같은 다른 영향원에 의해 영향을 받을 수도 있다. 이렇게 본 장에서 해당 주제를 다루는 동안 아동기가 인간발달에 미치는 영향이라는 주제로 돌아가게 되는데, 이번에는 연구 범위를 확대해서 인생 초반의 발달 경험과 청소년기 그리고 인생 후반의 정신질환을 연결하는 후성유전의 역할을 고려할 것이다.

설치류 연구에 자극을 받아 환경이 인간의 DNA 메틸화에 미치는 영향을 기록한 증거가 과학 문헌에 자주 등장하게 되자, 우리는 발표된 연구 결과, 특히 새로운 증거를 바탕으로 내린 결론을 얼마나 신뢰할 수 있을지 의문이 들기 시작했다. 양육으로 천성이 발현되는 방식을 정할 수 있는 가능성이 생기면서, 천성과 양육에 대한 생각을 극적으로 변화시킬지도 모르는 후성유전의 잠재력에 우리도 다른 사람들처럼 매우 흥분했다. 하지만 그와 동시에, DNA 메틸화와 관련해 보고되고 있는 후성유전 연구 결과를 얼마나 신뢰할 수 있고 또 얼마나 재현 가능한지에 대해 의문을 가졌다. 메틸화 측정에서 알 수 있듯이, 환경이 유전자 발현에 미치는 눈에 띄는 영향과 관련된 문헌이 급증하고 있지만, 발표된 연구 결과를 보면 전반적으로 방법론에 많은 차이가 있었다. 그들은 여러 다양한 환경 노출(예: 생애 초반의 부모 상실, 아동 학대, 부모의 정신질환)을 다뤘을 뿐만 아니라, 유전자의 메틸화와 관련해서도 다양한 유전자에 초점을 맞췄다.

또 얼마나 많은 환경 노출이나 유전자를 검사했는지 분명하게 밝히지 않은 연구도 많았다. 노출 X가 DNA 메틸화 때문에 Y 유전자 발현과 연관되어 있다는 걸 알아내는 것과, 네 가지 다른 노출(예: 빈곤, 성적 학대, 가혹한 체벌, 집단 괴롭힘)이 45개 유전자의 메틸화와 발현에 어떤 영향을 미치는지 조사했을 때 똑같은 결과가 나오는 것은 완전히 별개의 문제다. 이 경우에는 180가지 가능성을 조사한 뒤 하나의 결과만 발표할 수도 있다! 그렇다면 흥미로운 결과가 진짜인지, 그저 우연의 산물인지 의문을 제기할 이유가 충분할 것이다.

이런 말을 한다고 해서, 인간의 후성유전체에 대한 환경 영향 연구(유전자 메틸화) 결과를 처음 발표한 이들을 비하하려는 건 아니다. 과학 탐구의 초기 단계에는 다양한 가능성에 대한 고려와 실증적 탐구가 종종 이치에 맞는 결과물을 내놓는 경우가 있다. 하지만 초기 단계의 흥분을 넘어 더 집중되고 엄격한 태도로 아이디어를 평가해야 하는 때가 온다. 우리도 이 장의 핵심 주제인 후성유전 연구를 진행할 때, 환경 위험 연구를 할 때 썼던 방법에 의존해서 그렇게 하려고 노력했다. 분명히 말해 우리의 목표는 다른 사람의 연구 결과를 부정하는 게 아니다. 우리는 열린 마음과 희망을 안고 이 분야에서 연구를 확장하려고 노력했다. 아마 우리가 후성유전 연구에 쏟은 시간과 돈, 노력의 양이 가장 좋은 증거가 되어줄 텐데, 이제 곧 여러분 눈에도 명확하게 보일 것이다.

우리는 후성유전체 연구를 시작할 때부터 만약 발달 경험과 환경 노출이 DNA 메틸화와 그로 인한 심리적·행동적 발달에 미치는 영향을 조사하고 싶다면, 가장 먼저 특정한 종속적·발달적 요인에 영향을 미치고 예측할 수 있다고 생각되는 독립된 환경 요인을 식별해야 한다는 걸 알고 있었다. 인간발달에 대한 후성유전 연구는 (A) 발달 경험과 환경 노출이 (B) DNA 메틸화 및 그에 따른 (C) 심리적, 행동적 발달에 영향을 미친다는 가정을 바탕으로 진행되기 때문에 이런 준비 과정이 필요한 것이다.

새로운 이론에서 규정한(그리고 제한적인 증거가 시사한) 대로, A가 C에 미치는 영향은 A가 B에 영향을 미치고 뒤이어 B가 C에 영향을 미치면서 생긴 것이라는 가설을 시험하기 위해 5단계 조사 계획을 세웠다. 아동의 경험과 우리가 후성유전 연구 1단계에서 설명하려고 하는 발달적 표현형을 반영하는 환경적 특징을 식별한 다음, 2단계에서는 우리가 선택한 환경 노출이 예상대로 우리가 선택한 발달적 표현형을 예측했는지 판단하는 데 전념할 것이다. 이 가설이 맞지 않는다면 연구를 계속할 이유가 없겠지만, 가설이 맞다면 3단계로 넘어가서 우리의 환경 예측 변수 A가 메틸화 매개체 B를 예측했는지 판단할 것이다. 4단계에서는 이 매개체 B가 그 자체로 발달 결과 C를 예측했는지 평가할 것이다. 마지막으로, 3단계와 4단계에서 유망한 결과가 나오면 5단계에서는 이전에 감지된 A가 C에 미치는 영향이 B의 매개 효과에서 비롯된 것인지(즉, A→B→C) 판단할 수 있다.

# 1단계: 예측 변수와 결과 식별 및 측정

★

　　　　심사숙고 끝에, A와 관련해서는 청소년기의 피해 경험, C와 관련해서는 청년기의 정신질환에 집중하기로 했다. 우리가 피해 경험을 환경 노출 인자로 선택한 이유는, 어미 쥐가 새끼를 제한적으로 핥아주는 것이나 DNA 메틸화 조사관들이 이미 집중적으로 살펴본 일부 조건(예: 아동 학대)처럼 이것도 스트레스가 매우 심한 상황일 거라고 생각했기 때문이다. 그리고 다양한 유형의 피해 경험이 정신질환을 촉진한다는 광범위한 증거 때문에 설명돼야 하는 결과 표현형으로서 정신질환에 초점을 맞췄다. 이 후자의 결정에 영향을 미친 최초의 설치류 연구는 생리적 스트레스 반응 시스템과 연관된 것으로 알려진 특정 유전자의 메틸화(또는 메틸화 부족) 때문에 어미 쥐의 행동이 새끼 쥐에게 나타난 불안감에 영향을 미쳤다는 걸 보여준다.

　　피해 경험을 조사할 때는, 아동 학대처럼 환경 위험 연구 피험자들이 경험한 특정 형태의 피해가 아니라 청소년이 피해를 입을 수 있는 다양한 방법에 집중하기로 했다. 이는 다발성 또는 "다중적인" 피해 경험이 특정 피해 경험의 유무보다 훨씬 강력하다는 걸 보여주는 이전 연구 결과에 기초해서 내린 결정이다. 실제로 기존 증거는 다발성 피해를 입은 아동이 아동 학대나 또래들의 집단 따돌림 같은 한 종류의 피해에 반복적으로 노출된 아이보다 더 많은 증상을 겪는 경향이 있음을 나타낸다.

피해 경험 평가를 위해, 18세가 된 환경 위험 연구 피험자들을 대상으로 12세 때 초등학교를 졸업하고 중학교에 입학한 뒤에 겪은 피해 경험에 대한 인터뷰를 했다. 구체적으로 말하자면, 학대나 방임, 성폭력, 가족폭력, 또래나 형제자매로 인한 피해, 사이버 폭력, 범죄 피해 경험 등에 대해 물었다. 이 청소년들 가운데 3분의 2 정도는 심각한 피해를 입은 적이 없다고 보고했지만, 20퍼센트는 한 가지 피해 경험을 보고했고, 10퍼센트 미만은 두 가지 그리고 7퍼센트는 세 가지 이상의 심각한 피해 경험을 보고했다.

다단계 연구의 첫 번째 단계를 시작하면서 종속 변수를 측정할 때는 정신질환 증상에 대해 18세 피험자들과 나눈 비밀 인터뷰에 의존했다. 구체적으로 말해, 지난 1년 동안 피험자가 경험한 다섯 가지 외부화 스펙트럼 장애(알코올 의존성, 대마초 의존성, 행동 장애, 담배 의존성, ADHD)와 네 가지 내면화 스펙트럼 장애(우울증, 불안, 외상 후 스트레스 장애, 섭식장애) 증상을 평가했다. 또 망상이나 환각에 대한 정보와 비정상적인 생각과 감정(예: "내 생각은 특이하고 무섭다", "평소 알던 사람이나 장소가 달라 보인다" 등) 경험도 수집해서 사고 장애 증상을 평가했다. 분석을 위해 외부화, 내면화, 사고 장애 증상에 대한 세 가지 확실한 척도를 만들고, 사람들이 보다 일반적인 정신질환의 다양한 증상("동반 질병"이라고 한다)을 보여준 우리 연구와 다른 연구에서 얻은 증거를 바탕으로 그런 다양한 증상과 관련된 지수도 만들었는데, 이 지수를 p("정신질환psychopathology"을 가리킴)라고 한다. p가 높은 사람일수록 교차 장애 증상이 더 많이 나타난다.

## 2단계: 피해 경험이 정신질환 예측

★

       독립 변수와 종속 변수를 정리했으니, 아직 예비 단계인 우리 후성유전 연구가 다음에 해야 할 일은, 우리 가설처럼 청소년기의 피해 경험이 청년기의 정신질환을 예측하는지 여부를 판단하는 것이다. 이 문제를 해결하기 위해 우리가 처음 기울인 노력은 청소년기의 다중 피해 경험과 앞 단락에서 얘기한 네 가지 정신질환 증상의 각 지수 사이에 존재하는 용량-반응 관계를 밝히는 것이었다. 이렇게 하여 10대들이 더 많은 종류의 피해를 경험할수록 외부화, 내면화, 사고 장애 증상이 더 많이 나타났고(표 16-1), 결과적으로 p 지수 점수도 높았다(표 16-2). 우리가 평가한 청소년 피해 경험의 각 유형이 이 네 가지 종속 변수 각각에 대해 유사한 용량-반응 관계를 보인 것도 주목할 만하다. 그런데 청소년기의 피해 경험 중에서도 학대, 방임, 성폭력의 경우 p에 미치는 유해한 영향이 가장 컸다는 걸 지적해야 한다. 그래도 모든 형태의 피해 경험을 동시에 고려했을 때는 각각의 피해가 p 예측에 독립적으로 기여했다. 즉, 모든 형태의 피해 경험이 p에 고유한 부가적 효과를 미치는 것이다. 그래서 더 많은 유형의 피해에 노출될수록 p가 더 높아진다.

  이 책의 이전 장을 몇 장이라도 읽어본 사람이라면 다음에 어떤 내용이 나올지 짐작이 갈 것이다. 우리는 절대 여기서 멈추는 법이

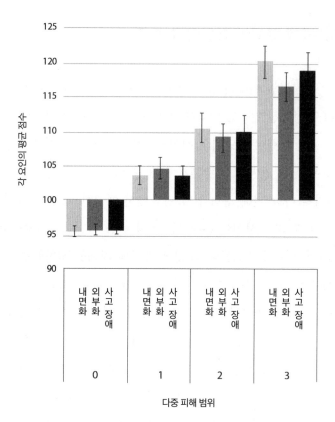

| 표 16-1 | 다중 피해 범위에 따른 청년기의 다양한 정신병리학적 문제의 평균 수준.

J. D. Schaefer, T. E. Moffitt, L. Arseneault, A. Danese, H. L. Fisher, R. Houts, M. A. Sheridan, J. Wertz, A. Caspi(2018)의 연구 결과 재구성. '청소년기의 피해 경험과 청년기의 정신질환: 대체 가능한 비인과적 설명을 배제하기 위해 쌍둥이 종단 연구를 이용한 인과적 추론 방식', 〈임상심리과학Clinical Psychological Science〉, Vol.6(3) 352-371, 그림 1. CC-BY.

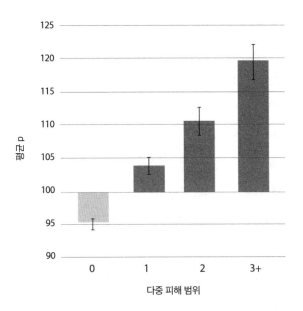

| 표 16-2 | 다중 피해 범위에 따른 청년기의 평균적인 일반 정신병리 점수(p).

없기 때문이다. 우리는 관례대로 매우 그럴듯하지만 비인과적인 이 네 가지 설명이 우리 연구 결과를 설명할 수 있는지 판단하기 위해 초기 발견에 이의를 제기해야 했다. 첫째, 지금까지 보고된 (그리고 앞으로 나올 모든 것의 토대가 될) 연구 결과가 응답자가 지닌 편견의 산물일 수 있을까? 동일한 사람(청소년)이 피해 경험과 정신질환 증상에 대한 정보를 모두 제공하지 않았는가? 심리적 문제를 겪고 있는 18세 청소년이 자신의 피해 경험을 잘못 묘사하거나 과장할 수 있지 않겠는가? 만약 그렇다면 우리가 찾아냈던 피해 경험-정신질환의

연관성을 발견할 가능성이 높아질 것이다. 5장에서 양육 방식의 세대 간 전이를 조사할 때 후향적 연구의 한계와 전향적 연구의 장점을 고려하면서 이런 편향된 기억 문제를 자세히 얘기했다. 또 1장에서는 인간발달과 관련해 후향적 연구보다 전향적 연구의 전반적인 이점에 대해서도 논의했다.

다행히 우리는 환경 위험 연구에 참여한 모든 쌍둥이에게 자기 쌍둥이 형제가 겪은 피해 경험을 보고해 달라고 했고, 부모에게도 똑같은 요청을 하면서 각 쌍둥이의 피해 경험을 아이마다 따로 보고해 달라고 했다. 그 덕분에 아이들에 대해 잘 아는 사람이 보고한 아이의 피해 경험에 의지해서, 다중 피해 경험이 많을수록 정신질환 증상이 많이 나타난다는 연구 결과와 비슷한 결과가 나오는지 확인할 수 있었다. 이런 정보 제공자들의 보고서를 이용해 각 쌍둥이의 p 점수를 예측하는 분석을 다시 실시한 결과, 이번에도 쌍둥이 형제나 부모가 다중 피해 경험을 많이 보고할수록 해당 쌍둥이가 보고한 정신질환 증상이 많은 것으로 밝혀졌다. 우리 연구 결과가 반응 편향 때문이 아니었던 게 분명하다. 따라서 우리가 기록한 다중 피해 경험의 악영향에 대한 비인과적이고 대안적인 첫 번째 설명을 배제할 수 있게 되었다.

우리 연구 결과에 대한 네 가지 그럴듯한 비인과적 설명 가운데 두 번째는 피해 경험이 생애 초반의 결과물이며 따라서 이는 청소년기의 다중 피해 경험이라기보다 이미 존재하던 정신적 문제라는 것이다. 그래서 우리는 '생애 초반의 심리적 어려움이 10대 시절의 피해 경험으로 이어지는 "역인과성" 과정이 작용하고 있는 걸까? 그 반대가 아니라?' 하는 질문을 던졌다. 이 문제를 해결하기 위해 12세 때의 정신 건강 문제, 5세 때 부모와 교사가 보고한 감정과 행동 문제, 가족의 정신병력 등 데이터 보관소에 있는 기존의 정보와 측정 자료를 이용했다. 이런 측정치가 모두 18세 때의 정신의학 증상(즉, p 점수)을 예측했다는 사실은 역인과성이 작용했을 가능성이 매우 크다는 걸 의미한다.

그러나 이전의 심리적 취약성을 보여주는 이런 표지 각각의 영향을 따로따로 혹은 한꺼번에 배제시켜도 청소년기의 다중 피해 경험이 많으면 여전히 p 점수가 높게 예측되었다. 즉, 생애 초반의 문제와 청소년기에 겪은 피해 사이에 관계가 있다 하더라도 우리의 초기 결과에서 역인과관계가 피해 경험의 효과로 가장하고 있었던 건 아니다. 사실 우리 연구는 조사하던 요인이나 과정을 포함한 순환적 관계를 보여주었다. 생애 초반의 문제나 그 위험성(가족의 정신병력)은 청소년기에 더 많은 다중 피해를 예측했고, 이는 그 자체로 청년기에 더 많은(그리고 더 다양한) 정신질환 증상을 예측했다.

세 번째 그럴듯한 비인과적 설명에서 다뤄야 하는 문제는 그 성격상 발달과 매우 깊은 관계가 있다. 청소년기의 피해 경험이 청년기의 심리적 문제를 예측하는 이유는 어릴 때의 피해 경험일까? 아동기의 피해 경험이 훗날 청소년기의 피해와 청년기의 정신질환 증상에 대한 발판을 마련하는 "민감한" 시기가 실제로 있을까? 이 문제를 해결하기 위해, 환경 위험 연구의 데이터 저장소에서 아이들이 5세, 7세, 10세, 12세 때 수집한 정보를 얻었다. 여기에는 아이가 엄마와 그녀의 파트너 사이에서 벌어진 심한 가정폭력에 노출된 적이 있는지, 또래들에게 자주 괴롭힘을 당했는지, 성인에게 신체적·성적·정서적 학대나 방치, 신체적 방임 등을 당한 경험이 있는지 등의 정보가 포함되어 있다. 다행히 환경 위험 연구에 참가한 어린이의 거의 4분의 3은 심각한 피해를 당한 적이 없지만, 20퍼센트는 한 번, 4퍼센트는 두 번, 또 다른 4퍼센트는 세 번 이상 그런 경험을 했다.

아동기의 피해 경험 데이터를 확보한 상태에서, 아동기 피해가 미치는 영향을 배제한 뒤에 청소년기의 피해 경험이 18세 때의 정신과 증상에 미치는 영향을 다시 평가해봤다. 그 결과는 어릴 때 피해를 입은 경험을 감안하더라도, 청소년기에 다중 피해를 많이 겪으면 여전히 많은 정신과적 증상을 예측할 수 있음을 보여줬다. 그런데 그 증거는 아동기와 청소년기의 피해 경험이 각각 독립적이고 고유한 방식으로 우리의 p 척도를 예측하면서 다양한 정신질환 증상을 반영한다는 걸 보여준다. 사실 우리는 이 세 번째 도전을 통해 18세 때의 정신질환을 예측하는 최고의 변수는, 피험자가 아동기와 청소년기에 반복해서 겪은 역경이 누적된 것이란 사실을 증명했다. 아동기 또는 청소년기 중 한 시기에 겪은 피해에 모든 원인이 있는 게 아니라는 얘기다.

어떤 면에서 보면, 우리의 핵심 연구 결과에 대한 네 번째이자 마지막 비인과적 설명을 해결하고 극복하는 게 가장 힘들었는데, 사실 이 문제는 환경 위험 연구에서 특별히 다루기로 되어 있었던 문제이기도 하다. 이 연구에는 유전자를 100퍼센트 공유하는 일란성 쌍둥이와 50퍼센트만 공유하는 이란성 쌍둥이가 포함되어 있기 때문이다. 이 책에서 반복적으로 밝힌 것처럼, 유전자는 환경 노출(기질에 관해 다룬 2장에서 논의했던 적소 추구와 유발적 효과를 기억하자)과 우리가 대부분의 장에서 결과물처럼 다룬 발달 표현형(예: 반사회적 행동과 도박) 모두에 영향을 미칠 수 있다. 이런 경우, 다중 피해 경험 같은 환경 노출과 청년기의 정신질환 증상 같은 발달 결과를 연결하는 모든 연관성이 진정한 환경 효과를 반영하지 못할 수도 있다. 어쩌면 공통 유전자의 영향 때문에 나타나는 것일지도 모른다. 그렇다면 동일한 유전자가 피해를 당할 가능성과 정신질환 증상이 생길 가능성 모두에 영향을 미치는 것이다. 이게 사실이라면, 피해 경험이 정신질환을 예측한다는 우리의 핵심 연구 결과와 관련해서 유전적 영향이 환경적 영향으로 가장하고 있다는 뜻일 수 있다.

실제로 우리가 얻은 몇몇 증거 때문에 이 가능성을 심각하게 고려해야만 했다. p 점수와 피해 경험 점수는 이란성 쌍둥이보다 일란성 쌍둥이가 더 비슷했다. 이런 결과는 비록 행동 유전학적 증거(12장 참조)로는 일란성 쌍둥이와 이란성 쌍둥이의 차별적 유사성에 책임이 있는 유전자가 어떤 건지 밝혀낼 수 없다고 하더라도, 우리의 피해 경험과 정신질환 증상에 대한 측정치는 아이들의 유전적 구성이 어느 정도 작용한 결과라는 사실을 분명히 한다. 하지만 중요한 문제는 다중 피해 경험이 많을수록 정신질환 증상도 늘어난다는 초기 증거가 그런 유전적 영향 때문인지 알아내는 것인데, 그렇지는 않다는 게 밝혀졌다.

이게 사실이라는 증거를 전달하는 가장 쉬운 방법은 모든 쌍둥이를 일란성이냐 이란성이냐에 상관없이, 즉 유전적 유사성과 무관하게 고려했을 때, 피해 경험이 많은 쌍둥이가 피해를 적게 입은 쌍둥이 형제보다 정신질환 증상이 많이 나타났다는 사실을 알리는 것이었다. 이는 일란성 쌍둥이에만 초점을 맞춘 경우에도 마찬가지였다. 이 후자의 결과는 일란성 쌍둥이의 정신질환 차이는 유전적 영향에서 비롯된 게 아니라(일란성 쌍둥이에게는 유전적 차이가 없으므로) 피해 경험 차이와 관련이 있는 것으로 입증되었다는 뜻이다. 결국 네번째 과제와 관련된 증거는, 일란성이든 이란성이든 상관없이 쌍둥이가 공유하는 가족 전체의 환경적 요인(한부모 가정인지 아닌지, 집안 분위기가 많이 혼란스러운지 아닌지 등)이나 유전적 요인만 가지고는 피해 경험과 정신질환 증상 사이의 연관성을 완전히 설명할 수 없다는 걸 보여준다. 요컨대, 쌍둥이 중 한쪽만 겪은(다른 쌍둥이와 공유하지 않은) 피해 경험은, 피해 경험이 정신질환 증상과 관련 있음이 입증된 이유 중 하나다.

놀라운 사실은 우리가 후성유전 연구의 두 번째 단계에서 얻은 증거가, 다중 피해 경험이 정신질환에 미치는 인과적 영향을 관찰한 연구에서 얻은 증거와 매우 유사하다는 것이다. 이제 우리는 다중 피해 경험과 정신질환 증상 사이의 연관성이 여러 대안적 가능성의 산물이 아니라 진짜라는 걸 알았으므로, 후성유전 연구의 다음 단계로 넘어갈 수 있다. 구체적으로 얘기하면, 이제 다중 피해 경험이 청년기의 정신질환을 예측하고(A→C) 영향도 미친다는 걸 알았기 때문에, 이런 피해의 영향이 유전자 발현을 차단하는 메틸화의 후성유전 과정 때문에 발생하는지 여부가 쟁점이 되었다. 이 복잡한 질문에 대답하기 위해 후성유전 연구 3단계에서 해야 할 일은 다중 피해 경험 지수가 유전자 메틸화(A→B)와 관련이 있는지 판단하는 것이다.

만약 그렇다면, 4단계에서는 후성적인 메틸화가 정신질환 증상과 관련이 있는지(B→C) 알아보고, 5단계에서는 다중 피해 경험이 심리 문제에 미치는 영향을 후성유전 요소가 매개했는지(A→B→C) 여부를 확인할 수 있다.

## 3단계: 피해 경험과 후성유전학

★

우리는 메틸화 측정을 위해 DNA를 분석하기 전에 중대한 결정을 내려야 했다. 최초의 설치류 연구에서, 연구자들은 뇌세포의 DNA 메틸화 측정에 필요한 뇌 조직을 "얻기" 위해 쥐를 "희생"시켰다(죽였다는 얘기다). 환경 위험 연구 피험자들을 대상으로 비슷한 방식의 연구를 진행하는 건 당연히 불가능했다. 후성적 과정을 연구하기 위해 인간의 뇌 조직을 이용한 것으로 알려져 있는 한 연구의 경우, 연구 "피험자"가 사망한 뒤에 연구를 진행했다. 뇌세포에서 DNA를 확보할 수 없다면 어디에서 얻어야 할까?

결국 혈액에서 DNA를 추출하기로 하고, 환경 위험 연구 피험자들이 18세가 됐을 때 그런 절차에 동의하는 이들만 혈액을 채취하기로 했는데 거의 대부분이 동의해줬다. 혈액세포에서 DNA 메틸화를 측정하기로 한 이유는, 다른 후성유전학 연구진과 마찬가지로 우리 연구의 기초가 되는 가설에서도 심리사회적 스트레스 경험이 교감신경계, 특히 시상하부-뇌하수체 축HPA을 통해 메틸화로 전환된다고 생각했기 때문인데, 이런 영향은 말초 순환 혈액에서 발생한다. 본 장의 결론에서는, 메틸화를 측정하고 이를 이용해 발달 경험과 환경 노출의 영향을 평가하기 위해 신체 어느 부위에서 DNA 분석용 세포를 채취할 것인지 하는 문제로 다시 돌아올 것이다.

피해 경험이 혈액세포에서 얻은 유전자의 메틸화에 미치는 영향을 평가할 때는 두 가지 일반적인 방법을 이용했는데, 앞서 전체 게놈과 후보 유전자를 이용한 분자 유전학 연구에서 살펴본 것과 유사하다. 즉, 우리는 후성유전체 전체의 메틸화에 초점을 맞춘 후성유전체전체연관연구epigenome-wide association study, EWAS를 수행했을 뿐만 아니라, 최초의 설치류 연구를 비롯해 역경의 영향에 중점을 둔 다른 후성유전체 연구에서 강조한 여러 개별 후보 유전자의 메틸화에도 관심을 쏟았다. 그렇게 해서 측정망을 매우 넓게(EWAS)도 펼치고 매우 좁게(후보 유전자 중심)도 펼칠 수 있었다. 그리고 이런 식으로 연구를 진행했기 때문에 시야가 너무 좁아지거나 넓어지는 위험도 줄었다. 후성유전체에만 집중하다 보면, 특정한 후보 유전자만 포함하는 메틸화 관련 효과를 놓칠 수 있다. 유전자 특유의 효과가 수많은 유전자의 바다 속에서 사라질 수 있기 때문이다. 반면 다른 역경과 관련된 메틸화 연구에서 집중했던 후보 유전자에만 초점을 맞추다 보면, 예전에 조사하지 않았던 후성유전체 자리에서 발생하는 메틸화 관련 효과를 놓칠 수 있다. (게놈 전체 유전자와 후보 유전자의 차이에 대한 자세한 설명은 12장을 참조하라.)

## 후성유전체 전체 접근법

다중 피해 경험과 후보 유전자를 비롯한 후성유전체 전체의 메틸화 관계를 조사할 때 이용한 전략은, 다중 피해 경험이 정신질환 증상에 미치는 영향을 조사하면서 부딪쳤던 네 번째 과제를 극복할 때 얘기한 전략과 비슷하다. 그래서 같은 집에서 자란 쌍둥이의 피해 경험 차이가 그들의 유전자 메틸화 차이와 체계적인 연관성이 있는지 평가했다. 일반적으로, 쌍둥이 가운데 더 큰 피해를 경험한 쪽이 메틸화 측면에서 자기 쌍둥이 형제와 체계적으로 다르다면, 피해 경험이 메틸화에 미치는 영향의 증거가 될 것이다. 그렇다면 "쌍둥이 형제의 피해 경험 차이가 메틸화 차이를 예측하는가?"라는 실증적인 질문을 던질 수 있다. EWAS와 관련해서는, 우리 연구에서 40만 개 이상의 쌍둥이 쌍을 비교했다는 걸 알아야 한다! 이는 EWAS에 포함된 유전자의 메틸화 부위가 많았기 때문이다. 우리가 감지한 모든 피해 경험의 영향이 우연한 결과가 아니라 실제로 후성유전체 메틸화에 영향을 미쳤다는 걸 보장하기 위해 복잡한 통계 조정 작업을 통해 이런 위험성을 낮췄는데, 여기서 자세히 설명할 필요는 없을 것이다. 간단히 말해, 후성유전체의 수많은 메틸화 부위에서 진행된 수많은 테스트를 평가했기 때문에 이런 조정을 통해 우연한 결과가 발생할 가능성을 고려한(그리고 배제시킨) 것이다.

우리 분석 결과는 놀랍고 흥미로웠다. 우선, 우연한 결과가 발생할 위험을 줄이기 위한 통계 조정에서 살아남은 후성유전체 메틸화에 청소년기의 다중 피해 경험이 미치는 세 가지 뚜렷한 영향이 발견됐다. 따라서 이 세 가지 영향이 단순히 수많은 메틸화 부위를 고려했기 때문이 아니라고 믿을 만한 이유가 됐다. 하지만 이런 결과에 편안한 마음으로 의미를 불어넣기 전에 또다시 이의를 제기해야 했다. 피해 경험과 담배 흡연이 함께 진행되었고 흡연도 후성유전체 전체의 메틸화에 영향을 미친다는 사실이 이미 증명되었기 때문에, 흡연의 메틸화 관련 영향이 우리 환경 위험 데이터에서 피해 경험의 영향으로 위장하지 않도록 해야 했다. 기존 연구에서 발견된, 흡연이 DNA 메틸화에 영향을 미친다는 사실이 우리 데이터에서도 드러났기 때문에 이 문제를 고려하는 게 특히 중요해졌다.

우리가 앞서 사용한 것과 같은 통계적 조정을 진행한 뒤에도, 환경 위험 데이터에서 흡연이 후성유전체 전체 메틸화에 미치는 영향이 83가지나 드러났다. 흡연의 영향을 배제한 뒤에는, 청소년기의 피해 경험과 관련해 기존에 파악했던 메틸화에 대한 영향 세 가지가 사라졌다. 이는 어떤 면에서 보면 별로 놀라운 일은 아니다. 우리가 찾아낸 피해 경험이 메틸화에 미치는 세 가지 영향은 원래, 우리 연구뿐만 아니라 흡연에 관한 다른 EWAS에서 찾은 83가지 영향에 포함되어 있었으니 말이다. 따라서 (40만 개 이상의 쌍둥이 쌍에서) 식별한 세 가지 영향은 가짜 영향, 즉 상호 관련된 흡연 영향의 산물처럼 보인다. 다시 말해, 이는 우리가 의미를 불어넣지 말아야 하는 세 가지 "결과"였다.

우리는 "증거의 부재가 부재의 증거는 아니다"라는 걸 알기 때문에, 방금 얘기한 것 같은 실망스러운 결과에도 패배를 인정하거나 후성유전 연구를 끝내지 않았다. 그 대신 초기 분석 작업을 반복해서 우리 후성유전체 전체 연구에서 나온 무위 결과를 다시 확인하기로 했는데, 이번에는 청소년기에 측정했던 일곱 가지 피해 경험 각각의 잠재적 영향에 별도로 초점을 맞췄다. 따라서 40만 건 이상의 비교 작업을 각 피해 유형별로 한 번씩, 일곱 번이나 실행했다! 엄청난 노력이 들긴 했지만 다양한 종류의 피해 경험을 "통합"해서 다중 피해 경험의 예측 변수를 만들려다 보면 상황을 제대로 조명하기보다 오히려 모호하게 만들 가능성이 있기 때문에, 이런 노력을 기울일 가치가 있다고 생각했다. 아마 특정한 형태의 피해 경험이 유전자 메틸화에 독특한 영향을 미쳤을 것이다. 그러나 밝혀진 바와 같이, 이런 "분할" 방식을 채택해도 특정 피해 경험이 후성유전체 메틸화에 의미 있는 영향을 미쳤다는 확실한 증거를 찾지는 못했다. 사실 다중 테스트를 위한 조정을 마친 뒤에 통계적 기준을 충족하는 연관성을 8개 발견했지만(거의 2백만 건에 달하는 테스트 중에서) 피해 유형 전반에 걸쳐 반복되는 연관성은 없었다. 즉, 피해 경험이 후성유전체의 특정 부위가 메틸화되는 데 영향을 미친다는 일관된(혹은 반일관된) 경험적 "신호"는 없었다.

이렇게 더 실망스러운 결과가 나왔지만, 우리는 여전히 조사 연구를 포기할 준비가 되어 있지 않았다. 산을 오를 때 정상까지 가고 싶다면 오르막길 하나가 산사태로 막혀 있다고 해서 그만둘 이유는 없다. 우리도 그랬다. 많은 발달 이론가의 주장처럼 인생 초반의 경험이 후반의 경험보다 영향력이 크다면, 후성유전체에 영향을 미치는 것도 청소년기보다는 아동기의 피해 경험일 것이다. 그래서 우리의 다음 노력은 이전에 했던 작업과 유사하지만, 이번에는 청소년기보다 아동기의 피해 경험이 DNA 메틸화에 영향을 미치는지 살펴봤다. 그러나 아동기의 다중 피해 경험이 미치는 영향을 조사했을 때는, 우연히 나타나는 것 외에는 통계적 기준을 충족하는 게 하나도 없어서 더 실망스러웠다.

그러나 환경 위험 기록에서 얻은 여섯 가지 유형의 아동 피해 경험 각각의 영향을 따로 평가하자 더 흥미롭고 유망한 결과가 나왔다. 아동기의 피해 경험과 유전자 메틸화를 연관시키는 영향이 48개나 발견되었을 뿐 아니라, 여러 차례의 테스트에서도 전부 통계 기준을 충족했다. 하지만 그 가운데 39개는 성적 피해와 관련이 있었다. 이런 결과는 후성유전학 이론과도 일치하는 것으로, 아동기의 성적 피해가 청년기에 채취한 전혈whole blood에서 나타난 안정적인 DNA 메틸화 차이와 관련이 있음을 보여준다. 하지만 기록에 따르면 우리가 연구한 1,600여 쌍의 쌍둥이 가운데 성적 피해를 당한 건 29쌍뿐이기 때문에, 이 결과에 의미를 부여할 때는 신중해야 했다. 또 청소년기의 성적 피해를 집중적으로 조사했을 때는 이와 같은 성적 학대와 메틸화 간의 연관성이 관찰되지 않았다. 또 하나 중요한 건, 아동기의 역경에 관한 회고적 보고에 의존했을 때는(17장에서 자세히 얘기한) 성인의 성적 학대 경험 회상이 후성유전체의 여러 부분에 발생한 메틸화와 관련이 있다는 걸 발견했지만, 이때 감지된 22개의 영향 가운데 아동기에 기록된 성적 학대 내용을 예측 변수로 삼아서 식별한 39개의 메틸화 관련 영향과 겹치는 건 하나도 없었다. 즉, 아동기의 성적 학대에 대한 전향적 측정과 후향적 측정 모두 메틸화를 예측하지만, 메틸화된 유전자 가운데 두 가지 분석 모두에서 동일한 사실을 입증한 건 없었다. 당연한 얘기지만, 성적 피해에 대한 후향적 및 전향적 측정을 사용했을 때 나타난 이런 결과 차이를 생각하면, 새로운 성적 학대 연구 결과에 대해서도 확신을 갖기 어려웠다.

그래도 피해 경험의 만성적 또는 재발적 영향을 고려하면, 피해 경험이 정신질환 증상에 미치는 영향을 조사할 때처럼 누적 스트레스에 대해서도 물어볼 필요가 있었다. 어릴 때 더 많은 형태의 피해를 경험한 환경 위험 연구 피험자들은 청소년기에도 그랬다는 걸 알아야 한다. 아동기와 청소년기에 겪은 다양한 유형의 피해가 DNA 메틸화와 관련이 있다는 몇몇 제한적이고 예비적인 증거를 발견했지만, 담배 흡연을 다시 고려하자 확인된 영향 몇 가지가 사라졌다. 이번에도 아동기와 청소년기에 겪은 다중 피해 경험으로 인한 누적 스트레스에 대한 초기 연구 결과는, 흡연이 후성유전체 전체 메틸화에 미치는 상관 효과의 산물인 허위 결과처럼 보였다. 우리가 초기 결과를 조급하게 받아들여서 정말 뭔가를 발견한 것처럼 넘어가는 실수를 하지 않고, 보수적인 접근 방식을 택해 초기 결과에 이의를 제기한 건 정말 잘한 일이었다.

## 후보 유전자 접근법

지금까지 우리 연구 결과가 실망스럽긴 했지만, 우리는 피해 경험이 메틸화의 후성유전 메커니즘에 미치는 영향이 미미하다는 결론을 내릴 준비가 되어 있지 않았다(곧 그래야만 하는 상황이 닥쳐오고 있는데도). 앞서 시사한 것처럼, 우리의 제한적인 성공은 후성유전체 전체(즉, EWAS)에 집중하는 방법을 택해서 그물을 너무 넓게 친 결과일 가능성이 아직 있었다. 그러니 조사 범위를 좁혀서 특정 후보 유전자의 메틸화, 특히 생리학적 스트레스 반응 시스템과 관련이 있고 다른 이들의 예전 연구에서 역경 지표와 관련이 있는 것으로 알려진 쪽에 초점을 맞출 필요가 있을 터였다. 이런 과정을 통해 6개의 후보 유전자에 집중하게 되었다. 이 6개의 후보 유전자 각각에 대해 후성유전체 전체 접근법을 구현하면서 앞서 설명한 모든 분석을 반복했고, 피해 경험이 후성유전체 메틸화에 미치는 영향을 감지하기 위한 이 두 번째 노력에도 이전 조사 단계만큼이나, 아니 그 이상의 제한이 따랐기 때문에, 이와 관련된 자세한 사항을 명시하거나 설명하지는 않겠다. "갖은 수단을 다 동원한다"는 우리 전략이 후성유전체에 대한 환경적 영향을 탐지하는 부분에서는 성과를 거두지 못했다는 얘기다.

이런 실망스러운 결과가 의미하는 건, 우리가 계획한 5단계 후성유전 연구에서 기대했던 마지막 두 단계(후성유전체 메틸화가 정신병리학적 결과를 예측하는지 여부[4단계: B→C]와 이것이 정신질환에 미치는 피해 경험의 영향을 매개하는지 여부[5단계: A→B→C]를 테스트하는 것)를 진행할 근거가 없다는 것이다. 우리의 환경 노출인 피해 경험 스트레스(다양한 종류의)가 후성유전체 전체 또는 후보 유전자 수준에서 유전자 표지의 메틸화를 일관되게 예측하지 못했기 때문에(따라서 피해 경험이 정신질환에 미치는 영향을 중재할 수 없었기 때문에) 우리의 후성유전 연구는 이렇게 막을 내렸다. 증거를 찾으려고 그렇게 애쓴 후이니 우리가 크게 실망한 것도 당연하다.

# 결론

★

　　　이 장에서 소개한 연구를 수행할 당시, 이는 생애 첫 20년 동안 겪은 피해 경험 스트레스에 대한 인간의 반응에서 후성적인 변화를 찾기 위해 진행된 가장 포괄적인 조사였다. 연구를 수행하기 전에, 후성유전적 모험의 예측 변수 및 결과로 초점을 맞출 환경과 발달 구조를 파악했다(1단계). 그리고 다중 피해 경험만 정신질환 증상(2단계)과 DNA 메틸화(3단계)를 예측하는 게 아니라(연구 결과, 정신질환 증상은 예측했지만 DNA 메틸화는 거의 예측하지 못했다), 메틸화도 정신질환 증상을 예측하고(4단계) 심지어 다중 피해가 정신질환 증상에 미치는 영향을 중재하기도 한다(5단계)는 가설을 세웠다. 하지만 3단계에서 결과가 너무 제한적이라는 사실이 입증되었고 원래의 계획을 계속 진행할 실증적 근거가 부족했다. 그래서 새로운 유전학인 후성유전학에 대한 조사를 끝내야 했다. 하지만 우리가 발견한 것, 혹은 발견하지 못한 걸 어떻게 이해해야 할까? 우리 생각은 두 갈래로 나뉘었다.

　　우리 중 일부는 피해 경험 측정치와 메틸화를 실증적으로 연결시키는 게 거의 없다고 느꼈기 때문에 발달 역경이 인간의 DNA 메틸화에 미치는 영향과 관련해 다른 연구진이 보고한 초기 결과에 대해 회의적이었다. 우리에게는 청년기의 정신질환 증상이라는 최종 결과와 명확하게 인과적으로 연결된 듯한 훌륭한 환경 예측 변수가 있었지만, 이 예측 변수는 우리 메틸화 측정치와 거의 관련이 없거나 기껏해야 비일관적으로 관련된 것으로 판명되었다. 이는 우리가 아동기의 피해 경험, 청소년기의 피해 경험, 혹은 두 발달 기간에 누적된 피해 경험이 미치는 영향에 중점을 두든, 아니면 다중 피해 경험이나 구체적인 형태의 피해 경험을 고려하든 상관없이 마찬가지였다. 게놈 전체 수준의 메틸화에 집중한 경우에도, 특정한 후보 유전자에 제한적으로 초점을 맞춘 경우에도 이런 실망스러운 상황이 벌어졌다. 어쩌면 발달학자들이 너무 앞서 나가면서, 역경이 인간의 DNA 메틸화에 미치는 영향에 대한 이전 연구의 증거를 너무 기꺼이 받아들인 건지도 모른다. 과학 문헌과 대중 언론에 관련 글이 많이 올라오긴 했지만 근거가 별로 확실하지 않은 연구인데 말이다. 다시 말해, 우리는 유전자가 종속 변수라는 가능성을 제시해서 우리 같은 인간발달학자들을 흥분시킨 최초의 설치류 연구를 미심쩍게 여기는 게 아니라, 이 주제에 관한 문헌에 나타난 결과의 다양성에 의문을 제기하는 것이다.

또한 본 장 앞부분에서 인용한 "증거의 부재가 부재의 증거는 아니다"라는 격언을 진지하게 받아들여야 한다는 걸 깨달았다. 우리 조사가 아무리 광범위하고 깊이가 있다고 해도(실제로 매우 광범위하고 매우 깊었다) 이 문제에 대한 최종 결론으로 간주할 수는 없기 때문이다. 처음에는 하나의 특정 후성유전 과정인 메틸화에만 초점을 맞췄지만, 피해 경험에 영향을 받을 수 있는 다른 과정들도 있다. 우리가 다른 유전자 발현 메커니즘을 측정할 수 있는 위치에 있었다면, 역경이 후성유전체에 미치는 영향에 대한 더 강력한 증거가 나타났을지도 모른다. 그리고 아동기와 청소년기의 피해 경험이 미치는 영향은 실제로 평가한 적도 있다. 하지만 역경이 메틸화에 미치는 영향

나는 어떻게 지금의 내가 되었는가

이 유아기나 학령기 전처럼 더 이른 시기에 명확하게 드러날 가능성이 크다면 어떻게 될까? 초기의 설치류 연구에서 후성유전적 영향을 미쳤다는 사실이 증명된 어미 쥐의 핥기와 털 고르기 행동은 새끼 쥐가 태어난 첫날인 신생아기에 이뤄진다. 7장과 8장의 중심 주제인 NICHD 조기 보육 및 청소년 발달 연구는 생후 6개월부터 아이들과 그들의 역경 관련 경험을 측정하기 시작했기 때문에, 메틸화에 대한 영향을 밝히기에 더 나은 상황이었을지 모른다. 하지만 안타깝게도 그 연구팀에는 이 문제를 다룰 만한 자원이 없었고, 해당 연구를 진행할 당시에는 대부분의 발달학자가 메틸화 연구에 대해 잘 몰랐다.

결국 무위로 끝난 우리 연구에서 결론을 도출할 때 고려해야 하는 또 다른 요인은 혈구 내에서 역경이 메틸화에 미치는 영향을 찾을 때 어디를 확인해야 하는가 하는 문제였다. 혈액 세포에 있는 DNA에서도 스트레스와 역경이 메틸화에 미치는 영향이 또렷하게 입증되어야 한다고 믿을 만한 이유가 많지만, 우리가 찾는 효과를 발견하기에 더 좋은 장소는 뇌 그 자체였을 가능성이 여전히 남아 있다. 캐나다 연구진이 설치류를 이용해 종속 변수로 기능하는 유전자를 조사할 때, 혹은 다른 연구진이 자살 희생자들을 연구할 때 살펴본 곳도 바로 뇌였다는 걸 기억하자. 하지만 뇌세포에 접근할 수는 없기 때문에, 피해 경험의 영향이 신체의 특정 조직에 국한될지도 모른다는(적어도 역경이 메틸화에 미치는 영향과 관련해서는) 가능성을 확증하거나 반증할 수 없었다.

또 하나 빠뜨려선 안 되는 건, 우리의 게놈 전체 메틸화 분석이 아무리 광범위해도(일부 분석에서는 비교 대상이 40만 개 이상, 전체적으로는 200만 개 이상이었다) 후성유전체에는 현재의 기술로는 조사할 수 없는 부분이 있었다. 후보 유전자 선택에도 똑같은 사실이 적용된다. 이런 유전자는 역경과 메틸화를 연결시키는 기존의 증거에 근거해서 신중하게 선택한 것이지만, 우리가 고른 6개의 후보 유전자 외에도 가능성 있는 후보 유전자들이 많았다. 만약 우리가 다른 유전자에 초점을 맞췄다면 환경이 메틸화의 후성유전적 과정에 미치는 영향에 대한 보다 설득력 있는 증거가 나와서, 유전자가 종속 변수라는 걸 확인할 수 있었을까?

종합적으로 보면 이런 고려 사항이 우리의 첫 번째 생각을 완화시켰다. 피해 경험이 유전자 메틸화에 미치는 영향과 관련해서는 환경 위험 연구에서 많은 진전이 없었던 게 사실이지만(일부 결과를 더 니든 연구에서 재확인했을 때도 결과는 마찬가지였다), 그렇다고 우리가 다른 부분을 살펴봤어도 결과가 비슷하게 실망스러울 거라는 뜻은 아니다. 시간이 지나면 알 수 있을 것이다. 실제로 이 마지막 관찰 때문에 우리 후성유전 연구와 다른 이들의 연구를 다음과 같은 식으로 생각하게 되었다. 현재 공은 역경(혹은 긍정적이고 지지적인 경험과 노출)이 인간의 후성유전적 메틸화 과정을 통해 유전자 발현에 영향을 미친다고 주장하는 사람들 쪽으로 넘어가 있다. 하지만 이 문제를 해결하고 설득력 있는 증거를 제공하기 위한 연구는 탐구보다 가설을 중심으로 진행해야 한다. 연구자는 자기가 발견할 것으로 예상하는 것, 즉 정확히 후성유전체와 반응의 어느 부분에서 정확히 어떤 노출과 경험의 영향이 감지될 것으로 예상하는지를 구체적으로 밝혀

나는 어떻게 지금의 내가 되었는가

466

야 한다.

앞에서 한 얘기를 반복하자면, 이런 말을 한다고 해서 우리보다 앞서 존재했던 사람들, 본 장에서 설명한 연구를 수행하기 위해 우리가 그 어깨를 딛고 올라서야 했던 이들을 비방하려는 게 아니다. 이번에도 우리는 카이사르를 칭찬하지도 매장하지도 않았다. 스트레스와 역경이 메틸화의 후성유전적 과정을 통해 유전자 발현에 영향을 미치고 그에 따라 심리적·행동적 기능에까지 영향을 미친다는 그 개념 말이다. 우리는 후성유전 연구라는 과학의 나무에 집중하면서 이걸 심고 가꾸기 위해 온갖 노력을 다 기울였기에 더 큰 수확을 기대했다. 피해 경험이 청년기의 정신질환 증상과 분명한 인과관계가 있다는 점에서 행동의 열매는 풍부하다는 게 입증되었지만, 메틸화 나무의 열매에 대해서는 그렇게 말할 수 없다.

# 중년기의 노화

## 17

Childhood Adversity and Physical Health in Midlife

# 아동기의 역경과
# 중년기의 신체 건강

아마 여러 장 전에 지적했어야 하는 문제겠지만, 인간발달을 연구할 때는 중요한 시기를 구분해야 하는데 특히 아동기와 청소년기를 연구할 때는 이 점이 더 중요하다. 이런 구분은 적어도 두 가지 유형의 발달학자가 존재한다는 사실과 관련이 있다. 한 부류는 일반적인 유아와 어린이, 청소년이 점점 나이 들면서 변화하는 규범적 발달 과정에 매료된다. 이 학자들은 언어 출현 같은 주제를 조사한다. 처음에는 말을 할 줄 몰랐던 전형적으로 발달한 아기가 먼저 단어를 이해하는 증거를 보이기 시작하더니 어느새 첫 단어를 말하고, 두 단어를 합쳐서 첫 문장을 만들고, 점점 더 많은 단어를 익히고, 머지않아 문법의 기본을 깨우친다. 신체적, 생리적 발달에 관심이 있는 다른 학자들은 성적 성숙 과정을 조사한다. 호르몬 과정이 어떻게 변하는지, 그리고 일반적으로 발달 중인 아이의 몸이 호르몬 변화와 더불어 사춘기 전환기에 어떻게 성인의 몸으로 변하는지 등을 살펴보는 것이다. 또 사회발달을 연구하는 이들도 이와 비슷한 방법을 써서 영아, 유아, 학령기 전부터 청소년기에 이르기까지 시간이 지남에 따라 아이들의 친사회적인 행동과 반사회적인 행동이 평균적으로 어떻게 발달하는지 조사한다.

이 책을 여기까지 읽은 사람, 특히 모든 장을 차례대로 읽은 사람은, 방금 강조한 발달 연구 유형이 우리의 지적 성향이나 우리가 추구하는 발달 모험을 반영하지 못한다는 걸 알 것이다. 우리는 말하자면 다른 발달 부족의 일원이다. 전형적인 발달의 규범적인 패턴에 흥미를 느끼기보다, 개인의 차이에 매료된다. 인간의 발달과 신체, 정신, 행동의 거의 모든 측면에 관한 한 가지 진실은, 변화가 예외가 아니라 표준이라는 것이다. 물론 누구에게나 두 팔과 두 다리, 위장 관계가 있고, 심각한 신경학적 문제가 있거나 일상 속에서 언어에 노출되지 못하는 경우를 제외하면 언어를 습득할 수 있는 능력을 갖추는 등 기본적인 부분 외에서 그렇다는 얘기다. 이런 변화 범위의 중간에 위치한 대표적이고 평균적인 인물을 묘사하려고 노력한 학자도 많지만, 우리가 관심을 가진 건 분포의 양끝에 위치한 사람들, 즉 평균적인 남녀와 현저하게 다른 성격과 행동을 가진 사람들이었다. 그래서 우리처럼 개인 간 차이를 연구하는 학자들은 왜 어떤 사람은 심각하게 반사회적이고, 우울하고, 창조적인지(이는 그저 세 가지 예일 뿐이다) 알고 싶어 한다.

지금쯤이면 분명하게 밝혀졌어야 하는 일이지만, 우리는 "영아, 유아, 아동, 청소년, 성인 등 같은 연령대의 사람들끼리 서로 다르게 기능하는 이유는 뭔가?"라는 질문을 던질 수밖에 없다. 왜 어떤 사람은 어릴 때부터 밥 먹듯이 규칙을 어기고(6장), 어떤 사람은 7장에서 본 것처럼 다른 사람보다 성적으로 빨리 성숙하는 걸까? 그들의 유전자, 가족, 동료, 이웃이 이런 차이를 만드는 걸까? 그리고 어릴 때의 차이가 청소년기와 청년기, 그리고 본 장과 18장에서 살펴볼 중년기에 명확하게 드러나는 발달 차이에 어떤 영향을 미치는가? 이건 개인차와 관련된 연구 분야다.

물론 인생 후반의 기능에 영향을 미치는 아동기와 청소년기의 기원을 밝히는 것이 우리 책의 두 번째 주제다. 그리고 여기에서는 두 번째 주제의 연장선인 세 번째 주제(중년기의 신체 건강 변화)를 다루기 위해 초점을 확장한다. 따라서 우리 질문은, "중년기의 건강이 인생 초반의 성장 경험이나 기능과 관련이 있는가?"가 된다. 이 책의 다른 부분에서도 이 문제를 잠깐씩 다뤘다(예: 청소년기부터 지속된 대마초 흡연이 신체 건강에 미치는 영향을 고려할 때[11장] 등). 그러나 본 장과 다음 장에서는 이것이 주된 관심사가 될 것이다.

인생 초반의 경험을 통해 심리적, 행동적 발달이 이루어진다는 생각은, 개인차의 관점에서 볼 때 글쓰기가 발명되기 전으로 거슬러 올라가는 놀랍도록 긴 사상적 역사를 가진다. 플라톤과 소크라테스도 분명 이 문제에 관심을 가졌고, 철학을 조금이라도 공부해본 사람이라면 누구나 18세기 프랑스 철학자 장 자크 루소Jean-Jacques Rousseau의 이상적 낭만주의에 대해 알 것이다. 그는 아이들은 본질적으로 선하게 태어났으므로 그냥 알아서 자라게 두면 세심하게 남을 배려하는 협조적인 인간으로 성장할 텐데, 가족과 사회가 그들

중 일부(대부분은 아닐지 몰라도)를 망쳐놓았다고 주장했다. 어쩌면 루소 본인이 수많은 자식을 버리는 데에 전혀 거리낌이 없는 듯 보이는 것도 이런 이유에서일지 모른다. (아니면 이는 "역인과관계"의 사례일 수도 있다. 루소가 자식을 버린 게 먼저고, 나중에 자신의 악행을 정당화하기 위해 이런 이론을 발전시킨 것이다!)

어린 시절의 경험이 인간발달에 미치는 영향에 대한 과학적 연구가 시작된 건 지난 세기 중반쯤이다. 이 연구는 그 이전 수세기 동안의 이론적 사상과 마찬가지로, 주로 가족 내에서 이루어진 양육의 성격과 질이 어떻게 훗날의 심리적, 행동적 발전을 이루었는가에 초점을 맞췄다. 그리고 이 때문에 약 20년 전에 일어난 일(본 장의 핵심 주제)이 매우 흥미로워졌다. 어린 시절의 발달 경험과 환경 노출이 인생 후반의 심리적, 행동적 발달에 미치는 영향에 대한 연구는 줄어드는 낌새 없이 계속되어 왔기에, 비교적 최근 들어 중년기의 육체적 건강 혹은 나쁜 건강에 초점을 맞춘 발달 이론과 연구가 등장했다는 건 더 주목할 만한 소식일 것이다. 이 주제에 대한 관심 덕에 건강과 질병의 발달적 기원에 대한 완전히 새로운 탐구 분야가 탄생했다. 이 연구는 심리학자나 정신과 의사, 발달학자가 아니라 중년기의 나쁜 건강 상태가 어린 시절이나 혹은 그 이전인 태아기 혹은 그보다 더 먼저인 수정 전에 뿌리를 두고 있을지도 모른다는 사실을 깨달은 의사들이 시작했다! 오늘날에는 이런 사실이 당연하게 느껴질 테니까, 오히려 발달학자들이 "그곳에 도달"하기까지 얼마나 오래 걸렸는지가 더 놀라울 수도 있다.

대체 왜 그런 걸까? 어쩌면 서구 문화가 너무 오랫동안 정신과 육체를 구별해 왔기 때문일지도 모르는데(많은 부분에서는 지금도 그렇지만), 12장 마지막 부분과 13장에서 이 문제를 살펴본 바 있다. 그래서 정신의 본질과 특성(그리고 심리와 행동 또한)은 몸과 근본적으로 구별되고 심지어 관계가 없다고 생각했다. 전통적으로 정신과 행동은 심리학과 정신의학의 주제였고, 신체는 생물학과 의학의 주제였다. 심지어 오늘날에도 어떤 부분에서는 이런 이원론적 관점이 작동되고 있다는 증거를 볼 수 있다. 어떤 사람에게 도움이 될 수 있는 치료법이 유전적 차이 때문에 다른 사람에게는 도움이 되지 않아, 의사들이 환자 개개인을 치료하는 방법이 달라질 수 있다고 해도 눈도 꿈쩍하지 않는 이가 많다. 종양학(암을 연구하고 진단하고 치료하는 학문)은 다른 전문 의학 분야보다 이런 현실을 잘 보여준다. 종양학자들이 암이 유전적으로 매우 다르다는 걸 깨닫게 되면서부터 암 치료에 "개인 맞춤 의학"이라는 개념이 등장하게 되었다. 따라서 일부 암을 파괴하는 데 효과가 있는 치료법이 다른 암에는 영향을 미치지 않는다. 이는 "적합한" 종류의 암을 앓는 사람에게는 희소식이지만, 안타깝게도 다른 암에 걸린 사람들은 인생이 끝나게 된다.

그런데 행동 발달을 이와 비슷한 식으로 생각할 수 있다고 하면, 많은 이들이 받아들이기 힘들어할 것이다. 유전학을 다룬 5부에서 분명히 얘기한 것처럼, 특정 유전자를 가진 사람이 어릴 때 학대를 당하면 다른 유전자를 가진 사람에 비해 반사회적인 행동(13장)을 하거나 우울증에 걸릴(14장) 확률이 높다. 언젠가 더 많은 증거가 확보되어 이것 때문에 사람들을 다르게 대할 수도 있다는 아이디어가 등장하면, 몇몇 사람은 이에 아연실색하면서, "사람들을 다르게 대우

해선 안 된다. 누군가가 다른 사람보다 먼저 예방이나 개입 프로그램의 대상이 되는 건 공평하지 않다"고 말할 것이다. 하지만 개인화된 암 치료의 경우처럼 설득력 있는 증거가 있다면 왜 공평하지 않단 말인가? 심리 문제나 행동 문제를 예방하거나 개선하기 위한 개인화된 치료의 가능성조차 거부하는 사람들이 왜 그렇게 많은 걸까? 우리가 여기서 얘기하는 건, 아동의 문제 발생을 예방하거나 해결하기 위해 고안된 새로운 개입 방식이 이미 증명한 것처럼, 일부에게는 이익이 되지만 다른 사람에게는 도움이 되지 않는 치료법에 관한 것이다.

이 장의 목표는 심신 이원론에 관한 문제를 해결하거나 그것에 대해 더 자세히 얘기하는 게 아니다. 발달학자들이 이 장의 핵심 주제인 '건강과 질병의 발달 기원developmental origins of health and disease, DOHD'을 조사하는 모험을 시작하기까지 오래 걸린 이유를 강조하려는 것뿐이다.


## 중년기 건강 이상의 발달 기원

★

1장에서부터 거듭 밝힌 것처럼, DOHD에 대한 대부분의 연구는 본질적으로 제한된 방법에 의존해 왔다. 소아 청소년기의 부정적 경험이 성인의 건강을 해치는지 여부와 그 방법을 밝히기 위한 획기적인 연구 대부분이, 의사가 성인 환자의 삶을 "되돌아보면서" 남보다 건강한 이들의 경우 자라는 동안 남다른 발달 경험과 환경 노출을 겪었는지 살펴봤기 때문이다. 다시 말해, 성인 환자에게 그들의 어린 시절에 대해 물어본 것이다.

심리적, 행동적 발달을 연구하는 이들은 오래전부터 이 방법의 심각한 한계를 인정했다. 1장에서 지적한 것처럼, 이 책의 중심과 같은 종적 연구를 수행하는 것도 바로 그런 이유에서다. 가족 안팎에서의 인생 경험이 발달에 어떤 영향을 미치는지 알아내려면, 그 일이 발생한 순간에 바로 연구하는 게 가장 좋다. 사람들이 자기 삶의 중요한 부분도 제대로 기억하지 못할 수 있다는 걸 절대 잊지 말자. 충격적이거나 고통스러운 기억의 경우에는 특히 더 그렇다. 심리적 방어의 일종으로, 그때의 경험을 기억하거나 다시 체험하는 걸 막기 위해 마음이 그 경험을 묻어버리는 듯하다. 그렇다고 더 이상 기억나지 않는 어린 시절의 역경이 사람들의 발달 방식에 영향을 미치지 않는다는 얘기는 아니다.

인생 초기의 가족 경험이 어떻게 훗날의 건강과 발달에 영향을 미치는지 이해할 수 있는 능력을 약화시키는 건, 어릴 때 가족 내에서 일어난 일을 기억하지 못하는 것만이 아니다. 사람들은 어릴 때 있었던 일을 왜곡할 수도 있다. 5장에서 양육 방식의 세대 간 전이를 고려할 때도 했던 말이지만, 그런 왜곡은 최소 두 가지 형태를 취할 수 있다. 먼저 고려해야 할 것은 이상화인데, 이는 자신의 어린 시절을 실제보다 훨씬 긍정적인 시각으로 바라보는 것이다. 하지만 과거를 이상화하는 사람은 "훌륭한 부모를 뒀다"거나 "유년기가 아주 좋았다"처럼 광범위한 일반화를 넘어설 수 없기 때문에, 어린 시절을 설명할 때 지지적인 양육에 대한 세부적인 설명이 부족한 경우가 많다.

기억이 왜곡되는 두 번째 이유는 부정적인 기분이나 우울한 상태 때문이다. 이 경우 과거를 비롯한 세상 전체를 회색빛 안경을 통해 바라보는 듯하다. 우울하거나 불안하거나 적대적인 기분일 때는, 그게 아동기 내내 있었던 일이 아닌데도 어릴 때 받은 모욕이나 공격, 나쁜 대우 등이 쉽게 떠오른다. 가족 안에서 겪은 긍정적이고 지지적인 경험에는 다가가기가 어려워진 것 같다.

의사와 다른 분야의 학자들이 "부정적인 아동기 경험"(ACE)이 어떻게 중년기의 신체 건강을 해치는지에 대한 연구 내용을 대중 언론과 SNS에 게재하거나 널리 소개하는 사례가 늘어난 걸 보면서, 그런 연구에서 도출된 결론의 타당성에 의문을 품지 않을 수 없었다. 건강 문제의 발달적 근원에 대한 연구를 진행한 연구자가 아동기 경험에 대한 후향적 보고서에 의지했을 때 생기는 위험을 의식하지 못한 건지, 아니면 우리가 제기한 것과 같은 이런 우려(심리학 문헌에서 수십 년 동안 논의한)를 그냥 무시하기로 한 건지는 명확하지 않다.

우리는 이번에도 건강과 질병의 발달 기원을 조명하면서 기억을 통한 ACE 평가의 잠재적 장점과 한계를 평가하기에 매우 알맞은 위치에 있다는 것에 감사했다. 전향적 및 후향적 ACE 측정에서 서로 유사한 것으로 입증된 정도를 살펴보고, 그 각각을 기반으로 중년기의 건강을 예측하면서 ACE 측정 능력을 비교할 수 있으니 말이다. 이는 더니든 연구 피험자들이 38세일 때, 이런 특정 목적을 위해 후향적 ACE를 측정해뒀기 때문이다. 우리가 ACE 연구의 이 단계에서 발견한 내용을 자세히 보고하기 전에, 아동기의 역경과 미래 건강 사이의 연관성을 조사한 이전 ACE 관련 연구의 결과를 간략히 설명하겠다.

## 성인기 건강의 아동기 기원

★

어린 시절의 역경이 성인의 신체 건강에 미치는 영향을 평가하기 위해 처음 진행한 두 가지 조사에서는, 일부에서 가족의 "사회적 주소"라고 부르는 사회경제적 지위SES(즉, 피험자가 처음 속했던 사회 계층)에 초점을 맞췄다. 이전에 얘기한 코넬 대학교의 유리 브론펜브레너 교수가 만든 사회적 주소라는 용어는, 사회 계층이 가족이 처한 사회적 경제적 위치는 알려주지만 경제적으로 빈곤한 가정에서 더 자주 발생하는 특정 부정적 경험(아동 학대나 모성 우울증 같은)을 특정 가정의 특정 아동이 실제로 경험했는지 여부와 이런 일이 발달에 영향을 미친 것으로 판명되었는지 여부는 확실히 알려주지 못한다는 걸 강조하기 위한 것이다. 이는 가족의 상황을 생각할 때 먼저 떠오르는 가족 구조(예: 한부모 가정인지 아닌지)나 사는 동네(예: 안전한지 위험한지) 같은 다른 사회적 주소와 관련된 특성도 마찬가지다. 다시 말해, 아이가 하위 계층 가정에서 자랐다는 사실을 안다고 해서 어릴 때 정말 학대를 당했는지 아니면 우울증에 걸린 엄마가 있었는지 등 그가 실제로 "겪은 경험"을 확실하게 알 수는 없다는 얘기다.

의사가 ACE 측정을 도입하는 게 그토록 중요한 이유는, 건강과 관련된 발달 조사를 할 때 사회적 주소 접근법을 넘어 특정 가족의 영향을 생각하게 되기 때문이다. 따라서 ACE 측정은 신체 건강과 웰빙에 영향을 미친 것으로 생각되는 특정 발달 경험과 환경 노출을 포착하도록 설계되었다. 하지만 사회적 주소 접근법에서 벗어난 건강 관련 연구 내용을 얘기하기 전에, 피험자들의 어린 시절 가족을 특징짓는 이 이상적이지 않은 방법을 통해 알게 된 내용부터 살펴보자.

아동기 역경의 건강 유산에 관한 첫 번째 조사에서는, 아동의 사회 계층 기원과 자라는 동안 경험한 사회경제적 불이익이 26세 때의 신체 건강과 치아 건강을 예측하는지 평가했다. 이 연구는 부모의 직업 지위를 계속 측정하는 방식으로 진행되었는데, 아이들이 3세, 5세, 7세, 9세, 11세, 13세, 15세 때 측정한 결과를 평균을 냈다. 이런 식으로 진행한 건 "세분화"보다 "통합"을 추진하려는 방법론적인 이유 때문만이 아니라, 인생 초기의 한 시점에 처한 사회경제적 지위가 반드시 성장 중에 불리한(또는 유리한) 경제 상황에 계속 노출되었다는 걸 의미하는 건 아니기 때문이다. 우리 조사에서는 병원 기록에 의지해 피험자가 태어나기 전의 임신 합병증(예: 산모의 당뇨병, 고혈압, 자간)이 미칠 수 있는 영향이나 출생 시 본인의 건강 상태(예: 조산, 출생 시 체중) 등은 모두 무시했다. 사회경제적 지위가 낮은 가정에서 자란 피험자들은 출생 시 건강 상태가 평균적으로 더 나쁘다는 걸 이미 알고 있었기 때문에, 아동기의 사회경제적 지위가 미래의 건강에 미치는 잠재적 영향이 이렇게 기록된 발달 현실의 산물이 되지 않도록 해당 요인들의 영향을 통계적으로 통제한 것이다.

그 결과는 신체 건강의 네 가지 측정치 가운데 세 가지(체질량 지수, 허리-엉덩이 비율, 수축기 혈압 이외의 심폐 기능)가 아동의 사회 계층 기원과 단계적인 용량-반응 관계를 보인다는 것이었다. 어린 시절의 경제적 불이익이 증가할수록 청년기의 건강 악화 징후도 증가했다. 이는 치아의 치석 양, 잇몸 출혈, 치주 질환, 충치 등 치아 건강의 경우에도 마찬가지였다. 이런 표현형은 피험자들이 26세 때 시행한 치과 검사에서 측정한 것이다. 26세가 된 피험자 본인의 직업 지위를 통제한 상태에서도 아동기의 경제적 불이익이 신체 건강과 치아 건강에 미치는 모든 영향이 그대로 유지된다는 것은, 그 결과가 그들의 사회 계층적 "목표점", 즉 성인기에 도달한 사회경제적 지위의 결과물이 아니라는 걸 의미한다.

6년 뒤 32세가 된 피험자들을 다시 만났을 때는 특히 심혈관 질환의 위험성에 초점을 맞췄다. 이를 위해, 32세에 높아진 심혈관 질환 위험을 반영하기 위해 결합시킨(우리는 "통합"을 지향하므로) 안정된 상태에서의 높은 수축기 혈압, 비공복 상태에서의 높은 총콜레스테롤, 비공복 상태에서의 낮은 고밀도지단백 콜레스테롤, 높은 당화혈색소 농도, 낮은 심폐 기능, 과체중 등 6개의 바이오마커에 의존했다. 26세 때의 조사 결과와 마찬가지로 피험자의 사회 계층적 기원이 중요했다. 사회경제적 지위가 낮은 가정에서 계속 자란 사람은 심혈관 질환에 걸릴 위험이 다른 사람에 비해 두 배 이상 높았다. 특히 부모가 흡연자인지, 알코올 문제가 있는지, 심장병을 앓았는지 등의 여부를 지수화해서 건강 악화에 대한 가족의 책임을 고려해도 이런 결과가 그대로거나 더 악화되었다. 아동기의 사회경제적 지위가 미친 영향을 평가하기 전에, 이들이 청소년기에 흡연, 음주, 기타 불법 물질 사용, 높은 체질량 지수 등 좋지 못한 건강 습관을 가졌는지 여부를 고려해도 결과는 마찬가지였다.

피험자의 출신 가족의 인구통계학적 특성, 즉 사회경제적 지위와 관련된 청년기의 두 가지 연구 결과를 확인한 우리는 특히 아동기의 건강 관련 유산을 더 깊이 탐구해봐야겠다는 생각이 들었다. 실제로 아동기의 특정한 부정적 경험을 조사한 덕분에, 가족의 사회적 주소에서 벗어나 경제적으로 빈곤한 가정에 더 흔하다고 알려진 실제 "생활 경험", 특히 부정적 경험이 중년기 건강에 영향을 미쳤는지 여부와 그 방법을 더욱 잘 이해하게 되었다. 그리고 남은 ACE 연구의 첫 번째 단계는 ACE의 전향적 및 후향적 측정이 피험자의 발달 이력에 대해서 유사한 그림을 제공하는지 판단할 수 있는 방향으로 설계되었다. 다시 말해, 피험자들이 자신의 어린 시절에 대해 회상한 내용이 실제 일어난 일과 얼마나 일치하는지 파악하기 위해, 그들의 성장기에 수집한 정보와 비교해본 것이다. 두 번째 단계에서는, 이 두 가지 발달-역사 측정치가 중년기의 건강을 예측하는 능력을 비교했다. 여기서 우리는 중년기의 건강 악화와 관련된 유년기의 근원을 이해하는 데 있어 후향적인 ACE 측정 방식에 한계가 있는지(혹은 장점이 있는지)를 알아보려고 했다. 우리의 기존 견해를 고려할 때, 부정적인 아동기 경험에 대한 후향적 평가는 아동기에 확보한 전향적 측정치보다 중년기 건강 예측에 있어 효력이나 유용성이 떨어질 거라고 예상했다.

# 전향적 ACE와 후향적 ACE는 아동기에 대해 똑같은 그림을 그리는가?

★

       우리는 후향적 및 전향적 방법으로 측정한 ACE를 비교하고 싶었기 때문에, 아동기의 전향적 평가와 성인기의 후향적 평가가 모두 이루어진 경험에 초점을 맞췄다. 그리고 ACE를 개념화할 때는 미국 질병통제예방센터가 정한 방법을 따랐다. 이는 다섯 가지 유형의 아동 피해와 다섯 가지 유형의 가정 기능 장애를 측정했다는 얘기다. 아동 피해의 경우, 신체적 학대, 정서적 학대, 신체적 방임, 정서적 방임, 성적 학대에 중점을 뒀다. 가정 기능 장애는 가족 구성원의 투옥, 가족 구성원의 약물 남용, 가족의 정신질환, 부모 상실, 동반자 폭력 등으로 정의했다.

    이런 구성을 전향적으로 측정할 때는 데이터 보관소로 돌아가서 아이들이 3세, 5세, 7세, 9세, 11세, 13세, 15세 때 연구 평가를 실시하면서 작성한 기록을 모았다. 이 기록은 사회 복지사와 소아과 의사의 가족 접촉, 아동과 부모를 인터뷰한 평가 담당자가 작성한 노트, 프로젝트 사무실에서 엄마와 아이의 상호 작용을 관찰한 연구원이 확보한 정보, 가정 방문 시에 목격한 상황을 녹화한 공중보건 간호사가 작성한 기록, 우리가 아이의 행동과 성적에 관해 설문조사를 한 교사의 보고서 등 다양한 자료를 바탕으로 만든 것이다. 부모의 범죄에 관한 정보는 부모가 작성한 설문지를 통해 입수했다.

    가족 내에서의 ACE 관련 경험을 후향적으로 평가하기 위해, 38세가 된 피험자도 의학 연구원들이 작업을 할 때 사용하는 것과 똑같은 설문지인 '아동기 트라우마 질문지'를 작성했다. 이런 측정 도구를 사용해서 확보한 정보를 보충하기 위해, 피험자들을 상대로 설문지에서 다루지 않은 주제인 가족의 약물 사용, 정신질환, 투옥, 파트너 폭력, 별거나 이혼·사망·가정에서의 격리로 인한 부모 상실 같은 기억에 대한 인터뷰를 했다.

ACE에 대해 전향적 및 후향적 방법으로 측정한 정보를 모두 수집한 뒤, 코드 작성자는 질병통제예방센터가 제공하는 ACE의 정의에 대한 교육을 받았다. 그런 다음, 데이터 보관소에서 얻은 정보를 이용해서 10개의 ACE(다섯 가지 유형의 신체적 학대와 다섯 가지 형태의 가정 기능 장애)가 존재하는지 혹은 존재하지 않는지를 채점했다. 이렇게 해서 모든 피험자는, 의학 연구자들이 후향적 ACE를 정량화한 방식을 그대로 본떠서 1에서 10 사이의 점수를 매긴 전향적 ACE 점수를 받게 되었다. ACE와 관련된 전향적 데이터를 검토하고 코딩한 이들은 피험자가 38세 때 후향적으로 보고한 내용을 전혀 몰랐다는 사실에 유의해야 한다.

이제 우리는 ACE의 전향적 평가와 후향적 평가가 아동기의 역경에 대해 얼마나 비슷한 이야기를 들려주는지 평가할 수 있게 되었다. 후향적 ACE 평가에서 높은 점수나 중간 점수 또는 낮은 점수를 받은 피험자가 전향적 평가에서도 비슷한 점수를 받는 경향을 보일까? 대답은 어느 정도까지는 "그렇다"였지만, 아주 뚜렷한 경향성이 나타나지는 않았다. 두 가지 측정치가 완전히 다른 결과를 보여주진 않았지만, 그렇다고 똑같은 결과가 나온 것도 아니었다. 사실 (전향적인) 유년기 기록에 따라 4개 이상의 부정적인 가족 경험이 있는 피험자 60명을 면밀히 조사한 결과, 이렇게 세월이 흐른 뒤에는 당시의 기억을 전부 (후향적으로) 보고하지 못하는 이들이 절반 이상이나 됐다. 주목할 만한 사실은, 자라면서 4가지 이상의 부정적인 가족 경험을 한 피험자 가운데 10명은 그런 경험을 전혀 기억하지 못하거나 딱 하나만 기억했다는 것이다!

그런데 전향적인 증거와 기억 사이의 불일치에 대한 조사 결과는 아동기에 겪은 역경을 중년기에 "선택적으로 제거"한다는 사실만 보여준 게 아니다. 제거라는 말을 사용했다고 해서 이 과정이 목적의식을 갖고 의식적으로 진행되었다는 걸 암시하는 건 아니다. 달리 증명되기 전까지는, 그저 어린 시절의 부정적 경험이 그걸 기억하지 못하는 피험자들에게 다가가지 못한 것이라고 생각한다. 그리고 우리의 전향적 기록에 따르면 열 가지 부정적인 경험을 하나도 겪지 않은 피험자 가운데 10퍼센트가 세 가지 이상을 경험했다고 기억했다! 결국 기억에 의지하는 방법은 어린 시절에 겪은 부정적인 가족 경험의 과소 보고와 과잉 보고로 이어졌다. 데이터에 분명히 드러나 있는데도, 우리의 전향적인 ACE 측정치가 절대로 잘못될 리 없다고 우긴다면 이는 태만한 행동일 것이다. 더니든 연구 데이터 보관소에 일부 피험자의 숨겨진 역경에 대한 정보가 부족했을 가능성도 분명 있다. 예를 들어, 몇몇 피험자가 어릴 때 성적 학대를 당했다고 기억하는데 (전향적인) 데이터 보관소에는 이에 대한 기록이 없는 경우를 생각해보자. 게다가 환자가 자신의 기억을 확신한다면, 어린 시절의 부정적 경험이 반드시 진짜여야만 건강에 영향을 미치는 건 아니라는 것도 알아둬야 한다.

전향적 측정의 잠재적 한계를 안 우리는, "현미경 성능을 강화하고" 다양한 역경을 하나로 "합친" 요약 점수보다는 개별적인 부정적 가족 경험 수준에서 두 가지 ACE 측정치가 일치하는 부분을 더 면밀히 검토하기로 했다. 아마 이런 일치와 불일치는 어떤 종류의 역경은 정확히 기억하기가 더 쉽고 다른 건 어렵기 때문에 생긴 일일 것이다. 우리가 발견한 것도 바로 그랬다. 실제로 각각의 독자적인 역경에 대한 일치 수준은 부모 상실의 경우에는 매우 높고 정서적 학대의 경우에는 매우 낮게 나타나는 등 다양했다. 이는 우리가 처음에 두 가지 ACE 점수 사이에서 감지한 전반적으로 별로 높지 않은 수준의 일치가, 부모 상실에 대한 매우 높은 수준의 일치 때문에 부풀려졌음을 시사한다. 실제로 ACE 점수 계산에서 이 항목을 제거하자, 후향적 측정과 전향적 측정 사이의 일치 수준이 40퍼센트나 감소했다! 그리고 애초에 일치 수준이 별로 높지 않았다는 것도 기억해야 한다. ACE 정보를 더 자세히 살펴보니, 전향적 측정과 후향적 측정 사이의 일치성이 원래 기록된 것보다 훨씬 제한적이라는 사실이 분명해졌다. 그렇다면 이는 건강과 질병의 발달 기원에 대한 의료 연구나 환자 치료에 성인 환자의 기억에 기초한 ACE 측정치를 액면 그대로 받아들여서는 안 된다는 구체적인 증거인 셈이다.


## 후향적 및 전향적 ACE의 예측 능력

★

부정적인 아동기 경험에 대한 기억 오류를 기록하고

인정하는 것도 물론 중요하지만, 과학과 건강 면에서 더 중요한 문제는 성인기에 기억한 ACE가 기능의 다른 측면들과 얼마나 잘 연관되어 있는가(특히 아동기와 청소년기에 작성한 상세 기록에 기초한 ACE와 비교했을 때) 하는 것이다. 후향적 및 전향적 ACE 측정이 성인의 웰빙을 비슷하게 예측하는 경우, 이미 기록된 전향적 및 후향적 측정 사이의 "불이행"이나 불일치는 처음 생각했던 것만큼 큰 문제가 안 된다.

우리는 후향적 및 전향적인 ACE 측정이 중년기(38세)의 웰빙을 예측하는 능력을 비교하는 데 관심이 있었기 때문에, 피험자들이 우리에게 얘기한 내용을 기반으로 하는 네 가지 주관적인 건강 척도와 우리가 실시한 테스트 및 수집한 생물학 표본에 기초한 두 가지 객관적인 결과 척도를 만들었다. 첫 번째 주관적인 결과 척도에서는 신체 건강을 다루었는데, 피험자들이 자신의 전반적인 건강 상태를 어떻게 평가했는지(나쁨에서 매우 좋음까지 중에서) 보여준다. 인지 건강을 다루는 두 번째 주관적인 척도는 약속 지키기, 가게에 간 이유 기억하기, 누군가에게 같은 이야기 반복하기 등 일상적인 일을 하면서 겪는 어려움을 묻는 19가지 질문에 대한 피험자들의 응답을 바탕으로 만들었다. 정신 건강의 주관적인 결과를 측정할 때는 우울증, 불안감, 반사회적 성격, 정신병 등 다양한 정신 건강 문제의 여러 증상을 평가한 인터뷰를 활용했다. 마지막으로, 사회적 건강에 대한 주관적 척도는 파트너와 맺은 관계의 질, 개방적인 커뮤니케이션, 활동과 관심사 공유, 힘의 균형, 존중과 공정성, 정서적 친밀성, 신뢰 등과 관련된 28개 항목 목록을 기반으로 만들었다.

두 가지 객관적인 건강 결과의 경우, 첫 번째는 38세 때 확보한 심폐 기능, 폐 기능, 치주 질환, 전신 염증, 대사 이상(허리둘레, 고밀도지단백 수준, 트라이글리세라이드 수준, 혈압, 당화혈색소) 같은 여러 바이오마커를 기반으로 했다. 두 번째 객관적 척도인 인지 건강은 38세에 실시한 표준 지능 검사의 일부인 작업 기억력 평가에 기초했다.

방금 설명한 척도를 마련한 우리는 후향적 및 전향적 ACE 측정이 중년기의 건강을 얼마나 잘 예측하는지 확인하기 위한 비교 분석을 진행했다. 몇 가지 흥미로운 결과가 나왔다. 전체적으로 볼 때, 전향적 및 후향적 ACE 측정 모두 38세 때 본인이 직접 보고하거나 객관적으로 측정한 건강 결과를 보통 수준으로 예측했다. ACE를 전향적으로 측정하건 후향적으로 측정하건 상관없이 기존의 의학 연구와 일치하는 증거가 나왔다는 건 유년기에 역경을 많이 겪을수록 중년기의 건강이 나빠진다는 걸 의미한다. 이는 설명해야 하는 결과가 신체 건강 또는 인지 건강의 주관적 지표건 객관적 지표건 상관없이 사실이었다. 이번에도 우리는 결정론적 발전보다 확률론적 발전의 증거를 발견했다. ACE에서 매우 높은 점수를 받은 사람 중에도 일부는 건강 상태가 좋았고, 점수가 매우 낮은 이들 가운데 일부는 건강이 좋지 않았다.

데이터를 추가적으로 조사한 결과, 건강 결과와의 연관성이 가장 약한 것도 후향적 ACE 측정이고 가장 강한 것도 후향적 ACE 측정이라서 상황이 매우 흥미로워졌다. 본인이 보고한 주관적인 건강 척도 네 가지를 각각 예측할 때는 후향적 ACE 평가가 전향적 ACE 평가보다 나은 예측 변수라는 것이 입증되었다. 그러나 객관적으로 측정된 두 가지 건강 결과를 설명해야 하는 경우에는 상황이 정반대였다. 바이오마커 건강 지수와 작업 기억력을 이용한 인지 평가에서는 후향적 ACE 측정보다 전향적 ACE 측정이 더 나은 예측 변수로 판명되었다. 따라서 ACE가 중년기의 신체 건강에 실제로 어떤 영향을 미치는지 알고 싶을 때는 후향적 ACE 보고서가 (다소) 제한적이지만, 자신의 건강에 대한 개인의 믿음이나 감정을 알고 싶을 때는 후향적 보고서가 (약간) 더 많은 정보를 제공한다.

## 결론

★

　　　비유적으로 말하자면, 건강 악화의 발달적 기원에 대한 우리 연구는 이번에도 카이사르를 매장하지도 칭찬하지도 않은 채로 끝났다. 우리 ACE 연구의 목표는 아동기의 부정적 경험을 측정하는 후향적 방식의 무가치를 주장하거나 유용성을 입증하는 게 아니었다. 그보다 정말 중요한 목표는 어릴 때 실제로 겪은 증명 가능한 역경이 성인기의 신체 건강을 예측하거나 손상시킬 수 있는지 알아보는 것이었다. 그러니까 후향적인 의학 연구를 바탕으로 도출한 결론이 더 엄격하게 평가해도 그대로 유지되는지 알고 싶었다.

　그렇기는 해도, 이 연구에 적용할 수 있는 엄격함에는 실질적인 한계가 있었다는 걸 인정해야 한다. 아마도 가장 중요한 건, 보고한 작업 과정에서 일부 대안 설명을 배제할 수 없는 상황이었다는 것이다. 특히 아동기의 역경이 중년기의 객관적인 건강 상태를 나쁘게 예측했음에도, 다른 요인, 즉 세 번째 변수가 이 연구의 핵심인 예측 변수와 결과 양쪽에 다 영향을 미쳤을 가능성은 남아 있다. 게다가 유전자 구성을 비롯해 우리가 측정하지 않은 아동의 특성이 어릴 때 겪은 역경과 훗날의 건강 악화에 영향을 미쳤을 수도 있다. 예를 들어, 초기 기질을 중점적으로 살펴본 2장에서 얘기한 것처럼 별로 건강하지 않은 아이나 특정 유전적 구성을 가진 아이가 어떤 상황에서 부정적 경험을 유발할 수도 있는 것이다. 예를 들어, 발달장애가 있는 아이는 건강한 아이보다 학대받을 가능성이 높다. 따라서 건강이 좋지 않은 아이나 특정 유전적 구성을 가진 아이 혹은 이 두 가지 특성을 모두 가진 아이는 어릴 때 역경을 겪지 않았더라도 중년기에 건강이 악화될 가능성이 있다. 이를 강조하는 이유는, 이런 가능성을 배제하기 위한 노력을 하지 않았거나 할 수 없었을 때에는 그 가능성을 항상 염두에 둬야 한다는 걸 알리기 위해서다.

어쨌든 더니든 연구 결과는 의학 분야에서 나온 일반적인 메시지를 확인시켜줬다. 어린 시절의 부정적 경험은 우리가 이 책에서 보아온 것처럼 심리적, 행동적 웰빙을 손상시킬 뿐만 아니라 신체적 건강까지 해치는 것으로 보인다. 이런 관찰 결과는 16장에서 지적한 것처럼 이제 정신과 육체 사이에 확실한 선을 긋는 건 인간발달에 대해 생각할 수 있는 가능한 방법이 아니라는 걸 강조한다.

아동기의 역경에 대한 후향적 보고서에 의지하는 건 그 정확성이나 신체 건강을 예측하는 능력 면에서 한계가 있다는 걸 알아야 하는데, 특히 바이오마커를 이용해 객관적으로 측정했을 때는 더 그렇다. 따라서 ACE 평가를 의료 실무에 활용하는 의사는 이런 사실을 알고 있어야 하고, 이렇게 수집한 정보의 한계도 이해해야 한다.

환자가 자신의 어린 시절에 있었던 어떤 일을 보고한다고 해서 그런 일이 반드시 일어났다는 보장은 없고, 또 뭔가를 보고하지 않았다고 해서 그런 일이 없었던 것도 아니다. 후자의 주장은 이전 장에서 과학과 관련해 강조했던 증거의 부재가 부재의 증거는 아니라는 말을 상기시키는데, 이 경구가 이제 임상 실습으로 확대된 것이다. 즉, 이 격언은 과학 연구의 경우에는 무위 결과(즉, 감지되지 않은 것)에 의미를 불어넣는 것과 관련이 있지만, 여기서는 환자가 일어나지 않았다고 주장하는 하나 이상의 부정적 경험이 실제로 일어나지 않았다고 액면 그대로 받아들이는 것과 관련이 있다.

더니든 연구 결과는 의사가 진지하게 고려할 가치가 있는 두 가지 추가 사항을 강조한다. 첫째, 환자들은 다양한 이유로 어린 시절의 역경을 과소 보고하거나 과대 보고할 수 있다. 둘째, 부모의 죽음 같은 명백하게 객관적인 사건은 감정적으로 학대받는 등의 정성적 경험보다 더 정확하게 기억된다. 이런 두 가지 사실은 우리 이전에 다른 사람들도 기록했고, 우리도 수십 년 전에 진행한 다른 연구에서 기록한 적이 있다. 따라서 의사들이 환자의 중년기 건강에 대한 통찰을 얻기 위해 성인 환자에게 어린 시절의 부정적 경험에 대한 체크리스트를 작성해 달라고 요청할 때는, 이 두 가지 사실을 모두 이해하고 있어야 한다. 발달, 심리, 행동 과학이 의학에서 정보를 얻어야 할 필요가 있듯, 그 반대도 마찬가지다.

# 아동기 역경의
# 생물학적 각인

본 장과 17장은 이 책의 어떤 장들보다 밀접하게 연결되어 있는데, 그렇다고 이 장보다 17장을 먼저 읽어야 한다는 얘기는 아니다. 그래도 아동기의 역경과 객관적으로 측정한 신체 건강 사이의 연대기적 연관성을 기록한 17장의 연구 결과가 예상 원인과 예상 결과를 잇는 연관성이 드러날 때 과학자들의 머릿속에 항상 떠오르는 근본적인 과학적 의문을 제기한다는 사실은 지적해야 하겠다. 그건 바로 이 추정 효과가 어떻게 실현되는가 하는 의문이다.

지금 같은 상황에서는 이 질문이 "어떤 메커니즘 때문에 인생 초반의 역경이 중년기의 신체 건강에 영향을 미치는 걸까?"라는 형태를 취할 것이다. 본 장에서는 세 가지 뚜렷한 생물학적 메커니즘에 초점을 맞출 테지만, 어린 시절의 역경이 어떻게 중년기의 건강 악화와 연관되는지 밝힐 때는 그 매개 과정이 반드시 생물학적 과정일 필요는 없다는 걸 분명히 해야 한다. 실제로 행동, 인식, 감정이 포함될 수도 있다. 아마 지금의 맥락에서 가장 중요하게 고려해야 하는 건 활동 부족, 형편없는 식사, 약물 사용(예: 흡연, 과도한 음주, 불법 약물) 등과 관련된 건강 행동일 것이다. 이런 것들은 본 장에서 다룰 연구(중년기 건강의 어린 시절 뿌리를 설명하는 생물학적 메커니즘)의 핵심 주제는 아니지만, 그렇다고 아동기 역경이 성인기 건강과 연결되는 방식을 설명하는 데 어떤 역할도 하지 않는다는 의미로 받아들여선 안 된다.

메커니즘 중심의 연구는 상아탑뿐만 아니라 발달이 작동하는 방식을 이해하고 싶어 하는 연구자들도 관심이 있다. 이는 메커니즘에 대한 기본적인 과학적 통찰력이 개입과 치료, 즉 응용 과학에 대한 지침을 제공할 수 있기 때문이다. 이는 앞에서도 언급했던 문제인데, 아마 성공의 유전성을 다룬 13장에서 가장 자세히 얘기했을 것이다. 피험자들의 건강 악화를 예측하거나 26세, 32세, 38세 때 나쁜 건강 상태를 지수화한 바이오마커를 예측한(17장) 경제적으로 불우하거나 부정적인 어린 시절의 환경을 바꿀 수 없다고 상상해 보라. 이는 우리에게 그 일을 효과적으로 해내는 데 필요한 의지와 지식, 자원이 없기 때문일 수도 있고, 성인이 어린 시절에 역경에 노출된 것은 그의 발전 역사에 이미 존재하는 현실이라서 과거로 돌아가 바꿔놓을 수 없기 때문일 수도 있다. 그렇다면 우리가 개인의 건강을 개선할 능력이 전혀 없다는 뜻일까?

이 질문에 대한 대답이 "예"일 필요는 없다. 적어도 원칙적으로는, 우리가 바꿀 수 없는 인생 초반에 작용한 힘에 의해서 확립된 발달 궤도에 영향을 미칠 수 없는 건 아니다. 지금과 같은 경우, 어린 시절의 역경과 훗날의 건강을 연결시키는 경로나 중재 메커니즘을 이해하게 된다면 그게 잠재적 개입 대상이 되기 때문이다. 어떤 행동적 수단이나 약리학적 방법을 통해 중재 메커니즘을 효과적으로 바꿀 수 있다면, 발달의 확률적 특성을 고려할 때 불가피한 결과가 아닌 것은 더 이상 발생할 필요가 없다. 이런 생각 때문에 본 장에서 논의할 생물학적 각인biological-embedding 연구에서는 어린 시절의 역경과 염증, 스트레스 생리학, 텔로미어telomere(염색체의 말단 영역-옮긴이) 손상이라는 노화와 관련된 질병을 연결하는 확실한 연관성을 매개할 수 있는 세 가지 생물학적 과정을 조사하게 되었다. 염증과 관련된 데이터는 더니든 연구와 환경 위험 연구에서 얻은 것이고, 스트레스 생리학과 텔로미어 손상에 관한 데이터는 환경 위험 연구에서만 얻었다.

우리는 유년기의 역경이 중년기의 건강에 미치는 영향을 생물학적으로 매개하는 대상이 뭔지 알아보는 지금과 같은 연구를 진행할 때에도 반드시 대안적인 설명을 고려해야 한다는 사실을 독자들에게 알려야 한다. 따라서 다양한 종류의 역경(예: 학대나 집단 괴롭힘)과 염증, 스트레스 생리학이나 또는 텔로미어 손상을 연결하는 연관성을 집중적으로 살펴볼 때도, 지금까지 늘 관례적으로 해왔던 것처럼 초기 결과에 이의를 제기할 것이다. 예를 들어, 아동기 역경의 생물학적 각인을 이해하기 위한 이 연구에서는 아동(예: 출생 시 체중, BMI, 지능)과 부모(예: 우울증, 육아 방식, 학대), 가족(예: SES)의 특성으로 인한 잠재적 교란 효과를 배제하려고 애썼다. 그래야 아동기의 부정적 경험과 성인기의 건강 사이의 연관성을 살펴본 17장에서 했던 작업 이상의 성과를 거둘 수 있다.

# 염증

★

　　염증이 노화 관련 질병과 연관이 있다는 기존의 증거 때문에 세 가지 개별 연구에서 염증을 집중적으로 살펴보기로 했다. 염증은 병원균, 손상된 세포, 자극물 등 유해한 자극에 대해 신체 조직이 보이는 복잡한 생물학적 반응의 일부이며, 면역 세포, 혈관, 분자 매개체가 관여하는 보호 반응이다. 염증의 기능은 세포 부상의 초기 원인을 제거하고, 원래의 상처와 염증 과정에서 손상된 괴사(사망) 세포와 조직을 제거하고, 조직 복구를 시작하는 것이다.

　염증의 잘 알려진 실제 이익이 무엇이든, 만성적으로 높은 수준의 염증이 있다는 건 면역체계가 비정상적으로 기능한다는 뜻이다. 따라서 혈액 내의 C-반응성 단백질CRP 같은 바이오마커를 이용해 지수화하는 높은 수준의 염증은 인생 후반기의 죽상동맥경화증, 인슐린 저항성 또는 당뇨병, 심장병, 신경 퇴행 또는 치매를 예측하거나 기여할 수 있다. 그러니 염증이 아동기의 역경이 "생물학적으로 각인되어" 건강을 해치는 과정의 일부가 될 수 있다는 가설을 세워도 타당할 것이다. 우리는 특히 염증 관련 연구에서 C-반응성 단백질 수준에 초점을 맞췄는데, 이것이 가장 신뢰할 수 있는 염증 지표 중 하나이기 때문이다. 실제로 최근 미국 질병통제예방센터와 미국

심장협회에서는 심혈관 질환에 대한 기존의 위험 인자 선별 검사의 부가 기능으로 승인을 받았다.

염증 증가를 통한 아동기 역경의 "생물학적 각인"에 대해 처음 진행한 두 가지 연구에서는 유년기에 측정한 다양한 역경 요소와 피험자가 32세 때 평가한 염증 사이의 연관성을 조사했다. 역경은 사회 계층, 학대, 사회적 고립과 관련된 세 가지 방식으로 지수화했다. 17장과 마찬가지로 사회 계층은 피험자의 출생 시점부터 15세까지 부모의 직업 상태를 반복적으로 측정해서 평가했다. 생후 첫 10년 동안의 아동 학대는 14장에서 설명한 것과 동일한 방식으로 분류했다. 즉, 아이가 자라는 동안 측정한 그들의 양육 경험을 바탕으로 학대 경험 없음, 약간의 학대 경험, 심각하거나 확실한 학대 경험으로 분류한 것이다. 또 아이가 5세, 7세, 9세, 11세 때 부모와 교사에게 반복적으로 던진 두 가지 질문에 의지해서 사회적 고립을 평가했다. 아이가 "모든 걸 혼자 하는 경향이 있고, 혼자 있는 걸 좋아하는지" 여부와 그 아이를 "다른 아이들이 별로 좋아하지 않는지" 여부를 확인한 것이다. 그리고 피험자가 32세 때 채취한 혈액을 이용해 C-반응성 단백질을 측정했다.

염증과 관련된 두 가지 연구 중 첫 번째 연구에서는 아동 학대 이력과 사회적 고립 경험이 모두 염증 증가를 예측했다(사회 계층과는 무관하게). 이는 32세 때 측정한 혈액 내 C-반응성 단백질CRP 수치가 높은 것에도 드러난다. 실제로 이 증거는 예측 변수와 결과 사이에 용량-반응 관계가 있음을 기록했다. 학대 확률과 심각도가 증가하면 (학대 경험 없음에서 약간의 학대나 확실한 학대 경험으로) 그에 따라 염증 수준도 증가하였다. 데이터에 대한 추가 분석을 통해 저체중으로 태어나면 성인기에 염증이 증가한다는 걸 알았기 때문에, 아동기의 역경과 CRP 수준을 연결하는 연구 결과에서 이 조건이 미치는 영향은 배제했다. 결국 저체중 출생의 영향을 제외해도, 어린 시절의 학대와 사회적 고립은 모두 30대 초반의 염증 증가를 예측하는 것으로 나타났다.

이 시점에서, 어린 시절의 부정적 경험을 다룬 17장에서 소개한 아이디어로 돌아가서 그걸 더 발전시키는 게 유용할 수도 있다. 아동의 "사회적 주소"(사회 계층 같은)에 기초한 발달 경험 측정치와 학대 같은 실제 인생 경험을 반영하는 측정치 사이의 차이를 상기해 보자. 어린 시절의 그런 특징은 서로 관련되어 있는 경향이 있지만, 한쪽이 반드시 다른 쪽을 암시하는 건 아니다. 아동 학대가 부유층보다 경제적 취약 계층에서 발생할 가능성이 높긴 하지만, 결국 양쪽의 생태적 틈새에서 모두 발생한다. 하지만 학대(혹은 모성 우울증, 가정 폭력, 둔감한 양육 등) 같은 건 직접 측정해야만, 실제로 아이들의 삶에서 그런 부정적 경험이 일어났다는 걸 확신할 수 있다. 사회 계층 같은 사회적 주소 지표는 기껏해야 해당 가능성에 대한 대용물 혹은 확률적 진술일 뿐이므로 부정확할 가능성이 있다. 염증에 관한 첫 번째 연구에서 사회 계층을 제외한 학대와 사회적 고립만이 염증을 예견한 것도 이런 이유에서라고 생각한다.

### 대안적 설명

32세에 실시한 염증에 대한 두 번째 연구에서는 방금 보고한 학대의 영향이 다른 위험 요소와 무관하게 입증되는지 평가했다. 세 가지 개별적인 추가 위험을 차례로 고려한 다음에 학대의 영향을 조사했다. 아동기의 역경이 염증 증가를 통해 성인기 건강을 해친다는 주장에 이의를 제기할 수 있는 세 가지 가설에 대응해서 이 후속 연구를 추진했다. 우선 "동반 발생 위험 가설"에 따라 출생 시 체중뿐만 아니라 아동기 SES와 IQ(7세, 9세, 11세 때 측정한 점수 평균)의 영향까지 통제해도 학대가 30대 초반의 염증을 예측하는지 평가했다. 이런 접근 방식은 아동 학대가 염증에 미치는 명백한 영향이 학대 자체가 아닌 동시에 발생한 다른 위험 요인에 의해 유발된 건 아닌지 판단하기 위해서였다. 연구 결과는 동시 발생한 위험 요인 가설을 뒷받침하지 못했다. 학대받는 아이들은 유아기에 동시에 발생하는 위험을 겪을 가능성이 더 높았지만, 이 다른 위험 요소들은 우리가 첫 번째 연구에서 기록한 학대가 염증에 미치는 영향을 충분히 설명하거나 해명하지 못했다. 따라서 아동기의 다른 위험을 고려한 뒤에도 학대는 여전히 높은 CRP 수준을 예측했다.

우리가 평가한 두 번째 대안 가설은 "성인 스트레스 가설"이었다. 이 가설은 아동 학대가 성인기의 염증과 관련이 있는 이유는, 학대받은 아이가 나중에 지위가 낮은 직업을 얻거나 우울증에 걸리거나 성인기에 심한 스트레스를 겪기 때문일 수 있다고 주장한다. 그래서 우리는 이런 가능성을 평가해, 학대가 염증에 미치는 영향이 아동기가 아닌 인생 후반의 경험에서 비롯되는 것으로 잘못 지정되어 있는지 확인했다. 하지만 이번에도 인생 후반의 조건만 중요하다는 가설을 거부해야 했다. 이번 결과도 앞 단락에서 제시한 결과와 유사했다. 학대를 당한 아이들이 성인기 스트레스를 많이 경험할 가능성이 높긴 하지만, 이런 성인기 경험은 염증 효과를 충분히 설명하지는 못했다. 따라서 이런 성인기의 조건을 모두 고려한 뒤에도 아동기의 학대는 여전히 높은 CRP 수준을 예측했다.

마지막으로 "건강-행동 가설"을 평가했는데, 이 가설은 학대가 32세 성인의 염증 수치에 영향을 미치는 이유는 어릴 때 학대받은 성인이 대사증후군 증상(예: 과체중, 고혈압, 고콜레스테롤)을 보이고, 담배를 피우고, 활동량이 적고, 식습관이 나쁘기 때문이라는 가능성을 제기했다. 이런 가능성을 다시 평가해서, 학대가 염증에 미치는 영향이 아동기의 학대보다 인생 후반의 건강 관련 상태에서 비롯된 것으로 잘못 지정되어 있는지 확인했다. 하지만 건강-행동 가설도 우리 데이터를 완전히 설명하지 못했다. 앞서와 같이, 학대받은 아이들은 건강이 나빠지고 성인이 된 뒤에도 건강을 해치는 행동을 할 가능성이 높았지만, 이런 학대의 다른 결과는 학대가 염증에 미치는 영향을 충분히 설명하지 못했다. 따라서 이번에도 다른 요인들을 모두 고려한 뒤에도 아동기 학대가 여전히 높은 CRP 수준을 예측했다.

대안적 설명 요소 3세트를 한 번에 하나씩 살펴보지 않고 동시에 고려했을 때도 학대와 염증의 연관성은 여전했다. 학대받은 아이들은 높은 염증 수치에 시달렸는데, 이는 아동 학대나 또는 염증과 관련이 있다고 알려진 다른 수많은 요인이나 상태, 행동으로는 완전히 설명될 수 없었다.

## 인생 초반의 염증

발달학자인 우리는 학대가 32세 때의 염증에 미치는 영향에 관한 몇 가지 난제 혹은 대안적 설명을 다루는 동안, 학대가 염증에 미치는 악영향이 수십 년 전에도 눈에 띄었을까 하는 의문이 들었다. 다시 말해, 역경(학대)이 훨씬 이전에 발생한 염증에 미치는 장기적 영향을 감지할 수 있을까? 아니면 우리가 발견한 건 학대에 대한 지연된 염증 반응인 걸까? 안타깝게도 더니든 연구에서는 피험자들이 어릴 때(1970년대와 1980년대) 염증을 측정하지 않았기 때문에, 이 문제를 해결할 수 있는 상황이 아니었다. 사실 뉴질랜드 프로젝트는 인간발달 연구원들이 건강과 질병의 발달 기원에 매료되기 훨씬 전에 시작되었다. 과학자들이 데이터 수집을 완료한 후, 당시에 측정하지 않은 걸 측정했더라면 좋았을 거라고 후회하는 상황이 자주 벌어진다는 걸 기억하자.

다행히 우리는 이 문제를 해결하기 위해 나중에 시작된 환경 위험 연구에 의지할 수 있었다. 1장, 9장, 10장에서 환경 위험 연구는 영국 쌍둥이 1천여 쌍을 5세부터 18세까지 추적한 연구라고 소개한 바 있다. 이 연구에서 수집한 수많은 측정치 중에는 12세 때의 C-반응성 단백질 수치도 포함되어 있었다. 이는 아이의 손가락을 핀으로 찔러서 얻은 소량의 혈액(혈액 점적)에서 추출한 것이었다. 이 프로젝트에서도 생애 초반 10년 동안의 아동 학대를 측정했다. 환경 위험 연구에서는 초점을 확대해 우울증의 영향까지 고려했는데, 우울증 평가는 아이가 12세 때 자신의 감정과 관련해 작성한 표준 설문지를 통해 이루어졌다.

아동 학대와 소아 우울증에 대한 정보를 이용할 수 있게 된 우리는 네 그룹의 아이들을 비교해 아동기의 역경이 10대 초반의 염증에 미치는 영향을 평가할 수 있었다. 첫 번째 그룹은 학대를 당하지도 않고 우울증에 걸리지도 않은 아이들로 구성되었고, 두 번째 그룹은 학대를 당했지만 우울증에 걸리지 않은 아이들, 세 번째 그룹은 우울증에 걸렸지만 학대를 당하지 않은 아이들, 네 번째 그룹은 학대와 우울증을 모두 겪은 아이들로 구성되었다. 결과는 학대와 우울증을 모두 겪은 아이들의 C-반응성 단백질 수치가 가장 높아서, 두 가지 조건에 모두 해당되지 않는 아이들로 구성된 비교 집단과 가장 큰 차이를 보였다. 특히 학대만 당했거나 우울증만 앓는 아이들은 12세 때 측정한 C-반응성 단백질 수준이 비교 그룹과 다르지 않았다. 중요한 건, "이중 위험" 그룹(학대와 우울증을 모두 겪은 아이들)에서 뚜렷하게 증가한 염증 수치는 아동기 SES나 성별, 유전적 접합성(이란성 쌍둥이 대 일란성 쌍둥이), 체온, 허리-엉덩이 비율 등 염증과 관련된 것으로 알려진 다른 많은 요인으로는 설명이 불가능하다는 점이다.

전체적으로 볼 때, 세 가지 염증 조사(그중 두 가지는 더니든 연구를 기반으로 하고, 하나는 환경 위험 연구에 기초했다) 결과는, 염증이 아동기의 역경이 나이와 관련된 질병(아동기부터 성인기까지 지속될 수 있는)과 연관을 맺는 하나의 경로일 수 있다는 가설과 일치했다. 생물학적 각인 연구의 다음 단계를 위해, 우리는 스트레스 생리학으로 관심을 돌렸다.

# 스트레스 생리학

★

우리가 소개하는 두 번째 생물학적 각인 연구는 9장에서 보고한 집단 괴롭힘의 영향에 대한 연구를 기반으로 한다. 환경 위험 연구에서 어린 시절의 집단 괴롭힘이 12세 때의 정서적, 행동적 문제와 자해 행동을 예측하고 18세 때의 과체중 상태도 예측했다는 사실을 기억하자. 이런 결과를 본 우리는 스트레스 생리학의 특정 측면인 둔화된 코르티솔 반응성에 초점을 맞추게 되었다. 광범위한 이론과 연구에 따르면, 인생 초반의 스트레스가 시상하부-뇌하수체-부신피질HPA 축의 활동에 영향을 미쳐서 정신 건강과 신체 건강을 변화시킬 수 있기 때문에, 이 잠재적인 생물학적 각인 메커니즘을 조사하기로 했다. 이는 신경계와 내분비계를 연결하는 통합된 신경생물학적 경로다.

HPA 축은 스트레스에 대한 적응적 반응과 부적응적 반응의 기초가 된다. 적응적 반응은 스트레스 요인에 직면했을 때 HPA 축의 호르몬 최종 산물인 코르티솔이 상대적으로 빠르게 증가했다가 점진적으로 감소하는 게 특징이다. 이는 우리가 커다란 소리에 겁을 먹거나 사고를 피하기 위해 차 방향을 재빨리 돌려야 할 때 일어나는 일이다. 허를 찌르는 놀랍고 위협적인 상황에서 자신의 역량을 신속하게 동원해서 스스로를 보호하는 과정인 것이다. 그러다가 공포에서 회복되면 높아졌던 코르티솔 수치가 감소하면서 빠르게 기본 수준으로 돌아간다.

하지만 개인이 예상치 못한 통제 불가능한 스트레스 원인에 반복적으로 노출되면 이런 기능적 반응이 약해져서 스트레스 요인과 마주해도 코르티솔 수치가 상승하지 않거나 약간만 상승할 수 있다. 기본적으로 시스템이 과로하고 지쳐서 더 이상 제대로 작동하지 않는 것처럼 보인다. 미네소타 대학의 발달심리학자 메건 군나르Megan Gunnar가 가르쳐준 것처럼 한번 생각해 보자. 새 고무줄이나 거의 사용하지 않은 고무줄을 상상해 보라. 이런 고무줄은 쭉 늘려도 금세 원래 길이로 돌아간다. 하지만 고무줄을 거의 한계까지 잡아 늘이는 걸 반복하면 어떻게 될까? 결국 탄력을 잃을 것이다. 이는 코르티솔 반응이 무뎌지는 조건을 설명한다. 반복적으로 스트레스를 받지 않는 사람은 코르티솔 분비량이 급격하게 증가해서 재빨리 상황에 대처했다가 스트레스가 사라지면 코르티솔 수치가 금세 감소하는 반면, 만성적으로 스트레스를 받는 사람은 이런 급격한 상승이 없거나 반응이 약해진다. 적어도 집단 괴롭힘의 영향에 대한 두 번째 연구에 착수하면서 이론과 몇몇 증거를 통해 확인한 바로는 그랬다.

집단 괴롭힘을 당하는 게 얼마나 스트레스가 심한 일인지 알기에, 우리는 환경 위험 연구 피험자 가운데 괴롭힘을 당한 아이에게 실험적으로 스트레스를 가했을 때 그들이 둔화된 코르티솔 반응을 보이는지 알고 싶었다. 이를 위해, 널리 활용되는 효과적인 스트레스 유발 방법인 아동용 PSTChildren's Paced Auditory Serial Addition Task와 TSSTTriers Social Stress Test를 이용하면서 아이가 작업을 완료하는 모습을 촬영했다. 먼저 실시한 PST는 종이 없이 암산으로만 수학 문제를 풀려면 스트레스가 심하고, 특히 다른 사람이 보고 있으면 더 그렇다는 주장에 근거한 것이기 때문에 이 조사를 할 때도 바로 그 방식을 이용했다. TSST는 대중 앞에서 말하는 게 스트레스를 준다는 생각을 기반으로 한다. 그래서 처음 보는 무표정한 심사위원과 인터뷰 진행자 앞에서 학교에서 겪은 가장 불쾌한 경험에 대해 얘기하게 했다. 두 상황 모두 아이들에게 촬영 사실을 알렸는데, 이는 스트레스를 가중시키기 위한 장치였다.

코르티솔 반응이 둔화됐는지 평가하기 위해, 타액 샘플 5개를 수집해서 실험실로 보내 분석을 진행했다. 타액을 모을 때는 아이들에게 빨대를 이용해 작은 용기에 침을 뱉게 했다. 첫 번째와 두 번째 샘플은 암산 테스트를 하기 20분 전과 2분 전에 수집했고, 세 번째 샘플은 테스트 직후에, 그리고 마지막 두 개 샘플은 과제 시작 후 25분과 35분이 지난 뒤에 수집했다. 이를 통해 스트레스 요인이 존재하기 전과 존재하는 동안, 그리고 사라진 뒤의 코르티솔 반응을 도표로 만들어 시간 경과에 따른 코르티솔 농도의 궤적을 특성화할 수 있었다. 앞서 설명한 아이디어를 바탕으로, 집단 괴롭힘을 당한 아이는 5차례에 걸친 타액 측정에서 타액 속 코르티솔 양이 다른 아이에 비해 적게 증가해, 코르티솔 반응이 둔화된 증거가 나타날 것이라는 가설을 세웠다.

결과가 우리 가설과 일치할 경우 그에 대한 신뢰도를 높이기 위해, 두 번째 연구에서는 쌍둥이가 7세, 10세, 12세 때 엄마가 작성한 보고서를 바탕으로, 집단 괴롭힘을 당한 경험이 서로 불일치하는 일란성 쌍둥이만 연구 대상으로 삼았다. 괴롭힘을 당한 경험이 불일치한다는 건 9장에서 소개한 조슈아와 잭의 경우처럼 쌍둥이 중 한쪽만 괴롭힘을 당하고 다른 쪽은 그렇지 않았다는 얘기다. 이런 식으로 연구를 진행한 덕분에, 기본적으로 괴롭힘을 당한 모든 쌍둥이에 대한 유전적 통제가 가능해졌다. 이는 괴롭힘을 당한 쌍둥이와 괴롭힘을 당하지 않은 쌍둥이 사이에 발생하는 모든 코르티솔 차이는 유전적 요인에 의한 게 아니고(일란성 쌍둥이는 모두 동일한 유전자형을 가지고 있으므로) 환경 노출의 결과임을 의미했다.

우리의 가설을 평가하려면, 괴롭힘을 당한 일란성 쌍둥이와 괴롭힘을 당하지 않은 일란성 쌍둥이가 암산 테스트를 시작하기 전에 타액의 코르티솔 수준이 비슷해야 했는데, 다행히 그런 것으로 나타났다. 결과적으로 우리는 유사한 것끼리 비교하게 될 것이다. 따라서 실험 결과 나타날 수 있는 모든 차이(우리 가설과 일치하거나 일치하지 않는)는 스트레스를 유발하도록 설계된 실험을 시작하기 전에 두 그룹의 타액 코르티솔 수준이 다르기 때문에 생긴 게 아니다. 두 쌍둥이 그룹을 비교한 결과, 집단 괴롭힘을 당하지 않은 쌍둥이는 예상했던 대로 PST 시작 후 35분 동안 코르티솔이 증가했지만, 괴롭힘을 당한 쌍둥이는 이런 증가를 보이지 않았다(표 18-1). 즉, 괴롭힘을 당한 쌍둥이는 코르티솔 반응이 둔해진 것이다. 이렇게 스트레스를 실험적으로 조작한 결과, 괴롭힘을 겪은 정도와 코르티솔 반응성 사이에 역逆용량-반응 관계가 나타났다. 괴롭힘을 자주, 만성적으로, 심하게 당한 아이일수록 스트레스에 대한 생리적 반응이 작아졌다. 메건 군나르의 말처럼, 그들의 "고무줄"이 너무 자주 늘어나는 바람에 "탄력성"을 잃은 것이다.

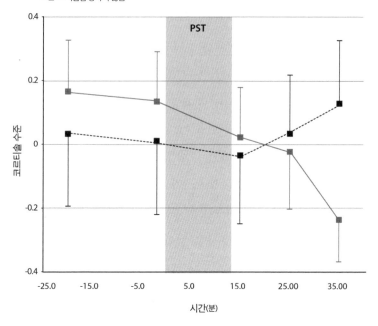

| 표 18-1 | 괴롭힘을 당한 일란성 쌍둥이와 당하지 않은 일란성 쌍둥이가 심리사회적 스트레스 테스트 (PST)를 실시하기 25분 전부터 35분 뒤까지의 평균적인 코르티솔 수준.

I. Ouellet-Morin, A. Danese, L. Bowes, S. Shakoor, A. Ambler, C. M. Pariante, A. S. Papadopoulos, A. Caspi, T. E. Moffitt, L. Arseneault(2011)의 연구 결과 재구성. '경험이 불일치하는 일란성 쌍둥이 연구에서, 괴롭힘을 당한 아이들은 둔화된 코르티솔 반응을 보였다', 〈미국 소아청소년 정신의학 아카데미 저널Journal of the American Academy of Child & Adolescent Psychiatry〉, 50, 574-582, 그림 1. Elsevier의 허가하에 게재.

괴롭힘 경험이 서로 다른 일란성 쌍둥이를 비교한 조사 전략 덕분에, 우리의 발견이 환경적 영향으로 가장한 유전적 영향의 결과물일 가능성은 사라졌지만, 두 번째 생물학적 각인 연구 과정에서 확인해야 하는 결과에 대한 몇 가지 대안적 설명이 남아 있다. 하나는 집단 괴롭힘을 당하기 전부터 존재했던 개별적 요인 때문에 이런 결과가 나왔다는 것이다. 괴롭힘을 당한 쌍둥이와 당하지 않은 쌍둥이가 출생 시 체중, IQ, 정서적 문제나 행동 문제 면에서 서로 다른 부분이 있었다면 그럴 가능성도 있겠지만, 우리가 확인했을 때는 그렇지 않았다. 그리고 괴롭힘을 당한 쌍둥이와 그렇지 않은 쌍둥이는, 괴롭힘 피해가 발생하기 전인 5세 때 엄마가 쌍둥이들 각자에게 표현한 따스함이나 이런 따뜻한 대우를 받은 집에 살 때 학대를 겪었는지 여부 등에 있어서도 차이가 없는 것으로 밝혀졌다. 다시 말해, 괴롭힘 경험이 일치하지 않는 쌍둥이들 사이에서 감지된 코르티솔 차이는 역동적인 가족 과정 때문은 아니라는 것이다. 두 쌍둥이 집단은 아이들의 체질량 지수BMI, 사춘기 성숙도, 집단 괴롭힘 가담 여부, 암산 테스트 중에 경험한 스트레스와 부정적 영향 등에서도 차이가 없었다. 이 후자의 결과는 괴롭힘 피해에 수반되는 개별적 요인이나 암산이라는 스트레스 요인이 발생하는 동안의 감정적 경험 차이도, 괴롭힘을 당한 쌍둥이가 자신과 유전적으로 동일하지만 괴롭힘을 당하지 않은 쌍둥이보다 둔화된 코르티솔 반응을 보인 연구 결과를 설명할 수 없다는 뜻이다. 그렇다면 어린 시절의 역경(이 경우 집단 괴롭힘)이 생물학적으로 각인되는 두 번째 방법은 스트레스 생리를 통해서다.

과학 문헌에는 우리가 집단 괴롭힘과 관련이 있다는 사실을 알아낸 HPA 축의 이런 "하향 조절"이 적응의 결과라는 걸 암시하는 몇 가지 논의가 존재한다. 이는 만성 스트레스 때문에 높은 수준의 코르티솔에 장기간 노출될 경우에 생기는 해로운 영향으로부터 아직 발달 중인 뇌를 보호하기 위한 것으로 생각된다. 그렇다고 해도 이런 보호 적응에 아무 대가도 따르지 않는 건 아니다. 코르티솔과 카테콜아민 같은 일차 스트레스 매개체가 변하면 변화하는 환경에 대한 적응이 촉진된다. 그러나 코르티솔 분비가 계속 낮은 상태로 유지되면 훗날 신체적, 정신적 건강이 악화될 위험이 증가한다. 낮은 코르티솔 수치는 주의력 저하, 작업 기억력 손상, 강화와 처벌에 대한 대응 능력 저하 등과 연관이 있기 때문이다. 게다가 코르티솔은 전염증성 반응의 강도와 길이에 영향을 미치기 때문에, 코르티솔 수치가 계속 낮으면 면역계의 지속적인 과잉 활동을 초래해 자가 면역 질환의 위험이 커질 수 있다. 요컨대 만성 스트레스에 직면했을 때 코르티솔이 하향 조절되는 건 생물학적 "지혜"가 작용한 결과인지도 모르지만, 이 과정에도 건강과 관련된 대가가 따른다.

## 텔로미어 손상

★

　　　발달은 역동적이고 복잡한 과정이다. 이는 사회적, 감정적, 인지적, 행동적, 생물학적 기능을 다 고려해도 마찬가지다. 따라서 어린 시절의 역경이 생물학적으로 각인된 경우, 역경이 어떻게 외부에서 몸 안으로 들어와 육체적 건강을 해치는지 알아내려면 염증과 스트레스 생리학 이외의 다른 원인도 찾아봐야 한다. 그래서 텔로미어에 대한 연구를 진행했는데, 특히 시간이 지나면서 텔로미어가 짧아지는 텔로미어 손상에 대해 연구했다.

　　　텔로미어란 무엇일까? 이 질문에 답할 때는 우리 몸이 역동적으로 변화하는 실체라는 걸 기억하면 도움이 된다. 여러분이 이 단어를 읽을 수 있게 도와주는 눈의 세포는 조금 전에 거기 있던 것과 같은 세포가 아니며, 미래에 글을 읽도록 도와주는 세포도 이와 다르다. 세포 분열과 복제 과정을 통해 세포가 "회전"되면서 기존 세포는 결국 죽고 새로운 세포로 대체되기 때문이다. 이런 일이 생길 때마다 염색체 끝에 있는 텔로미어의 덮개가 짧아진다. 텔로미어를 끈이 풀리지 않게 막아주는 신발끈의 끝부분 같다고 생각할 수도 있다. 신발끈을 묶을 때마다 끝부분에 감겨 있는 테이프 같은 물질이 짧아진다고 상상해 보자. 그러면 언젠가는 결국 끈이 풀리게 될 것이다. 바로 그런 일이 염색체에 일어나는 것이다. 세포계는 그 기간 동안만 존재하며, 세포 분열이 충분히 진행된 뒤에는 텔로미어가 더 이상 염색체 끝부분을 덮어주지 않아 세포 사멸이 발생한다.

이런 과정 때문에 어떤 이들은 텔로미어를 세포의 나이를 반영하는 "생물학적 시계"로 생각했다. 생물학적으로 말해, 텔로미어가 짧을수록 세포가 오래된 것이고 따라서 그 세포의 주인도 늙은 것이다. 나이가 들수록 텔로미어가 짧아진다는 증거는 확실히 이 견해와 일치한다. 또 나이가 같더라도 건강한 성인보다는 노화와 관련된 질병을 앓는 성인의 텔로미어가 더 짧은 것으로 밝혀졌다. 그러나 우리의 생물학적 각인 연구의 이 단계에서 이루고자 하는 목표에 가장 중요한 건, 어린 시절에 역경을 겪은 아이들은 같은 나이의 다른 아이보다 짧은 텔로미어를 가지고 있다는 증거다. 놀랍게도, 심지어 생후 첫날부터 역경과 텔로미어 길이 사이에 연관성이 있다는 게 연구를 통해 입증되었다. 엄마가 임신 중에 스트레스를 많이 받은 신생아는 다른 신생아보다 텔로미어가 짧다! 역경은 출생 후의 삶이 시작되기 전부터 세포의 생물학적 노화를 가속화하는 게 분명하다.

역경이 아동기든 성년기든 상관없이 한 시점에 측정된 짧은 텔로미어와 관련이 있다는 사실을 알아내는 것과, 시간이 지나면서 텔로미어가 실제로 손상되거나 짧아지는 과정과 역경을 연결시키는 건 별개의 문제다. 이런 증거는 역경이 노화를 가속화한다는 걸 의미하는데, 만약 미래의 건강 악화와도 관련이 있다면 아동기의 역경이 "지하"로 잠입하고 "피부 밑으로 들어가" 신체 건강에 영향을 미치는 또 하나의 생물학적 각인 메커니즘이라는 걸 암시할 수 있다. 그래서 우리는 환경 위험 연구를 통해 어린 시절에 폭력에 노출되면 특정 시점의 텔로미어 길이뿐만 아니라 5세부터 10세까지 실제 텔로미어 길이에 변화가 생기는지 조사해서 역경과 텔로미어 길이에 대한 연구를 확대하려고 했다. 우리는 다른 이들보다 많은 폭력에 노출된 아이는 이 5년 동안 텔로미어 손상이 더 심할 것이라고 예측했다.

아이들이 폭력에 노출되는 정도를 정확하게 추산하기 위해, 환경 위험 연구에 참여한 쌍둥이들이 5세, 7세, 10세가 되었을 때 엄마들을 상대로 진행한 인터뷰에 의지했다. 이런 광범위한 인터뷰에서, 엄마들에게 자녀가 노출되었을지 모르는 세 가지 유형의 폭력에 대해 물어봤다. 가정 폭력의 경우에는 엄마 본인이나 파트너가 상대방을 발로 차거나 칼로 위협하는 등의 12가지 구체적인 행동을 한 적이 있는지에 대해 물었다. 그리고 9장에서 설명한 것처럼, 질문에 대한 엄마들의 개방형 답변을 바탕으로 아이가 괴롭힘 피해를 당하고 있는지 파악했다. 다른 아이가 비열하고 기분 상하는 말을 하는 것, 아이를 놀리거나 비열하고 기분 나쁜 별명으로 부르는 것, 아이를 완전히 무시하면서 친구 그룹에서 배제시키거나 고의로 활동에서 제외시키는 것, 아이를 때리거나 발로 차거나 밀치는 것, 아이를 방에 가두는 것, 아이에 대해 거짓말을 하거나 헛소문을 퍼뜨리는 것, 기타 이와 유사하게 상처 주는 행동을 하면 괴롭힘을 당하는 것으로 간주했다는 걸 기억하자.

우리가 중점적으로 살펴본 세 번째 유형의 폭력 노출인 신체적 학대는, 환경 위험 연구에 참여한 가족을 직접 방문한 연구원이 작성한 광범위한 기록과 엄마들이 육아 방식에 대한 자세한 질문에 답하면서 제공한 정보에 기초해서 판단했다. 학대에 해당하는 행동으로는 엄마가 매주 아이를 때려서 자국이나 멍이 남는 것, 청소년인 의붓형제자매에게 반복해서 맞거나 술에 취한 아빠가 아이에게 "굴욕감을 주려고" 습관적으로 때리는 것, 엄마의 애인에게 성적 애무를 당하거나 자주 뺨을 맞는 것 등이 있었다.

더니든 연구에서도 그랬던 것처럼, 연구진은 환경 위험 연구에 참여한 엄마들에게 아이가 지속적인 위험에 처해 있다고 판단되면 가족을 위해 도움을 요청할 의무가 있다는 사실을 분명하게 밝혔다. 실제로 가정 방문 중에 두 차례나 이 정보를 전달했다. 따라서 아이가 아직 위험에 처해 있다는 걸 드러내는 정보가 포함된 얘기를 하는 엄마들은 자기가 기본적으로 연구팀에 개입을 요청하고 있다는 걸 알고 있었다. 개입 방법 중에는 엄마와 함께 담당 가정의를 만

나러 가서(영국에서는 모든 아이가 담당 의사에게 등록되어 있다) 상황을 보고하는 것도 있다. 우리는 이렇게 해서 가족이 잘 알고 아이의 안녕을 책임지는 의료전문가가 사건을 맡도록 조치했다. 그리고 가족이 받아들일 수 있는 이런 방법을 통해 아이가 처한 위험한 상황을 보고해야 하는 법적 요건을 지키고 우리의 윤리적 책임도 다할 수 있었다. 엄마들은 보복이 두려워서 학대 사실을 감출 것 같지만, 아이가 5세, 7세, 10세, 12세 때 가정 방문을 해서 아이가 입은 피해에 대해 반복적으로 인터뷰를 하기 때문에 머지않아 편안한 태도로 아이의 학대 사실을 얘기하곤 한다. 우리는 이 기간 동안 여러 가족에게 개입했는데, 그 때문에 연구를 그만두겠다고 한 가족은 없었다.

아동의 가정 폭력, 집단 괴롭힘, 신체적 학대 경험과 관련된 다양한 데이터를 확보한 우리는 이 데이터를 "통합"해서 누적된 폭력 노출에 대한 종합적 척도를 만들었다. 전체 아동의 절반가량은 폭력에 노출되지 않은 것으로 판정되었고, 약 3분의 1은 한 종류의 폭력에 노출되었으며, 두 가지 이상의 폭력에 노출된 아이들은 15퍼센트를 약간 넘는 정도였다.

5세와 10세 때의 텔로미어 길이를 측정하기 위해 아이의 입 안쪽을 면봉 모양의 기구로 문질러서 세포를 얻었다. 이걸 런던 연구소로 가져가 DNA를 추출하고 텔로미어 길이를 측정했다.

폭력에 많이 노출되면 5년의 연구 기간 동안 텔로미어 손상이 클 거라고(즉, 빨리 짧아진다고) 예측할 수 있는지 알아보니, 실제로 그렇다는 결론이 나왔다. 두 가지 이상의 폭력에 노출된 아이는 한 종류의 폭력에 노출됐거나 폭력에 전혀 노출되지 않은 아이에 비해 텔로미어 손상이 가속화됐다(표 18-2). 심지어 아동의 성별, 체질량 지수, 신체 건강, 가족의 사회경제적 결핍을 비롯해 이 책 전체에서 언급한 수많은 대안적 설명 요소를 다 고려해도 결과는 마찬가지였다. 그러니까 폭력 노출은 이런 다른 요인들의 영향을 넘어 텔로미어 손상을 가속화한다고 예측된 것이다.

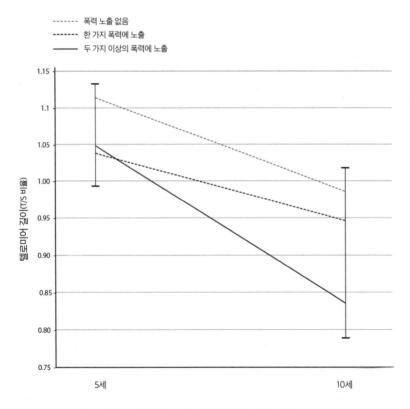

| 표 18-2 | 5세부터 10세까지 누적된 폭력 노출과 텔로미어 길이 사이의 연관성.

I. Shalev, T. E. Moffitt, K. Sugden, B. Williams, R. M. Houts, A. Danese, J. Mill, L. Arseneault, A. Caspi(2013)의 연구 결과 재구성. '아동기의 폭력 노출은 5~10세 사이의 텔로미어 손상과 관련이 있다: 종적 연구', 〈분자 정신의학 Molecular Psychiatry〉, 18, 576-581, 그림 2.

우리가 어린 시절의 역경과 짧은 텔로미어 사이의 연결고리를 밝히기 전에도 여러 연구가 진행되었지만(단일 시점에서 측정한), 우리 연구는 역경이 텔로미어 발달에 어떤 영향을 미치는지를 처음으로 밝혀냈다. 우리가 제기한 가설처럼 심리적, 물리적 폭력 같은 형태의 역경에 노출되면 시간이 지남에 따라 텔로미어 길이가 실제로 짧아지거나 손상된다는 걸 처음 증명한 것이다. 따라서 생물학적으로 말해, 두 가지 이상의 폭력에 노출된 아이의 경우 세포가 또래 아이의 세포보다 빨리 노화된다고 추론하는 게 타당해 보인다. 노화의 속도나 비율 같은 일반적인 문제는 다음 장에서 집중적으로 살펴볼 것이다.

## 결론

★

전체적으로 볼 때 생물학적 각인 연구의 결과는 우리가 테스트를 위해 설정한 가설을 뒷받침해줬다. 그 덕분에 17장에서 보고한 역경과 중년의 신체 건강 악화를 연결하는 연구를 진행할 수 있었다. 우리는 더니든 연구 피험자들이 32세 때 혈액 속의 C-반응성 단백질 수치를 예측하려고 시도하면서 관련 증거를 처음 발견했다. 어린 시절에 겪은 많은 역경과 염증 증가의 연관성을 밝혀낸 건, 이런 연관성이 염증과 관련이 있다고 알려진 다른 요인을 통해서는 충분히 설명될 수 없다는 점에서 매우 중요하다. 우리의 첫 번째 염증 관련 연구에서 아동 학대와 사회적 고립이 출생 시 저체중의 영향을 넘어 염증을 예측할 수 있었을 때에도 이런 사실이 입증되었다. 이는 두 번째 염증 관련 연구에서도 마찬가지였는데, 이번에는 성인 스트레스와 건강 행동 및 아동기 역경의 다른 지표를 고려한 뒤에도 아동 학대가 계속 염증을 예측한 것이다. 더니든 연구의 성인 피험자가 아닌 환경 위험 연구 어린이를 참여시킨 최종 염증 관련 조사에서도, 아동 학대와 우울증의 결합이 다양한 교란 요인으로 설명할 수 없는 염증 증가와 관련이 있었다는 걸 상기해야 한다. 이 세 번째 염증 관련 연구는 12세 때에도 역경이 염증에 미치는 영향이 작용한다는 걸 분명히 밝혀냈다는 점에서 매우 중요하다.

C-반응성 단백질을 이용해서 측정한 염증에 대한 연구를 발표한 뒤, suPAR(가용성 유로키나제 플라스미노겐 활성인자 수용체의 약칭)라는 새로운 염증 검사가 고안되었다. 우리는 이제 더니든 연구와 환경 위험 연구 양쪽에서, 어릴 때 역경을 겪은 아이들이 성인이 되면 suPAR가 증가한다는 걸 알아냈다. 실제로 suPAR와 C-반응성 단백질을 함께 첨가하면 역경 효과의 크기가 3배가 되어 훨씬 강해진다. 이는 우리 연구 중 일부가 최신 측정 도구를 이용해 관련 측정치를 "통합"해서 관심 있는 발달 결과를 예측하는 능력에 대한 강력한 "신호"를 얻었음을 보여준다.

또 하나 중요한 건, 스트레스 생리학과 텔로미어 길이에 초점을 맞춘 우리의 다른 환경 위험 연구에서 집단 괴롭힘과 폭력에 대한 노출이 각각 코르티솔 반응 둔화 및 텔로미어 손상 가속화와 관련이 있다는 걸 밝혀낸 것인데, 이때도 다른 교란 요인들을 제어했다. 12세 때의 염증 결과 같은 발견이 특히 중요한 건, 생물학적 각인 과정에서 역경이 미치는 영향이 어떤 반응 지연하고만 관련된 게 아니라 그럴 가능성 중 하나일 뿐이라는 걸 알아냈기 때문이다. 12세 아동의 염증 및 스트레스 생리와 5~10세 사이의 텔로미어 단축을 조사한 우리 연구는, 역경과 관련된 것으로 밝혀진 이런 생물학적 각인 과정이 스트레스에 노출된 기간 동안 실제로 일어난다는 걸 분명히 했다. 32세 때의 염증에 관한 우리 연구를 비롯한 기존의 연구는 이 문제를 명확히 밝히지 못했다.

그리고 강조해야 하는 4개의 추가 포인트가 있다. 첫 번째는 반복적으로 발견한 사실인데, 어린 시절의 역경이 건강을 해치는 쪽으로 생물학적 과정에 영향을 미치긴 하지만(수많은 대안적 설명 요인의 영향을 배제시킨 뒤에도) 그 영향은 결정론적인 게 아니라 확률론적이라는 것이다. 따라서 우리가 연구한 역경에 노출된 아이들 가운데 일부는 염증 수준이 높아지거나 텔로미어 손상이 가속화되지 않은 반면, 역경에 노출되지 않은 아이들 가운데 그런 증상을 보이는 경우도 있었다. 그런 일이 벌어지는 정확한 이유는 살펴보지 않았지만, 향후 추가적인 연구가 필요한 건 분명하다. 현재로서는 발달은 결정적이지 않고 확률적이라는, 이 책 전체에서 반복한 주장을 다시 되뇌는 수밖에 없다.

두 번째 요점은 높아진 C-반응성 단백질 수치를 통해 지수화된 염증 악화, 둔화된 코르티솔 반응성을 통해 지수화된 부적응적 스트레스 생리학, 심한 텔로미어 손상을 통해 지수화된 생물학적 노화 가속화가 아동기 역경이 인생 후반 건강에 영향을 미치는 걸 중재하고 따라서 그것의 원인일 수 있다는 주장과 우리 연구 결과가 일치한다고 해도, 우리 연구는 아직 이에 대한 증거를 제시하지 않았다는 것이다. 염증, 코르티솔 반응 둔화, 텔로미어 손상이 어린 시절의 역경과 당뇨병 같은 실제 노화 관련 질병을 연관시키는지 테스트하는 데 필요한 연구를 완료하려면, 환경 위험 연구의 쌍둥이들과 더니든 연구 피험자들이 더 나이가 들 때까지 기다려야 한다. 다시 한번 과수 재배자의 자세로 돌아가, 나무를 심은 뒤 과일을 수확할 수 있을 때까지 기다리는 것이다.

세 번째 요점은 생물학적 각인 연구에서 나온 결과가 아동기의 역경과 성인기의 건강 악화 사이의 연관성과 관련된 생물학적 과정에 새로운 의문을 제기한다는 것이다. 하나는 우리가 연구한 생물학적 각인 과정이 서로 관련이 있는지 여부다. 한 가지 확실한 가능성은 스트레스 생리학이 염증에 영향을 미쳐서 텔로미어 손상을 가속화한다는 것이다. 그러나 이 말이 그럴듯하게 들릴지는 몰라도, 더니든 연구의 후속 연구는 생물학적 노화에 관한 다양한 추정 지표가 적어도 38세에는 서로 관련이 없다는 걸 보여주었다. 어린 시절에도 마찬가지인지는 아직 판명되지 않았다.

어떤 경우든, 다른 생물학적 각인 과정이 현재의 발달 연구에서 고려하는 것 이상으로 건강과 인간의 발달 과정에 영향을 미치고 있는 건 거의 확실해 보인다. 중요한 건 아마 역경이 신체 외부에서 내부로 이동해 염증이나 스트레스 생리학, 텔로미어 길이 그리고 결국 신체 건강에 영향을 미치는 복잡한 영향 사슬이 존재할 수 있다는 것이다. 이제는 인간발달이 복잡하다는 걸 다들 분명하게 알았을 것이다. 1장에서 인간발달을 기상학에 비유한 것도 이 때문이다. 많은 면에서 볼 때, 아동기 역경의 생물학적 각인을 연구하는 우리와 다른 연구진은 이 과정을 밝혀내기 위한 시작점에 서 있을 뿐이다.

네 번째이자 가장 중요한 요점은 본 장 맨 처음에 나온 내용의 반복이기 때문에, 여기에서는 어린 시절의 생물학적 각인 과정을 조명하는 우리 연구 결과의 잠재적 개입 영향을 상기시키려고 한다. 향후 연구에서 염증, 코르티솔 반응 둔화, 텔로미어 손상 등 여기서 고려한 프로세스가 실제로 아동기의 역경과 노화 관련 질병을 연결하는 인과적 경로의 일부로 기능한다는 사실이 밝혀지면 잠재적인 생물학적 개입 목표가 강조되므로, 우리는 기초과학에서 응용과학으로 넘어가게 된다. 어릴 때 역경에 노출된 어린이, 청소년 혹은 성인도 학대와 사회적 고립, 집단 괴롭힘, 우울증, 기타 아동기 역경의 많은 조건 때문에 생긴 염증을 억제하고 코르티솔 반응의 "탄력성"을 회복하며 텔로미어 손상을 늦추거나 역전시킬 수 있는 약리학적 또는 행동적 치료를 받을 수 있는 시대를 상상할 수 있다. 이는 그 자체로도 매혹적이지만, 본 장에서 제시한 메커니즘 중심의 발달 연구가 그토록 중요한 이유이기도 하다. 잠재적으로 영향력 있는 개입 대상이 밝혀질 가능성이 있기 때문이다. 우리가 여기서 소개한 연구는 상아탑에서 진행된 것이지만, 상아탑 안에만 머무르지 않기를 바란다.

Aging Fast, Aging Slow

# 빠른 노화,
# 느린 노화

인생은 재미있고, 시간에 대한 인식도 그렇다. 어릴 때 빨리 커서 학
교도 가고, 늦게까지 안 자고 깨어 있고, 운전도 하고, 대학에 들어가
서 집을 떠나게 될 날을 고대했던 게 기억나는가? 하지만 그런 일은
바라는 만큼 빨리 일어나지 않는다. 이런 이정표나 그와 관련된 기
회에 도달하기까지는 늘 시간이 오래 걸리는 것 같았다.

이제 시간을 빨리 돌려 인생 후반부로 넘어가 보자. 아직 여러분
이 거기 도달하지 않았다면 말이다. 현재 미국인의 평균 수명이 78
세라는 걸 감안하면, 우리가 얘기하는 시기는 30대 후반이나 40대
초반쯤이다. 이 나이가 되어서도 빨리 나이 들고 싶어 하는 사람이
있을까? 그러나 나이가 들수록 시간이 빠르게 흐르는 것처럼 느껴
지기 때문에 노화가 빨리 진행되는 기분이다. "어떻게 내가 벌써 마
흔 살, 쉰 살, 예순 살이 된 거지?"라며 의아해하는 사람이 많다. "이

제 막 일을 시작하고, 처음으로 직장을 옮기고, 아이를 낳은 거 아닌가? 어떻게 벌써 내 경력이 정점에 도달하고, 내 아이들에게 자식이 생길 수 있는 거야? 아이들 스포츠 경기를 보러 가고 연주회에 참석했던 게 얼마 전 일 아니었어?"

어떤 사람은 때가 오기도 전에 늙었다고 느끼는 반면, 어떤 사람은 그와 정반대로 느낀다. 어떤 50대들은 "빨리 은퇴하고 싶다"고 생각한다. "항상 너무 피곤해. 돈이 필요 없었으면 좋겠어." 하지만 다른 사람, 심지어 그보다 나이가 훨씬 많은 어떤 이들은 은퇴는 상상도 하지 않고 기회 있을 때마다 스키와 하이킹, 자전거를 즐기는 등 10대들보다도 활력이 넘치는 듯하다.

물론 사람들 중에는 서른이나 마흔, 쉰이 되어도 자기 또래들보다 훨씬 젊어 보이고 하는 행동도 남다른 이들이 있다. 왜 어떤 여자는 눈이 빛나고, 피부는 매끄럽고, 머리카락에는 윤기가 도는 반면, 같은 나이의 다른 여자는 더 나이 들어 보이는 걸까? 화장의 힘인가? 성인이 된 더니든 연구 피험자들이 5년마다 한 번씩 연구실에 찾아오는 모습을 보면, 방금 했던 것 같은 관찰과 방금 제기한 의문을 떠올리지 않을 수 없다.

이 모든 건 38단계 연구를 진행하던 어느 날 연구실에서 다소 극적인 방식으로 깨달은 것이다. 올리버와 마이클이라는 두 피험자가 하루 종일 진행되는 인터뷰와 체력 및 인지 기능 테스트, 혈액 샘플 제공, 치아 검진, 기타 우리가 거의 40년 동안 추적해 온 이들에 대한 정보를 수집하기 위해 진행하는 다양한 절차를 밟기 위해 거의 같은 시간에 연구실에 도착했다. 이들의 외모만 봐서는 둘 다 38세라는 걸 믿기 어려웠다. 올리버는 눈이 반짝반짝 빛나고, 치아도 온전하게 하얀 빛을 발하며, 숱 많은 머리카락은 관자놀이 주변만 희끗희끗해져 있고, 사무실에 들어올 때도 어깨를 쫙 펴고 고개를 똑바로 든 채 활기차게 걸어 들어왔다. 반면 마이클은 치아가 변색되거나 빠진 게 많고, 걸음이 느리며, 어깨는 축 처져 있고, 머리카락이 대부분 하얗게 세어 볼품없는 모습이었다. 이 중년 남성 둘이 불과 몇 주 차이로 태어났다는 걸 몰랐다면, 마이클이 올리버보다 나이가 훨씬 많다고 주장했을 것이다.

이런 관찰과 전 세계의 다른 연구진이 진행하는 연구를 지켜보면서, 어떤 사람은 노화가 가속화되어 생물학적으로나 육체적으로나 다른 사람보다 빠르게 노화하는 과정에 호기심을 품게 되었다. 실제로 이런 관찰이 우리가 이 책에서 수행하는 마지막 발달 연구를 자극했는데, 이는 중년기의 건강과 연결된 유년기의 뿌리와 관련이 있다. 우리 필자들도 다 중년이기 때문에 노화 과정과 속도에 관한 이 주제에 강한 흥미를 느끼는 건 당연했다. 제이 벨스키는 건강하게 나이 들어서 먹고 싶은 걸 먹으면서 살려고 벌써 40년 가까이 일주일에 4~6번 1마일씩 수영을 한다. 애브샬롬 카스피는 평소에 식물 뿌리와 줄기, 이파리, 꼬투리만 먹는 등 식생활을 엄격하게 제한한다. 테리 모피트는 케이크를 먹고, 머리카락을 붉게 염색하고, 노년기의 좋은 롤모델이 될 만한 나이 든 등장인물들이 나오는 소설을 읽는다. 리치 풀턴은 뉴질랜드의 복잡한 정치계와 씨름하고 유명 럭비팀인 올 블랙스All Blacks 경기에 흥분하면서 심박수를 높인다!

전에도 그랬지만, 우리는 더니든 연구가 노화 속도를 살펴보기에 좋은 위치에 있다는 걸 다시금 깨달았다. 노화 과정에 대한 다른 연구와 비교해 더니든 연구의 큰 장점은, 나이 들어가는 이들이 중년기에 도달하기 훨씬 전부터 많은 데이터를 수집해놨기 때문에 그들의 과거에 대해 인터뷰하는 후향적 접근법에 의지할 필요가 없다는 것이다. 그래서 이번에도 후향적으로 수집한 정보가 정확하다고 생각하는 측정의 함정에 빠질 위험이 없었는데, 특히 우리는 이게 사실이 아니라는 걸 예전부터 알고 있었다. 17장에서 얘기한 것처럼, 성인이 된 피험자들이 자신의 아동기와 청소년기에 대해 얘기한 내용을 그들이 어린이와 청소년일 때 직접 수집해둔 정보와 비교해보니, 많은 이의 예상과 달리 일치하지 않는 부분이 많았다. 어떤 사람은 장밋빛 안경을 통해 자신의 유년기를 기억해 본인이 겪었던 스트레스 요인과 중압감을 다 잊어버린 듯했고, 어떤 사람은 회색 안경을 통해 과거를 돌아보는 탓에 과거가 너무 어두운 빛으로 물들어버리기도 했다.

어떤 사람은 빨리 늙는 것처럼 보이는 반면 어떤 사람은 중년기에도 더 느리게 나이 드는 것처럼 보인다는 걸 알아내고 그런 차이가 생기는 잠재적 원인과 결과를 밝히는 건 이론적이거나 학문적인 활동 이상의 의미가 있다. 실제로 본 장에서 우리가 공유하는 연구 결과가 매우 주목할 만한 건, 2050년이 되면 80세가 넘는 세계 인구가 지금보다 3배 이상 증가해 4억 명에 육박할 것이라는 점 때문이다! 인구가 고령화됨에 따라 질병과 장애에 대한 전 세계적인 부담도 증가하고 있다. 40대부터는 나이를 먹을수록 당뇨, 심장병, 치매, 비만 같은 여러 만성 질환의 부담이 기하급수적으로 증가한다. 질병

부담을 줄이고 건강관리 비용을 조절하는 가장 효과적인 방법은 단순히 수명만 연장하는 게 아니라 질병과 장애 없이 살 수 있는 건강 수명을 연장해서 질병 진행을 늦추는 것이다.

피험자가 38세 때 빠른 노화와 느린 노화 문제를 연구하는 건 너무 이르다고 생각할 수도 있지만, 건강 수명을 연장하는 비결은 사람들이 비교적 젊을 때 노화 관련 질병의 진행을 막거나 지연시키기 위해 개입하는 등 노화 자체로 인한 문제를 해결하는 것이다. 다른 많은 노화 연구에서처럼, 38세보다 훨씬 나이 들 때까지 기다렸다가 노화 속도에 생기는 차이의 본질과 결정 요인을 조사한다면 많은 사람이 이미 노화 관련 질병을 앓고 있는 시점에 이 문제를 해결하려고 하게 된다. 앞으로 보게 되겠지만, 나이와 관련된 생리학적 변화는 40세 이전에 축적되어 종종 질병이 진단되기 몇 년 전부터 몸의 각 기관에 영향을 미친다. 노화 연구를 위해 60대, 70대 혹은 80대가 될 때까지 기다렸다가는 배를 놓칠 위험이 있다.

노화 차이에 대한 통찰력을 얻기 위해, 우리는 노화 속도 연구를 네 단계로 나눠서 진행했다. 첫 번째 단계에서는 38세 때 얻은 다양한 생리학적 측정치를 사용해 같은 나이임에도 생물학적 나이가 더 많은 사람과 적은 사람을 구별했다. 두 번째 단계에서는 26세부터 38세 사이의 노화 속도를 평가하기 위해 그 이전의 12년 동안 수집된 데이터에 의존했다. 그러면 중년기에 또래보다 생물학적 나이가 많은 것으로 판명된 피험자들이 정말 20대 혹은 그 이전부터 빨리 나이를 먹었는지를 생물학적으로 판단할 수 있다. 우리는 그럴 거라고 예측했다. 3단계는 생리학적 상태를 반영하는 바이오마커에서 벗어나, 보다 일상적인 노화 지표(인지 능력과 운동 능력 등)로 간주되는 것들이 38세 피험자의 생물학적 나이에 따라 달라지는지 확인하기 위한 단계였다. 다시 말해, 바이오마커와 심리적·행동적 표현형 사이에 체계적인 관련성이 있을까? 이번에도 우리는 그럴 거라고 의심했다. 마지막으로, 발달학자들을 다시 한 번 건강의 뿌리인 유년기로 돌려보내 어릴 때에도 노화 속도 차이를 짐작케 하는 전조가 있었는지 알아봤다. 이 과정에서 피험자의 사회 계층적 기원, 어린 시절의 역경 노출, 건강, 지능, 자제력, 조부모의 수명 등을 고려했다. 이 책을 여기까지 읽은 사람이라면 다들 어린 시절의 기능 부진과 많은 역경 노출이 빠른 노화 속도를 예측할 거라고 짐작할 것이다.

## 중년기에 빨라지는 노화의 특징

★

우리의 첫 번째 과제는 중년기의 생물학적 노화에 대한 종합적인 척도를 만드는 것이었기 때문에, 이 나이에 벌써 제2형 당뇨병, 심근경색, 뇌졸중 등 노화와 관련된 질병의 증거를 보이는 피험자 11명은 해당 연구에서 제외시키기로 했다. 이렇게 눈에 띄게 건강 상태가 안 좋은 몇몇 사람들을 포함시키면 결과가 왜곡될 수 있다고 판단했기 때문이다. 이렇게 표본을 약간 조정한 뒤, 혈액 내 당분(당화혈색소), 폐활량(1초간 강제 날숨량, FEV1), 신장 기능(크레아티닌), 간 기능(요소 질소, 알부민, 알칼리포스파타아제), 면역 능력(사이토메갈로바이러스 IgG), 염증(C-반응성 단백질), 혈압(수축기), 총콜레스테롤 등 38세에 평가한 10가지 바이오마커를 결합해서 각 피험자의 생물학적 노화 지수를 만들었다. 이런 바이오마커를 선택한 이유는 노화 과속화를 연구하는 다른 조사팀의 예전 연구에서 이들 바이오마커 각각이 실제 나이로 예측한 것보다 높은 사망률을 예측한다는 사실이 밝혀졌기 때문이다.

12장과 13장에서 얘기한 것처럼 유전학 연구를 진행할 때도 대규모 "발견" 연구의 GWAS(게놈전체연관연구) 결과에 의존했는데, 이번에도 대부분의 과학자들처럼 우리보다 앞서 걸어간 이들의 어깨를 밟고 올라서서 그들이 수행한 이전 연구에서 필요한 정보를 얻었다. 이런 상황에 매우 적합한, 영국 시인 존 던이 쓴 구절을 다시 인용해보자. "그 어떤 이도 섬이 아니며, 혼자서는 온전할 수 없다. 모든 이는 대륙의 한 조각이며, 본토의 일부다."

각 피험자의 종합 바이오마커 점수를 평면상에 표시하자, 점이 사랑스러운 종 모양 곡선의 형태로 분포되어 그들의 생물학적 나이에 상당한 차이가 있다는 걸 분명히 보여줬다. 특히 빠르거나 느리게 노화한 이들의 수는 적고, 대부분은 예상 속도대로 노화했다. 이 사실은 38세 피험자들의 데이터를 (우리가 사용한 생물학적 연령 지수를 처음 개발한) 다른 연구에서 수집한 데이터와 비교해서 알아낸 것이다. 그 연구에는 다양한 연령대의 사람들이 포함되어 있기 때문에, 해당 연구의 데이터를 이용해 각 피험자가 생물학적 노화 지수에서 받은 점수를 다른 피험자가 동일한 생물 연령 종합 지수에서 비슷한 점수를 받았을 때의 나이와 비교해서 38세 피험자 각각의 생물학적 나이를 판단할 수 있었다. 이 방법을 통해 올리버는 34세(생물학적으로)로 판정된 반면, 마이클의 바이오마커 종합 점수는 그의 신체 나이가 47세 정도 된다는 걸 보여주었다. 38세 피험자 가운데 일부는 생물학적 연령이 30세 이하였고, 몇몇은 마이클처럼 45세 이상으로 나왔지만, 대부분의 생물학적 연령은 35~40세 사이였다.

## 노화 속도

★

중년기의 생물학적 연령 차이를 기록한 뒤에 이어진 노화 속도 연구의 두 번째 단계는, 중년기에 생물학적 나이가 더 많은 피험자는 어릴 때부터 노화 속도가 빨랐기 때문에 그렇게 된 건지 판단하는 것이었다. 우리는 당연히 그럴 거라고 예측했다. 이런 노화 속도 가설을 해결하기 위해, 우리는 18개의 바이오마커를 기반 삼아 다른 생물학적 노화 종합 지수를 만들었다. 각 바이오마커는 피험자가 38세가 됐을 때뿐만 아니라 26세와 32세이던 그 이전의 더니든 연구 단계에서도 측정했다. 그래서 우리는 이 세 연령대에 반복 측정한 더니든 데이터 보관소에 있는 모든 바이오마커에 의지했다. 측정한 18가지 요소 가운데 7개는 이미 설명한 38세 때의 생물학적 연령 지수에 포함된 것과 동일했다(당화혈색소, FEV, 크레아티닌, 요소 질소, 평균 동맥 혈압, 총콜레스테롤 등). 여기에 심폐 건강(VO2Max), 허리-엉덩이 비율, 강제 폐활량 비율(FEV1/FVC), 체질량 지수, 지질단백질(a), 트리글리세리드, 치주 질환, 백혈구 수, 고밀도 지질단백질(즉,

"좋은" 콜레스테롤), 아포지질단백질 B100/A1 비율을 반영하는 바이오마커 10개를 추가했다. 노화 속도 지수를 구성하는 마지막 바이오마커는 18장에서 얘기한 백혈구 텔로미어 길이로, 이는 각 염색체 끝에 있는 덮개의 길이를 반영한 DNA 측정값이다. 텔로미어는 세포가 스스로를 복제할 때마다 짧아지므로 결국 나이가 들수록 짧아진다는 걸 기억하자.

새로운 복합 바이오마커 측정치(3개의 다른 시점에 측정한)를 손에 넣은 우리는, 이제 18개 항목으로 구성된 바이오마커 지수에 나타난 시간 경과에 따른 변화 정도가 생물학적 연령을 나타내는 10개의 바이오마커 지수를 통해 38세에 남들보다 노화가 빠르거나 느리게 진행되는 것으로 판정된 피험자를 구별해낼 수 있는지 여부를 평가할 수 있었다. 결과는 우리 예측과 일치했다. 노화 속도(26세부터 32세, 그리고 38세까지 다양한 생물학적 시스템의 기능이 남들보다 많이 퇴화하는 모습을 통해 지수화한 것)가 빠를수록 38세 때 측정한 피험자의 생물학적 연령은 더 높았다. 말할 필요도 없겠지만, 올리버의 노화 속도는 38세에 생물학적 나이를 측정하기 10여 년 전부터 마이클에 비해 상당히 느린 것으로 판명되었다.

따라서 우리 연구 결과는 중년기의 생물학적 연령의 개인차를 가져오는 실질적 요인이 청년기와 중년기 사이, 혹은 그전에 나타난다는 걸 가리킨다. 이런 관찰은 노화가 단순히 나이가 들면서 나타나는 현상이 아닌 듯하다는 이전의 주장을 강조한다. 이런 상황에서는, 38세에 자기 또래(예: 올리버)보다 생물학적 나이가 많은 사람(예: 마이클)(우리가 현재 26세부터 38세까지 빠르게 노화했다는 사실을 알고 있는 사람)

은 나이가 들수록 생물학적 노화 속도가 더 빨라지는지 궁금해질 수밖에 없다. 만약 그렇다면, 결과적으로 그들은 건강 수명과 기대 수명이 더 짧아질까? 이 문제에 대한 통찰을 얻기 위해, 노화 속도를 연구하는 모험의 3단계로 나아갔다.


## 바이오마커 이외의 방법

★

중년기 노화에 대한 연구에서 다룬 세 번째 사안은, 이전 12년 동안 생물학적 시스템이 빠르게 퇴화하는 바람에 38세 때 남들보다 생물학적 나이가 많은 것으로 밝혀진 피험자들의 경우, 뇌와 몸의 다른 부분에서도 노화가 가속화되고 있다는 증거가 드러나는지 알아보는 것이었다. 그럴 것이라는 예측을 시험하기 위해, 계단을 오르거나 격렬한 스포츠 활동에 참여하는 등의 신체적 능력과 20년 이상의 기간에 걸친 인지 능력 저하를 조사했다. 인지 능력의 경우 피험자들이 7세, 9세, 11세, 13세, 38세에 측정한 IQ를 바탕으로 평가했다. 또 피험자들이 38세 때 찍은 얼굴 사진을 이용해서 생물학적 나이가 많은 사람들의 경우에는 이런 사진에서도 빠른 노화의 증거가 드러나는지 확인했다. 또한 피험자들에게 본인의 건강 상태에 대해 물어보기도 하고, 정교한 검안 기구를 이용해 눈에 있는 혈관도 검사했다.

이미 고려한 결과를 생각하면, 실제 나이는 38세 동갑이지만 생물학적 나이가 또래보다 많거나 적은 사람의 뇌와 다른 신체 부위에서도 차이가 나타나는 건 놀라운 일이 아니다. 이 주장과 일치하는 첫 번째 증거는, 38세에 생물학적 나이가 또래보다 많은 피험자는 그 나이에 신체 기능을 측정한 객관적인 테스트에서 남들보다 좋지 못한 성과를 올렸다는 것이다(표 19-1). 그들은 균형을 잘 못 잡고, 미세한 운동 능력이 떨어졌으며(나무못을 꽂는 판을 이용해서 테스트함), 악력도 약했다. 이런 관찰 결과는 신체적 한계에 대한 피험자 본인의

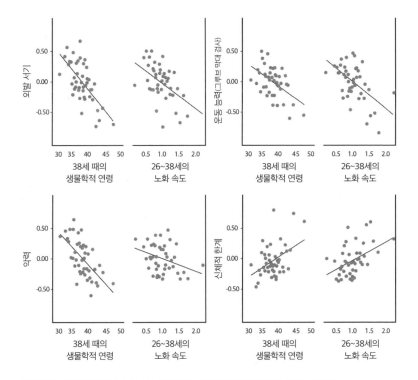

| 표 19-1 | 생물학적 연령과 노화 속도 및 중년기 신체 건강의 다양한 측면 사이의 연관성.

D. W. Belsky, A. Caspi, R. Houts, H. J. Cohen, D. L. Corcoran, A. Danese, H. Harrington, S. Israel, M. E. Levine, J. D. Schaefer, K. Sugden, B. Williams, A. I. Yashin, R. Poutlton, T. E. Moffitt(2015)의 연구 결과 재구성. '청년기의 생물학적 노화 정량화', 〈PNAS〉, E4104-E4110, 그림 5.

보고 내용과 일치했다. 피험자 가운데 38세 때 생물학적 나이가 많은 사람은 생물학적 나이가 어린 또래들에 비해 계단을 오르거나, 1 킬로미터 이상 걷거나, 격렬한 운동에 참여하는 데 더 많은 어려움을 겪었다고 한다. 특히 신체적 한계에 대한 보고서에 기초한 이런 결과는 피험자 본인의 신체 건강 평가와 일치했다. 38세에 생물학적 나이가 많은 사람은 생물학적으로 어린 또래에 비해 본인 건강이 좋지 않은 것으로 평가했다.

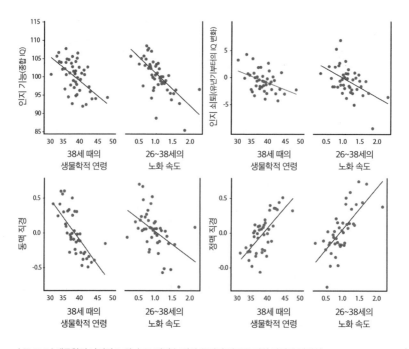

| 표 19-2 | 생물학적 나이와 노화 속도, 인지 능력과 중년기 뇌졸중 위험 사이의 연관성.

D. W. Belsky, A. Caspi, R. Houts, H. J. Cohen, D. L. Corcoran, A. Danese, H. Harrington, S. Israel, M. E. Levine, J. D. Schaefer, K. Sugden, B. Williams, A. I. Yashin, R. Poutlton, T. E. Moffitt(2015)의 연구 결과 재구성. '청년기의 생물학적 노화 정량화', 〈PNAS〉, E4104-E4110, 그림 6.

생물학적인 나이가 많은 38세에게 제대로 기능하지 않는 건 신체뿐만이 아니었다. 그들은 38세에 실시한 IQ 테스트에서도 다른 피험자들보다 낮은 점수를 받았다. 이는 38세에 생물학적 나이가 많은 이들은 생물학적 나이가 적은 사람들에 비해 7세부터 38세 사이에 인지 능력이 더 크게 저하됐기 때문이다(표 19-2). 물론 어릴 때부터 쌓아온 정신적 능력과 지식을 유지하고 있었지만, 노화가 빠르게 진행되는 이들의 경우, 정보를 처리하는 속도가 상당히 느려졌다.

특수 검안 장비로 망막 혈관을 촬영한 2차원 사진은 표 19-2의 아래쪽에 있는 두 그래프에서 보이는 것과 비슷한 이야기를 들려준다. 그러나 연구 결과를 이해하려면 (폐에서 눈으로 산소가 풍부한 혈액을 운반하는) 세동맥이 좁아질수록 뇌졸중 위험이 증가하고, (산소가 고갈된 혈액을 눈에서 폐로 운반하는) 세정맥이 넓어질수록 치매 위험이 높아진다는 걸 알아야 한다. 또래들보다 생물학적 나이가 많은 38세 참여자는 세동맥이 좁고 세정맥은 넓어서 뇌졸중과 치매의 위험이 큰 것으로 나타났다!

마지막으로, 얼굴도 비슷한 이야기를 들려줬다. 38세 때 찍은 (웃지 않는) 사진을 보고 피험자의 실제 나이를 판단하는 임무를 맡은 평가자들은 생물학적 나이가 많은 사람이 더 나이 들어 보인다고 평가했다. 이 결과를 제대로 인정하기 위해, 사진만 보고 나이를 판단한 이 훈련받은 평가자들이 피험자의 실제 나이는 물론이고 관련 정보를 아무것도 모르는 미국 듀크 대학 학생들이었다는 사실을 분명히 밝힌다.

# 유년기의 노화 속도 기원

★

    우리가 다음으로 관심을 돌린 부분은 어린 시절의 발달과 경험이 노화 속도와 관련이 있는가 하는 수명에 관한 근본적인 의문 중 하나였다. 이 문제를 해결하기 위해 이 책 앞부분에서 소개한 측정값에 의지했는데, 한 가지 예외가 있었다. 노화 속도의 차이를 예측할 때도 아동이 속한 사회 계층, 아동기의 부정적 경험, 아동의 건강과 IQ, 자제력 등에 초점을 맞추면서 앞서 설명한 이 발달 구조에 "조부모의 수명"을 추가했다. 피험자의 네 조부모 중 가장 오래 산 사람의 나이를 이용한 것이다.

    결과는 우리 예상과 일치했다. 수명이 짧은 조부모를 두고, 하위 계층 가정에서 자라고, 어린 시절에 부정적 경험을 자주 하고, IQ 검사에서 낮은 점수를 받고, 자제력이 부족한 피험자는 모두 20대와 30대에 생물학적 노화가 가속화되었다는 증거를 보였다(표 19-3). 실제로 이런 요소들은 모두 노화 속도를 예측했으며, 이를 전부 합쳐서 빠른 노화의 누적 위험성에 대한 종합 지수를 만들자 피험자의 노화 속도를 예측하는 힘이 더 커졌다.

    노화 속도와 어린 시절의 선행 요인 사이의 관계를 살펴보기 위한 두 번째 방법으로, 우리는 피험자들을 세 그룹으로 나눴다. 생물학적 지수를 기준으로 가장 느리게 노화하는 15퍼센트와 가장 빠르게 노화하는 15퍼센트 그리고 평균 속도로 노화하는 나머지 70퍼센트로 구분한 것이다. 특히 노화가 서서히 진행되는 그룹에 속한 사람들 대부분은 낮은 가족 SES, 낮은 IQ, 유년기의 나쁜 건강 상태처럼 노화를 가속화하는 가족과 아동기의 위험 요인이 없었다. 이와 달리, 빨리 노화하는 피험자의 40퍼센트 이상은 가족과 아동기의 여러 특성에 대해 고위험군으로 분류되었다. 그러므로 어린 시절의 역경과 조기 아동 발달 지표가 빠른 노화 속도를 확률적으로 예상하는 것처럼 보일 것이다. 확률적이라고 말하는 이유는 여기서의 예측이 결코 완벽하지 않기 때문이다. 어떤 사람은 분명히 그들의 어린 시절을 기준으로 예상한 빠른 노화를 어떻게든 피한다. 그런가 하면 어린 시절의 경험과 조건을 바탕으로 예상했던 것보다 빠르게 노화

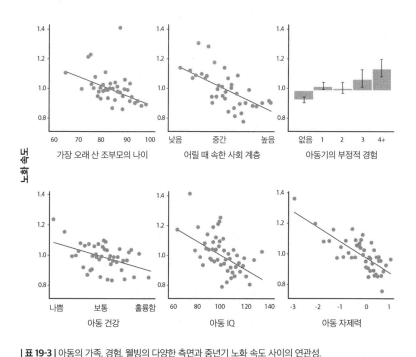

| 표 19-3 | 아동의 가족, 경험, 웰빙의 다양한 측면과 중년기 노화 속도 사이의 연관성.

D. W. Belsky, A. Caspi, H. J. Cohen, W. E. Kraus, S. Ramrakha, R. Poulton T. E. Moffitt(2017)의 연구 결과 재구성. '유년기 개인사의 특징이 노화 속도에 미치는 영향', 〈에이징 셀Aging Cell〉, 16, 644-651, 그림 2. CC-BY.

하는 사람도 있다. 우리 연구 결과와 예상에 발생한 이런 예외를 설명하는 데 도움이 될 수 있는 회복력과 취약성 요소를 식별하려면 향후 추가적인 연구가 필요할 것이다. 앞에서 말한 것처럼, 여기에서 얻은 통찰은 원칙적으로 우리가 감지한 생물학적 노화를 늦추거나 역전시키기 위한 개입 방법을 개발하는 데 사용할 수 있다.

## 결론

★

　　　우리가 공유한 증거는 노화가 노인에게만 국한된 현상이 아니라는 걸 보여준다. 미국인 평균 수명의 절반 정도인 38세만 되어도, 우리 중 일부는 생물학적으로 다른 사람보다 나이가 많다. 중년기만 되어도 벌써 노화 속도에 개인차가 생긴다는 증거가 있는데, 이런 차이는 20대 중반 혹은 그 이전부터 시작된다고 할 수 있다. 생물학적 나이가 많다는 건 여러 현실적인 한계나 특징과 연관되어 있기 때문에 주목할 만하다. 생물학적으로 나이가 많은 사람은 신체적 능력이 떨어지고, 지적 능력이 빨리 쇠퇴하며, 외모도 더 나이 들어 보인다. 더 문제가 되는 건, 눈의 혈관을 통해 확인할 수 있듯이 생물학적으로 나이가 많은 사람은 천천히 노화하는 사람보다 치매나 뇌졸중에 걸릴 위험이 더 크다는 것이다.

　이러한 건강 상태를 해결하려면 개인, 가족, 사회 전체의 시간과 에너지, 돈이 많이 소요된다. 그래서 가속화된 노화가 공중보건 분야의 주요 관심사인 것이다(혹은 그래야만 한다). 우리 연구 결과는 생물학적 노화가 겉으로 명백하게 드러나기 전에 노화 과정이 빨라진 사람들을 확인하는 게 가능하다는 걸 보여주므로, 노화 속도를 늦추기 위한 조치를 취할 수 있는 가능성을 열어준다. 물론 빠르게 노화하는 이들을 식별해서 표적으로 삼을 경우, 그들의 노화 속도를 늦추거나 반전시킬 수 있는 개입이 가능한지 여부는 더 확인해봐야 한다. 우리 연구 결과에 따르면 이런 목표를 달성할 경우 개인과 그들이 사랑하는 사람 및 사회 전체에 이득이 되는 건 분명해 보인다.

우리의 발달 모험은 38세에 빠르게 혹은 느리게 노화하는 피험자들을 구별하고 이런 차이를 그들이 20~30대일 때 반복적으로 실시한 생물학 측정을 통해서 알아낸 노화 속도와 연결시켰을 뿐만 아니라, 노화 속도와 관련된 아동기의 선행 요인이 뭔지도 밝혀냈다. 17장에서 건강과 질병의 발달 기원에 대해 배운 걸 고려하면, 이런 결과가 놀랍지 않다는 걸 인정해야 한다. 하지만 아동기의 열악한 건강 상태와 낮은 IQ 등 부정적 경험 이외의 다양한 요소를 고려해서 12년(26세~38세) 동안의 노화 속도를 예측할 수 있다는 건 주목할 만한 일이다. 우리는 개인사와 관련된 위험 요인과 생물학적 노화 사이의 관계가 누적된다는 걸 발견했다. 즉, 위험이 많을수록 노화 속도가 빨라진다.

이번에도 우리가 공유한 연구 결과는 우리 자신과 공동 연구자, 기금 제공자 그리고 당연히 피험자들의 막대한 기여가 없었다면 불가능했을 거라는 얘기를 하지 않을 수 없다.

출생 코호트 전체를 대상으로 생애 초반부터 중년기까지(물론 그 이후로도 계속되기를 바란다) 계속해서 다학제적인 전향적 연구를 수행한 덕분에 거둔 성과이다. 가속화된 노화를 후향적 방식으로 조사한다면 인지 능력 저하가 이 문제와 관련되어 있다는 사실을 밝힐 수 없었을 것이다. 지능이나 주관적 건강 같은 전통적인 심리적 구성체만 측정하고 어떤 실증적 결실을 거두기 훨씬 전부터 생물학적 측정에 투자하지 않았다면, 가속화된 생물학적 노화가 20대 혹은 그 이전부터 시작되었다는 걸 깨닫지 못했을 것이다(15장 참조). 그리고 우리가 출생 코호트 전체를 연구하지 않고 의욕이 넘치는 자원 봉사자 표본 혹은 노화 상태가 매우 괜찮거나 매우 열악한 일부 표본만 연구했다면, 이 결과를 더 큰 모집단으로 일반화할 때 근거가 상당히 미약했을 것이다.

　오래전에 더니든 연구를 시작한 이들은 우리가 방금 보고한 것 같은 연구나 이 책의 다른 장에서 다룬 많은 연구를 상상도 못했을 거라는 사실을 다시 강조해야 한다. 서구 산업사회의 인구통계가 오늘날과 많이 달랐던 1970년대 초에는 가속화된 노화가 별로 문제되지 않았기 때문이다. 당시에는 우리가 연구할 때 의지한 다양한 생물학적 측정 방법도 존재하지도 않았다. 우리보다 앞서 이 일을 한 더니든 연구 조사관들이 나무를 베고, 흙을 갈고, 씨앗을 심었기 때문에 우리가 이런 조사의 결실을 수확할 수 있었다. 우리는 계속해서 나무에 비료를 주면서 나무에 열린 과일을 재료 삼아 다양한 요리를 만들었고, 이를 이 책에서 제공했다.

결론

# 잠들기 전에
# 가야 하는 길

20세기 미국 시인 로버트 프로스트Robert Frost에 대해 잘 아는 독자들은, 이 책의 마지막 장 제목이 그의 가장 유명한 시 가운데 하나인 〈눈 내리는 저녁 숲가에 멈춰 서서Stopping by Woods on a Snowy Evening〉에 나오는 구절을 살짝 변형시킨 거라는 사실을 알아차렸을 것이다. 이 시의 화자는 계속 걸음을 옮기기 전에 겨울 풍경의 아름다움을 감상하기 위해 긴 여정을 잠시 멈춘 순간을 묘사한다. 우리 생각에 이 시는 우리가 이 책에서 하려던 일을 완벽하게 표현하고 있다. 우리는 수십 년간 계속해 온 인간발달을 연구하는 모험(자궁에서 무덤까지 이어지길 바라는)의 중간에 잠시 멈춰 서서, 가장 흥미로운 연구 결과 몇 가지를 정리해 독자들과 공유하면서 우리가 연구를 어떻게 진행하고 있는지 알린다.

우리는 책 곳곳에서 연구를 설명하면서 '모험'이라는 단어를 썼는데, 이는 우리가 예전에도 그랬고 앞으로도 계속 연구 프로그램을 모험으로 여길 것이고 또 이런 감성을 독자들에게 전달해 같이 공유하고 싶었기 때문이다. 실제로 머리말에서도 말한 것처럼 우리는 원래 이 책의 제목을 '인간발달 모험'으로 지을 생각이었다. 지금 우리가 어디로 향하고 있고 무얼 발견하게 될지 아는 경우가 많긴 하지만(본문에서 보물 사냥꾼이나 요리사, 과수 재배자 등의 은유를 이용했던 걸 기억하자), 불확실한 상황에서는 특정 가설을 시험하기보다 발달과 관련된 의문을 제기하면서 탐험가의 은유를 사용하기도 했다. 우리가 테스트한 게 공식적인 예측이었는지 여부에 관계없이, 결국 연구하게 된 내용이나 발견하거나 발견하지 못한 결과에 대해 계속해서 놀라움을 금치 못했다. 전자와 관련해서는, 이 여정이 시작된 그 시절에는 가족이 여성의 사춘기 발달(7장)이나 중년기의 심혈관 질환(17장), 성공의 유전성(13장) 등에 미치는 영향을 조사하게 될 거라고는 누구도 예측하지 못했을 것이다. 또 후자와 관련해서는, 대마초 흡연 때문에 폐활량이 늘어나거나(11장) 다중 피해 경험의 스트레스가 후성유전적 메틸화를 변화시키지 않을 거라는 사실(16장)은 아무도 예측하지 못했다.

지금까지 조사해서 이 책을 통해 공유한 다양한 주제를 보면, 우리가 지금은 다학제 과학자로 활동하지만 처음 시작은 그렇지 않았다는 사실도 주목할 만한 듯하다. 우리가 전문가로 발달하는 과정에서 알게 된 것은, 마음과 행동의 발달을 이해하려면 그물을 넓게 펼치고 우리가 원래 연구하던 발달과 임상 심리학 분야 바깥에서 발견된 사실을 통해 배워야 한다는 것이었다. 이런 지적 여정에서 얻은 한 가지 결과는 비행기 옆자리에 앉은 사람이나 파티에서 만난 친구의 친구 혹은 가족 모임에서 친척에게 질문을 받았을 때, 우리가 누구고 무슨 일을 하는지 정확히 얘기하기가 이제 쉽지 않다는 것이다. "심리학자"나 "건강 연구자", 심지어 "발달 과학자"도 아닌 것 같고, 우리가 "인간발달"을 연구한다고 말하면 "그게 뭐냐"고 묻는 경우도 많다. 그러면 설명을 장황하게 늘어놓아야 한다. 그래서 요새는 그냥 "우리가 어떻게 지금의 우리가 되었는지" 연구한다고 말한다.

이론 기반의 조사와 이론 없는 경험주의를 모두 수용하는 과학의 지도 이념이 우리가 거쳐온 과학적 모험의 핵심이었다. 이는 우리가 테스트한 가설이 때로는 이론적 주장에서 직접 도출되었음을 의미한다. 이와 관련해 생애 지속 범죄와 청소년기 한정 비행을 구별해야 한다고 강조했던 모피트의 반사회적 행동 이론을 테스트하거나(5장) 벨스키가 진화적 관점에서 발달을 재구성해 결국 어린 시절의 역경이 사춘기 시작 시기에 미치는 영향을 조사하게 되었던 일(6장)을 떠올려보자. 그러나 한편으로는 이론을 따라가는 게 아니라 우리가 흥미롭다고 생각한 발달 의문에 답하기 위해 노력했던 연구 모험도 공유했다. 이와 관련해서는, 유아기의 기질이 인생 후반의 발달과 연관되는 방식(2장)과 보육이 아동 발달에 미치는 영향(8장)에 대한 연구를 고려해보자. 이런 문제를 해결하는 데 있어서는 일반적인 개념적 아이디어가 몇 가지 있었을 수도 있지만(예를 들어 초기 기질과 훗날의 발달 사이의 연관성의 경우, 발달이 연속적이냐 불연속적이냐 여부 등), 우리가 수행한 연구는 특정한 발달 이론이나 심리학 이론에 기초하지 않았다. 앞서 한 얘기를 반복하자면, 실험 가능한 가설을 발전시킬 수 있는 명확한 로드맵이 있을 때는 자기가 뭘 찾는지 아는 보물 사냥꾼이나 뭘 만드는지 아는 요리사 같았지만, 그렇지 않을 때의 모험은 무슨 일에든 다 대비를 해놓았지만 그게 실제로 어떤 일이 될지는 모르는 탐험가의 여정과 비슷했다.

이론 기반의 조사와 이론 없는 조사를 구별할 때면, 전자는 널리 알려졌지만 후자는 가난한 친척 취급을 받았던 일을 떠올리지 않을 수 없다. 우리가 이 분야에서 경력을 쌓는 동안 벌어진 흥미로운 일 하나는, 예전에는 "흙먼지 지대 경험주의"(이런 조사 방식을 높이 평가했다는 미국 중서부 지역을 가리킴)라는 경멸 어린 별명으로 불리던 이론 없는 연구가 "이미지를 쇄신"한 점이다. 그러나 수백만 개의 유전적 다형성이 어떤 표현형(예: 흡연 중독)과 관련 있는지 살펴보는 빅 데이터 과학이 등장하면서, 이론이 이용 가능한 정보를 전부 다룰 수는 없다는 사실이 널리 인식되었다. 따라서 이제는 "아무래도 일이 이렇게 돌아가는 것 같으니까 그 생각이 맞는지 알아보자"가 아니라 "컴퓨터가 알아내도록 내버려두자"로 전략이 바뀌었다. 우리는 실제로 유아기 기질의 발달적 유산(2장)을 조사할 때 후자와 같은 방식을 이용했다. 컴퓨터가 정교한 다변량 분석을 이용해서 아동의 행동에 대한 다양한 측정치를 처리해 아동들의 유형을 식별하도록 한 것이다. 다른 연구진에게는 이와 관련된 아이디어가 있다는 걸 알고 있었지만, 우리는 여기서 밝혀질 아동 유형에 대한 이론을 바탕으로 작업을 시작하지 않았다.

감정에 좌우되지 않는 연구에 대한 헌신도 우리 과학 철학의 핵심이다. 이 말은 곧 특정 예측에 대한 강력한 근거가 있을 때에도, 그 무언가를 일부러 "찾으려고" 하지 않았다는 뜻이다(예를 들어, 대마초가 심리적, 행동적 발달과 신체 건강에 미치는 부정적 또는 긍정적 영향[11장]). 그 대신 우리는 발달이 진행되는 방식을 밝히기 위해 최선을 다했다. 그래서 어떤 결과가 나올 거라는 가설을 세웠을 때도(혹은 그저 바라기만 할 때도), 그런 선호가 연구에 편향적인 영향을 미치지 않도록 노력했다. 이런 야망을 달성하는 데 성공했다고 100퍼센트 확신할 수는 없겠지만, 어쨌든 그런 지적 "오염"을 피하기 위해 비상한 노력을 기울인 건 사실이다. 아마 가장 좋은 증거는, 초기 발견이 우리가 기대한 바와 일치할 때도 여기에 이의를 제기하기 위해 계속 노력한 일일 것이다. 마지막 분석에서도 우리는 여전히 철저한 경험주의자들이다. 그러니 결과가 어떻게 나오든 상관하지 않는다.

프로스트의 시에 나오는 나그네처럼 우리도 잠들기 전에 가야 할 길이 한참 남았다. NICHD 조기 보육 및 청소년 발달 연구는 아이들이 15세 때 정부가 답을 찾기 위해 자금을 지원한 핵심 질문에 대한 답을 얻으면서 종료됐지만, 더니든 연구와 환경 위험 연구는 지금도 진행 중이다. 1장에서 한 얘기를 되풀이하자면, 더니든 연구 피험자들은 45세가 된 2018~2019년에도 MRI 뇌 스캔을 비롯한 여러 평가를 다시 받았다. 그리고 이 글을 쓰는 지금은 20대 중반이 된 환경 위험 연구 피험자들을 다시 만날 준비를 하고 있다. 우리는 이런 데이터 수집이 어떤 식으로든 이 연구 과정의 끝이 될 거라고는 생각하지 않는다. 자금과 우리 능력이 허락하는 한, 두 가지 표본을 계속 추적하고 싶다. 만약 우리 능력이 허락하지 않는다면, 다른 사람들이 우리가 중단한 부분부터 다시 시작해 줬으면 좋겠다. 우리가 수년 전에 더니든 연구 창시자들의 작업을 이어받은 것처럼 말이다.

이 책을 통해 충분히 증명되었겠지만, 이 책의 핵심인 종적 연구는 계속해서 보물이 솟아나는 샘이다. 우리는 일단 시작해도 유지하기가 정말 어려운 이런 장기 조사가 원 데이터를 수집한 뒤에도 계속해서 과학적 가치를 입증한다는 사실에 거듭 주목했다. 우리를 계속 놀라게 하고 매료시키는 사실은, 16장에서 보고한 후성유전 메커니즘을 조사하기 위한 메틸화 분석이나 45세가 된 더니든 연구 피험자들을 대상으로 얼마 전에 완료한 뇌 영상 촬영 같은 새로운 학문적 의문과 새로운 측정 기술이 등장한 덕분에, 새로운 문제 해결에 사용될 아동기 데이터를 수집할 당시에는 상상조차 못했던 문제들을 조사할 수 있게 되었다는 것이다.

이 연구가 가치 있는 이유는 단순히 새로운 측정 방식 때문이 아니다. 인간이 어떻게 발달하고 변화하는지 알고 싶다면, 시간이 지남에 따라 측정을 반복할 수 있는 능력이 꼭 필요하다. 일례로 18장에서는 26세, 32세, 38세 때 반복적으로 측정한 바이오마커를 이용해 노화 속도를 조사해서, 노화가 남들보다 빠르거나 느리게 진행되는 이들은 20대 중반 또는 더 이전부터 그런 발달 경로를 걷고 있었다는 걸 알아냈다. 또 11장에서는 지속적인 대마초 사용의 장기적 영향을 밝히기 위해 반복적인 지능 측정에 의존해 적은 양으로도 인지 능력이 저하되는 사람과 그렇지 않은 사람을 구별할 수 있었다.

앞으로도 많은 측정을 반복하고 또 기술 발전이나 또는 피험자의 노화를 통해 새로운 평가를 진행할 수 있을 텐데, 이를 통해 새로운 발견을 할 수 있기를 바란다. 사실 이런 발견은 지금으로선 상상도 할 수 없는 의문에 대처하면서 이루어질 수도 있다. 그러나 지금 당장 그곳으로 가기보다는, 이 책 1장에서 규정했던 주제로 돌아가 우리가 얼마나 멀리까지 왔는지 찬찬히 살펴보자.

### 어른의 아버지인 아이

가장 먼저 고려해야 하는 주제는 아이들이 어릴 때 생각하고 느끼고 행동하는 방식이 미래의 발달 양상을 예고한다는 오래된 개념인데, 앞서 2부에서 이 문제를 다뤘다. 우리가 배운 내용을 최대한 잘 요약해보면, 인생의 첫 10년 동안 드러나는 아이들의 개인차가 몇 십 년 뒤에 어떻게 기능할지 예측할 수 있긴 하지만, 이렇게 아동기의 측정 결과를 이용해 훗날의 발달을 예측하려다 보면 그 힘이 제한되는 경우가 많다. 이는 인생의 첫 10년이 지나도 발달이 마무리되지 않기 때문이다. 적어도 일부 사람들은 계속해서 성장하고 변화한다.

초기 발달과 후기 발달 사이에 불가피하게 강한 연속성이 존재한다는 주장도 입증되기는 했지만, 3세 때의 기질이 인생 후반의 기능을 예측한다는 발견에 대해서도 잊으면 안 된다. 특히 통제가 잘 되지 않거나 지나치게 자제력이 강한 아이들 가운데 상당수는 나이 든 뒤에도 이런 초기 기질적 스타일을 계속 드러냈다는 걸 기억하자(2장). 이 때문에 전자는 "세상을 거스르는" 아이고 후자는 "세상을 멀리하는" 아이로 특징짓게 되었다. 이런 결과와 관련 있는 건, 인생의 첫 10년 동안 여러 측면에서 낮거나 높은 수준의 자제력을 보인 아이들은 수십 년 뒤에도 인생의 많은 부분(예: 직장, 가족, 건강 등)에서 여전히 비슷하게 행동한다는 증거들이다(3장). 또 어릴 때 정신과에서 공식적으로 ADHD 진단을 받았더라도 수십 년 뒤에 이 장애의 임상 수준을 예측하지는 못하지만(4장), 그런 진단을 받은 어린이와 청소년은 어린 시절의 상태와 일치하는 방식으로 계속 행동한다는 걸 발견했다.

## 가족 안팎에서의 아동기 경험

3부와 4부에서는 가족 안팎에서의 발달 경험과 환경 노출이 아동의 발달 방식에 영향을 미치는 게 확실해 보인다는 연구 결과에 대해서 얘기했다. 예를 들어, 5장에서는 육아 방식의 세대 간 전이와 관련된 증거를 살펴봤는데, 여자아이가(남자아이는 제외하고) 어릴 때 양육된 방식이 본인이 나중에 세 살짜리 자녀와 맺는 관계를 예측한다는 사실이 증명되었다. 8장에서는, 양질의 보육은 인지 언어적 발달을 어느 정도 향상시키는 듯하지만, 몇 달 혹은 몇 년 동안 보육시설에서 많은 시간을 보내면 (적어도 미국에서는) 아동기의 공격성과 반항적 태도, 청소년기의 위험한 행동이나 충동성이 커지는 것에 주목했다. 6장과 7장에서는 부정적인 가족 환경(예: 갈등 관계, 일관성 없는 육아)이 어릴 때부터 꾸준히 반사회적 행동을 조장하고, 특히 태어날 때부터 신경심리적인 결함이 있거나 행동이 제한된 아이의 경우에는 더 심하며(6장), 이런 환경 때문에 여자아이들의 성적 성숙도 가속화된다고 지적했다. 11장에서는 대개 또래들과 함께 시작하는 대마초를 계속 사용할 경우, 신체에는 나쁜 영향이 거의 없다고 하더라도 정신 건강 면에서는 확실히 그렇지 않다는 걸 분명하게 밝혔다. 9장에서는 또래들에게 집단 괴롭힘을 당하거나 빈곤한 동네에서 자라는 것이 아이의 웰빙을 어떻게 해치는지 얘기했는데, 후자의 부정적 영향은 근처에 부유한 가족이 살 경우 더 증폭되었다.

이런 관찰 내용 중 일부는 흔히 상식적인 주장으로 간주되는 것(예: 보육시설은 발달 위험을 수반한다)과 일치하지만, 어떤 건 그렇지 않을 수도 있다(예: 청소년기의 불량한 행동은 그저 거치는 단계일 뿐이다). 또 어떤 사람에게는 상식인 것이 다른 사람에게는 아닐 수도 있다는 사실(예: 보육은 아이들에게 좋을 수도 있고 나쁠 수도 있다, 청소년기 비행은 거치는 단계일 수도 있고 아닐 수도 있다 등)을 지적하면서 상식이 틀릴 수도 있다는 걸 분명히 했다. 즉, 청소년기의 비행이 반드시 거치는 단계인 건 아니고(6장) 양질의 보육도 유아기부터 학교에 입학할 때까지 보육시설에서 시간을 많이 보내는 것 때문에 생긴 부정적 영향을 약화시키거나 개선해주지 못한다(8장). 우리가 어떤 연구 결과를 공유할 때, 그런 건 상식일 뿐이라고 주장하거나 특정 결과를 도출한 연구가 시간과 돈, 노력의 낭비일 뿐이라고 암시하는 모습을 종종 본다. 그런 비평가들은 상식이 흔히 생각하는 것처럼 널리 공유된 일반적인 지식이 아니고, 발달의 본질을 정확하게 반영하지도 못한다는 사실을 인정했으면 한다. 이런 두 가지 이유로 우리는 종적 연구를 매우 중요하게 생각하는데, 특히 이 책에서 다루는 주제 같은 걸 이해하는 데 있어서는 더더욱 중요하다. 아이들과 가족, 사회가 광범위하게 부딪치는 실제적인 사안과 문제를 실험적으로 연구해서 대처하는 건 불가능하지는 않더라도 매우 어렵기 때문이다.

상식이 가지는 추정상의 지혜에 대해 논평을 했으니, 이제 가족 안팎에서의 경험과 노출이 미치는 영향에 대해 두 가지를 더 짚어봐야 한다. 첫째는 여기에 기록된 미래의 발달을 예측하는 힘이 무엇이든 간에, 우리가 공유한 결과는 조사의 초점(자녀 양육, 보육, 집단 괴롭힘, 빈곤한 동네 등)이 아이들의 성장 발달 방식을 확실하게 판단할 수 있다고 주장할 만큼 강력하지 않다는 것이다. 이는 발달이 날씨와 마찬가지로 수많은 요인과 힘이 상호 작용하면서 결정되는 지속적인 프로세스라는 걸 또다시 강조한다. 그렇기 때문에 이 책에서 반복적으로 강조한 것처럼 발달은 결정적이지 않고 확률적이다. 습도나 기압을 안다고 해서 정확한 강수량 예측에 필요한 정보를 전부 아는 건 아니듯, 발달과 관련된 정보를 한 가지만 알면(아이가 양육된 방식이나 아이가 살던 동네 환경 등) 마찬가지로 제한이 생길 수 있다. 그게 중요하지 않다는 얘기가 아니라, 단 하나의 힘이나 요인을 통한 예측력은 대부분 제한적일 것이므로 다른 여러 힘과 요소를 고려해야 한다는 것이다.

## 유전

우리가 연구한 발달에 미치는 가족 안팎의 영향과 관련해 추가로 얘기하고 싶은 두 번째 요점은, 이 책의 또 다른 주제인 유전의 영향으로 곧장 이어진다. 보기 드문 몇몇 예외를 제외하면, 우리의 관찰 연구에서는 유전이 결과에 영향을 미칠 가능성을 완전히 배제할 수 없었다. 앞 단락과 책 전체에서 발달 경험과 환경 노출의 추정적 영향에 대해 얘기할 때 우리의 주장을 검증한 것도 그래서다. 여기서 일부 학자들은 유전적 영향을 배제한 상태에서 환경적 영향이 포함된 발달을 연구한다는 생각 자체에 합리적으로 반대할 수 있다는 걸 지적해야겠다. 사려 깊은 비평가들은 천성과 교육을 분리하는 건 불가능하며 심지어 어리석은 짓이라고 주장할 것이다. 지금까지 어떤 화학자가 물($H_2O$)의 성질을 조사하면서 O의 영향을 알아내기 위해 H의 영향을 조절한 적이 있을까? 이런 관점에 어느 정도 장점이 있더라도, 유전자-X-환경의 상호 작용에 초점을 맞춘 14장과 15장에서처럼 행동학자와 발달학자가 천성과 교육의 영향을 분리하면서 동시에 둘의 상호 작용을 검토하려는 노력을 중요시하는 사실은 여전하다.

그래서 책 곳곳에서, 우리가 조사한 환경적인 힘(예: 육아, 보육, 사는 동네 등)이 여러 발달 측면을 예측할 수 있는 건 환경 노출과 발달 결과에 미치는 유전적 영향 때문일 가능성이 있다는 얘기를 한 것이다. 이런 점에서, 유전적인 이유로 반사회적인 성인으로 자랄 운명인 몇몇 소년이 자기가 받는 가혹한 훈육을 유발할 가능성을 생각해 보자. 사실 그런 훈육 자체가 그들의 냉혹한 부모가 자손과 공유한 유전자의 기능이다. 우리 연구 결과에 계속 이의를 제기하면서 우리가 발견한 것에 대한 많은 대안적 설명과 상식을 배제한 덕에, 우리가 기록한 환경적 영향이 단순한 유전적 기능일 가능성이 줄었다. 그렇긴 해도, 사실상 유전적 영향을 완전히 제거할 수 있는 경우는 극히 드물다는 걸 분명히 하자. 특히 일란성 쌍둥이면서 집단 괴롭힘을 당한 쪽과 당하지 않은 쪽(10장), 다중 피해를 경험한 쪽과 경험하지 않은 쪽(16장)의 발달상을 비교하면 그 사실이 가장 뚜렷하게 드러난다. 5부에서 소개한 연구가 전부 유전에 초점을 맞춘 이유도 그래서다.

우리는 뭘 알아냈을까? 첫째, 소수 혹은 많은 GWAS에서 파생된 유전적 변이가 흡연, 인생 성공, 반사회적 행동, 우울증 등 우리가 목표로 한 발달 현상을 예측하는 힘이 실제로 존재하지만 제한적이라는 사실이 다시 입증되었는데, 그렇다고 해서 이게 중요하지 않다는 뜻으로 받아들여선 안 된다. 반복해서 말하지만, 발달은 다중적인 요인을 통해 결정되며 확률론적이다. 유전과 반사회적 행동에 초점을 맞춘 14장, 유전과 우울증에 초점을 맞춘 15장에서 충분히 명확하게 밝힌 것처럼, 발달을 이해할 때는 천성과 교육 양쪽 면에서 모두 생각하는 게 좋다. 이와 관련해, 양육의 영향과 관련된 연구 결과는 (아동 학대와 관련된 반사회적 행동, 스트레스성 인생 사건과 관련된 우울증에서 드러난 것처럼) 본질적으로 "조건부"라는 사실을 기억하자. 유전적 구성이 다른 피험자들은 우리가 조사한 발달 경험이나 환경 노출을 통해 서로 다른 영향을 받았다. 따라서 아동 학대가 공격성으로 이어진다는 너무나 일반화된 믿음은 검증이 필요한 또 다른 상식적 주장이다. 물론 이는 스트레스성 인생 사건이 우울증에 미치는 악영향의 경우에도 마찬가지라는 게 증명되었다. 그러나 일반적인 후성유전적 사고와 일관되게 후성유전자와 후보 유전자 수준에서 DNA 메틸화를 측정해 다양한 형태의 피해 경험에 노출되는 게 유전자 발현을 차단하는지 여부를 확인하려고 했을 때 이 견해를 뒷받침할 증거를 거의 찾지 못했다는 걸 기억하자.

## 중년기의 노화

6부에서는 정신 건강뿐 아니라 신체 건강도 어린 시절에 뿌리를 두고 있다는 주제를 강조하려고 했는데, 이는 중년기에 사람들의 신체적 웰빙이 서로 다른 이유를 이해하려고 할 때 발달적 관점이 필요하다는 사실을 명확하게 암시한다. 이와 관련해 아마 가장 주목할 만한 사실은, 아이들이 자랄 때 부정적 경험(예: 학대)과 노출(예: 정신 건강에 문제가 있는 가족 등)이 많을수록 38세 때의 신체적 건강 상태가 나쁘다는 사실을 발견했다는 점이다(17장). 또 문제 있는 어린 시절이 생물학적 각인 과정에 영향을 미쳐서 "몸속까지 배어든" 사례를 서너 가지 발견했다는 것도 기억하자(18장). 그리고 중년기가 되면(그보다 더 빠를 수도 있다) 다양한 바이오마커와 심지어 얼굴 사진을 통해서도 일부 사람이 다른 사람보다 빨리 노화한다는 사실이 명확해지는데, 이번에도 아동기와 청소년의 역경이 이런 차이에 기여했다.

## 발달 메커니즘

이 책에 소개한 많은 연구에서, 우리는 아동기의 경험 및 노출과 인생 후반의 심리적, 행동적, 신체적 발달 및 건강과의 연결고리를 연대기적으로 기록하는 걸 넘어서려고 했다. 우리 발달 모험의 중심은 가능한 경우 그런 영향이 실현되는 발달 메커니즘을 탐구하려는 노력이었다. 실제로 이게 바로 18장에서 잠재적인 생물학적 각인 과정을 조사하려고 한 이유다.

여러 번 언급한 것처럼, 어린 시절의 특정 기능(예: 아동 ADHD[4장 참조])이나 특정 경험(예: 학대[14장 참조])이 발달의 특정 측면에 영향을 미친다는 사실을 아는 것과, 그런 영향이 어떻게 발생하는지 이해하는 건 별개의 문제다. 따라서 때로는 우리가 연구하는 영향을 매개하는 사회적·행동적 경험에 초점을 맞추고, 어떤 때는 매개 효과를 공식적으로 테스트하지 않은 상태에서 그럴듯한 생물학적 매개체를 탐색하기도 했다. 전자와 관련해서는 학업 실패, 마약, 10대 임신 같은 청소년기의 "올가미"가, 일찍 시작된 반사회적 행동이 성년기의 범죄 행위를 비롯한 문제적 기능과 어떻게 연관되는지(6장) 설명하는 데 도움이 되었음을 강조한 우리 연구 결과를 살펴보자. 생물학적 과정과 관련해서는 인생 초반의 역경이 텔로미어 손상, 염증, 스트레스 생리학과 관련되어 있는 걸 발견했다(18장). 그러나 우리 피험자들은 아직 젊어서, 이런 생물학적 각인 메커니즘이 노년의 건강을 악화시키는지 테스트할 수 없기 때문에, 이런 프로세스가 어린 시절에 겪은 역경의 영향을 매개하여 성인기의 건강 악화에 기여한다는 추론적 주장만 제기할 수 있을 뿐이다. 그러나 16장에서 또 다른 생물학적 각인 과정으로 간주할 수 있는 후성유전자 메틸화를 다룰 때, 유전자가 피해 경험에 따라 조절되는 종속 변수로 기능한다는 증거를 거의 발견하지 못했던 걸 기억하자.

## 회복력

이 책에서는 인간발달을 저해하는 요인과 힘이 그 흑마술을 발휘하지 못하도록 막을 수 있다는 걸 여러 번 확인했다. 우리 발달 모험에서 계속 등장한 주제인 회복력을 얘기하는 것이다. 우리는 가족 갈등이 여자아이의 성적 성숙을 가속화하더라도, 유아기의 애착 안정이 완충 작용을 해서 이런 발달 결과가 실현되지 않도록 막을 수 있다는 걸 발견했다(7장). 신체적으로 성숙한 소녀는 위험한 일에 많이 관여한다는 것도 알게 되었지만, 7장에서는 그런 소녀가 여학교에 다닐 경우 이런 일이 일어나지 않는다는 것도 배웠다. 지지적인 가족은 집단 괴롭힘을 당한 아이가 괴롭힘의 부적절한 결과에 굴복하지 않도록 아이를 보호했다(10장). 또한 회복력에는 사회적 경험만 중요한 게 아니라 유전적 요인도 중요하다는 걸 알아냈다. 더니든 연구 피험자들 가운데 어릴 때 학대를 당했지만 MAOA 유전자의 고활성 대립 형질이 있는 남성은 저활성 유전자 변이를 가진 사람보다 반사회적 성인이 될 가능성이 훨씬 낮았다(14장).

### 개입에 대한 시사점

우리는 회복력, 특히 회복력을 촉진하는 요인과 어린 시절이 인생 후반의 발달에 미치는 영향을 보여주는 발달 메커니즘을 이해하는 게 매우 중요하다고 여러 장에 걸쳐서 반복적으로 주장했다. 이는 여러분의 목표가 애초에 문제가 발생하지 않도록 예방하는 것이든, 이미 발생한 문제를 시정하는 것이든, 아니면 아무 기능 장애도 없는 이들의 웰빙을 촉진하는 것이든 상관없이 언제나 사실이다. 어린이나 청소년의 아동기 기능이나 살아온 경험을 바꿀 수 없는 상황을 생각해 보자. 훗날의 발달에 영향을 미치는 이런 상황의 영향을 받는 메커니즘이 뭔지 알고 있으면, 사회적, 행동적, 생물학적 매개체를 변경해서 이전에 정해진 발달 궤도를 바꿀 수 있는 가능성이 높아진다. 이것은 발달이 아이가 어릴 때 기능하던 방식이나 자라는 동안 생긴 일을 통해 완전히 결정되지 않고, 적어도 원칙적으로는 개방형으로 유지되는 한 가지 이유다. 욕조 수도꼭지로 연결되는 녹슨 파이프에서 물이 새는 부분을 교체하거나 구멍을 메우면 수압이 높아지는 것처럼, 발달 파이프라인을 이해하면 인간의 기능을 향상시킬 수 있다.

말은 이렇게 했지만, 과학자들이 아무리 미사여구(증거가 X를 나타내니까 우리는 Y를 해야 한다는 둥)를 늘어놓아도 극히 예외적인 경우를 제외하면 일반적으로 증거가 곧바로 실천과 정책으로 연결되는 일은 없다는 것도 분명하게 밝혀야 한다. 어떤 것이 선호하는 결과(예: 학업 성취도)나 선호되지 않는 결과(예: 인지 기능 저하)를 촉진하는 것으로 밝혀졌다고 해서 자동으로 특정한 조치를 취하거나 하지는 않는다. 그 상황에서 취할 수 있는 조치가 한 가지 이상 드러난 경우에도 마찬가지다. 아마 이것의 가장 좋은 증거는 담배 판매와 흡연을 규제하는 법률에서 찾을 수 있을 것이다. 그런 행동이 건강에 해롭다는 증거가 압도적으로 많고 심지어 담배 때문에 사회가 부담하는 건강 관련 비용도 수백만 달러나 된다는 걸 감안할 때, 흡연을 허용하는 한 가지 이유는(물론 유일한 이유는 아니겠지만) 자유와 개인의 선택을 존중해서다. 다시 말해, 과학적 증거에 대한 반응을 결정할 때는 늘 신념과 가치관이 중요한 역할을 한다. 도덕적 의무를 수반하는 과학적 발견도 있겠지만 일상적 사례는 절대 아니다.

그렇다고 과학자들이 특정 현상에 대한 과학적 이해를 바탕으로 어떤 정책을 옹호하면 안 된다는 얘기는 아니지만, 그런 옹호에 나섰을 때는 순수하게 과학자로 행동하는 것뿐이라고 주장할 수는 없다는 얘기다. 이 경우 그들의 과학적 이해는 물론이고 태도와 가치관까지 작용하게 되는데, 안타깝게도 이 점이 제대로 인식되거나 인정받지 못하는 경우가 많다. 실제로 과학자를 비롯해 열린 마음을 가진 사람들이 똑같은 증거를 가지고도 뭘 해야 하고 뭘 하면 안 되는지에 대해 반대되는 견해나 적어도 대안적인 견해를 가질 수 있다. 이는 대개 그들이 증거를 다르게 평가하고 가치를 매기기 때문이다.

이를 제대로 설명하기 위해, 다음과 같은 질문을 생각해 보자. 미국에서 일상적으로 이용 가능한 광범위하고 지속적인 조기 보육이 아동기에 공격성과 불복종 수준을 약간 높이고 청소년기에 위험한 행동과 충동성을 조장한다는 8장의 증거를 고려할 때, 정책적으로는 이 문제에 어떻게 대응해야 할까? 어떤 사람은 보육시설 이용을 줄이고 육아 휴가 정책을 확대해야 한다는 결론을 내릴지도 모르지만, 어떤 사람은 이 상황을 다르게 볼 것이다. 후자는 이런 부정적 영향은 매우 미미한 반면, 엄마의 취업은 소득이나 경력 개발, 심리적 행복 면에서 이점이 매우 크므로 아이가 아주 어릴 때부터 양질의 보육시설을 이용할 수 있도록 가용성과 경제성을 높이기 위해 모든 노력을 기울여야 한다고 말할 것이다. 이런 의견 차이는 폐쇄적인 사람은 말할 것도 없고 심지어 열린 마음을 가진 사람들도 서로 중요하게 여기는 게 다르고 아이와 부모, 가족, 사회를 위해 가장 좋은 게 뭔지에 대해서도 다른 생각을 가질 수 있음을 나타낸다.

우리가 특정 연구 결과에 대해 특정 서비스나 정책적 대응을 선호한다고 해서(물론 우리들도 이 문제에 대해 항상 의견이 일치하는 건 아니다),

어떤 일을 해야 할지 결정할 때 우리의 전문성 때문에 우월한 지위를 부여받는 건 아니다. 인간발달에 대해서는 특별한 전문 지식이 있을 수도 있지만, 결정해야 할 게 너무 많은 상황에서는 능력을 발휘하지 못할 것이다. 우리는 경제학자나 철학가, 역사가가 아니지만 잠재적으로 유익한 세 가지 관점을 인용한다. 또 과학적 전문 지식이 있다고 해서 우리의 신념과 가치관이 다른 사람의 것을 능가해야 하는 것도 아니다.

## 앞으로의 방향

우리 책에 등장한 핵심 주제와 관련 아이디어를 검토했으니, 이제 마무리하는 의미로 우리가 조사하려고 계획 중인 것, 언젠가 다룰 수 있기를 바라는 주제 등 미래에 대한 야망을 몇 가지 얘기해 보겠다. 영국 환경 위험 연구에 참여한 1,100쌍의 쌍둥이들은 곧 20대 중반의 "성인 모색기"에 접어든다. 성인이 된 쌍둥이는 사회적 경험이 신체와 정신 건강 발달에 미치는 영향을 시험할 수 있는 확실한 기회를 제공하기 때문에, 우리는 이때가 오기를 20년 넘게 간절히 기다려 왔다. 그들은 아기일 때는 쌍둥이용 유모차를 타고 어디든 함께 다니면서 통합된 관점에서 세상을 바라보았다. 어릴 때도 대부분 똑같은 경험을 했다. 예를 들어, 대부분 같은 학교에 다녔고, 종종 같은 반에 배치되어 똑같은 교사와 똑같은 교육 방식에 노출되었다. 하지만 어른이 되면 서로 다른 인생에 발을 들여놓고, 파트너들과 다른 경험을 하며, 일을 통해 얻는 경험도 다르고, 틀림없이 서로 다른 시기에 부모가 될 것이다. 어떤 쌍둥이는 감옥에 가지만 그의 쌍둥이 형제는 가지 않을 것이고, 어떤 쌍둥이는 담배를 피우지만 그의 쌍둥이 형제는 피우지 않을 것이다. 또 어떤 쌍둥이는 친구가 아주 많지만 그의 쌍둥이 형제는 사회적으로 고립되고, 어떤 쌍둥이는 채식주의자가 되지만 그의 쌍둥이 형제는 고기를 먹을 것이다. 우리는 가족과 유전적 배경은 동일한 상황에서 이런 다양한 삶의 경험이 미치는 영향을 조명할 수 있는 기회를 고대하고 있다. 이 책의 주제와 어울리게, 우리는 어린 시절부터의 연속성을 기대하지만 결코 완벽하지는 않을 것이다. 또 문제적 발달의 위험에 처했던 일부 피험자들의 경우 회복력을 증명할 것으로 기대한다. 이런 발달 결과를 회피할 수 있었던 과정을 이해하는 게 우리 임무겠지만, 환경 위험 연구에 참여한 아이들 가운데 잘 발달하는 것처럼 보였던 몇몇 아이가 기존의 발달 전망을 이탈하는 경우도 있었기 때문에, 그 이유를 이해하는 것도 우리 목표가 될 것이다.

또 중년기에 접어든 더니든 연구 피험자 1천 명에게 던질 흥미로운 새 질문도 기다리고 있으니, 우리 발달 탐험가들에게도 흥미진진한 새 모험이 시작될 것이다. 우리 계획은 피험자들이 26세, 32세, 38세, 45세 때 반복적으로 측정한 많은 생물학적 표지를 다시 이용해서 그들이 50대와 60대가 되었을 때 각자의 노화 속도를 계속 추적하는 것이다. 텔로미어 길이와 후성유전자 메틸화를 반복해서 측정하면, 노화 속도의 변화가 달라지는 게놈 시스템을 따라가는지 여부를 테스트할 수 있을 것이다. 피험자의 아동기와 관련된 어떤 요인이 노화 속도를 빠르게 혹은 느리게 하는지, 또 평생 축적된 정신 질환의 역사가 빠른 노화와 관련이 있는지도 조사할 것이다. 그리고 개인의 노화 속도가 신체 건강, 인지 기능, MRI로 평가한 뇌 구조와 기능, 청각, 미각, 시각 같은 감각 기능을 비롯한 적응 기능의 변화와 관련 있는지 여부와 그 방법도 평가할 수 있을 것이다. 이 책의 주제에 맞게 어린 시절부터의 연속성이 존재하기를 기대하지만, 더니든 연구 피험자들 가운데 또래보다 몸과 마음이 눈에 띄게 젊고 회복력도 가장 뛰어난 이들을 가려내는 경험과 특성이 뭔지도 알아볼 것이다. 앞에서도 말한 것처럼, 잠들기 전에 가야 할 길이 많이 남았다.

## 01 · 시간을 관통한 삶

NICHD Early Child Care Research Network (Ed.). (2005). *Child care and child development: Results of the NICHD Study of Early Child Care and Youth Development*. New York: Guilford Press.

Poulton, R., Moffitt, T. E., & Silva, P. A. (2015). The Dunedin Multidisciplinary Health and Development Study: Overview of the first 40 years, with an eye to the future. *Social Psychiatry and Psychiatric Epidemiology, 50*, 679–693.


## 02 · 세상을 거스르고, 세상을 멀리하다

Caspi, A. (2000). The child is father of the man: Personality continuities from childhood to adulthood. *Journal of Personality and Social Psychology, 78*, 158–172.

Caspi, A., & Silva, P. A. (1995). Temperamental qualities at age three predict personality traits in young adulthood: Longitudinal evidence from a birth cohort. *Child Development, 66*, 486–498.

Newman, D. L., Caspi, A., Silva, P. A., & Moffitt, T. E. (1997). Antecedents of adult interpersonal functioning: Effects of individual differences in age 3 temperament. *Developmental Psychology, 33*, 206–217.

Robins, R. W., John, O. P., Caspi, A., Moffitt, T. E., & Stouthamer-Loeber, M. (1996). Resilient, overcontrolled, and undercontrolled boys: Three replicable personality types. *Journal of Personality and Social Psychology, 70*, 157–171.

Slutske, W. S., Moffitt, T. E., Poulton, R., & Caspi, A. (2012). Undercontrolled temperament at age 3 predicts disordered gambling at age 32. *Psychological Science, 23*, 510–516.

## 03 · 자제할 것인가 말 것인가

Moffitt, T. E., Arseneault, L., Belsky, D., Dickson, N., Hancox, R. J., Harrington, H., Houts, R., Poulton, R., Roberts, B. W., Ross, S., Sears, M. R., Thomson, W. M., & Caspi, A. (2011). A gradient of childhood self-control predicts health, wealth, and public safety. *Proceedings of the National Academy of Sciences, 108*, 2693–2698.

Moffitt, T. E., Poulton, R., & Caspi, A. (2013). Lifelong impact of early self-control: Childhood self-discipline predicts adult quality of life. *American Scientist, 101*, 352–359.

## 04 · 아동과 성인의 ADHD

Agnew-Blais, J. C., Polanczyk, G. V., Danese, A., Wertz, J., Moffitt, T. E.,

& Arseneault, L. (2016). Evaluation of the persistence, remission, and emergence of attention-deficit / hyperactivity disorder in young adulthood. *JAMA Psychiatry, 73*, 713–720.

Arseneault, L., Agnew-Blais, J., & Moffitt, T. E. (2017). Child vs adult onset attention-deficit / hyperactivity disorder-reply. *JAMA Psychiatry, 74*, 422–423.

Moffitt, T. E., Houts, R., Asherson, P., Belsky, D. W., Corcoran, D. L., Hammerle, M., Harrington, H., Hogan, S., Meier, M. H., Polanczyk, G. V., Poulton, R., Ramrakha, S., Sudgen, K., Williams, B., Rohde, L., & Caspi, A. (2015). Is adult ADHD a childhood-onset neurodevelopmental disorder? Evidence from a four-decade longitudinal cohort study. *American Journal of Psychiatry, 172*, 967–977.

## 05 · 왜 부모는 그런 식으로 아이를 기르는가

Belsky, J., Hancox, R. J., Sligo, J., & Poulton, R. (2012). Does being an older parent attenuate the intergenerational transmission of parenting? *Developmental Psychology, 48*, 1570–1574.

Belsky, J., Jaffee, S., Sligo, J., Woodward, L., & Silva, P. (2005). Intergenerational transmission of warm-sensitive-stimulating parenting: A prospective study of mothers and fathers of 3-year olds. *Child Development, 76*, 384–396.

Wertz, J., Moffitt, T. E., Agnew-Blais, J., Arseneault, L., Belsky, D. W., Corcoran, D. L., Houts, R., Matthews, T., Prinz, J. A., Richmond-Rakerd, L. S., Sugden, K., Williams, B., & Caspi, A. (in press). Using DNA from mothers and children to study parental investment in children's educational attainment. *Child Development*.

Moffitt, T. E. (2018). Male antisocial behavior in adolescence and beyond. *Nature Human Behaviour, 2*, 177–186.

Moffitt, T. E., & Caspi, A. (2001). Childhood predictors differentiate life-course persistent and adolescence-limited antisocial pathways in males and females. *Development and Psychopathology, 13*, 355–375.

Moffitt, T. E., Caspi, A., Dickson, N., Silva, P., & Stanton, W. (1996). Childhood-onset versus adolescent-onset antisocial conduct problems in males: Natural history from ages 3–18. *Development and Psychopathology, 8*, 399–424.

Moffitt, T. E., Caspi, A., Harrington, H., & Milne, B. J. (2002). Males on the life-course persistent and adolescence-limited antisocial pathways: Follow-up at age 26 years. *Development and Psychopathology, 14*, 179–207.

Odgers, C., Caspi, A., Broadbent, J. M., Dickson, N., Hancox, B., Harrington, H. L., Poulton, R., Sears, M. R., Thomson, M., & Moffitt, T. E. (2007). Conduct problem subtypes in males predict differential adult health burden. *Archives of General Psychiatry, 64*, 476–484.

Odgers, C. L., Moffitt, T. E., Broadbent, J. M., Dickson, N., Hancox, R. J., Harrington, H., Poulton, R., Sears, M. R., Thomson, W. M., & Caspi, A. (2008). Female and male antisocial trajectories: From childhood origins to adult outcomes. *Development and Psychopathology, 20*, 673–716.

## 07 · 조숙한 소녀, 문제 있는 가족, 나쁜 소년들

Belsky, J., Steinberg, L., Houts, R., Friedman, S. L., DeHart, G., Cauffman, E., Roisman, G. I., Halpern-Felsher, B., Susman, E., & The NICHD Early Child Care Research Network. (2007). Family rearing antecedents of pubertal timing. *Child Development, 78*, 1302–1321.

Belsky, J., Steinberg, L., Houts, R. M., Halpern-Felsher, B. L., & The NICHD Early Child Care Research Network. (2010). The development of reproductive strategy in females: Early maternal harshness→earlier menarche→increased sexual risk taking. *Developmental Psychology, 46*, 120–128.

Caspi, A., Lynam, D., Moffitt, T. E., & Silva, P. (1993). Unraveling girls' delinquency: Biological, dispositional, and contextual contributions to adolescent misbehavior. *Developmental Psychology, 29*, 19–30.

Caspi, A., & Moffitt, T. E. (1991). Individual differences are accentuated during periods of social change: The sample case of girls at puberty. *Journal of Personality and Social Psychology, 61*, 157–168.

Moffitt, T., Caspi, A., Belsky, J., & Silva, P. (1992). Childhood experience and the onset of menarche: A test of a sociobiological model. *Child Development, 63*, 47–58.

Ramrakha, S., Paul, C., Bell, M. L., Dickson, N., Moffitt, T. E., & Caspi, A. (2013). The relationship between multiple sex partners and anxiety, depression, and substance dependence disorders: A cohort study. *Archives of Sexual Behavior, 42*, 863–872.

Sung, S., Simpson, J. A., Griskevicius, V., Kuo, S. I., Schlomer, G. L., & Belsky, J. (2016). Secure infant-mother attachment buffers the effect of early-life stress on age of menarche. *Psychological Science, 27*, 667–674.

## 08 · 보육에 관한 좋은 소식과 나쁜 소식

Belsky, J., Vandell, D., Burchinal, M., Clarke-Stewart, K. A., McCartney, K., Owen, M., & The NICHD Early Child Care Research Network. (2007). Are there long-term effects of early child care? *Child Development, 78*, 681–701.

McCartney, K., Burchinal, M., Clarke-Stewart, A., Bub, K. L., Owen, M. T., Belsky, J., and the NICHD Early Child Care Research Network. (2010). Testing a series of causal propositions relating time in child care to children's externalizing behavior. *Developmental Psychology, 46*, 1–17.

NICHD Early Child Care Research Network. (1997). The effects of infant child care on infant-mother attachment security: Results of the NICHD Study of Early Child Care. *Child Development, 68*, 860–879.

NICHD Early Child Care Research Network. (1998). Early child care and self-control, compliance and problem behavior at 24 and 36 months. *Child Development, 69*, 1145–1170.

NICHD Early Child Care Research Network. (1999). Child care and mother-child interaction in the first three years of life. *Developmental Psychology, 35*, 1399–1413.

NICHD Early Child Care Research Network. (2000). The relation of child care to cognitive and language development. *Child Development, 71*, 958–978.

NICHD Early Child Care Research Network. (2001). Child care and family predictors of preschool attachment and stability from infancy. *Developmental Psychology, 37*, 847–862.

NICHD Early Child Care Research Network. (2002). Child care and children's development prior to school entry. *American Education Research Journal, 39*, 133–164.

NICHD Early Child Care Research Network. (2003). Families matter—even for kids in child care. *Journal of Developmental and Behavioral Pediatrics, 24*, 58–62.

NICHD Early Child Care Research Network. (2003). Does amount of time spent in child care predict socioemotional adjustment during the transition to kindergarten? *Child Development, 74*, 976–1005.

NICHD Early Child Care Research Network. (2003). Early child care and mother-child interaction from 36 months through first grade. *Infant Behavior and Development, 26*, 345–370.

NICHD Early Child Care Research Network (Ed.). (2005). *Child care and child* development: Results of the NICHD Study of Early Child Care and Youth Development. New York: Guilford Press.

NICHD Early Child Care Research Network. (2005). Early child care and children's development in the primary grades: Follow-up results from the NICHD Study of Early Child Care. *American Educational Research Journal, 43*, 537–570.

Vandell, D. L., Belsky, J., Burchinal, M., Steinberg, L., Vandergrift, N., & the NICHD Early Child Care Research Network. (2010). Do effects of early child care extend to age 15 years? *Child Development, 81*, 737–756.

## 09 · 사는 동네는 어떤가?

Jaffee, S. R., Caspi, A., Moffitt, T. E., Polo-Tomos, M., & Taylor, A. (2007). Individual, family, and neighborhood factors distinguish resilient from non-resilient maltreated children: A cumulative stressors model. *Child Abuse and Neglect, 31*, 231–253.

Odgers, C. L., Caspi, A., Russell, M. A., Sampson, R. J., Arseneault, L., & Moffitt, T. (2012). Supportive parenting mediates neighborhood socioeconomic disparities in children's antisocial behavior from ages 5 to 12. *Development and Psychopathology, 24*, 705–721.

Odgers, C. L., Donley, S., Caspi, A., Bates, C. J., & Moffitt, T. E. (2015). Living alongside more affluent neighbors predicts greater involvement in antisocial behavior among low income boys. *Journal of Child Psychology and Psychiatry, 56*, 1055–1064.

Odgers, C. L., Moffitt, T. E., Tach, L. M., Sampson, R. J., Taylor, A., Matthews, C. L., & Caspi, A. (2009). The protective effects of neighborhood collective efficacy on British children growing up in deprivation: A developmental analysis. *Developmental Psychology, 45*, 942–957.

# 10 ∙ 집단 괴롭힘

Baldwin, J. R., Arseneault, L., Odgers, C., Belsky, D. W., Matthews, T., Ambler, A., Caspi, A., Moffitt, T. E., & Danese, A. (2016). Childhood bullying victimization and overweight in young adulthood: A cohort study. *Psychosomatic Medicine, 78*, 1094–1103.

Bowes, L, Maughan, B., Caspi, A., Moffitt, T. E., & Arseneault, L. (2010). Families promote emotional and behavioural resilience to bullying: Evidence of an environmental effect. *Journal of Child Psychology and Psychiatry, 51*, 809–817.

Fisher, H. L., Moffitt, T. E., Houts, R. M., Belsky, D. W., Arseneault, L., & Caspi, A. (2012). Bullying victimization and risk of self harm in early adolescence. *BMJ, 344*, e2683.

# 11 ∙ 일찍부터 시작해서 꾸준히 지속되는 대마초 흡연

Arseneault, L., Cannon, M., Poulton, R., Murray, R., Caspi, A., & Moffitt, T. E. (2002). Cannabis use in adolescence and risk for adult psychosis: Longitudinal prospective study. *BMJ, 23*, 1212–1213.

Caspi, A., Moffitt, T. E., Cannon, M., McClay, J., Murray, R., Harrington, H., Taylor, A., Arseneault, L., Williams, B., Braithwaite, A., Poulton, R., & Craig, I. W. (2005). Moderation of the effect of adolescent-onset cannabis use on adult psychosis by a functional polymorphism in the catechol-O-methyltranserase gene: Longitudinal evidence of a gene X environment interaction. *Biological Psychiatry, 57*, 1117–1127.

Cerda, M., Moffitt, T. E., Meier, M. H., Harrington, H., Houts, R., Ramrakha, S., Hogan, S., Poulton, R., & Caspi, A. (2016). Persistent cannabis dependence and alcohol dependence represent risks for midlife economic and social problems: A longitudinal cohort study. *Clinical Psychological Science, 4,* 1028–1046.

Hancox, R. J., Poulton, R., Ely, M., Welch, D., Taylor, D. R., McLachlan, C. R., Greene, J. M., Moffitt, T. E., Caspi, A., & Sears, M. R. (2010). Effects of cannabis on lung function: A population-based cohort study. *European Respiratory Journal, 35,* 42–47.

Hancox, R. J., Shin, H. H., Gray, A. R., Poulton, R., & Sears, M. R. (2015). Effects of quitting cannabis on respiratory symptoms. *European Respiratory Journal, 46,* 80–87.

Meier, M., Moffitt, T. E., Cerda, M., Hancox, R., Harrington, H. L., Houts, R., Poulton, R., Ramrakha, S., Thomson, M., & Caspi, A. (2016). Physical health problems associated with persistent cannabis versus tobacco use at midlife: A population-representative longitudinal study. *JAMA Psychiatry, 3,* 731–740.

Meier, M. H., Caspi, A., Ambler, A., Harrington, H., Houts, R., Keefe, R. S. E., McDonald, D., Ward, A., Poulton, R., & Moffitt, T. E. (2012). Persistent cannabis users show neurospsychological decline from childhood to midlife. *Proceedings of the National Academy of Sciences,* 109, E2657–E2664.

Meier, M. H., Caspi, A., Cerda, M., Hancox, R. J., Harrington, H., Houts, R., Poulton, R., Ramrakha, S., Thomson, W. M., & Moffitt, T. E. (2016). Associations between cannabis use and physical health problems in early midlife: A longitudinal comparison of persistent cannabis vs tobacco users. *JAMA Psychiatry, 73,* 731–740.

Taylor, D. R., Fergusson, D. M., Milne, B. J., Horwood, L. J., Moffitt, T. E., Sears, M. R., & Poulton, R. (2002). A longitudinal study of the effects of tobacco and cannabis exposure on lung function in young adults. *Addiction, 97,* 1055–1061.

## 12 · 흡연은 우리 유전자에 새겨진 습관일까?

Belsky, D. W., Moffitt, T. E., Baker, T. B., Biddle, A. K., Evans, J. P., Harrington, H., Houts, R., Meier, M., Sugden, K., Williams, B., Poulton, R., & Caspi, A. (2013). Polygenic risk and the developmental progression to heavy, persistent smoking and nicotine dependence. *JAMA Psychiatry, 70*, 534–542.

## 13 · 인생 성공의 유전성?

Belsky, D. W., Moffitt, T. E., Corcoran, D. L., Comingue, B., Harrington, H., Hogan, S., Williams, B. S., Poulton, R., & Caspi, A. (2016). The genetics of success: How single-nucleotide polymorphisms associated with educational attainment relate to life-course development. *Psychological Science, 27*, 957–972.

## 14 · 아동 학대, 유전자형, 폭력적인 남성 행동

Caspi, A., McClay, J., Moffitt, T. E., Mill, J., Martin, J., Craig, I. W., Taylor, A., & Poulton, R. (2002). Role of genotype in the cycle of violence in maltreated children. *Science, 297*, 851–854.

## 15 · 청년기의 스트레스, 유전자형, 우울증

Caspi, A., Holmes, A., Uher, R., Hariri, A., and Moffitt, T. E. (2010). Genetic sensitivity to the environment: The case of the serotonin transporter gene (*5-HTT*), and its implications for studying complex diseases and traits.

*American Journal of Psychiatry, 167*, 509–527.

Caspi, A., Sugden, K., Moffitt, T. E., Taylor, A., Craig, I. W., Harrington, H., McClay, J., Mill, J., Martin, J., Braithwaite, A., & Poulton, R. (2003). Influence of life stress on depression: Moderation by a polymorphism in the 5-HTT gene. *Science, 301*, 386–389.

## 16 · 후성유전 또는 종속 변수로서의 유전자

Marzi, S. J., Sugden, K., Arseneault, L., Belsky, D. W., Burrage, J., Corcoran, D., Danese, A., Fisher, H. L., Hannon, E., Moffitt, T. E., Odgers, C. L., Pariante, C., Poulton, R., Williams, B. S., Wong, C. C. Y., Mill, J., & Caspi, A. (2018). Analysis of DNA methylation in young people reveals limited evidence for an association between victimization stress and epigenetic variation in blood. *American Journal of Psychiatry, 175*, 517–529.

Schaefer, J. D., Moffitt, T. E., Arseneault, L., Danese, A., Fisher, H. L., Houts, R., Sheridan, M. A., Wertz, J., & Caspi, A. (2018). Adolescent victimization and early-adult psychopathology: Approaching causal inference using a longitudinal twin study to rule out alternative non-causal explanations. *Clinical Psychological Science, 6*, 352–371.

## 17 · 아동기의 역경과 중년기의 신체 건강

Danese, A., Moffitt, T. E., Harrington, H., Milne, B. J., Polanczyk, G., Pariante, C. M., Poulton, R., & Caspi, A. (2009). Adverse childhood experiences and adult risk of factors for age-related disease. *Archives of Pediatric and Adolescent Medicine, 163*, 1135–1143.

Melchior, M., Moffitt, T. E., Milne, B. J., Poulton, R., & Caspi, A. (2007). Why do children from socioeconomically disadvantaged families suffer from poor health when they reach adulthood? A life-course study. *American Journal of Epidemiology, 166,* 966–974.

Ouellet-Morin, I., Danese, A., Bowes, L., Shakoor, S., Ambler, A., Pariante, C. M., Papadopoulos, A. S., Caspi, A., Moffitt, T. E., & Arseneault, L. (2011). A discordant monozygotic twin design shows blunted cortisol reactivity among bullied children. *Journal of the American Academy of Child & Adolescent Psychiatry, 50,* 574–582.

Poulton, R., Caspi, A., Milne, B. J., Thomson, W. M., Taylor, A., Sears, M. R., & Moffitt, T. E. (2002). Association between children's experience of socioeconomic disadvantage and adult health: A life-course study. *The Lancet, 360,* 1640–1645.

Reuben, A., Moffitt, T. E., Caspi, A., Belsky, D. W., Harrington, H., Schroeder, F., Hogan, S., Ramrakha, S., Poulton, R., & Danese, A. (2016). Lest we forget: Comparing retrospective and prospective assessments of adverse childhood experiences in the prediction of adult health. *Journal of Child Psychology and Psychiatry, 57,* 1103–1112.

Shalev, I., Moffitt, T. E., Sugden, K., Williams, B., Houts, R. M., Danese, A., Mill, J., Arseneault, L., & Caspi, A. (2013). Exposure to violence during childhood is associated with telomere erosion from 5 to 10 years of age: A longitudinal study. *Molecular Psychiatry, 18,* 576–581.

## 18 · 아동기 역경의 생물학적 각인

Belsky, D. W., Caspi, A., Houts, R., Cohen, H. J., Corcoran, D. L., Danese, A., Harrington, H., Israel, S., Levine, M. E., Schaefer, J. D., Sugden, K., Williams, B., Yashin, A. I., Poulton, R., & Moffitt, T. E. (2015). Quantification of biological aging in young adults. *Proceedings of the National Academy of*

*Sciences, 112*, E4104–E4110.

Caspi, A., Harrington, H. L., Moffitt, T. E., Milne, B., & Poulton, R. (2006). Socially isolated children 20 years later: Risk for cardiovascular disease. *Archives of Pediatric and Adolescent Medicine, 160*, 805–811.

Danese, A., Caspi, A., Williams, B., Ambler, A., Sugden, K., Mika, J., Werts, H., Freeman, J., Pariante, C. M., Moffitt, T. E., & Arseneault, L. (2011). Biological embedding of stress through inflammation processes in childhood. *Molecular Psychiatry, 16*, 244–246.

Danese, A., Moffitt, T. E., Harrington, H., Milne, B. J., Polanczyk, G., Pariante, C. M., Poulton, R., & Caspi, A. (2009). Adverse childhood experiences and adult risk of factors for age-related disease. *Archives of Pediatric and Adolescent Medicine, 163*, 1135–1143.

Danese, A., Pariante, C. M., Caspi, A., Taylor, A., & Poulton, R. (2007). Childhood maltreatment predicts adult inflammation in a life-course study. *Proceedings of the National Academy of Sciences, 104*, 1319–1324.

Ouellet-Morin, I., Danese, A., Bowes, L., Shakoor, S., Ambler, A., Pariante, C. M., Papadopoulos, A. S., Caspi, A., Moffitt, T. E., & Arseneault, L. (2011). A discordant monozygotic twin design shows blunted cortisol reactivity among bullied children. *Journal of the American Academy of Child & Adolescent Psychiatry, 50*, 574–582.

Rasmussen, L. J. H., Moffitt, T. E., Arseneault, L., Danese, A., Eugen-Olsen, J., Fisher, H., Harrington, H., Houts, R., Matthews, T., Sugden, K., Williams, B., & Caspi, A. (in press). Improving the measurement of stress-related inflammatory burden in young people: A longitudinal cohort study. *JAMA Pediatrics.*

Rasmussen, L. J. H., Moffitt, T. E., Eugen-Olsen, J., Belsky, D. W., Danese, A., Harrington, H., Houts, R. M., Poulton, R., Sugden, K., Williams, B., & Caspi, A. (2018). Cumulative childhood risk is associated with a new measure of chronic inflammation in adulthood. *Journal of Child Psychology and*

*Psychiatry, 60*, 199–208.

Shalev, I., Moffitt, T. E., Sugden, K., Williams, B., Houts, R. M., Danese, A., Mill, J., Arseneault, L., & Caspi, A. (2019). Exposure to violence during childhood is associated with telomere erosion from 5 to 10 years of age: A longitudinal study. *Molecular Psychiatry, 18*, 576–581.

## 19 · 빠른 노화, 느린 노화

Belsky, D. W., Caspi, A., Cohen, H. J., Kraus, W. E., Ramrakha, S., Poulton, R., & Moffitt, T. E. (2017). Impact of early personal-history characteristics on the pace of aging: Implications for clinical trials of therapies to slow aging and extend healthspan. *Aging Cell, 16*, 644–651.

Belsky, D. W., Caspi, A., Houts, R., Cohen, H. J., Corcoran, D. L., Danese, A., Harrington, H., Israel, S., Levine, M. E., Schaefer, J. D., Sugden, K., Williams, B., Yashin, A. I., Poulton, R., & Moffitt, T. E. (2015). Quantification of biological aging in young adults. *Proceedings of the National Academy of Sciences, 112*, E4104–E4110.

Belsky, D. W., Moffitt, T. E., Cohen, A. A., Corcoran, D. L., Levine, M. E., Prinz, J. A., Schaefer, J., Sugden, K., Williams, B., Poulton, R., & Caspi, A. (2018). Eleven telomere, epigenetic clock, and biomarker-composite quantifications of biological aging: Do they measure the same thing? *American Journal of Epidemiology, 187*, 1220–1230.